AF571162

Bibliographie wagnérienne française (1850 - 2007)

5-7, rue de l'Ecole polytechnique, 75005 Paris

http://www.librairieharmattan.com
diffusion.harmattan@wanadoo.fr
harmattan1@wanadoo.fr

ISBN : 978-2-296-06296-2
EAN : 9782296062962

Pascal BOUTELDJA
Jacques BARIOZ

Bibliographie wagnérienne française (1850 - 2007)

(Bibliographie critique de la littérature consacrée à Richard Wagner, son oeuvre et au wagnérisme, écrite ou traduite en français)

Préface de Pierre Flinois

L'Harmattan

Univers Musical

Collection dirigée par Anne-Marie Green

La collection *Univers Musical* est créée pour donner la parole à tous ceux qui produisent des études tant d'analyse que de synthèse concernant le domaine musical.
Son ambition est de proposer un panorama de la recherche actuelle et de promouvoir une ouverture musicologique nécessaire pour maintenir en éveil la réflexion sur l'ensemble des faits musicaux contemporains ou historiquement marqués.

Déjà parus

Denis COHEN, *Le présent décomposé*, 2008.
Paloma Otaola GONZALEZ, *La Pensée musicale espagnole à la Renaissance : héritage antique et tradition médiévale*, 2008.
Frédéric GONIN, *Processus créateurs et musique tonale*, 2008.
Jérôme BODON-CLAIR, *Le langage de Steve Reich. L'exemple de* Music for 18 musicians (1976), 2008.
Pauline ADENOT, *Les musiciens d'orchestre symphonique, de la vocation au désenchantement*, 2008.
Jean-Maxime LEVEQUE, *Edouard Desplechin, le décorateur du Grand Opéra à la française (1802-1871)*, 2008.
Jimi B. VIALARET, *L'applaudissement. Claques et cabales*, 2008.
Marisol RODRIGUEZ MANRIQUE, *La Musique comme valeur sociale et symbole identitaire. L'exemple d'une communauté afro-anglaise en Colombie (île de Providence)*, 2008.
Michel FAURE, *L'influence de la société sur la musique*, 2008
Thierry SANTURENNE, *L'opéra des romanciers. L'art lyrique dans la nouvelle et le roman français (1850-1914)*, 2007.
Sophie ZADIKIAN, Cosi fan tutte *de Mozart*, 2007.
Antonieta SOTTILE, *Alberto GINASTERA. Le(s) style(s) d'un compositeur argentin*, 2007.
Deborah PRIEST, *Debussy, Ravel et Stravinski : textes de Louis Laloy (1874-1944)*, 2007.
Ronald LESSENS, *GRÉTRY ou Le triomphe de l'Opéra-Comique*, 2007.

PREFACE

Richard Wagner et la France, un malentendu ? Tout pousse à le croire. L'opposition exacerbée entre partisans français de Wagner et nationalistes anti-wagnériens a certes laissé des traces indélébiles. Rien de plus normal, quand on sait à quelles extrémités elle devait conduire : au-delà des diatribes écrites, l'émeute devant l'Opéra de Paris en 1891 !

Et pourtant, pour paraphraser un autre domaine aux antagonismes aussi marqués, la France qui, malgré quelques élites intellectuelles tôt converties à « *la musique de l'avenir* », mettrait plus que tout autre pays voisin du temps à accepter Wagner et son œuvre, n'en devint pas moins une sorte de « fille aînée du wagnérisme », comme en témoigneront peu à peu la présence toujours importante de nos compatriotes sur la Colline verte, le développement de l'exégèse littéraire française, ou encore l'inféodation de tout un pan de notre histoire musicale aux effluves comme aux acquis du créateur de Tristan et Parsifal.

Si la contradiction est certaine, elle ressortit cependant plus à l'histoire des nationalismes du XIXème siècle finissant en Europe qu'à l'histoire de la musique. Mais elle reflète aussi le parcours personnel du compositeur, son amour/haine pour le pays et la capitale où il espéra tant devenir quelqu'un d'abord, s'imposer ensuite, et qu'il détesta à la hauteur de sa déception. Mais là encore, la contradiction s'illustre aussitôt entre quelques faux pas maladroits (*Une capitulation*, si revancharde, en est l'illustration absolue), et ses amitiés et ses amours françaises, de Jessie Laussot - bordelaise certes d'origine anglaise - à Judith Gautier, sans oublier Cosima.

Le temps de la paix des esprits est venu, pour la France tout au moins - il n'est toujours pas réalisé en Israël, pour d'autres raisons et amalgames historiques. On ne contestera plus aujourd'hui que Wagner soit avant tout un grand artiste européen, même s'il fut, un siècle durant, considéré d'abord comme et trop seulement comme un grand artiste allemand. Mais comme Bayreuth, Wagner « *ne représente pas l'art allemand, l'esprit allemand, la culture allemande ; en tout cas pas davantage que n'importe quelle autre grande œuvre de notre histoire culturelle* » pourrait enfin proclamer Walter Scheel en 1976, comme pour conclure enfin une histoire trop agitée de soubresauts intempestifs. De fait, si l'admiration devant le Monument culturel Wagner l'emporte universellement aujourd'hui, on se gardera bien d'oublier les côtés peu sympathiques du personnage, comme les obscures récupérations de son œuvre par ses héritiers moraux et autres successeurs de sa prétendue idéologie. De ce fait le wagnérisme est souvent apparu comme un symptôme de l'histoire de l'Allemagne, et en conséquence européenne, sombre ou solaire, fratricide ou réconciliatrice. Et la littérature construite autour d'un Wagner Protée de la pensée, comme sur les incidences multiformes de cette créativité indomptée, éruptive, quasi maladive, s'en est fait un témoin incontournable aujourd'hui encore.

L'intérêt d'une bibliographie wagnérienne française - la première aussi véritablement exhaustive - n'en saute que plus aux yeux. Dans l'immense corpus construit depuis plus d'un siècle, où le désordre et la quantité l'emportent sur la méthode et la qualité et, dans sa variété d'origine, le fait de répertorier tout ce qui a paru dans notre domaine linguistique, d'en faire ressortir les richesses, mais aussi les manques étonnants, et, plus encore, de commenter brièvement chaque contribution, fait de cette somme un instrument d'approche et de connaissance immédiatement et définitivement précieux. Qu'on ne cherche ici ni un portrait de l'homme et de l'artiste, ni un parcours de son œuvre : ils sont ailleurs. C'est bien plus à une confrontation à la globalité d'un engouement jamais démenti, d'une passion toujours revivifiée, qu'il faut ici s'offrir. Pareil ouvrage, à la dé-mesure du phénomène wagnérien, ne se lit, bien entendu, en rien comme un essai, mais, en impliquant l'immersion, le retour récurrent, nous en apprend beaucoup sur son objet premier, et tout autant sans doute sur notre propre esprit français.

Pierre Flinois

INTRODUCTION GÉNÉRALE ET MÉTHODOLOGIQUE

Beaucoup ou trop de livres sur Wagner ?

Deux citations : 1886 : « *En présentant cet ouvrage aux lecteurs, nous devons répondre par avance à l'objection qu'on élèvera tout d'abord : Encore un volume sur Wagner ! – Oui, encore un* » (préface de *L'Œuvre dramatique de Richard Wagner* par Soubies et Malherbe). 2006 : « *Ajouter un ouvrage de plus au formidable Walhalla de la bibliographie wagnérienne française !* » (avant-propos de *Richard Wagner* par Lacavalerie). Sur cent vingt ans, nous trouvons très fréquemment cette précaution oratoire dans la préface ou l'introduction des ouvrages généraux sur Wagner. « Leitmotiv » récurrent suivi souvent du constat que cette quantité éditoriale ne serait inférieure qu'à celles consacrées au Christ ou Napoléon… Mais Barry Millington, auteur d'un *Wagner. Guide raisonné* (1992) a mis à bas cette assertion, jamais vraiment vérifiée. Cet auteur ajoute qu'il est évident que Shakespeare - sans parler d'autres créateurs ou personnages historiques - se classerait bien avant et que même dans les années 1970 et 1980, on a plus écrit sur Bach, Mozart ou Beethoven que sur Wagner. Ceci étant, il est cependant très probable que, sur la durée (plus d'un siècle), les parutions sur Wagner - surtout si l'on prend en compte les thèses, les essais spécialisés et les articles de revue - sont beaucoup plus nombreuses que sur tout autre compositeur. Une consultation sur le moteur de recherche en ligne Google en octobre 2006 donne 13,4 millions de références pour Richard Wagner, contre 5,42 millions pour Wolfgang Amadeus Mozart et 4,21 millions pour Giuseppe Verdi. Mais justement, Wagner n'était pas que musicien…

Pourquoi cette profusion ?

Avec Wagner, on a un génie protéiforme, ce qui multiplie d'autant les angles d'attaque.

- Un grand compositeur : c'est l'entrée normale de tous les dictionnaires. Bien sûr, Wagner est l'un des tout premiers du XIXème siècle et l'un des plus grands réformateurs de l'histoire de la musique. Le drame intégral qu'il a voulu créer s'éloigne définitivement de l'opéra classique. Chromatisme, harmonie, orchestration, utilisation géniale du leitmotiv : sa marque est éminemment personnelle et inimitable. Dans le monde musical contemporain et postérieur, il eut ses admirateurs et ses détracteurs, et déjà à ce titre les commentaires et analyses furent et restent nombreux.

- Un penseur : sur la musique, sur l'esthétique, sur la philosophie, sur la société, il publia de très nombreux écrits théoriques, mais aussi des pamphlets : socialistes, antifrançais, antisémites... Tout ceci appelant naturellement soutien, engagement, contestation, opposition...
- Un poète et dramaturge qui tint bien sûr à écrire lui-même le texte de ses drames musicaux : leurs actions et personnages empruntés à des mythes ont fait et font encore de nos jours l'objet de nombreux commentaires psychologiques, psychanalytiques, politiques... Ceux-ci sont d'ailleurs repris et illustrés par des mises en scène qui appellent elles-mêmes commentaires et controverses.
- Le créateur de son propre festival à Bayreuth, lieu de ses dernières créations, théâtre absolument nouveau conçu par lui. Ce festival, le seul entièrement consacré à un créateur et le plus ancien (cent-trente ans...) fut un lieu de pèlerinage, mais aussi un lieu d'influences idéologiques : à sa création, haut-lieu du nouvel Empire allemand, puis d'opposition au régime de Weimar, avant d'être phagocyté par le IIIème Reich avec les compromissions de sa belle-fille Winifred, et enfin un lieu de création scénique exceptionnel après la seconde guerre mondiale. Tout cela a généré aussi un très grand nombre de publications : historiques, guides, reportages, critiques et commentaires.
- La qualité et le nombre de ses relations au cours de sa vie appellent également d'autres analyses ou approches historiographiques : Franz Liszt, son fidèle et dévoué ami, Louis II de Bavière, son mécène et admirateur passionné, Friedrich Nietzsche, son disciple puis son critique radical, Gobineau et beaucoup d'autres..., sans compter bien sûr les femmes de sa vie.

Essai d'une chronologie de la « littérature » wagnérienne française

- **La préhistoire (1850 - 1880)**

La littérature wagnérienne ne commence à apparaître en France qu'assez tard. En effet, quelques rares auditions mises à part, les œuvres de Wagner ne sont guère entendues à Paris avant 1860, année des trois fameux concerts donnés au Théâtre des Italiens. Si l'on excepte les trois représentations historiques de Tannhäuser en 1861, celles de Rienzi au Théâtre-Lyrique en 1869 dues à Pasdeloup et les deux représentations de Lohengrin montées par Charles Lamoureux les 3 et 5 mai 1887 à l'Eden-Théâtre, aucun opéra de Wagner n'est représenté sur une scène parisienne et donné de façon régulière avant 1891. Cette longue attente est due sans doute principalement à la défaite de 1870, une grande partie du public français s'insurgeant contre la présomption de ce compositeur, auteur d'*Une capitulation* et d'une *Kaisermarsch.* Wagner devient, qu'on le veuille ou non, le symbole de l'Allemagne bismarckienne. Jusqu'en 1879, son nom ne peut figurer au programme d'un concert sans risque de chahut. « *La musique de Wagner n'est plus pour nous une question d'art, c'est une question d'ordre public, lit-on en 1876 dans Le Ménestrel* » (Liébert).

A partir de 1880, seules les jeunes associations symphoniques parisiennes et des chefs tels qu'Edouard Colonne ou Charles Lamoureux diffusent les œuvres de Wagner, de manière fragmentaire, seulement en concert. Peu jouées, elles sont également peu publiées et encore moins étudiées... Ainsi, pendant vingt ans, le public ne connaît celles-ci que par les programmes de concert, alors même que des pays voisins (Belgique, Pays-Bas, Suisse, Italie) ou même les Etats-Unis étaient plus réceptifs.
Cependant, au cours de cette période, des hommes de lettres, de renom ou qui allaient le devenir, ont été impressionnés par l'ampleur et l'originalité de cette création artistique : Gautier, Nerval, Baudelaire ont écrit sur Tannhäuser et Lohengrin. Les amis et connaissances parisiennes de Richard Wagner, Gaspérini, Leroy et Champfleury, ont été des propagateurs efficaces de cette œuvre si nouvelle. En revanche, les musiciens (par exemple Berlioz) ou la critique musicale sont restés souvent plus défavorables.

- **Engouement et wagnérisme généralisé (1880 - 1910)**

Peu nombreux en 1876, les Français furent des pèlerins fidèles à Bayreuth dans la décennie qui suivit la mort du compositeur (ceci étant explicable également par l'exclusivité bayreuthienne de Parsifal jusqu'en 1913), sans compter les fervents de Munich également. Le renom de l'artiste ne cesse de croître en France après sa disparition. Dès lors, le wagnérisme est au centre de tous les débats. Partisans et détracteurs s'affrontent, particulièrement jusqu'en 1887, année où la campagne boulangiste est à son paroxysme. Les discours patriotiques et nationalistes se superposent au débat artistique. Mais, à travers Wagner, les jeunes de ce temps entendent réagir contre la vague de nationalisme qui s'étend sur notre pays depuis 1870. Peu à peu d'ailleurs, la conjoncture politique (Bismarck a démissionné en 1890...) contribue aussi à ce que Wagner devienne solidement implanté en France. Certaines revues, comme *La Renaissance musicale* d'Edmond Hippeau ou *La Revue contemporaine* soutiennent le compositeur avec assiduité ou lui manifestent une constante sympathie. *La Revue indépendante* qui naquit l'année de la mort de Wagner célèbre en lui « *un puissant créateur, un novateur vraiment génial* ». Cette montée du wagnérisme à Paris est bien symbolisée par la naissance de *La Revue Wagnérienne* de Dujardin, dont le premier numéro est vendu le 8 février 1885 à la porte du concert Lamoureux. C'est un véritable creuset du mouvement symboliste, avec d'ailleurs des contributions et analyses plus littéraires que musicales.
L'emprise du musicien allemand sur des compositeurs français (d'Indy, Chabrier, Debussy, Dukas, Lalo, Messager, Saint-Saëns...), sur une nouvelle génération d'écrivains (Mendès, Villiers de l'Isle-Adam, Mallarmé, et plus tard Proust, Claudel, Rolland...), et même les peintres (Moreau, Fantin-Latour, Redon, Renoir) ne fait que s'accroître. Wagner fait figure d'un véritable directeur d'âme de l'avant-garde parisienne dans le domaine de la littérature et même de la peinture. Un véritable mouvement de création sur la base de ses

théories se dessine. Cette période voit l'élaboration du « roman wagnérien » et « *l'exploitation des idées du Maître à des fins poétiques* ». Les salons de la haute société parisienne, notamment ceux de Madame de Saint-Marceaux, de la Comtesse de Greffulhe, ainsi que les initiatives du juge Lascoux (les concerts du « *Petit Bayreuth* ») et de Judith Gautier (le « *Bayreuth de poche* ») contribueront à cet essor du wagnérisme à Paris. *La Revue Wagnérienne* interrompt sa publication en 1888, comme si le combat était gagné. « *Admirer Wagner est devenu banal* » écrit Edouard Dujardin. Quant à Edouard Schuré, il pourra écrire en 1894 : « *Oui, je suis fier d'avoir défendu presque seul, il y aura bientôt vingt ans, la cause de l'Art pur et idéal [...]* ». Dès lors, comme le rappelle l'historien Jacques Barzun, le Paris de la fin du XIXème siècle est « *presque plus wagnérien que la patrie du Maître* ».

La carrière de l'œuvre wagnérien peut débuter et prendre son essor à Paris, mais aussi en province : Lohengrin est repris à Rouen puis à l'Opéra de Paris en 1891, Tannhäuser à Toulouse en 1891 puis de nouveau à Paris en 1895, Le Vaisseau Fantôme est créé à Lille en 1893 puis à l'Opéra-comique en 1897, La Walkyrie à Paris en 1893, Les Maîtres-chanteurs sont créés à Lyon en 1896 puis à Paris en 1897, Tristan et Isolde au Grand Cercle d'Aix-les-Bains en 1897 puis au Nouveau-Théatre en 1899, Siegfried à Rouen en 1900 et à Paris en 1902, L'Or du Rhin à Nice en 1902 et à Paris en 1909, le Crépuscule des dieux en 1902 à Paris, et le Ring complet sera donné pour la première en France à Lyon en 1904. Quant à Parsifal, sa « libération » de Bayreuth à compter de 1914, s'effectue, comme dans toute une série de métropoles européennes, dès début janvier. Mais il convient de rappeler que toutes ces créations en langue française avaient déjà eu lieu, souvent bien avant, à La Monnaie de Bruxelles, où d'ailleurs les spectateurs français venaient nombreux.

Tout cela se traduit par une énorme production éditoriale dans ces trois décennies : analyses musico-dramatiques, essais, mémoires et souvenirs, témoignages, plaquettes commémoratives, pamphlets, apologies plus ou moins hagiographiques. Une grande partie du public ignorant le premier mot de l'esthétique du Maître de Bayreuth, comme les sources historiques et poétiques auxquelles il avait puisé, ces ouvrages entreprennent de faire l'éducation wagnérienne du public francophone. L'éditeur Fischbacher tiendra dans le domaine de cette littérature le rôle de Flaxland, une génération plus tôt, pour les partitions. Au début de cette période d'autres publications provinrent d'amateurs fortunés qui pouvaient se permettre de voyager à l'étranger pour assister à la représentation des œuvres de Wagner dans leur intégralité. Les pèlerins de Bayreuth ramenaient dans leurs valises reliques et récits fabuleux : on les interrogeait comme des explorateurs revenus de lointaines contrées. Cette production connut son apogée dans les années 1880 - 1910.

- **Le reflux de l'après première guerre mondiale**

Wagner redevint bien sûr politiquement peu correct avec le nouveau conflit franco-allemand. D'anciens thuriféraires, comme Saint-Saëns, « tournèrent leur

veste ». Mais ce détachement n'avait pas que des raisons politiques : un Debussy et d'autres musiciens français, très marqués par Wagner, s'efforcèrent de se dégager de cette influence jugée pesante. Durant les Années Folles, la pénétration du jazz, des musiques extra-européennes, un certain retour au classicisme ou à la musique ancienne, à une certaine légèreté - opposée à la prétendue lourdeur germanique - contribuèrent, avec Satie, Milhaud, Poulenc pour la France, Hindemith, Weill pour l'Allemagne, Stravinsky et d'autres, à « désacraliser » la musique. Richard Wagner et ses solennités étaient donc devenus hors propos dans ce contexte.
Le IIIème Reich et son appropriation de Wagner comme génie culturel typiquement germanique fit apparaître en Allemagne un certain nombre de publications (ainsi que des artistes plasticiens comme von Stassen, Breker) orientées en ce sens, ainsi qu'à la marge dans des milieux collaborationnistes français. Mais bien sûr, on pouvait être opposant au nazisme et wagnérien...

- **La reprise de l'après deuxième guerre mondiale et le renouveau actuel**

C'est le « *Nouveau Bayreuth* » de 1951 qui fut propice à une nouvelle remontée éditoriale en France, bien que, sur le plan culturel, le XIXème siècle fût à cette époque un peu délaissé. Le centenaire de Bayreuth et du Ring en 1976, avec la fameuse production Boulez-Chéreau, ainsi que l'édition du *Journal* de Cosima Wagner (traduit dès l'année suivante en français) furent l'occasion de nombreuses parutions ou rééditions. Même chose pour le centenaire de la mort de Wagner en 1983. Depuis, on note un approfondissement des études sur Wagner. Car, comme le rappelle Chamberlain dès 1899, « *ce que l'on désigne sous le nom de littérature wagnérienne, d'une étendue déjà formidable, brille plus, il faut l'avouer, par sa masse que par sa valeur* ». Il est vrai que la qualité des ouvrages varie énormément en fonction de la date de parution et d'écriture de l'ouvrage et donc de l'avancée des connaissances historiques. Ainsi, trouve-t-on au début des ouvrages apologétiques ou des analyses musico-dramatiques, puis des textes de critique plus impartiaux et pour finir la publication de travaux universitaires. Récemment, Egon Voss notait encore que « *aussi incroyable que cela puisse paraître, la recherche wagnérienne en est encore à ses débuts* ». Effectivement, la critique d'outre-Rhin constate que ces nouveaux travaux ne trouvent que rarement un écho dans les périodiques spécialisés et qu'ils doivent le plus souvent se réfugier dans les rubriques culturelles des magazines ou dans les revues musicales touchant un plus large public. A Christian Merlin de confirmer cet état de fait en France : « *L'Université française en tant que telle a suscité relativement peu de travaux de recherches à propos de l'auteur de la Tétralogie* ». Pendant longtemps, les « études wagnériennes » ont été réservées aux amateurs éclairés, les auteurs universitaires les négligeant. Mais ces dernières années, une production littéraire est apparue en France, due notamment à une nouvelle génération de germanistes. De nombreux sujets ont été abordés de manière beaucoup plus pondérée, objective et scientifique, et notamment des thèses de germanistique, mais aussi de sciences humaines : nous

pensons aux travaux de Gottfried Marschall sur les traductions des drames wagnériens, d'Edouard Sans, de Michel Guiomar, de Philippe Godefroid, de Jean-Jacques Nattiez, de Jean-François Candoni ou de Christian Merlin, concernant la dramaturgie wagnérienne. Le livret wagnérien en tant que genre littéraire est devenu également objet d'étude de la « librettologie », terme définissant la spécificité d'un champ qui ne se réclame ni de la musicologie, ni de la littérature. Des contributions très utiles sont celles dont l'approche est pluridisciplinaire, mettant le mieux en valeur le caractère polymorphe de l'œuvre de Wagner. Plusieurs actes de colloques, consacrés directement ou indirectement à Wagner ont ainsi été publiés.
Mais il y aussi, en ce nouveau tournant de siècle, des publications - par exemple le brûlot de l'arrière petit-fils de Wagner, Gottfried -, et surtout des articles de revues ou magazines qui reviennent avec insistance sur le passé sulfureux des années 1930 à Bayreuth, gisement commercialement lucratif semble-t-il...

Le(s) problème(s) de la bibliographie wagnérienne.

- **Masse ingérable au niveau international**

Il est classique de rappeler que dès 1895, le catalogue de bibliographie wagnérienne dressé par Nikolaus Oesterlein recensait déjà 10181 numéros (le titre complet était : *Catalogue d'une bibliothèque wagnérienne, répertoire authentique et complet de la littérature wagnérienne établi systématiquement selon l'ordre chronologique d'après les documents originaux inclus et augmenté de citations et de notices par Nikolaus Oesterlein, membre honoraire de l'Association Académique de Vienne*). Il a été estimé ensuite que ce chiffre pouvait atteindre 40 000 à la veille de la seconde guerre mondiale, et peut-être 100 000 aujourd'hui. Il semble donc à ce jour impossible de publier la grande bibliographie contemporaine, à la fois historique et internationale... En tout cas, Eva-Maria Limberg, qui a effectué un recensement méthodique et exhaustif des bibliographies wagnériennes parues ces dernières années, a démontré qu'il n'en existait en fait aucune qui fût réellement satisfaisante sur le plan scientifique (*Richard Wagner-Bibliographie. Problemanalyse und Vorstundien zu einer neu zu erstellenden Personalbibliographie*. Frankfurt am Main, Peter Lang, 1989, 114 p.)

- **En langue française**

Plusieurs auteurs ont publié en fin d'ouvrage une bibliographie, soit en langue française, soit avec d'autres sources, principalement en allemand ou en anglais. Leurs listes, souvent abondantes et par là même fort utiles, ne sont pourtant pas sans lacunes. Ainsi, une première liste chronologique des écrits publiés en France sur Wagner de 1851 à 1886 figurait à la fin d'un ouvrage de Georges Servières (*Richard Wagner jugé en France*) notamment dans l'optique d'exposer « *les variations de la critique et les vicissitudes de l'opinion* ». Cette liste (65 titres) reste précieuse aujourd'hui car plusieurs ouvrages cités sont à ce jour difficilement consultables. Vingt ans après la première édition du catalogue d'Oesterlein, paraissait une *Bibliographie wagnérienne française* par Henri Silège, donnant la nomenclature de tous les livres français intéressant directement le wagnérisme parus en France depuis 1851 jusqu'à 1902. Ce recueil (environ 300 ouvrages) n'enregistre pas les articles de revues ou de journaux dont la masse est évidemment beaucoup plus importante. Au début du XXème siècle, le musicologue belge, Maurice Kufferath, par son rôle de « plaque tournante » du wagnérisme allemand et français, semblait idéalement placé pour établir un catalogue biographique et bibliographique de Richard Wagner, projet qu'il faillit mener à bien en collaboration avec Emerich Kastner (cité par Michel Stockhem). Lionel Dauriac nous livre également en 1908, en appendice de son ouvrage, *Le Musicien-poète, Richard Wagner*, un bon exemple de bibliographie critique wagnérienne. Il faut ensuite attendre les années cinquante pour que soit entrepris le criblage systématique des ouvrages consacrés à Wagner en langue française. Il s'agit de l'*Internationale Wagner-Bibliographie*, entamée par Herbert Barth et poursuivie par son fils Henrik, parue en 4 volumes de 1956 à 1979 et reprenant les titres publiés de 1945 à 1977 dans plusieurs langues. Depuis, ce recensement est interrompu. Roger Commault, acquéreur de la bibliothèque d'Edouard Schuré, aurait également amorcé en 1954 la rédaction d'une *Bibliographie complète des écrits de Richard Wagner*, qui ne fut jamais achevée (cité par A. de Benoist). En 1979, Alain de Benoist nous livre une *Bibliographie française* dans le numéro spécial 31/32 de la revue *Nouvelle Ecole* consacré à Richard Wagner, fort intéressante par son double classement chronologique et alphabétique par périodes clés : on constate ainsi qu'au total plus de la moitié des titres (ici seulement les ouvrages) ont paru entre 1885 et 1900. Un autre travail appréciable en la matière est celui de Pierre Flinois, qui a établi dans les numéros consacrés à Wagner de la revue *L'Avant-Scène Opéra*, une bibliographie bien fournie, poursuivie par Elisabeth Giuliani et Elisabetta Soldini. Mais ces recueils dépassent le cadre purement français et donnent en outre un appréciable panorama pour les articles de journaux et de revues. On trouve également une bonne bibliographie française de Danièle Pistone, pour le premier numéro de février 1980 de la *Revue internationale de musique française* (*Rimf*), consacré à Wagner et Paris. D'autres ouvrages présentent de riches sélections bibliographiques, mais dépassant le seul domaine des publications en français : le *Wagner. Guide raisonné* de Barry Millington, *Wagner androgyne* de Jean-Jacques Nattiez et, bien évidemment, les thèses universitaires : Sans, Candoni, Merlin, Leblanc, Picard…

Tout ceci étant, il n'y a pour l'instant aucune bibliographie wagnérienne française véritablement satisfaisante, car soit incomplète, soit dépourvue de toute note critique (c'est le cas de l'immense majorité d'entre elles). Bien sûr on peut toujours dire que la bibliographie idéale n'existe pas : une fois établie, celle-ci devient virtuellement obsolète à la parution d'un nouvel ouvrage…

Ce qu'est cette première bibliographie critique française sur Wagner

- **Le choix de l'exhaustivité pour les ouvrages en volume**

Le présent travail se propose d'établir une bibliographie française la plus exhaustive possible, du moins dans le domaine des volumes. A ce titre, nous estimons avoir collationné et décrit précisément plus de 95 % d'éditions originales. Maintes fois, nous nous sommes posé la question de savoir si une partie de ce qui fut publié jadis (« *la verbeuse médiocrité* » dont parlait Chamberlain) méritait d'être cataloguée ? A vouloir tout citer, ne risquait-on pas d'accabler les bons travaux sous l'amas de publications médiocres et sans intérêt ? Mais le plaisir de la découverte a été plus fort et aussi l'intérêt historique de nombre de témoignages nous ont convaincus de tout citer. Des ouvrages permettent à eux seuls d'illustrer toute l'histoire du wagnérisme en France, ou au contraire d'être des témoignages sur le wagnérisme militant de la première époque ou sur le wagnérisme triomphant du début du XXème siècle, d'autres donnent des informations sur la vie musicale de ces derniers cent cinquante ans, d'autres enfin éclairent des aspects particuliers, illimités, du phénomène Wagner et wagnérisme. « *Etablir une bibliographie, est comme se promener dans un cimetière. On découvre d'anciens monuments tombés en ruine, des inscriptions à demi effacées* » dit Alain de Benoist. En effet, nombre des ouvrages décrits sont tombés dans l'oubli, conséquence de leur non-réédition ou de leur tirage en petit nombre, ce qui les rend souvent absents des rayonnages des libraires anciens, mais aussi des bibliothèques publiques : aussi, la présente bibliographie se propose d'être un instrument de travail permettant d'atteindre ces écrits peu connus ou de consultation difficile.
Mais notre travail comprend aussi - surtout ? - beaucoup d'autres ouvrages partiellement consacrés à Wagner. Le choix s'est fait ici avec des critères qualitatifs et non quantitatifs (nombre de pages). Nous avons ainsi retenu des textes d'auteurs célèbres : il y a par exemple des entrées Gracq, Lévi-Strauss, Stravinsky. Par contre, Proust, dont la *Recherche* cite très souvent Wagner, n'y apparaît pas, car n'ayant pas écrit de texte vraiment spécifique sur lui ; mais en revanche nous y trouverons des ouvrages ou articles sur « Proust et Wagner », au nom de leurs auteurs.
D'autres ouvrages - par exemple correspondances ou autobiographies -, bien que ne traitant pas de Wagner mais l'évoquant fréquemment, nous ont semblé des sources d'un réel intérêt : en effet des informations peuvent être données plus librement que dans l'écrit destiné à la presse ou à la postérité. C'est ainsi que figurent dans notre liste les correspondances de Chabrier ou de d'Indy. A l'inverse, les correspondances d'auteurs ou artistes connus comme wagnériens ne sont pas répertoriées lorsqu'elles n'apportent pas vraiment de commentaires substantiels sur l'œuvre ou l'homme Wagner. A titre d'exemple, on trouve peu d'allusions à Wagner dans la correspondance de Fantin-Latour ou Redon, qui ont pourtant magnifiquement illustré l'œuvre wagnérien.

- **Un choix sélectif pour les journaux, revues, dictionnaires et ouvrages généraux sur la musique**

La bibliographie que nous proposons ne prend pas en compte les sources d'archives, les articles de quotidiens, de revues (à quelques exceptions près), les partitions, les livres sur l'histoire de la musique ou de l'opéra, les critiques d'enregistrements ou encore les programmes des théâtres d'opéra, à l'exclusion de ceux du festival de Bayreuth, en raison de la quantité et de la qualité des articles publiés ces quarante dernières années.

Pour les articles de presse, des travaux universitaires ont pu en faire un dépouillement systématique : nous pensons en particulier à l'ouvrage de Christian Goubault, *La Critique musicale dans la presse française de 1870 à 1914.* A titre d'exemple, la fameuse « bataille de Tannhäuser » fut abondamment commentée puis remémorée en 1895 à l'occasion de la reprise de l'ouvrage à l'Opéra. Nombres d'articles de valeur inégale virent le jour. Il suffit pour s'en convaincre de consulter la bibliographie de Pierre Flinois, intitulée *Tannhäuser. Sa carrière à l'Opéra de Paris, 1861 - 1895*, publiée dans le numéro 63/64 de *L'Avant-Scène Opéra* consacré à Tannhäuser. On pense également à l'excellent travail de Danièle Pistone, consacré aux *Articles relatifs à Richard Wagner*, parus dans *Le Ménestrel*, de 1860 à 1900. Il était évidemment impossible de prendre en compte l'ensemble de ces publications. Nous avons donc seulement mentionné quelques articles d'auteurs ayant déjà écrit des volumes sur Wagner et d'autres qui ne nous semblaient pas pouvoir être ignorés : la personnalité de l'auteur, la rareté du témoignage, la valeur historique ou la qualité de la contribution ont alors dicté notre sélection. Les recueils d'articles en volume ont par contre été retenus : nous avons pu constater que ceux-ci étaient quasi-absents des bibliographies précédentes (en particulier les recueils de Camille Bellaigue ou d'Adolphe Jullien). En revanche, nous avons choisi pour figurer dans cette liste, les articles tirés à part ou quelques numéros exceptionnels de revues spécialisées consacrés exclusivement au compositeur.

Dans le domaine des dictionnaires généraux ou des ouvrages d'histoire de la musique, nous n'avons retenu que certains articles, soit incontournables, soit sources d'informations introuvables ailleurs. Une de ces exceptions est, par exemple, celle de la deuxième édition de la *Biographie universelle des musiciens et bibliographie générale de la musique* de François-Joseph Fétis dont l'étude exerça une influence considérable sur le jugement ultérieur porté sur le compositeur.

Les sources littéraires ou légendaires utilisées par Wagner ont, de même, été écartées. Le lecteur ne trouvera donc pas le *Parzival* de Wolfram von Eschenbach ou le *Rienzi* de Bulwer-Lytton.

Dans quelle mesure, fallait-il également inclure les biographies de compositeurs influencés par Wagner ou de ses relations ? Nous pensons, par exemple, aux monographies sur Liszt, Louis II de Bavière ou Judith Gautier. Là aussi, un choix a dû être fait : nous avons sélectionné quelques ouvrages fondamentaux, faisant autorité, le plus souvent récents, tenant compte des données actuelles de la recherche. Nous citons donc la biographie de Judith Gautier par Richardson ou celle de Malwida von Meysenbug par Claude Le Rider. D'autres biographies ont été écartées, à moins de contenir un chapitre bien précis consacré aux rapports entre notre compositeur et le personnage en question.

- **Des notices critiques**

La majorité des titres de la présente recension sont suivis d'un texte, plus ou moins bref, donnant des renseignements sur l'auteur, le contenu de l'ouvrage ou sur l'histoire de la publication en question ou sur son contexte. Par ailleurs, des paragraphes plus substantiels sont consacrés à des auteurs ou personnages importants de la sphère « wagnérienne » ou « wagnériste ». Certes, cette bibliographie ne se lit pas comme un essai. Elle est avant tout un outil de travail et un moyen de recherche. Mais, au fil des pages, on peut y découvrir des informations inattendues.

- **Le plan**

- Recueils bibliographiques existant en français.
- La première partie concerne la littérature primaire, c'est-à-dire les ouvrages dus à la plume de Richard Wagner ; d'abord la correspondance, puis les écrits théoriques ou textes en prose, enfin, l'œuvre dramatique et poétique (livrets et adaptations). La présentation adoptée au sein de chaque section est soit alphabétique (par nom d'éditeur, de destinataire ou de traducteur), soit chronologique : cette distinction est bien évidement précisée chaque fois que cela s'avère nécessaire.
- La seconde partie recense par ordre alphabétique d'auteur tous les ouvrages et articles parus en français ou traduits en français (la précision est d'importance quand on parle d'une bibliographie française) concernant Wagner, le personnage, le compositeur, le penseur, ses œuvres, leur réception, leur influence, leur interprétation, etc...
- Enfin, une troisième partie regroupe les articles publiés dans les programmes du festival de Bayreuth, de 1954 à 2007. Nous renvoyons le lecteur au commentaire préalable à cette partie pour connaître la justification de ce choix et des dates retenues.

Par contre, nous n'avons pas cru utile de prendre en compte les nombreuses œuvres littéraires de fiction inspirées d'une façon ou d'une autre par l'œuvre wagnérien, françaises ou traduites en français (Batilliat, Bourges, Gracq, Louÿs, Mendès, Péladan, Sartre, Werfel, etc...) D'une part, cela aurait alourdi considérablement le présent ouvrage, et d'autre part cette recension existe. Nous renvoyons donc à l'ouvrage de référence de Léon Guichard sur cette littérature jusqu'au milieu du XXème siècle, *La Musique et les lettres en France au temps du wagnérisme* (1976), et aux bibliographies incluses dans la thèse de Cécile Leblanc (2005) et dans les ouvrages parus (fin 2006) de Timothée Picard.

Modus operandi

Comment cette bibliographie a vu le jour et quelle a été la méthode suivie pour la présentation ? Pour étendues qu'elles aient été, nos recherches ne prétendent pas être complètes : il est par exemple certain que les publications, belges, suisses, québécoises ont été insuffisamment recensées. Pour établir cette bibliographie, nous avons d'abord utilisé nos bibliothèques personnelles, puis nous avons consulté les travaux déjà existants en ce domaine, c'est-à-dire les listes d'ouvrages, presque toujours partielles, et dépouillé de façon systématique toutes les sources imprimées que nous avons pu découvrir. Outre le catalogue de la Bibliothèque nationale de France qui, contrairement à ce que l'on pourrait croire, est loin d'être complet, nos recherches proviennent de sources diverses. Parmi elles, nous avons trouvé de précieuses indications dans la collection d'un fervent wagnérien, Jean Cabaud, acquéreur puis continuateur de l'imposante collection de Roger Commault. Nous le remercions ici pour sa disponibilité et l'aide apportée. En effet, il nous semble que l'exercice bibliographique implique, pour décrire un livre sans risque d'erreur, de l'avoir eu soi-même en mains. C'est ce que nous avons fait, à chaque fois que cela était possible. Ceci nous a souvent permis de vérifier les sources existantes, d'amender, de corriger ou de compléter les travaux de nos prédécesseurs. Mais un pareil travail ne peut éviter les lacunes : celles-ci, ou les erreurs, sont uniquement imputables aux auteurs, qui selon la formule consacrée, remercient par avance les lecteurs qui voudront bien les leur signaler ou fournir des indications complémentaires qui pourraient enrichir une éventuelle mise à jour.

Principes éditoriaux

Chaque ouvrage est décrit comme suit :

- Les noms et prénoms complets de l'auteur (ceux-ci ne figurant pas toujours intégralement sur les pages de couvertures), le nom des traducteurs et des auteurs de préfaces, postfaces, présentations et autres avant-propos.
- Le titre et le sous-titre lorsqu'il existe (la transcription respecte l'orthographe originale).
- Le lieu d'édition, le nom de l'éditeur et la date d'édition. Nous donnons également le nom de la collection ou de la série, suivie de la pagination avec le principe d'utiliser la dernière page numérotée, en accord avec les usages bibliophiliques.
- Nous signalons enfin la présence d'illustrations, le nombre de planches, de cahiers de reproductions illustrées et d'index.
- Nous mentionnons systématiquement la première édition, c'est-à-dire la première publication sous forme de livre ou de brochure séparée (édition originale). Si l'ouvrage a connu des réimpressions identiques (éditeur, pagination), nous nous contentons de préciser simplement « réimpressions successives », sans élément chronologique plus détaillé. Lorsque l'ouvrage a

connu plusieurs éditions, nous mentionnons le nouvel éditeur et l'année, chacune n'étant pas systématiquement renseignée. S'il s'agit d'une nouvelle édition revue et augmentée, nous en donnons la description précise. C'est ainsi que nous avons tâché d'ordonner de manière la plus précise possible la bibliographie de Maurice Kufferath. Enfin, quand il s'agit d'auteurs bien connus, à l'origine d'une importante œuvre littéraire, nous nous bornons à donner l'édition originale des textes, ainsi que les éditions récentes les plus facilement accessibles de nos jours. Exemple : Baudelaire, Barrès, Nietzsche ou Villiers de l'Isle-Adam. En effet, la plupart de ces auteurs ont fait l'objet d'études bibliographiques consultables aisément dans des éditions d'œuvres complètes ou dans certains ouvrages spécialisés.
- En revanche, ce travail ne s'adressant pas à proprement parler aux bibliophiles, nous n'avons pas jugé utile de donner des renseignements très particuliers (format des livres, nom de l'imprimeur, date exacte de l'achevé d'imprimer, papier) qui figurent par exemple dans les catalogues de vente. Nous avons tenu toutefois à donner des indications sur les tirages numérotés.
- Une notice critique qui reflète notre jugement commun élaboré dans la plus confiante collaboration.
- Les indications et abréviations utilisées sont conformes à l'usage courant (voir p. 21). Les titres d'œuvres littéraires citées ont systématiquement été imprimés en italique. Les œuvres musicales (wagnériennes ou non) sont, elles, imprimées en romain. Quant aux titres de chapitres, ceux-ci sont donnés entre guillemets. Pour les recueils collectifs, le nom du directeur d'étude ou du maître d'œuvre (pour les ouvrages plus anciens) est suivi de la mention [éd.]. Pour les périodiques ou revues, nous mentionnons après le titre de l'article, le titre exact de la revue, la date de publication suivis du numéro ou du volume (ou tome) et de la pagination. Les chiffres en caractères romains se rapportent au volume.

Que dire pour conclure ? Le lecteur pourra malheureusement constater certaines lacunes pour des ouvrages en allemand ou en anglais, particulièrement importants, anciens ou récents, qui n'ont jamais été traduits en français : citons par exemple le *Carnet brun* de R. Wagner lui-même, sa correspondance complète entreprise en Allemagne depuis 1967, les biographies de Glasenapp (une traduction par Georges Khnopff était pourtant annoncée en novembre 1913, jamais réalisée... en cette veille de première Guerre Mondiale), celle d'Ernest Newman, ainsi que de nombreux textes de grands noms de la recherche wagnérienne moderne (Deaththridge, Borchmeyer).

Les auteurs remercient particulièrement Judith et Jean Cabaud pour leur accueil et leur disponibilité, Chantal et Henri Perrier (fondateurs et animateurs du cercle Richard Wagner-Lyon) pour leurs conseils et leur aide, Pierre Flinois, leur préfacier, pour la confiance qu'il leur a témoignée ainsi que les éditions L'Harmattan pour avoir accueilli leur ouvrage dans la collection « Univers musical ».

ABRÉVIATIONS GÉNÉRALES

cf. : *confer*
Cie : Compagnie
coll. : collection
éd. : éditeur scientifique
front. : frontispice
h.-t. : hors-texte
ibid. : *ibidem*
in-t. : dans le texte
N° : numéro
noir : noir et blanc
p. : page
pp. : paginé de... à...
sq. : et suivant[e]s
s.l.n.d. : sans lieu, ni date d'édition
vol. : volume

RECUEILS BIBLIOGRAPHIQUES

BARTH (Herbert et Henrik)
Internationale Wagner-Bibliographie. I. 1945 - 1955. Herausgegeben von Henrik Barth. II. 1956 - 1960. Herausgegeben von Henrik Barth. Suivi de : Die Besetzung der Bayreuther Festspiele. 1876 - 1960. Bearbeitet von Käte Neupert. III. 1961 - 1966. Herausgegeben von Henrik Barth. Suivi de : Wieland-Wagner-Bibliographie. IV. 1967 - 1978. Herausgegeben von Herbert Barth.
Bayreuth, Edition Musica et Mühl'scher Universitätsverlag Bayreuth Werner Fehr (tome IV), 1956, 1961, 1968 et 1979, 4 vol. VI-56, 142, 99 et 175 p., deux fac-similés (tome I), 3 planches en noir contrecollées h.-t. (tome III), index
Quatre volumes parus couvrant les publications wagnériennes internationales de 1945 à 1978, avec à chaque fois une section correspondant aux parutions francophones.
En seconde partie du second volume, on trouve un travail consacré par Käte Neupert aux différentes distributions des représentations du festival de Bayreuth de 1876 à 1960, et également la première bibliographie consacrée à Wieland Wagner par Gabrielle Taut à la fin du troisième volume.

BENOIST (Alain de) [éd.]
« Une bibliographie française »
In : Richard Wagner 2. Nouvelle Ecole. Numéro spécial. N° 31-32 - Mars 1979.
Paris, Copernic, 1979, pp. 44-58 [d'un vol. de 239 p.]
Très riche bibliographie couvrant les publications francophones de 1860 à 1977. Les ouvrages sont classés par ordre chronologique, et à l'intérieur de chaque année par ordre alphabétique d'auteur. Ce classement permet de mettre en évidence la disproportion relative du nombre d'ouvrages pour chaque période.

BOURACHOT (Christophe)
Bibliographie critique des mémoires sur le Second Empire : 2 décembre 1852 - 4 septembre 1870. Préface de S.A. le Prince Murat.
Paris, La Boutique de l'Histoire, 1994, 191 p.
445 témoignages de contemporains concernant le Second Empire répertoriés et commentés. L'ouvrage reprend quelques titres cités dans la présente bibliographie.

CLOSSON (Ernest)
« Œuvres littéraires de Wagner - correspondance - bibliographie critique »
In : Richard Wagner. Poèmes et textes en prose, choisis et traduits par Ernest Closson.
Paris, La Renaissance du Livre, 1934, pp. 27-34 [d'un vol. de 202 p.]
Cinq pages intéressantes de bibliographie critique.

DAURIAC (Lionel)
« Ouvrages de Richard Wagner traduits en français. Exposé analytique des principaux ouvrages en langue française sur Richard Wagner et son œuvre »
In : Le Musicien-poète, Richard Wagner. Etude de psychologie musicale suivie d'une bibliographie raisonnée des ouvrages consultés.
Paris, Fischbacher, 1908, pp. 319-333 [d'un vol. de XI-333 p.]
13 pages de bibliographie critique en fin d'ouvrage du plus grand intérêt.

DELVAUX (Geneviève)
« Bibliographie »
In : Richard Wagner. Bibliothèque de la ville de Paris, décembre 1977 - février 1979. Biographie établie par le Dr Paul Pizon ; la bibliographie établie par Mme Geneviève Delvaux et la discographie par Melle Marie-Noëlle Garre.
Paris, Imprimerie du Service Technique des Bibliothèques de la ville de Paris, 1977, pp. 29-45 [d'un vol. de 59 p.], 3 planches en noir h.-t.
Bibliographie reprenant les textes de présentation des ouvrages publiés par les éditeurs.

FLINOIS (Pierre)
« Bibliographie »
- In : **L'Anneau du Nibelung.** L'Avant-Scène Opéra, novembre 1976 - février 1978, N°6/7, 8, 12 et 13/14, pp. 210-214, 148-150, 148-152 et 192-196.
- In : **Le Vaisseau Fantôme.** L'Avant-Scène Opéra, novembre - décembre 1980, N°30, pp. 142-149 [d'un vol. de 170 p.]
- In : **Tristan et Isolde.** L'Avant-Scène Opéra, juillet - août 1981, N°34/35, pp. 230-236 [d'un vol. de 287 p.]
- In : **Parsifal.** L'Avant-Scène Opéra, janvier - février 1982, N°38/39, pp. 232-238 [d'un vol. de 260 p.]

GIULIANI (Elisabeth)
« Bibliographie »
- In : **Tannhäuser.** L'Avant-Scène Opéra, mai - juin 1984, N°63/64, pp. 220-236 [d'un vol. de 257 p.]
- In : **Les Maîtres-chanteurs.** L'Avant-Scène Opéra, janvier - février 1989, N °116/117, pp. 238-242 [d'un vol. de 257 p.]
- In : **Lohengrin.** L'Avant-Scène Opéra, janvier - février 1992, N°143/144, p. 241 [d'un vol. de 256 p.]

Série de riches bibliographies mais qui dépassent le cadre proprement francophone.

GUICHARD (Léon)
« Bibliographie sommaire » (sic)
In : La Musique et les lettres au temps du wagnérisme.
Grenoble, P.U.F., 1963, pp. 325-346 [d'un vol. de 354 p.]
Importante bibliographie. On trouve en appendice, un tableau des principales œuvres de fiction françaises inspirées par les drames de Wagner. Ouvrage de référence essentiel.

LICHTENBERGER (Henri)
La Musique allemande au XIXème siècle : Richard Wagner.
Revue de synthèse historique, octobre 1907 ; Tome XV/2 - N°44 : pp. 211-236.
Riche synthèse bibliographique qui permet de donner une idée des progrès de la recherche wagnérienne depuis 1900. Les grands thèmes : œuvres (à lire un intéressant résumé des *Mines de Falun*), correspondance, mémoires, études biographiques, le poète et le penseur et jugement d'ensemble sur Wagner et le wagnérisme.

LUSSATO (Bruno)
« Littérature critique du Ring. Notes de lecture et bibliographie sélective sur L'Anneau du Nibelung »
In : Voyage au cœur du *Ring*. Richard Wagner. L'Anneau du Nibelung. II. Encyclopédie. Préface de Pierre Boulez.
Paris, Fayard, 2005, pp. 755-827 [d'un vol. de 832 p.]
Notices de lecture, plutôt riches, mais concernant essentiellement la littérature anglo-saxonne sur le sujet.

MATTER (Jean)
« Bref aperçu bibliographique »
In : Wagner l'enchanteur.
Neuchâtel, A la Baconnière, 1968, coll. « Langage », pp. 269-271 [d'un vol. de 281 p.]
Excellent choix d'ouvrages permettant de devenir le « parfait wagnérien ».

MERLIN (Christian)
« Bibliographie critique »
In : Wagner, mode d'emploi.
Paris, L'Avant-Scène Opéra - Premières Loges, 2002, pp. 192-193 [d'un vol. de 199 p.]
Succincte, mais éclairante bibliographie critique.

NATTIEZ (Jean-Jacques)
« Catalogue des écrits de Wagner »
In : Wagner androgyne. Essai sur l'interprétation.
Paris, Christian Bourgois, 1990, coll. « Musique/Passé/Présent », pp. 365-384 [d'un vol. de 415 p.]
En appendice de l'ouvrage, un catalogue simplifié des écrits de Wagner avec classement chronologique et références bibliographiques, dont l'avantage réside dans la traduction en français de l'ensemble des titres cités. Unique en son genre.

PISTONE (Danièle)
« Bibliographie »
In : Wagner et Paris (1839 - 1900).
Genève - Paris, Slatkine, Revue internationale de musique française (Rimf), N ° 1, Février 1980, pp. 73-84 [d'un vol. de 146 p.]
Important travail bibliographique sur Wagner et la France.

SERVIÈRES (Georges)
Richard Wagner jugé en France.
Paris, Hachette, s.d. (1887), XXVIII-330 p.
L'auteur (1858 - 1937) a rédigé un remarquable travail bibliographique qui regroupe et résume les écrits publiés en France, de 1839 à 1886. Ouvrage de référence.

SILÈGE (Henri)
Bibliographie wagnérienne française rédigée par Henri Silège donnant la nomenclature de tous les livres français intéressants directement le wagnérisme parus en France et à l'étranger depuis 1851 jusqu'en 1902. 1° Par ordre alphabétique des noms d'auteurs et de traducteurs. 2° Par ordre alphabétique des titres.
Paris, Fischbacher, 1902, 35 p.
Première bibliographie française, mais non critique. On y trouve encore aujourd'hui d'utiles informations sur les débuts du wagnérisme en France, avec un double classement par auteurs et par titres.

SOLDINI (Elisabetta)
« Bibliographie »
- In : **Tannhäuser.** L'Avant-Scène Opéra. Nouvelle édition.
Paris, Premières Loges, mars 2004, pp. 166-167 [d'un vol. de 167 p.]
- In : **Tristan et Isolde.** L'Avant-Scène Opéra. Nouvelle édition.
Paris, Première Loges, mars 2002, pp. 205-206 [d'un vol. de 207 p.]
- In : **Parsifal.** L'Avant-Scène Opéra. Nouvelle édition.
Paris, Premières Loges, mars 2003, pp. 210-212 [d'un vol. de 223 p.]
Bibliographies qui dépassent le cadre proprement francophone.

VOGT (Matthias Theodor)
Index des articles parus dans les livres de programme et dans les annuaires du festival de Bayreuth des années 1951 - 1986, dans l'ordre alphabétique des auteurs. Première partie : A-F. - Deuxième partie : G-O. - Troisième partie : P-T. - Quatrième partie : V-Z.
In : Bayreuther Festspiele Programm, Rheingold-Walküre-Siegfried-Götterdämmerung, 1986, pp. 25-42, 38-62, 27-46 et 30-52.

VOSS (Egon)
Nécessité et utilité de la recherche wagnérienne. Indications sommaires sur le « Wagner-Werk-Verzeichnis », catalogue des œuvres de Richard Wagner et les éditions complètes des œuvres et des écrits de Wagner.
In : Bayreuther Festspiele Programm, Lohengrin, 1987, pp. 82-105.

LITTERATURE PRIMAIRE

I. CORRESPONDANCE

Epistolier infatigable, Richard Wagner a laissé une correspondance immense, dont la majeure partie a été publiée et dont une part est traduite en français. Son édition intégrale en allemand a été entreprise en 1967. Seize volumes sont actuellement disponibles (2007) : non traduits en français. L'inventaire général de la correspondance publié par Werner Breig, Martin Dürer et Andreas Mielke (*Wagner-Briefe-Verzeichnis (WBV)*. Breitkopf & Härtel, 1998, 845 p.) évalue le nombre de lettres écrites par Wagner en toute certitude à 9030. D'autres spécialistes s'accordent à l'estimer à 12000 ou davantage. Ces lettres forment un élément important et particulièrement significatif de la littérature wagnérienne. Elles révèlent une vivacité et une spontanéité d'expression absente de la majorité de ses écrits en prose. Elles le montrent souvent au jour le jour dans le feu de son activité, qui ne s'interrompit jamais. Elles donnent un portrait de l'homme et de l'artiste plus objectif et permettent de bâtir une image composite, protéiforme et démythifiée du compositeur. Par ailleurs, le contenu est souvent très dense et fort instructif.

1. Correspondance de Richard Wagner

Correspondance intégrale

- **Richard Wagner Sämtliche Briefe. Band 1.** Briefe bis März 1842. Herausgegeben im Auftrage der Richard-Wagner-Stiftung Bayreuth von Gertrud Strobel und Werner Wolf.
Leipzig, Deutscher Verlag für Musik, 1979 [1967], 691 p., index
- **Richard Wagner Sämtliche Briefe. Band 11.** 1. April bis 31. Dezember 1859. Herausgegeben von Martin Dürrer. Redaktionelle Mitarbeit Isabel Kraft.
Wiesbaden - Leipzig - Paris, Breitkopf & Härtel, 1999, 608 p., index
- **Richard Wagner Sämtliche Briefe. Band 12.** Briefe des Jahres 1860. Herausgegeben von Martin Dürrer. Redaktionelle Mitarbeit Isabel Kraft.
Wiesbaden - Leipzig - Paris, Breitkopf & Härtel, 2001, 536 p., index
- **Richard Wagner Sämtliche Briefe. Band 13.** Briefe des Jahres 1861. Herausgegeben von Martin Dürrer und Isabel Kraft.
Wiesbaden - Leipzig - Paris, Breitkopf & Härtel, 2003, 718 p., index
- **Richard Wagner Sämtliche Briefe. Band 14.** Briefe des Jahres 1862. Herausgegeben von Andreas Mielke. Redaktionelle Mitarbeit Isabel Kraft.
Wiesbaden - Leipzig - Paris, Breitkopf & Härtel, 2002, 758 p., index

Premier, onzième, douzième, treizième et quatorzième volume de l'édition intégrale de la correspondance de Richard Wagner. Edition bien évidemment en allemand. Mais ces volumes contiennent respectivement 6, 21, 67, 90 et 4 lettres écrites par Wagner en français, publiées en langue originale dans le corps du volume et traduites en allemand en annexe (adressées à Scribe, Gaspérini, Nuitter, Champfleury, Gounod, Baudelaire...). Le premier volume concerne en partie le séjour parisien du compositeur de 1839 à 1842, les deux derniers correspondent quasiment au troisième séjour parisien de Wagner du 15 septembre 1859 à avril 1861. La plupart d'entre elles consistent en de courtes

missives, certaines sont plus importantes, en particulier les lettres adressées à Auguste de Gaspérini et à surtout à Charles Nuitter. On ne manquera pas de « *constater, à leur lecture, que Wagner maniait la langue française avec une certaine habileté, malgré les erreurs que l'on peut relever* » (Gut). Pour une analyse critique détaillée de ces volumes et en savoir plus sur les particularités éditoriales de cette correspondance, voir les comptes rendus détaillés de Serge Gut : *Revue de musicologie*, 2002 ; 88/1 : pp. 232-238 ; *Revue de musicologie*, 2004 ; 90/1 : pp. 149-153.
Le dernier volume paru de cette correspondance intégrale ne contient que deux lettres en français destinées à Charles Nuitter, précédemment publiées dans la correspondance entre Wagner et Nuitter (voir à ce nom).

Correspondance par nom de destinataire (Classement alphabétique)

BIEDENFELD (Baron de)
Lettre de Richard Wagner au Baron de Biedenfeld (Weimar)
in : Bayreuther Festspiele Programm, Tannhäuser, 1972, pp. 76-78
Traduction d'une lettre datée du 17 janvier 1849.

BÜLOW (Hans von)
Lettres à Hans de Bülow. Traduites par Georges Khnopff. Préface du Professeur Jean Chantavoine.
Paris, Edition Georges Crès & Cie, 1928, XIII-234 p.
Traduction vivante et fidèle des lettres échangées entre Wagner et Hans de Bülow (1830 - 1894) qui débute le 2 septembre 1847 et s'achève le 14 avril 1869 (et précède le divorce entre Hans et Cosima von Bülow). Notons que G. Khnopff était le frère de Fernand, le célèbre peintre belge.

CHANDON (Paul)
Lettres du 10 février et du 1er avril 1861, du 19 décembre 1863 (en français - fac-similé), du 29 avril 1868 (en allemand - inédite) et du 25 mai 1875 (en français - fac-similé - inédite).
In : **PERRIER (Henri)** : Wagner et le vin.
Lyon, Cercle Richard Wagner Lyon, 2002, pp. 25-31[d'un vol. de 38 p.]
Cette plaquette publiée à titre privé reproduit également les lettres de 1861 (publiées dans le tome 13 du *Richard Wagner Sämtliche Briefe. Briefe des Jahres 1861* (voir la correspondance intégrale).

Lettre du 19 décembre 1863.
In : Richard Wagner Sämtliche Briefe. Band 15. Briefe des Jahres 1863. Herausgegeben von Andreas Mielke. Redaktionelle Mitarbeit Isabel Kraft.
Leipzig, Breitkopf & Härtel, 2005, p. 337 [d'un vol. de 760 p.], index
Lettre écrite en français. « *Les Archives de la Maison Moët et Chandon conservent plusieurs lettres de Wagner : lettres de remerciement ou de commandes, la dernière datant de 1875. Notons aussi que les relations avec Paul Chandon (1821 - 1895) ne se réduisirent pas au commerce du vin puisque Chandon fut invité et assista à la création des Maîtres-chanteurs à Munich en 1868 » (Perrier).*

[FAMILLE]

- **Lettres inédites.** A ma sœur. A ma mère.
Les Annales politiques et littéraires, 25 octobre 1908 ; N°1322 : pp. 390-392.
Traduction d'une lettre à sa sœur aînée, Rosalie (11 décembre 1833) et d'une à sa mère, Johanna Wagner (25 juillet 1835).

- **Lettres inédites de Richard Wagner à sa famille.**
Revue bleue. Revue politique et littéraire, 8 et 15 mai 1909.

- **Lettres de Richard Wagner à sa famille.** Traduction de Georges Khnopff.
La Grande Revue, 10 novembre 1913 ; N°21 : pp. 5-38.
Extraits de *Familienbriefe von Richard Wagner, 1832-1874* (Berlin, A. Duncker, 1907).

FISCHER (Wilhelm), voir : UHLIG (Theodor)

FLAXLAND (Gustave)
In : **DUBUISSON (A.)** : Wagner et son éditeur parisien. Lettres inédites de Wagner et de Minna Wagner. Lettres transcrites et traduites par André Coeuroy.
Wagner et la France. Numéro spécial de La Revue musicale du 1er oct. 1923.
Paris, Edition de La Nouvelle Revue française, 1923, pp. 149-174 [d'un vol. de 192 p.]
Première publication des lettres écrites par Wagner dans la période qui va de 1859 à 1869 à l'éditeur Flaxland (1821 - 1895). Certaines sont écrites en français, d'autres en allemand et traduites par A. Coeuroy. L'ensemble des lettres est accompagné d'un commentaire biographique permettant de situer celles-ci.

GASPÉRINI (Auguste de)
In : **LEROY (Maxime)** : Lettres inédites de Wagner à Léon Leroy et Gaspérini, publiées par Maxime Leroy.
Wagner et la France. Numéro spécial de La Revue Musicale du 1 octobre 1923.
Paris, Edition de La Nouvelle Revue française, 1923, pp. 139-148 [d'un vol. de 192 p.]
Première publication de ces lettres, écrites entre le 14 octobre 1859 et le 11 avril 1861, peu avant le départ de Wagner de la capitale après l'échec du Tannhäuser. Gaspérini (1823 - 1868), ancien médecin de la Marine, était chroniqueur musical. Il fut l'un des plus intimes amis parisiens de Wagner de 1859 à 1861.

GAUTIER (Judith)
Lettres à Judith Gautier par Richard et Cosima Wagner. Présentées et annotées par Léon Guichard.
Paris, Gallimard, 1964, coll. « Connaissance de soi », 382 p., cahier de 8 feuillets de reproductions en noir et fac-similés h.-t.
Publication de ces lettres françaises, pour beaucoup inédites, qui s'échelonnent de 1869 à 1892. Transcription soigneuse et complétée par un bon appareil critique. Une première publication partielle (avec peu d'exactitude et dans un ordre tout à fait arbitraire) avait été réalisée par Louis Barthou dans *La Revue de Paris* des 1er et 15 octobre 1932. Cette correspondance qui va durer 10 ans témoigne de l'intimité épistolaire entre Wagner et Judith Gautier (1845 - 1917) de 1876 à 1878.

GENAST (Edouard)

« Lohengrin admet-il des coupures ? » Lettre de Richard Wagner à Edouard Genast, metteur en scène de la première de Lohengrin à Weimar, en 1850.
In : Bayreuther Festspiele Programm, Lohengrin, 1971, pp. 58-61.
Lettre du 23 septembre 1850.

GOBINEAU (Arthur)

Correspondance (1880/1882). Texte présenté, établi et annoté par Eric Eugène.
Paris, Librairie Nizet, 2000, 241 p., un fac-similé, index
Document de premier ordre, remarquable complément à l'ouvrage du même auteur, *Wagner et Gobineau*, qui présente et commente cette correspondance échangée entre Richard, Cosima Wagner et Gobineau (1816 - 1882), majoritairement inédite (en totalité pour ce qui concerne les lettres de Gobineau). Il s'agit de 79 lettres (43 sont adressées à Cosima Wagner, 4 à Richard Wagner et 2 à Eva Wagner ; 28 sont de Cosima et 2 de Wagner lui-même). Cet ensemble important couvre la période du 20 novembre 1880 au 5 septembre 1882 et permet de comprendre la confrontation intellectuelle qui a opposé le compositeur et l'auteur de l'*Essai sur l'inégalité des races humaines*. L'ouvrage contient une introduction très documentée et un excellent appareil critique. Un modèle de publication.

HECKEL (Emile)

Lettres à Emile Heckel. Traduites de l'allemand par Louis Schneider.
Paris, Fasquelle, 1929, 218 p.
Ces lettres ont été, de 1871 à 1883, adressées par Wagner à Emile Heckel (1831 - 1908), marchand de musique de Mannheim, qui fut l'un des premiers à rassembler des fonds pour la création du théâtre de Bayreuth. On adopta son projet de réseau de sociétés Wagner dont les membres pourraient se grouper en vue d'une souscription commune au fonds. Toutes ces lettres ont trait aux péripéties sans nombre par lesquelles a passé la réalisation du théâtre de Bayreuth. Heckel fonda lui-même la société de Mannheim.

HEINE (Ferdinand), voir : UHLIG (Theodor)

[INTERPRÈTES]

Lettre de Wagner à ses interprètes.
- In : Bayreuther Festspiele Programm, Götterdämmerung, 1972, pp. 54-55.
Lettre d'invitation aux chanteurs du premier festival de Bayreuth datée du 14 janvier 1875.
- In : Bayreuther Festspiele Programm, Walküre et Siegfried, 1974, pp. 66-68 et 66-68.
Publication de lettres à Karl Klindworth du 4 janvier 1872, du 14 février 1874 et du 24 mars 1874, à Franz Betz (deux lettres sans date) et à Hans Richter du 12 mars 1872.
- In : Bayreuther Festspiele Programm, Siegfried, 1983, pp. 129-130.
Une lettre à Karl Klindworth du 14 février 1874.

LEROY (Léon), voir : GASPÉRINI (Auguste de)

LISZT (Eduard)

Lettre de Richard Wagner à Eduard Liszt, docteur en droit. Lettre inédite à ce jour.
In : Bayreuther Festspiele Programm, Meistersinger, 1975, pp. 54-57.
Lettre inédite datée 25 mars 1864, adressée à un oncle de Liszt qui avait conseillé à Wagner de s'enfuir de Vienne afin d'éviter la menace d'un emprisonnement pour dettes, et qui contient la liste complète de toutes ses dettes après sa fuite.

LISZT (Franz)

Wagner et Liszt d'après leur correspondance, par William Cart.
Lausanne, Bureaux de la Bibliothèque universelle et Revue suisse, janvier - avril 1890, pp. 5-34, 292-322 et 506-530, et 56-85.
Première publication fragmentaire en français de cette correspondance.

Correspondance de Wagner et de Liszt. Traduction française par L. Schmidt. I. 1841 - 1853. II. 1854 - 1861.
Leipzig, Breitkopf & Haertel, 1900, 2 vol. 308 et 307 p.
Première édition française de cette fameuse correspondance qui s'arrête au 7 juillet 1861, et qui comprend 316 lettres. Il s'agit d'une source de tout premier ordre. On y découvrira ce que fut la longue amitié entre les deux hommes, malgré quelques éloignements, ainsi que l'importance des services artistiques et autres que Liszt a pu rendre à Wagner.

Correspondance de Richard Wagner et de Franz Liszt. Traduction de L. Schmidt et J. Lacant. Avant-propos de G. Samazeuilh.
Paris, N. R. F., coll. « Les Classiques allemands », 1943, 521 p.
Réimpression en 1975 dans une édition reliée.
Edition comprenant une traduction révisée de Jacques Lacant de la traduction antérieure de 1900 à laquelle ont été ajoutées plusieurs lettres nouvelles, de nombreux et importants ajouts, mettant en cause des personnalités vivantes lors de la publication de la première édition allemande de 1887. Cette édition révisée a été publiée en Allemagne en 1910 par Erich Kloss. Cette nouvelle édition comporte ainsi une dizaine de lettres et télégrammes échangés par Wagner et Liszt dans la dernière partie de leur existence (numéros 340 à 350). Il s'agit donc de la seule édition complète parue en France. Au total, 350 lettres publiées suivies de courtes indications en appendice sur certaines personnalités citées dans la correspondance.

Correspondance (1845 - 1862).
In : Lohengrin. L'Avant-Scène Opéra, janvier - février 1992, N°143/144, pp. 14-29 [d'un vol. de 256 p.]
Sélection de lettres reflétant l'histoire de la composition de Lohengrin et les inquiétudes de Wagner avant sa création. La traduction française a été réalisée par Lise Devreux et Régine Bornefeld à partir des *Sämtliche Briefe.*

LOUIS II DE BAVIÈRE
Lettre de Richard Wagner à Louis II (traduction française inédite).
La Revue musicale (Numéro spécial : Autour de Beethoven et Wagner), 15 mai 1937 ; N°174 : pp. 252-256.
Première traduction française due à François Hirth d'une lettre du 24 février 1869.

Louis II de Bavière ou Hamlet - roi. Suivie d'un choix de lettres échangées par Louis II et Richard Wagner, traduites pour la première fois par Marie-Laure Rouveyre.
Paris, Club des libraires de France, 1957, coll. « Histoire - 15 », 254 p., illustrations, fac-similés
Biographie romanesque de Louis II (1845 - 1886), suivie de la première traduction française d'un choix de lettres avec Louis II, inédites à cette époque.

Richard Wagner. Lettres au Roi Louis II.
La Revue de Paris, février 1959 ; Tome II : pp. 16-39.
Première édition française partielle des lettres échangées entre Louis II et le compositeur entre le 3 mai 1864 et le 16 février 1865, traduites par Blandine Ollivier de Prévaux, arrière petite-fille de Liszt et petite-nièce de Cosima et Richard Wagner. Ces extraits seront repris dans l'ouvrage ci-dessous.

Richard Wagner et Louis II de Bavière. Lettres (1864 - 1883). Introduction et choix par Blandine Ollivier. Avec 8 illustrations hors-texte.
Paris, Plon, 1960, II-497 p., 4 feuillets de reproductions en noir h.-t.
Choix de lettres traduites et publiées par les soins de Blandine Ollivier de Prévaux. Edition incomplète bien que volumineuse. La première édition allemande comporte environ 1500 pages et a été publiée en 4 volumes sous le titre : *König Ludwig II und Richard Wagner. Briefwechsel*, publiés par le Wittelsbacher Ausgleichs-Fond et Winifred Wagner, commentés par Otto Strobel. (1936, Tome I à IV), auxquels a été ajouté en 1939 un cinquième volume de *Nouveaux documents sur la vie de Richard Wagner.*

L'Enchanteur et le Roi des ombres. Choix de lettres traduites et présentées par Blandine Ollivier.
Paris, Librairie Académique Perrin, 1976, 377 p., fac-similés in-fine, index
Reprise de l'édition précédente sous un titre différent.

MAIER (Mathilde)
In : **GILLET (Louis)** : Une inconnue de Richard Wagner.
La Revue des Deux-Mondes, 1er octobre 1930 ; Tome LIX : pp. 582-603.
Récit tiré de la correspondance entre Richard Wagner et Mathilde Maier (1834 - 1910) de 1862 à 1878 (la correspondance complète fut publiée en 1929 en Allemagne). Il s'agit de la première et unique publication fragmentaire en français de ces lettres.

MONOD (Gabriel)
Une lettre de Richard Wagner.
In : **BENOÎT (Camille)** : Musiciens, poètes et philosophes. Aperçus et jugement précédés de lettres inédites en France et traduites de l'allemand pour la première fois par Camille Benoît.
Paris, Georges Charpentier et Cie, 1887, pp. 265-275 [d'un vol. de III-298 p.]
Il s'agit de la publication de la fameuse lettre de réponse de Wagner à Gabriel Monod du 25 octobre 1876, au sujet d'*Une capitulation,* et qui fut publiée initialement dans la *Revue politique et littéraire.*

Traduction et fac-similé d'une lettre à Gabriel Monod.
In : **GRAND-CARTERET (John)** : Richard Wagner en caricatures. 130 reproductions de caricatures françaises, allemandes, anglaises, italiennes. Portraits autographes (lettres et musiques). Dessins originaux de J. Blass, Moloch et Tiret-Bognet.
Paris, Larousse, s.d. (1891), pp. 20-30 [d'un vol. de 336 p.]
La traduction, revue et corrigée par John Grand-Carteret, diffère sur plus d'un point de celle donnée par Camille Benoît dans l'ouvrage précédent.

NEUMANN (Angelo)
Lettres inédites.
La Revue blanche, 1er août 1897 ; Tome XIII - N°100 : pp. 213-216.
Première publication (avec l'autorisation de l'auteur) de trois lettres inédites à l'époque. Il s'agit des lettres du 23 février 1881, 16 octobre 1881 et 16 janvier 1882.

In : Souvenirs sur Richard Wagner. Traduits de l'allemand par Maurice Rémon et Wilhelm Bauer.
Paris, Calmann-Lévy, s.d. (1908), 338 p.
Angelo Neumann (1838 - 1910) fut de 1876 à 1880 le directeur de l'Opéra de Leipzig. En août 1882, un contrat fut conclu avec Wagner lui permettant d'emmener le Ring en tournée avec sa compagnie itinérante (Wagner - Theater) à travers toute l'Europe. Cette gigantesque troupe transporta le Ring jusqu'à Saint-Pétersbourg et Moscou en 1889. L'ouvrage est constitué des souvenirs de Neumann augmentés de la correspondance échangée avec le compositeur. De nombreuses lettres de Wagner donnent à ce volume un très réel intérêt documentaire.

NIETZSCHE (Friedrich)
Lettres inédites (Wagner et Nietzsche).
La Revue, 1er et 15 octobre 1915 et 1er et 15 novembre 1915 : pp. 220-236 et 394-411.
Publication de quelques lettres (inédites en français à l'époque) échangées entre le philosophe (1844 - 1900) et le compositeur au début de leur relation, extraites de l'ouvrage *Wagner und Nietzsche zur Zeit ihrer Freundschaft : Erinnerungsausgabe zu Friedrich Nietzsche 70. Geburtstag*, publié par la soeur de Nietzsche, Elisabeth Förster-Nietzsche, cette même année. Cette correspondance est d'ailleurs incomplète ; de nombreuses lettres de Nietzsche ayant été détruites.

NUITTER (Charles)
Correspondance réunie et annotée par Peter Jost, Romain Feist et Philippe Reynal.
Liège, Mardaga, 2002, coll. « Musique - Musicologie », 170 p., 9 illustrations en noir in-t., index
Edition comportant non seulement les lettres de Wagner, déjà publiées (ou en cours de l'être dans l'édition allemande de la correspondance intégrale), mais également les lettres reçues par Wagner et celles rédigées par Cosima. Très bonne présentation biographique de Charles Nuitter (1828 - 1899). Remarquable et très riche appareil critique.

RÖCKEL (August)
Lettres de Richard Wagner à Auguste Roeckel, traduites par Maurice Kufferath.
Bruxelles, Breitkopf & Härtel, 1894, 113 p.
August Röckel (1814 - 1876), fils du ténor Röckel, créateur du rôle de Florestan, fut directeur de la musique à l'Opéra de Dresde, où il connut Wagner. Les deux hommes se lièrent aussitôt ; Wagner assure que Röckel n'abandonna la composition que pour se consacrer plus exclusivement à la défense de son oeuvre. Röckel fut compromis dans la révolution saxonne de 1849 et condamné à mort. La peine fut commuée en emprisonnement à vie et il passa treize ans en prison à Waldheim. Libéré en 1862, il se consacra entièrement au journalisme, en s'inscrivant dans la presse d'opposition. Il mourut au moment où Wagner allait faire représenter sa Tétralogie à Bayreuth. Cette correspondance est essentiellement centrée sur la période de détention de Röckel. La traduction de Kufferath est excellente. On consultera ces lettres pour les analyses et les interprétations de la Tétralogie par Wagner lui-même au moment de sa composition.

SCHUMANN (Robert)
Une lettre de jeunesse de Wagner à Schumann
La Revue musicale, février 1936 ; N°163 : p. 105.
Extrait inédit d'une lettre du 14 septembre 1835.

SCHURÉ (Edouard)
In : **MERCIER (Alain)** : Douze lettres inédites de Richard Wagner à Edouard Schuré (23 janvier 1869 - 6 février 1878).
Revue de musicologie, 1968 ; Tome LIV - N°2 : pp. 206-221.
Publication de lettres inédites à ce jour (la correspondance intégrale s'arrêtant à l'année 1862 en 2006), détenues par les archives de Bayreuth (traduction de M. et Mme Hof-Bury).

UHLIG (Theodor)
Lettres de Richard Wagner à ses amis, Théodore Uhlig, Guillaume Fischer, Ferdinand Heine. Traduction autorisée de l'allemand par Georges Khnopff.
Paris, Félix Juven, s.d. (1903), 425 p.
La moitié de l'ouvrage est consacrée aux échanges épistolaires avec Theodor Uhlig (1822 - 1853) qui fut l'un des plus proches amis de Wagner à Dresde. Leur amitié renforcée par des opinions politiques voisines se poursuivit pendant l'exil suisse de

Wagner et donna lieu à des échanges de correspondance révélateurs des idées de Wagner à cette époque, jusqu'à la fin prématurée de Uhlig en 1853. Ces lettres pleines de spontanéité jettent un éclairage différent sur un Wagner quadragénaire en pleine maturation artistique. Elles nous font connaître un Wagner intime, bon enfant, cordial, plein de gaieté et d'humour, avec lequel on se trouve vite en sympathie. En nous montrant ainsi le Maître, en nous initiant à maint détail familier de son existence intime, elles nous le rendent plus proche et nous aident à comprendre la profonde affection qu'il a inspirée à ceux qui l'approchaient. Dauriac qualifie la traduction de Khnopff de « *lourde, on ne peut plus germanique* ». La lecture est toutefois très aisée. Ferdinand Heine (1798 - 1872) et Wilhelm Fischer (1789 - 1859), étaient respectivement costumier de 1819 à 1850 et chef des choeurs du théâtre de Dresde.

VIARDOT (Pauline)
In : **CHANTAVOINE (Jean)** : Quelques lettres de Wagner à Pauline Viardot.
Le Ménestrel. Journal de musique, 1926 ; N°88 : pp. 211-213.
Court échange épistolaire avec la célèbre cantatrice (1821 - 1910), sœur de la Malibran, créatrice de Fidès (Prophète, 1849). C'est elle qui interpréta des extraits du second acte de Tristan en mai 1860 ; Wagner se chargeait de la partie de Tristan et Karl Klindworth accompagnait au piano, en présence des seuls Berlioz et Marie Kalergis.

WAGNER (Cosima)
In : **EGER (Manfred)** : La Correspondance de Richard et Cosima Wagner. Histoire et vestiges d'une correspondance détruite.
In : Bayreuther Festspiele Programm, Rheingold et Walküre, 1979, pp. 55-95 et 56-104.
Première publication, sous leur forme intégrale de ces 25 lettres et billets échangés entre Richard et Cosima, extraits d'une correspondance qui fut détruite par Eva Wagner. Elle forme un ensemble qui embrasse une période allant du 1er mars 1859 au 23 février 1879 et est accompagnée d'un commentaire biographique détaillé de tout premier ordre, par l'ancien directeur des archives Wagner de Bayreuth.

WAGNER (Minna)
Lettres de Richard Wagner à sa femme. Traduction de Georges Khnopff.
La Revue de Paris, 1er octobre 1927 : pp. 526-563.
Traduction par Georges Khnopff (d'après la première édition allemande parue chez Schuster & Loeffler en 1908) de fragments de la correspondance avec la première épouse (1809 - 1866), de Wagner. Il s'agit de lettres écrites entre le 19 août 1858 et le 30 mai 1859, c'est-à-dire après le départ de Wagner de « l'Asyl ».

Lettres de Richard Wagner à Minna Wagner. Traduction de Maurice Rémon. Avant-propos de G. Samazeuilh.
Paris, N.R.F., 1943, coll. « Les Classiques allemands », 517 p.
La première édition allemande de la correspondance de Wagner avec Minna a été publiée en mars 1908. C'est sur ce texte que Maurice Rémon a établi la présente traduction. Elle concerne la période de 1842 à septembre 1863. Longues, affectueuses, souvent très détaillées, ces lettres sont riches de renseignements et constituent une source de tout premier ordre, riche en détails biographiques, d'une lecture très agréable.

WESENDONCK (Mathilde)

Lettres et Journal (1858 - 1859) - Lettres de Paris et de Vienne (1859 - 1862).
La Revue de Paris, 1er et 15 novembre 1904, 1er et 15 mars, 1er et 15 avril et 1er Mai 1905 : pp. 1-36, 285-307, pp. 5-32, 303-318, 494-512, 765-780 et 83-106.
Traduction par Georges Khnopff (d'après la première édition allemande parue chez Alexander Duncker à Berlin en 1904) de fragments de la correspondance avec Mathilde Wesendonck (1828 - 1902). Celle-ci sera publiée intégralement la même année. Cette édition a été réalisée au bénéfice du Stiependienfond, fonds de réserve qui permettait à des artistes peu fortunés d'assister aux représentations de Bayreuth.

Richard Wagner à Mathilde Wesendonck. Journal et lettres, 1853 - 1871. Traduction autorisée de l'allemand par Georges Khnopff. Préface d'Henri Lichtenberger.
Leipzig, Breitkopf & Härtel, 1905 (1911), 2 vol., XV-242 et 258 p., deux front.
Première édition française de la correspondance que Wagner échangea avec Mathilde et le journal qu'il tint à la même époque. Cette correspondance est, avec les lettres de Liszt, le monument le plus important de cette crise décisive que traverse Wagner pendant ses années d'exil à Zurich. Il s'agit non seulement d'un témoignage capital sur sa passion avec Mathilde (drame tout intérieur et silencieux que nul, sauf un petit nombre d'initiés, n'a pu soupçonner au moment où il se déroulait), mais également un précieux document sur la genèse de Tristan. Mathilde fut pendant plusieurs années la confidente presque quotidienne de ses projets, de ses espoirs et de ses détresses. « *Bonne et presque élégante traduction de M. Khnopff* » (Dauriac).

Richard Wagner à Mathilde Wesendonck. Journal et lettres. 1853 - 1871. Traduction originale par G. Khnopff complétée par Stanislas Mazur. Préface et chronologie par Henry-Louis de la Grange. Edition revue et augmentée par Christian Rault.
Paris, Parution, 1986, 388 p., cahier de 6 feuillets de reproductions en noir h.-t.
Nouvelle édition augmentée d'un appareil critique. En appendice est reproduite la préface de Lichtenberger de l'édition originale de 1905. Préface contestable de H.-L. de la Grange, spécialiste bien connu de Mahler, qui tend à démontrer que la passion de Wagner pour Mathilde ne contribua pas à l'écriture de Tristan...

WESENDONCK (Otto)

Lettres de Richard Wagner à Otto Wesendonck (1852 - 1870).
La Revue de Paris, 15 décembre 1908, 1er et 15 janvier 1909 ; pp. 673-704, 61-88 et 242-258.
Première traduction (anonyme et différente de la suivante) de fragments de cette correspondance extraite de la première édition allemande (Berlin, A, Duncker, 1905).

Lettres à Otto Wesendonck. 1852 - 1870.
Paris, Calmann-Lévy, 1924, III-257 p.
Publication sans nom de traducteur (due à Georges Khnopff). La correspondance avec Otto Wesendonck (1815 - 1896) s'étale de 1852 à 1870 ; elle est particulièrement active pendant le séjour parisien de Wagner entre 1859 et 1860 et plus rare à partir de 1862.

WILLE (Eliza)

Richard Wagner et le roi de Bavière. Lettres traduites par Jacques Saint-Cère. Paris, A. Dupret, 1887, 53 p.

Première édition française de la correspondance du 2 mai 1864 au 26 décembre 1865 entre Eliza Wille (1809 - 1893) et Wagner, dans une traduction qui semble par moments fantaisiste. Schuré, dans une note (p. 28) de ses *Souvenirs sur Richard Wagner* avait déjà mis les lecteurs en garde contre cette traduction (« *[...] fragments traduits [...] la plupart avec beaucoup de contresens, les autres volontairement travestis et faussés* »).

Quinze lettres de Richard Wagner accompagnées de souvenirs et d'éclaircissements par Eliza Wille, née Sloman. Traduites de l'allemand par Augusta Staps.

Bruxelles, Imprimerie Veuve Monnom, 1894, 112 p.

Autre édition chez Fischbacher la même année.

Eliza, née Sloman, fut romancière, et confidente de Wagner à partir de ses années d'exil en Suisse. Le compositeur fut régulièrement l'hôte des Wille dans leur propriété de Mariafeld. L'introduction nous donne de très intéressants détails sur le séjour de Richard Wagner à Zurich ainsi que sur le caractère de l'artiste. L'ouvrage contient les lettres que lui adressa Wagner au lendemain de sa rencontre avec Louis II. Il s'agit en fait de la troisième édition de cette correspondance. Ces lettres furent initialement publiées par E. Wille dans la revue *Deutsche Rundschau* en février et mars 1887. Celles-ci furent traduites en 1887 par Saint-Cère (voir ci-dessus). La seconde édition française (1893) est celle de Fazy (voir cet auteur) qui traduit ces mêmes lettres et les accompagne d'un commentaire biographique. Cette dernière édition contient en outre trois lettres supplémentaires de 1869 et 1870.

Recueils et choix de lettres à divers destinataires (Classement par ordre alphabétique de nom d'éditeur scientifique)

HAINE (Malou)

Lettres de Richard Wagner à Carl Haslinger (Zurich, 12 décembre 1857), à Agnès Street-Klindworth (Paris, 1er janvier 1862), à Friederike Grün (Bayreuth, 24 janvier 1875), à Louis Brassin (Bayreuth, le 16 janvier 1876).

In : 400 lettres de musiciens au Musée royal de Mariemont. Iconographie rassemblée par Anne Meurant.

Liège, Pierre Mardaga éditeur, 1995, pp. 307-315 [d'un vol. de 596 p.], très nombreuses illustrations et fac-similés in-t et h.-t., index

Cet ouvrage est la publication de la totalité des autographes de musiciens conservés au Musée royal de Mariemont, par le conservateur du Musée instrumental de Bruxelles. Travail minutieux d'annotation. Pour mémoire, Carl Haslinger était directeur d'une maison d'édition musicale établie à Vienne ; Agnès Street-Klindworth, l'égérie weimaroise de Liszt avec lequel elle eut une relation secrète entre 1854 et 1865 ; Friederike Grün interpréta l'une des trois nornes à Bayreuth en 1876. Quant à Louis Brassin, il fut un ardent défenseur de Wagner, qui participa à la création en langue française de Lohengrin à La Monnaie. Il effectuera la transcription pour piano d'un grand nombre d'extraits du Ring.

PINCHERLE (Marc)

Musiciens peints par eux-mêmes. Lettres de compositeurs écrites en français (1771 - 1910) publiées par Marc Pincherle.
Paris, Pierre Cornuau, 1939, 251 p., 14 planches h.-t., index
Ouvrage tiré à 1100 exemplaires.
Marc Pincherle (1888 - 1974) nous livre quatre lettres non inédites de Wagner écrites en français adressées à son éditeur Flaxland, à son épouse et à Charles Nuitter. Elles furent publiées dans l'article de A. Dubuisson (Wagner et son éditeur parisien, *La Revue musicale*, 1er octobre 1923), mais non reprises par Tiersot dans ses *Lettres françaises de Richard Wagner*. Elles comportent quelques rectifications de traduction.

PROD'HOMME (Jacques-Gabriel)

Richard Wagner et l'Opéra de Paris. Lettres inédites (février - mars 1861).
Revue Pleyel, juillet 1934.
Il s'agit de la première publication de lettres de Wagner écrites en français, destinées à Alphonse Royer, directeur de l'Académie impériale de musique (4, 25 février et 1er mars) et à M. Martin, auquel incombait la tâche de dispenser les invitations pour les représentations de Tannhäuser (2 mars). Ces quatre lettres ont depuis été publiées dans *Richard Wagner. Sämtliche Briefe. Briefe des Jahres 1861* (voir la correspondance intégrale).

TIERSOT (Julien)

Lettres françaises de Richard Wagner. Recueillies et présentées par J. Tiersot.
Paris, Grasset, 1935, 414 p., front., un fac-similé, index
Tentative de recueil méthodique des lettres écrites en français par Wagner ou adressées à des Français sur environ quarante-cinq années. Il s'agit de lettres qui étaient éparses, imprimées dans divers périodiques ou conservées dans des collections particulières ou publiques. L'auteur (1857 - 1936) relie ces récits épistolaires par des explications ou des résumés de faits, ce qui lui permet de tracer un tableau complet de l'activité du compositeur dans ses rapports avec la France. Ceci explique l'utilisation de lettres adressées outre-Rhin et déjà traduites de l'allemand. On peut regretter des erreurs de lecture, en particulier pour ce qui concerne la correspondance avec Judith Gautier.

[Lettres diverses de WAGNER]

- Il y a cent ans... Textes de 1873 relatifs à la réalisation de « l'opération Bayreuth ».
In : Bayreuther Festspiele Programm, Rheingold-Walküre-Siegfried, 1973, pp. 45-50, 31-47 et 28-47.
- Textes de 1874 relatifs à la réalisation de « l'opération Bayreuth ».
In : Bayreuther Festspiele Programm, Meistersinger, 1974, pp. 45-52.
- Il y a cent ans. Quand Wagner organisait son premier festival.
In : Bayreuther Festspiele Programm, Rheingold, 1975, pp. 54-64.
Ensemble de documents épistolaires relatifs à la genèse du premier festival. On y trouvera de nombreuses lettres adressées en particulier à Otto von Bismarck, Otto von Düfflipp, au banquier Friedrich Feustel, à Emile Heckel, Josef Hoffmann ou encore Louis II de Bavière.

2. Journal et correspondance de Cosima Wagner

Journal. Texte établi, préfacé et commenté par Martin Gregor-Dellin et Dietrich Mack. Traduit de l'allemand par Michel-François Demet. I. 1869 - 1872. II. 1873 - 1877. III. 1878 - 1880. IV. 1881 - 1883.
Paris, Gallimard, 1977 - 1979, 4 vol. 744, 614, 769 et 578 p., front. au tome III, 8 feuillets de reproductions en noir h.-t., index, tableaux chronologiques
Monumentale publication. Sans doute l'une des éditions modernes les plus importantes sur Wagner. Le *Journal* fut rédigé à partir du 1er janvier 1869 et poursuivi pendant quelque quatorze années, soit jusqu'à la mort de Wagner. Eva et son époux (H. Chamberlain) le reçurent en dot lors de leur mariage. En raison d'une disposition testamentaire d'Eva Wagner, ces journaux ne devaient être publiés qu'après 1972. Seuls de très courts extraits avaient paru dans les *Bayreuther Blätter* de 1926 à 1938, dans une suite d'articles de Wolzogen. Il fut consulté par Glasenapp et le comte Richard du Moulin-Eckart, qui l'utilisèrent pour leur biographie.
Cosima y rapporte, avec une extraordinaire minutie, tous les détails, parfois triviaux, de la vie quotidienne avec Richard Wagner aussi bien que de la façon dont le couple percevait les grands événements de l'époque. A cet égard, le *Journal* présente un intéressant tableau général de la vie intellectuelle et artistique de l'Europe entre 1869 et 1883. Toutefois, le lecteur reste un peu sur sa faim... D'abord, parce que Cosima est tout de même un peu éloignée de ce que l'on peut appeler l'objectivité, à cause de sa « possessivité » et de sa « jalousie » : le rôle passé et présent des femmes dans la vie de son époux (Mathilde et Judith Gautier notamment) est occulté ou faussé. Ensuite, parce que ce *Journal* ne contribue pas à une meilleure compréhension du processus créateur de Richard Wagner. Traduction de M.-F. Demet, dont « *il n'est pas sans intérêt de savoir qu'il profère une vive aversion à l'endroit du wagnérisme* » (*Nouvelle Ecole*, 1979).

Trois lettres inédites de Cosima Wagner.
In : Mélanges de musicologie offerts à M. Lionel de la Laurencie.
Paris, Librairie Droz, Publications de la Société française de musicologie, seconde série, Tome III et IV, 1933, pp. 283-286.
Publication par Prod'homme de trois lettres inédites (conservée à la Bibliothèque et Musée de l'Opéra de Paris) de Cosima Wagner à Charles Nuitter (21, 26 avril et 4 mai 1869), relatives à l'organisation de l'invitation à Tribschen du célèbre quatuor Maurin - Chevillard à l'occasion de l'anniversaire de Wagner le 22 mai 1869.

Lettres au comte de Gobineau. Avec une introduction de Clément Serpeille de Gobineau.
La Revue hebdomadaire, 16 et 23 juillet 1938 ; N°29 et 30 : pp. 263-289 et 400-425.
Première édition de la correspondance de Cosima avec Gobineau, par le petit-fils de l'auteur des *Pléiades*. Edition gravement fautive par l'omission de quatre lettres, l'édition de onze lettres incomplètes avec des erreurs de transcription, ce qui altère souvent le sens même des phrases. Il faut donc se reporter à l'édition d'Eric Eugène, qui fait autorité.

Cosima Wagner - Friedrich Nietzsche. Lettres traduites de l'allemand par Stefan Kämpfer et précédés d'un essai de Marc Sautet « Les Femmes de Nietzsche ».
Paris, Le Cherche Midi, 1995, coll. « Amor Fati », 167 p.
Première publication française, enrichie d'un appareil critique, des lettres adressées par Cosima au philosophe, la plupart de celles de Nietzsche à l'épouse de Wagner ayant probablement été détruites par leur destinataire.

Correspondante inédite entre Ernest Van Dyck et Cosima Wagner.
In : **HAINE (Malou)** : Ernest Van Dyck, un ténor à Bayreuth. Suivi de la correspondance avec Cosima Wagner.
Lyon, Symétrie, 2005, pp. 117-251 [d'un vol. de 266 p.], cahier de 16 feuillets de reproductions en noir h.-t., quelques illustrations en noir in-t., index
L'auteur, professeur à l'Université libre de Bruxelles et conservateur du Musée instrumental de Bruxelles, a rassemblé 107 lettres (dont 106 inédites), échangées entre le ténor belge Ernest Van Dyck (1861 - 1923), l'un des interprètes wagnériens les plus renommés de son époque et Cosima Wagner, directrice du festival de Bayreuth, mais également, avec les intendants, Adolf von Gross, Wilhelm Schuler et les enfants de Cosima, Siegfried, Eva, Blandine. Cette correspondance s'étend de 1887 à 1914 et est majoritairement écrite en français. Première publication intégrale dotée d'un très riche et remarquable appareil critique.

II. OEUVRES EN PROSE, ECRITS BIOGRAPHIQUES ET CRITIQUES

Il fallut attendre 1907 pour que Prod'homme entreprenne la traduction des *Gesammelte Schriften*, dont l'édition se poursuivit jusqu'en 1925. Mais il existait avant cette date, d'assez nombreuses traductions des écrits de Wagner, publiées notamment par la librairie Fischbacher. Les traductions françaises des écrits wagnériens parurent lentement ; les premières sont du reste plutôt bruxelloises.

1. Edition complète

Œuvres en prose de Richard Wagner. Traduites en français en collaboration avec J.G. Prod'homme, F. Holl, F. Caillé et L. van Vassenhove. Préface de M. le Pr. Lionel Dauriac au tome IV.
Paris, Delagrave, 1907 - 1925, 13 vol. 358, IV-231, 274, X-276, 292, IX-252, 319, VII-254, VII-287, 270, 186, 295 et 243 p., table générale, index général

Autre édition :
Œuvres en prose de Richard Wagner.
Paris, Editions d'Aujourd'hui, Plan-de-la-Tour, coll. « Les Introuvables », 1976, pagination similaire, index
Tirage limité à 800 exemplaires. Réédition en fac-similé de l'édition Delagrave.
Tout au long de sa vie, Wagner multiplia les ouvrages et les articles théoriques, traitant pêle-mêle de sa production artistique, des conditions de sa représentation, de la situation de l'opéra en Allemagne, des compositeurs qu'il admirait ou exécrait, du rôle de l'artiste et de la création dans le monde, de morale, de philosophie et de politique enfin. Cette oeuvre littéraire complète de Wagner fut publiée par E.-W. Fritsch, à Leipzig, en 10 volumes (1871 - 1883 (le volume 10 fut publié à titre posthume)) sous le titre *Richard Wagner Gesammelte Schriften und Dichtungen* et réimprimée plusieurs fois. Celle-ci comporte également les textes des livrets d'opéras et de certaines esquisses (Wieland le forgeron, par exemple). Cette première édition offre des garanties particulières d'authenticité du fait qu'elle est due à l'initiative de Wagner en personne, qui lui a consacré tous ses soins. L'ensemble fut traduit en français par Prod'homme et publié en 13 volumes entre 1907 et 1925 (troisième et dernière édition en 1928). Les oeuvres sont classées par ordre chronologique. Cet ensemble ne comprend ni l'autobiographie, ni les livrets. Il est regrettable que la traduction soit médiocre et ne fasse pas autorité. Beaucoup de textes nous sont restitués dans une prose quasi-illisible. On attend encore une traduction nouvelle avec édition critique. Mais dans son ensemble, cette édition présente néanmoins un intérêt majeur.

2. Choix et recueils

[Articles parisiens]

Du 12 juin 1840 au 15 mai 1842, Wagner n'écrivit pas moins de dix articles, en vingt livraisons pour la *Revue et gazette musicale de Paris* de Schlesinger, qui paraissait deux fois par semaine. Ces diverses fantaisies ou études critiques publiées sous son nom et traduites en français pour ce journal avaient donc paru à l'origine dans cette langue. Elles furent ensuite recueillies dans le premier volume des *Gesammelte Schriften.* Dans la traduction française des *Oeuvres en prose*, Prod'homme reproduit *« le texte français, en y joignant les variantes tirées des Gesammelte Schriften »*. Il nous a paru utile de les mentionner en précisant leur date de parution. Pour un accès plus facile, nous reproduisons entre parenthèses la pagination du premier volume des *Oeuvres en prose* dans la traduction française.

Ce sont donc les articles intitulés :

De la musique allemande : 12 et 24 juillet 1840 (pp. 152-180).
Stabat Mater de Pergolèse, arrangé pour grand orchestre avec choeurs par Alexis Lvoff : 11 octobre 1840 (pp. 224-230).
Du métier de virtuose et de l'indépendance des compositeurs. Fantaisie esthétique d'un musicien : 18 octobre 1840 (pp. 181-205).
Une visite à Beethoven. Episode de la vie d'un musicien allemand : 19, 22, 29 novembre et 3 décembre 1840 (pp. 60-95).
Une visite à Beethoven a été joint par Champfleury à sa plaquette sur Wagner, dans le volume *Grandes figures d'hier et d'aujourd'hui* (voir à ce nom). A noter que *La Revue musicale belge* publia cet article en 1840-1841.
De l'ouverture : 10, 14, 17 janvier 1841 (pp. 231-249).
Un musicien étranger à Paris : 31 janvier et 11 février 1841 (pp. 96-132).
Caprices esthétiques. Extraits du journal d'un musicien défunt. Le Musicien et la publicité : 1er avril 1841 (pp. 206-213).
Article inséré par erreur sous la signature de Verner.
Le Freischütz. Au public parisien : 23 et 30 Mai 1841 (pp. 250-270).
Une soirée heureuse. Fantaisie sur la musique pittoresque : 14 octobre et 7 novembre 1841 (pp. 133-151).
Stabat Mater de Rossini : 15 décembre 1841 (pp. 214-223).
Halévy et la Reine de Chypre : quatre articles du 27 février 1842, 13 mars, 24 avril et 1er mai 1842 (pp. 299-334).

Ces articles sont recueillis dans les volumes suivants :

- Dix écrits de Richard Wagner. Avant-propos par Henri Silège (juillet 1898).
Paris, Fischbacher, 1898, XIV-240 p.
Reprise des articles suivants : *De la musique allemande - Stabat Mater de Pergolèse - Du métier de virtuose - Une visite à Beethoven - De l'ouverture - Un musicien étranger à Paris - Le Musicien et la publicité - Le Freischütz - Une soirée heureuse – Halévy et la Reine de Chypre.*
- Un musicien étranger à Paris. Préface de Renée Cariven-Galharret.
Paris, Edition des Cendres, 1989, 90 p., une gravure
Exemplaire sur Vergé de France numéroté à 1220 exemplaires.
Réédition, augmentée d'une intéressante préface sur Wagner à Paris, de : *Une visite à Beethoven - Un musicien étranger à Paris - Caprices esthétiques - Une soirée heureuse.*

BENOÎT (Camille)

Souvenirs. Traduits de l'allemand pour la première fois par Camille Benoît.
Paris, Georges Charpentier et Cie, 1884, 298 p.

L'auteur (1851 - 1923), compositeur et surtout musicographe, s'affirme à partir de 1883 comme critique musical et défenseur de Wagner. Il réunit dans cet ouvrage des textes et des fragments autobiographiques épars dans les dix volumes des *Gesammelte Schriften* dont l'*Esquisse autobiographique* (celle-ci avait paru dans cette traduction les 21, 28/10 et 4, 11/1883 dans *Le Ménestrel*), *Le Retour des cendres de Weber*, *Souvenirs sur Spontini*... Cette édition est complétée par une lettres inédite à G. Monod, publiée dans *La Revue politique et littéraire* et une autre, au duc de Bagnera, président du collège de musique de Naples, publiée dans la revue *Archivio musicale de Naples*. En appendice, un article sur la mort de Wagner, publié dans *Le Guide musical* du 22 février 1883.

Musiciens, poètes et philosophes. Aperçus et jugement précédés de lettres inédites en France et traduites de l'allemand pour la première fois par Camille Benoît.
Paris, Georges Charpentier et Cie, 1887, III-298 p.

Suite du précédent volume constituée d'extraits des écrits en proses concernant, comme son titre l'indique, les musiciens, poètes et philosophes. Le principal défaut de cet ouvrage est l'extrême brièveté des morceaux choisis. Le choix des fragments s'apparente plus aux souvenirs et extraits de jugements qu'aux textes théoriques trop ardus.

BENOIST (Alain de) [éd.]

« La pensée wagnérienne : textes choisis »
In : **BENOIST (Alain de) [éd.]** : Richard Wagner 2. Nouvelle Ecole. Numéro spécial. N° 31-32 - Mars 1979.
Paris, Copernic, 1979, pp. 27-44 [d'un vol. de 239 p.], nombreuses illustrations en noir in-t. et h.-t.

CHARNACÉ (Guy de)

Musique et musiciens.
Paris, P. Lethielleux, 1874, 2 vol. 264 et 347 p.

Cet ouvrage est dû à l'époux (1825 - 1909) de Claire de Charnacé, fille de la comtesse d'Agoult, donc demi-sœur de Cosima. Le second volume contient : « Fragments littéraires de M. Richard Wagner, traduits et annotés », dont quelques articles parisiens (*De la musique allemande*, *De l'ouverture*), la première partie d'*Opéra et drame* et *Sur la direction d'orchestre*. Traduction médiocre, incomplète, accompagnée de remarques hostiles à Wagner.

CLOSSON (Ernest)

Richard Wagner. Poèmes et textes en prose, choisis et traduits par Ernest Closson.
Paris, La Renaissance du Livre, 1934, 202 p., front.

Recueil d'extraits des oeuvres dramatiques (Parsifal, Siegfried, Les Maîtres-chanteurs), d'écrits divers (*Une visite à Beethoven*, *Lettre à Villot*, *De la musique allemande*) et de la correspondance (Röckel et Mathilde Wesendonck) traduits par l'auteur (1870 - 1950). Intéressant pour les cinq pages de bibliographie française critique.

DAHLHAUS (Carl)
L'Esthétique de Wagner. Textes choisis et précédés d'une introduction par Carl Dahlhaus. Traduction de P. Hofer, Bury et J.-G. Prod'homme.
Bayreuth, Edition Musica Bayreuth, 1972, 64 p.
Réimpression des textes (*L'Artiste et la publicité*, *Public et popularité*, *Sur la critique musicale*, *De l'ouverture*, *Une heureuse soirée*, *De l'application de la musique au drame*, *Sur l'expression musikdrama*), regroupés autour du thème de l'esthétique wagnérienne. Chacun est précédé d'une courte introduction explicative. L'ensemble des textes avait été publié dans les livres-programmes du festival de Bayreuth de 1970.

HIPPEAU (Edmond)
L'Oeuvre et la mission de ma vie. Autobiographie inédite. Traduction française avec commentaires et notes par Edmond Hippeau. Suivi de : Un précurseur de Wagner (extrait de la Renaissance musicale).
Paris, Imprimerie Schiller, 1884, 107 p.
Ce texte apocryphe, qui se veut une synthèse des thèses wagnériennes, serait l'oeuvre de Wolzogen (1848 - 1938). Il fut publié en juillet et août 1879 par la *North American Review*, étant destiné à « *ses amis d'Amérique* ». Critique musical, wagnérien convaincu, Hippeau (1849 - 1921) sera le rédacteur de *La Renaissance musicale*, journal hebdomadaire, qui avait succédée en 1881 à *La Revue et gazette musicale*. L'auteur sera l'un des premiers à donner une assise solide à la bibliographie de Berlioz.

PROD'HOMME (Jacques-Gabriel)
Mes Oeuvres. Avant-propos d'Edmond Buchet. Introduction et traduction de J.G. Prod'homme.
Paris, Corréa, 1941, 314 p.
Reprise de divers textes en prose dans la traduction de Prod'homme.

SAMAZEUILH (Gustave)
« Vues sur la France par Richard Wagner »
In : Richard Wagner. Vues sur la France. Suivies d'hommages à Richard Wagner. Avant-propos et commentaires par Gustave Samazeuilh.
Paris, Mercure de France, 1943, pp. 23-61 [d'un vol. de 272 p.], front.
Cette première partie de l'ouvrage est un choix de textes du compositeur (extraits de sa correspondance et d'œuvres autobiographiques ou critiques) ayant trait à la France.

3. Editions isolées (classement chronologique)

Richard Wagner : Opéra et drame.
Revue trimestrielle, Tome II, 1854, pp. 187-226.
Extrait de l'oeuvre princeps de Wagner dans une traduction de Jules Guilliaume (1825 - 1900), chef d'orchestre à Bruxelles, qui fut l'un des premiers partisans de Wagner en Belgique.

Autre édition :
Opéra et drame. Traduction de J.-G. Prod'homme. Préface de M. le Professeur Lionel Dauriac.
Paris, Edition d'Aujourd'hui, 1982, coll. « Les Introuvables », X-276 et 292 p.
Réédition en fac-similé de l'édition Delagrave, 1928.

Concert de Richard Wagner. Explications sur ses opéras.
Paris, Imprimerie d'Aubusson et Kugelmann, 1860, 15 p.
Plaquette rédigée par Wagner et imprimée à ses frais pour préparer le public français aux trois concerts donnés à la salle Ventadour, les 25 janvier, 1er et 8 février 1860. Le programme comprenait des fragments du Hollandais Volant, de Tannhäuser, de Tristan et de Lohengrin.

Art et politique (première partie).
Bruxelles, Imprimerie de J. Sannes, 1868, 73 p.
Traduction anonyme de Jules Guilliaume.
Ce virulent réquisitoire contre la perversion du goût allemand par l'esprit français au travers des productions d'art et littéraires parut initialement dans la revue allemande *Süddeutsche Presse* à Munich. Cette publication fut interrompue mi-décembre 1867, après la treizième partie sous l'influence des cercles hostiles au compositeur, avant d'être reprise en volume.

Autres éditions :
- Art et politique. Traduction de J.G. Prod'homme et L. van Vassenhove.
In : Le Guide musical, 12, 19 et 26 décembre 1867, 2, 9, 23 et 30 janvier 1868, 6 février 1868.
Edition ne comprenant pas les 14ème et 15ème parties de l'essai.
- Art et politique par Richard Wagner (première partie).
Bruxelles, Schott Frères, s.d., 63 p.
Probable publication des années 1920 en traduction anonyme de la première partie de l'essai.

Le Judaïsme dans la musique (extrait du Guide musical).
Bruxelles, Imprimerie de J. Sannes, 1869, 31 p.
Traduction anonyme de Jules Guilliaume.
Le pamphlet fut publié une première fois, sous le pseudonyme de K. Freigedank dans la *Neue Zeitschrift für Musik* du 3 septembre 1850, puis une deuxième fois (édition augmentée) au nom de Wagner en 1869. *Le Guide musical* publiera sa réédition allemande de 1869 dans ses numéros des 8 et 29 avril 1869, des 6 et 13 mai 1869. Ce texte sera repris dans la revue *Diapason*, revue musicale de Bruxelles, sous le titre « Le Judaïsme dans l'art musical », y compris la note relative aux réserves de la rédaction. Une seconde publication verra le jour sous le titre « Les Juifs musiciens » dans plusieurs numéros de *La France musicale*. Enfin, l'article sera reproduit à quelques semaines d'intervalle par *La Belgique littéraire, musicale et artistique* (traduction de F. Schutz) dans ses numéros de novembre et décembre et enfin, plus tard réédité en brochure, tirée à part. Créé en 1855, *Le Guide musical* sera au cours des deux dernières décennies du

XIXème siècle l'un des périodiques les plus importants en langue française et publiera du vivant de Wagner nombre de ses écrits (exemples : *La Musique allemande appréciée par Richard Wagner*, avril et mai 1855 - *Du métier de virtuose et de l'indépendance des compositeurs*, juillet 1855 - *Richard Wagner chez Rossini*, 14 janvier 1869...)

Autre édition :
Le Judaïsme dans la musique. Traduction de B. De Trèves. 1850.
Paris, Société d'édition Muller et Cie, s.d. (1894), 22 p.
Réimpression en fac-similé (sans date).
Nouvelle publication dans une nouvelle traduction.

Richard Wagner et la Neuvième Symphonie de Beethoven. Commentaire-programme pour cette symphonie, et observations au sujet de son exécution, par Richard Wagner, traduit par Maurice Kufferath (Extrait du Guide musical).
Paris, Londres et Bruxelles, Schott, 1875, 46 p.

[Une capitulation] Richard Wagner et les parisiens. Traduction complète de la comédie de M. Richard Wagner, contre Paris assiégé. Avec une préface et un portrait de l'auteur.
In : Paris, L'Eclipse, supplément au numéro 19, 9ème année, nouvelle série, 5 novembre 1876, 16 p.
Pamphlet écrit en octobre 1870 qui ne fut publié qu'en 1873 dans les *Oeuvres Complètes*, sous le titre *Une capitulation, comédie à la manière antique*. Victor Tissot (1854 - 1917), qui le découvrit, révéla dès 1875 ce texte en français dans *Voyage au pays des milliards*, (Dentu, 1875). Le texte fut publié ensuite en traduction anonyme (due à Victor Tissot) dans *L'Eclipse* de 1876. Il s'agit d'un vaudeville d'un contenu et d'un style gratuit et sans gravité réelle, mais d'un goût douteux. Il y raille aussi bien la France battue, en y faisant apparaître Emile Perrin et Victor Hugo, que les Allemands qui capitulent devant l'opérette parisienne. Wagner y gagna son renom d'insulteur de la France. Après l'avoir proposée à Hans Richter, pour qu'il la mette en musique dans le style d'Offenbach, et son refus par un théâtre berlinois, Wagner la classa dans ses cartons avant de la faire figurer dans ses *Oeuvres Complètes.*

Autre édition :
Une capitulation, comédie à la manière antique.
Paris, Editions musicales A. Leduc & Cie, s.d. (1920), 22 p.
Ce texte sera ensuite repris en 1887 dans *La Revanche*, ainsi qu'en 1891 dans le numéro 1 de *La Question Wagner* du 11 septembre 1891, lors des deux créations parisiennes de Lohengrin (1887 et 1891).

Rapport présenté par Richard Wagner en 1865 à sa Majesté Louis II, roi de Bavière sur la fondation d'une école allemande de musique à Munich.
Traduction d'Emile Guilliaume.
In : Gand et Bruxelles, Librairie générale A.D Hoste - C. Muquardt et Falk, succr, Annuaire du Conservatoire royal de musique de Bruxelles, 1887 ; Vol. XI : pp. 149-223.

Variétés. Sur l'art de diriger l'orchestre, par Richard Wagner (1869). Traduction d'Emile Guilliaume.
In : Gand et Bruxelles, Librairie générale A.D Hoste - C. Muquardt et Falk, succ[r], Annuaire du Conservatoire royal de musique de Bruxelles, 1888 - 1889 ; Vol XII et XIII : pp. 134-184 et 133-196.
Une des rares oeuvres littéraires qui traite de façon concrète, plutôt que théorique, de ses conceptions de la musique.

Autres éditions :

- Sur la direction de l'orchestre. Traduit de l'allemand par Jules Clément.
Bruxelles, Leipzig et Paris, Schott - Otto Junne - Fischbacher, s.d., 65 p.
- Sur la direction d'orchestre. 1869. Traduit de l'allemand par Odile Demange.
In : L'Art du chef d'orchestre. Un choix de textes d'Hector Berlioz, Richard Wagner, Félix Weingartner, Bruno Walter, Charles Munch, présentés et commentés par Georges Liébert.
Paris, Hachette, 1988, pp. 101-282 [d'un vol. de CXVII-770 p.]
- L'Art du chef d'orchestre. Edition revue et corrigée.
Paris, Hachette Littératures, 2005, pp. 101-282 [d'un vol. de CXVII-770 p.]
Préface détaillée due à Georges Liébert sur Wagner, chef d'orchestre. Reproduction en intégralité de l'essai *Sur la direction d'orchestre* dans une traduction moderne et lisible d'Odile Demange.

Sur les poèmes symphoniques de Franz Liszt. Lettres à M. B. Traduit de l'allemand, avec autorisation, par Michel-Dimitri Calvocoressi.
Paris, Fischbacher, 1904, 39 p.
Silège communique une date d'édition de 1897, qu'il ne nous a pas été possible de confirmer. Il est possible que l'édition mentionnée ci-dessus ne soit qu'une réimpression.
Cette lettre ouverte adressée à la princesse Marie de Sayn-Wittgenstein, doit être datée, selon Prod'homme, de Zurich du 15 février 1857. Elle fut publiée sous le titre *Uber Franz Liszt's Symphonische Dichtungen...* dans la *Zeitschrift für Musik* de Brendel, en mars 1857. Elle fut ensuite rééditée dans le tome V des *Gesammelte Schriften* (tome VII des *Œuvres en prose* traduites par Prod'homme).

Autre édition :
Sur les poèmes symphoniques de Franz Liszt. Lettres à M. B. Traduit de l'allemand, avec autorisation, par Michel-Dimitri Calvocoressi.
Paris et Tours, Edition Coderg et Librairie Ars Musicae, 1982, coll. « La Musique, les hommes et les instruments », 33 p.

L'Art et la Révolution. Traduction de Jacques Mesnil.
Bruxelles, Bibliothèque des « Temps nouveaux », Numéro 13, 1898, 95 p.
J. Mesnil est le pseudonyme du journaliste Jean-Jacques Dwelshauvers (1872 - 1940).

Autres éditions :

- L'Art et la Révolution (traduction par Jacques Mesnil). Suivi de Lettres à Richard Wagner ; et de Wagner et le Tannhäuser à Paris/Charles Baudelaire.

Paris, Edition de l'Opale, 1978, 128 p.

- L'art et la Révolution.

Mons, Edition Sils Maria, 2001, coll. « Les Immanents », 62 p.
Nouvelle édition de l'opuscule sans note critique. Traduction anonyme.

Beethoven. Traduction d'Henri Lasvignes.
Paris, Edition de La Revue blanche, 1902, 122 p.
Réimpression chez Fischbacher la même année.
Etude écrite en 1870, à l'occasion du centenaire de Beethoven, essentielle pour l'intelligence de l'art wagnérien. Tiré à part en brochure. La première publication eut lieu dans *La Revue blanche*, 15 août, 1er et 15 septembre 1901 : pp. 561-578, 37-54 et 115-124.

Autres éditions :

- Beethoven. Traduit de l'allemand par Jean-Louis Crémieux.

Paris, Gallimard, 1937, 222 p.
Réimpressions successives.
Textes consacrés à Beethoven publiés dans les *Oeuvres en prose*, et dans une nouvelle traduction : *Une visite à Beethoven - Compte-rendu de l'exécution de la IXème symphonie à Dresde en 1846 - La IXème symphonie, programme* (1846) - *La Symphonie héroïque, programme* (1851) - *L'Ouverture de Coriolan, programme* (1852) - *Beethoven* (1870).

- Beethoven. Traduction, introduction et notes par Jean Boyer.

Paris, Aubier - Edition Montaigne, 1948, coll. « bilingue des classiques étrangers », 237 p.
Edition bilingue.

- Beethoven par Wagner. Traduit de l'allemand par Jean-Louis Crémieux-Brilhac.

Paris, Gallimard, 1970, 175 p.

Ma vie. Traduction de N. Valentin et A. Schenk. I. 1813-1842. II. 1842-1850. III. 1850-1864.
Paris, Plon Nourrit et Cie, 1911-1912, 3 vol. 363, 364 et 497 p.
Réimpressions successives.
« [...] *Ces notes ont été écrites sous ma dictée, par ma femme, mon amie, désireuse d'entendre de ma propre bouche l'histoire de ma vie* » (préface). Les premiers volumes de l'autobiographie furent confiés à l'imprimeur bâlois G.A. Bonfantini en 1870, 1872 et 1875. Le quatrième volume fut imprimé par Theodor Bürger de Bayreuth en 1880. Le tirage privé d'origine de 15 exemplaires fut augmenté à 18 à partir du second volume. Un exemplaire de chaque fut envoyé à un groupe choisi « *d'amis fidèles et de confiance* ». A la mort de Wagner, Cosima demanda aux récipiendaires de lui retourner les exemplaires. Un seul exemplaire supplémentaire des trois premiers volumes, tiré à part par Bonfantini, fut sauvegardé et acquis par Mary Burell en 1892. C'est pour mettre

un terme aux spéculations et aux rumeurs que Wahnfried autorisa la première édition commerciale de *Ma vie* en 1911. Mais les fautes d'impressions et de déchiffrage, la suppression et réécriture de 17 pages par respect pour les personnages impliqués et qui étaient encore en vie à l'époque, entachèrent l'édition dès le départ. La première version non expurgée a paru en 1963 chez List à Munich. L'autobiographie embrasse la période qui va de la naissance en1813 à son arrivée à Munich en 1864. Ces mémoires s'arrêtent en 1864 au moment où Wagner obtient l'appui de Louis II de Bavière. L'édition française ne comprend ni les annales des années 1864 à 1865, ni les autres suppléments aux dernières éditions en allemand. Outre son grand intérêt biographique, ce récit aux grandes qualités littéraires, présente la description d'une des périodes les plus riches de la vie artistique allemande.

Extraits :
Ma vie (extraits).
La Revue hebdomadaire, 17 juin, 21 octobre 1911 et 8 juin 1912.
Il s'agit d'extraits des premiers volumes de *Ma vie* parue dans l'édition Plon précédente.

Autre édition :
Ma vie (Mein Leben). Texte français et notes de Martial Hulot avec la collaboration de Christiane et Melchior de Lisle.
Paris, Buchet/Chastel, 1978, 472 p.
Réimpression en 1983.
Nouvelle édition critique, avec de nombreuses notes, de l'autobiographie du compositeur, complétée par une traduction partielle des *Annales* (notes couvrant la période de 1864 à 1868). Mais de façon inexplicable, certaines phrases ont parfois été omises et n'ont pas été reprises dans cette édition. Traduction donc incomplète.

Lettre ouverte à M. Ernst von Weber, auteur de « Les Chambres de torture de la science. » Traduction de J.G. Prod'homme et Fritz Holl.
In : L'Antivivisection, mai 1913 ; N°4 : pp. 98 et suivantes.
Reprise du texte publié dans le tome XIII des *Œuvres en prose* (pp. 5-28) dans la même traduction, précédé d'un texte du traducteur intitulé « Richard Wagner, antivivisectionniste » (pp. 91-97).

Carnet brun.
La Table ronde, août 1954 ; N°80 : pp. 7-31.
Première et unique traduction française de madame de Prévaux d'extraits du *Carnet brun* du 10 août au 27 septembre 1865. Wagner donna le nom de *Carnet brun* à un carnet relié en cuir que Cosima lui avait offert bien avant leur vie commune à Tribschen, afin qu'il puisse consigner des notes à son attention pendant leurs périodes de séparation. Non seulement journal, mais également carnet d'esquisse (c'est ici que Wagner notera celle de Parsifal), il couvre les 17 dernières années de vie de Wagner et nous offre « *un aperçu fascinant sur les préoccupations esthétiques de cette époque* » (Stewart Spencer). La première édition critique allemande est due à Joachim Bergfeld (Atlantis, 1975). Il existe une édition anglaise parue en 1980. Compte tenu de l'importance de l'ouvrage, on ne peut que s'étonner que celui-ci n'ait jamais été traduit en français.

« La Légende du Freischütz (1841) »
Musique en jeu, mai 1974 ; N°14 : pp. 43-48 [d'un vol. de 118 p.]
Large extrait de l'article (*Le Freischütz. Au public parisien : 23 et 30 Mai 1841*) publié dans le tome I (pp. 250-270) des *Œuvres en prose* dans une traduction (modifiée) de Prod'homme.

Une communication à mes amis, traduit et présenté (sic) par Jean Launay suivi de Lettre sur la musique.
Paris, Mercure de France, 1976, 252 p.
Nouvelle traduction.
Achevé à la mi-août 1851 et publié en décembre de la même année, l'essai fut ensuite révisé avant d'être repris dans le volume IV des *Gesammelte Schriften* (c'est-à-dire, tome VI des *Œuvres en prose*). Wagner s'efforce de placer ses oeuvres antérieures dans leur contexte autobiographique. L'une des conséquences de cette approche est le lien encore plus étroit forgé entre la vie et les oeuvres de Wagner.

Esquisse autobiographique.
In : **BARTH (Herbert) - MACK (Dietrich) - VOSS (Egon) [éd.]** : Wagner. Une étude documentaire. Traduit de l'anglais par Bernard Miailhe. Préface de Pierre Boulez.
Paris, Gallimard, 1976, pp. 11-16 [d'un vol. de 255 p.]
Ce texte, qui fut publié dans le *Zeitung für die Elegante Welt* de Laube les 1er et 8 février 1843, couvre la période qui s'étend de la naissance de Wagner à son retour en Allemagne en 1842, et était destinée à présenter au public des théâtres d'opéra leur nouvelle étoile après le succès spectaculaire de la première de Rienzi.

L'Oeuvre d'art de l'avenir. Traduction de J.-G. Prod'homme et Dr F. Holl.
Paris, Edition d'Aujourd'hui, 1982, coll. « Les Introuvables », paginé VII-7 et 60-254 p.
Réédition en fac-similé de l'édition Delagrave, 1928.
« Les Introuvables » avaient publié en 1976 les 13 volumes des *Œuvres en prose*. Deux textes, considérés comme les plus importants, ont été réédités séparément. Mais contre toute tradition éditoriale, le troisième volume ne comprend que *L'Œuvre d'art de l'avenir* et omet les pages correspondant à *L'Art et la Révolution* et *Art et climat*. Ces derniers textes figurent cependant dans la table des matières.

La Création de Parsifal à Bayreuth.
In : Parsifal. L'Avant-Scène Opéra, janvier - février 1982, N°38/39, pp. 156-161 [d'un vol. de 260 p.]

Halévy, la Juive et la Reine de Chypre. Textes choisis et présentés par Didier Van Moere.
In : La Juive. L'Avant-Scène Opéra, N°100, juillet 1987, pp. 13-16 [d'un vol. de 161 p.]
Extraits des quatre articles publiés dans *La Revue et gazette musicale* du 27 février au 1er mai 1842, et repris dans le tome I des *Œuvres en prose* de Wagner sous le titre de

Halévy et la Reine de Chypre. Outre un commentaire fouillé de cet opéra, créé en 1841, cette étude comporte des considérations sur Halévy en général, et notamment sur son ouvrage le plus connu, La Juive.

« **Le Freischütz** ». Compte rendu pour l'Allemagne.
In : Le Freischütz. L'Avant-Scène Opéra, N°105 - 106, janvier - février 1998, pp. 126-134 [d'un vol. de 202 p.]
Reproduction du texte qui fut publié le 20 juin 1841 dans l'*Abend Zeitung de Dresde*, dans la traduction de Prod'homme.

Héroïsme et christianisme.
In : **EUGÈNE (Eric)** : Wagner et Gobineau. Existe-t-il un racisme wagnérien ? Préface de Serge Klarsfeld.
Paris, Le Cherche Midi, coll. « Points fixes / essais », 2000, pp. 143-161 [d'un vol. de 254 p.], index
Nouvelle traduction intégrale et critique d'*Héroïsme et Christianisme*. Un modèle de publication.

III. OEUVRES DRAMATIQUES

Les drames wagnériens ont fait l'objet de nombreuses traductions, en vers et en prose, dont la qualité est évidemment très inégale. Les premières traductions furent destinées à être chantées sur scène, ce qui nous offre des résultats plus ou moins heureux dans cet impératif de « chantabilité ». Avec la deuxième moitié du XXème siècle, on entre dans la période où l'habitude s'impose de jouer les opéras en langue originale, et donc Wagner en allemand. Un nouveau type de traduction s'imposa, destinée désormais à la seule lecture. Les travaux furent donc désormais plus axés sur un souci de précision et de véracité. On a pu relever la plupart de ces traductions sans prétendre à l'exhaustivité. On pense notamment à toutes celles, totales ou partielles, qui peuvent être proposées dans les programmes de représentation. Notre travail excluant les partitions, nous ne citerons pas certaines traductions publiées exclusivement dans ce cadre (figurant sous la portée et le texte allemand, elles suivent le nombre de syllabes à la lettre). Nous mentionnerons la version française de Tristan et Isolde due à Paul Milliet (partition pour chant et piano par K. Klindworth. Mayence-Paris, Schott-Eschig, s.d. (1920 environ)), la traduction de Jean Chantavoine pour Parsifal (Parsifal. Drame solennel en trois actes de Richard Wagner. Partition, chant et piano, réduction de Joseph Rubinstein. Ricordi & Cie, s.d.), ainsi que la réduction chant et piano de La Walkyrie et du Crépuscule des dieux, dont la traduction est due à Amédée Boutarel (partition complète de chant et de piano par Otto Singer. Breitkopf en 1914). Cet auteur serait également l'auteur d'une traduction de La Défense d'aimer (partition, chant et piano).

1. Livrets. Traductions des œuvres mises en musique (classement par ordre alphabétique du nom de traducteur)

ARIÈGES (Jean d')

L'Or du Rhin, La Walkyrie, Siegfried, Le Crépuscule des dieux Traduction française avec indication des leitmotivs. Préface par Marcel Doisy.
Paris, Aubier - Montaigne, coll. « bilingue », 1968 - 1970 - 1971 - 1972, 4 vol. 235, 292, 294 et 300 p.
Réimpressions successives.
Travail important et historique, car première traduction destinée à la lecture intelligible de l'oeuvre, dont le seul défaut pourrait être *« l'allongement du texte au détriment de sa concision, l'explication au détriment de la transposition* » (Merlin).

Tristan et Isolde. Traduction française avec indication des leitmotivs. Préface par Marcel Doisy.
Paris, Aubier - Montaigne, coll. « bilingue », 1974, 241 p.

Les Maîtres-chanteurs de Nuremberg. Traduction française avec indication des leitmotivs. Préface par Marcel Doisy.
Paris, Aubier - Montaigne, coll. « bilingue », 1978, 375 p.
Réimpressions successives.
Traductions dans le même esprit que celle du Ring.

BEAUFILS (Marcel)
Parsifal. Préface et traduction.
Paris, Aubier - Montaigne, coll. « bilingue », 1944, 195 p.
Réimpression en 1979.
La préface contient une analyse magistrale du personnage de Kundry.

BRAYER (Jules de)
Essai de traduction analytique sur le Parsifal, pièce d'inauguration théâtrale de Richard Wagner.
Paris, Au bureau du « Progrès artistique » - Maison Schott, 1879, 63 p.
Première traduction de l'oeuvre enrichie de notes explicatives, que l'auteur (qui présenta plus tard Renoir à Wagner), dédia à Cosima Wagner.

BRINN'GAUBAST (Louis-Pilate de) - BARTHÉLÉMY (Edmond)
La Tétralogie de L'Anneau du Nibelung par Louis-Pilate de Brinn'Gaubast et Edmond Barthélémy. Publiée avec l'autorisation spéciale de la maison B. Schott's Söhne éditeurs. Avant-propos, traduction et annotation philologique par Louis-Pilate de Brinn'Gaubast. Etude critique, commentaire musicographique par Edmond Barthélémy.
Paris, Dentu, 1894, 633 p.
Traduction de Louis-Pilate de Brinn'Gaubast (1866 - 1944), poète décadent, né en Louisiane, auteur de *Sonnets insolents* et d'un roman vériste, *Fils adoptif,* qui fut également le secrétaire et le collaborateur d'Alphonse Daudet. Cette traduction se veut « *fidèle mais non littérale* », donc parfois dans un français improbable en vers brefs, non rimés, qui scandent les accents de la phrase (sons, syllabes, allitérations). Bien que la traduction prenne souvent une trop grande liberté à l'égard du poème original, celle-ci fut cependant cautionnée par Ernst et citée par Lavignac. Le texte est accompagné d'un commentaire littéraire et philologique d'une étonnante érudition, citant en notes les sources présumées du texte de Wagner. Le commentaire musical offre moins d'intérêt. A noter une étude préliminaire sur les cycles germaniques et scandinaves. Iwan Gilkin déplora dans *La Jeune Belgique* que « *les traductions françaises manquassent de l'élan lyrique de la poésie wagnérienne* » (van Nuffel, p. 113).

Les Maîtres-chanteurs de Nürnberg (sic) par Louis-Pilate de Brinn'Gaubast et Edmond Barthélémy. Publiée avec l'autorisation spéciale de la maison B. Schott's Söhne éditeurs. Avant-propos, traduction littéraire complète et annotation philologique par Louis-Pilate de Brinn'Gaubast. Etude critique, commentaire musicographique par Edmond Barthélémy. Edition enrichie de la musique des thèmes.
Paris, Dentu, 1896, 427 p.
Bonne traduction libre en prose, indépendante de la musique, recommandée comme la précédente par Alfred Ernst (préface à sa traduction des Maîtres-chanteurs, 1896).

CASANOVA (Nicole)
Le Vaisseau Fantôme. Livret bilingue.
Paris, Gérard Billaudot Editeur, 1980, coll. « Opéra de Paris », 91 p.

Parsifal. Bühnenweihfestspiel in 3 Aufzügen. Drame sacré en 3 actes. Paroles et musiques de Richard Wagner.
Paris, Gérard Billaudot, 1982, coll. « Opéra de Paris » 135 p.

Les Maîtres-chanteurs de Nuremberg. Oper in 3 Aufzügen und sieben (sic) Bilder. Opéra en trois actes et sept (sic) tableaux. Musique et livret de Richard Wagner.
Paris, Gérard Billaudot, 1982, coll. « Opéra de Paris », 297 p.
Texte allemand et traduction française en regard

CAUSSY (Fernand)
Tristan et Isolde. Texte allemand avec introduction et traduction française de F. Caussy en regard.
Paris, Payot, 1944, coll. « des deux textes », 237 p.

CHALLEMEL-LACOUR (Paul)
Quatre poèmes d'opéras. Traduits en prose française précédés d'une Lettre sur la musique. Le Vaisseau Fantôme. Tannhäuser. Lohengrin. Tristan et Iseult.
Paris, librairie Nouvelle, 1861, LXXIII-316 p.
Traduction anonyme, réalisée à l'occasion des représentations de Tannhäuser à Paris, par Paul Challemel-Lacour (1827 - 1896). Elles furent établies avec la collaboration directe et les conseils quotidiens de Wagner. Cette traduction n'est toutefois pas exempte de défaut. « *Wagner lui-même, y pose le problème des traductions. Il distingue la traduction nécessaire mais non satisfaisante, en prose, et la traduction plus littéraire, en vers, censée rendre la qualité de l'ouvrage original. Wagner est bien conscient du travail à opérer sur le texte pour rendre non seulement le sens, mais surtout ce qui le rend original et révolutionnaire, la portée symbolique des mots liés aux notes sur lesquels ils sont prononcés ainsi que le style volontiers archaïsant* » (Cécile Leblanc). La *Lettre sur la musique* est une exposition de 73 pages à l'attention du public français, datée du 15 mai 1860, des théories de Wagner, sorte de synthèse des écrits antérieurs, qui explique ce qu'il faut entendre par « *l'œuvre d'art de l'avenir* ». D'une lecture facile et agréable dans cette traduction.

Quatre poèmes d'opéras. Le Vaisseau Fantôme. Tannhäuser. Lohengrin. Tristan et Iseult. Précédés d'une Lettre sur la musique. Illustrations de G. Rochegrosse et F. Marcotte. Notice de Charles Nuitter.
Paris, A. Durand et Fils - Calmann-Lévy, 1893, LXXXIV-210 p., front., 4 planches en noir h.-t.
Seconde édition de janvier 1893.

Quatre poèmes d'opéras. Le Vaisseau Fantôme. Tannhäuser. Lohengrin. Tristan et Iseult. Précédés d'une Lettre sur la musique. Nouvelle édition. Avant-propos par Gustave Samazeuilh.
Paris, Mercure de France, 1941, 373 p., front.
Troisième édition.

CHAMBRUN (Comte de) - LÉGIS (Stanislas)
Wagner. Traduction avec une introduction et des notes. Illustrations par Jacques Wagrez.
Paris, Calmann-Lévy, 1895, 2 vol. 471 et 478 p., six gravures en noir h.-t.
Volumineux ouvrage contenant une traduction en prose de Tristan et Isolde, des Maîtres-chanteurs et du Ring.

CHANTAVOINE (Jean), voir : LÉNA (Maurice)

COLLINS (Dennis)
Lohengrin. Livret traduit par Dennis Collins.
In : **PAZDRO (Michel) [éd.]** : Guide des opéras de Wagner.
Paris, Fayard, 1988, coll. « Les Indispensables de la musique », pp. 161-198 [d'un vol. de 891 p.]

DELPIT (Albert)
Tannhaeuser ou Le Tournoi des chanteurs à la Wartbourg de Richard Wagner. Traduction par A. Delpit.
Paris, Fischbacher, 1896, 62 p.
L'ouvrage contient une lettre réponse de Cosima Wagner, à qui l'auteur (1844 - 1900) dédie cette traduction, datée de Bayreuth du 26 novembre 1895.

Les Opéras de Wagner. Tannhaeuser. Lohengrin. Parsifal. Tome I. Traduit de l'allemand par A. Delpit. Avec une introduction sur la vie et les œuvres de Richard Wagner.
Paris et Bordeaux, Chamuel - G. Delmas, 1896, 266 p.
Traduction en prose. Seul le tome I existe ; le second volume annoncé et consacré au Ring n'ayant jamais paru.

ERNST (Alfred)

Alfred Ernst (1860 - 1898) opta pour une traduction en prose rythmée adaptée à la musique, qui n'est ni en vers, ni dans le style d'un livret d'opéra. Sous prétexte d'exactitude rythmique, elle tombe souvent dans un « *charabia* » (Dujardin) et offre de nombreuses fantaisies linguistiques. A noter que ces traductions se rapprochent le plus du mouvement de la phrase wagnérienne. Ernst revendiqua la primauté du projet de traduction du Ring qu'il fait remonter à 1884. Ce n'est pourtant qu'en 1893 qu'il entama ses traductions. Celles-ci furent chantées en création de Siegfried à La Monnaie le 12 janvier 1891 (et pour la création en France de cette dernière oeuvre au Théâtre des arts de Rouen le 17 février 1900) ainsi que pour L'Or du Rhin le 30 octobre 1898. Cette même traduction sera utilisée pour la création à l'Opéra de Paris, de L'Or du Rhin (17 novembre 1909), de Siegfried (3 janvier 1902) et du Crépuscule des dieux (23 octobre 1908). On préféra la traduction de Wilder à celle « *petit-nègre* » d'Ernst pour la création de La Walkyrie au Palais Garnier, le 12 mai 1893, ainsi que pour la reprise de La Walkyrie à La Monnaie en 1899.

L'Anneau du Nibelung de Richard Wagner. L'Or du Rhin. La Walkyrie. Siegfried. Le Crépuscule des dieux. Traduction nouvelle en prose rythmée exactement adaptée au texte musical par Alfred Ernst.
Paris, Schott & Cie, s.d. (1893 - 1897), X-75, XXV-84, VI-101 et IV-95 p.
Importante préface à chaque volume sur la traduction de l'oeuvre.
Réédition chez Max Eschig, autour de 1920 - 1930 puis à la Librairie Théâtrale en 1966.

Autre édition :
L'Anneau du Nibelung. Tétralogie par Richard Wagner. I. L'Or du Rhin. La Walkyrie. II. Siegfried et Le Crépuscule des dieux. Traduits en prose rythmée par Alfred Ernst. Illustrations par Arthur Rackham.
Paris, Hachette et Cie, s.d. (1910 - 1911), 2 vol. 158 et 185 p., imprimé sur fort vélin avec deux front., 33 et 29 feuillets de planches en couleur contrecollées
Edition du Ring avec les célèbres illustrations de Rackham (1867 - 1939).

Les Maîtres-chanteurs de Nuremberg. Traduction française en prose rythmée exactement adaptée à la musique.
Paris, Schott & Cie, 1896, XVI-135 p.
Augmentée d'une intéressante préface sur les difficultés de traduction. Version utilisée pour la création française de l'oeuvre à Lyon, le 30 décembre 1896, ainsi que pour sa première représentation parisienne, le 10 novembre 1897, sous la direction de Paul Taffanel.
Réédition chez Max Eschig, autour de 1900.

Autre édition :
Les Maîtres-chanteurs de Nuremberg. Présentation d'André Segond.
S.l., Opéra de Marseille et Actes Sud, 1991, 220 p., front.
Le texte est publié en traduction anonyme ; le nom d'Ernst ne paraît pas.

Tristan et Isolde. Version française commencée par Alfred Ernst, terminée par MM. L. de Fourcaud et Paul Brück (précédée de notes historiques et critiques).
Leipzig et Paris, Breitkopf & Härtel - Costallat & Cie, s.d. (1902), 96 p.
Version laissée inachevée par Alfred Ernst reprise et terminée par ses amis Fourcaud et Brück. Elle a été employée pour la première fois pour les représentations de Tristan dirigées à Paris, par Charles Lamoureux au Nouveau-Théâtre, d'octobre à décembre 1899, ainsi que pour la représentation de l'oeuvre au Palais Garnier, le 14 décembre 1904. Cette édition comporte une version remaniée de la traduction originale.

Autre édition :
Tristan et Isolde. Traduit par Alfred Ernst. Présentation d'André Segond.
S.l., Opéra de Marseille et Actes Sud, 1992, 169 p., front.
L'ouvrage contient également les textes suivants de Simone Serret : *Eternelle jeunesse d'une oeuvre en perpétuel mouvement. Tristan et Isolde est et reste une merveille. Une appréciation de Wagner lui-même !*

Parsifal. Version française d'Alfred Ernst.
Paris, Max Eschig, s.d. 54 p.
Cette traduction fut utilisée pour la création parisienne de l'oeuvre le 4 janvier 1914.

Extraits :
Richard Wagner - Parsifal.
In : **AMADOU (Robert) - KANTERS (Robert)** : Anthologie littéraire de l'occultisme.
Paris, René Julliard, 1950, pp. 267-275 [d'un vol. de 365 p.]
Reproduction du troisième acte (excepté la première scène) du drame wagnérien, dans la traduction en prose d'Ernst.

FERLAN (Françoise)
L'Anneau du Nibelung. Livrets traduits par Françoise Ferlan.
In : **PAZDRO (Michel) [éd.]** : Guide des opéras de Wagner.
Paris, Fayard, 1988, coll. « Les Indispensables de la musique », pp. 467-691 [d'un vol. de 891 p.]

L'Anneau du Nibelung. L'Or du Rhin - La Walkyrie - Siegfried - Le Crépuscule des dieux. L'Avant-Scène Opéra. Livret intégral de Richard Wagner. Nouvelle traduction française de Françoise Ferlan.
Paris, Premières Loges, novembre 1992 à juin 1993, N° 6/7 à 16/17, pp. 37-113, 37-121, 29-119 et 33-120.

Richard Wagner. L'Anneau du Nibelung. Poème commenté. Traduit de l'allemand par Françoise Ferlan.
In : **LUSSATO (Bruno) - NIGGLI (Marina)** : Voyage au coeur du Ring. Tome I.
Paris, Fayard, 2005, 829 p.
Françoise Ferlan, universitaire germaniste, offre une bonne traduction déjà éditée en 1988 dans le *Guide des opéras de Wagner*, soucieuse d'intelligibilité. Cette édition commentée du poème du Ring offre également une analyse des plus fouillées de la partition, dans un souci de rendre compte de manière précise de son déroulement musical. A ces commentaires musicaux s'ajoutent des commentaires théâtraux distincts.

L'Anneau du Nibelung. L'Avant-Scène Opéra. Livret intégral de Richard Wagner. Traduction française de Françoise Ferlan.
Paris, Premières Loges, juillet 2005 - février 2006, N°227 à 230, pp. 21-93, 13-99, 14-105 et 16-99.
Traduction revue et corrigée.

Note de la traductrice du Ring.
In : Le Crépuscule des dieux. L'Avant-Scène Opéra.
Paris, Premières Loges, janvier - février 2006, N°230, pp. 102-103 [d'un vol. de 165 p.]

GAUTIER (Judith)
Parsifal. Poème de Richard Wagner. Traduction de Judith Gautier.
Paris, Armand Colin & Cie, 1893, IX-84 p., front., 4 fac-similés
Traduction sous une forme « *littérale* », dont l'objet n'était pas de s'adapter à la musique. Cette traduction fut hautement prisée par Wagner lui-même qui écrivit à L. Strecklen, chef de la maison d'édition de Mayence qui publia la partition de Parsifal en allemand : « *[...] cette version m'a semblé si parfaite à tous les points de vue, que son désir de la voir publiée me paraît tout à fait justifié* » (lettre du 14 octobre 1881). L'appréciation de Wagner peut toutefois être suspectée de subjectivité... Ce désir de Judith Gautier ne fut pas exaucé par la maison Schott, mais douze ans plus tard par la librairie Colin. Le frontispice est illustré par Paul Baudry, qui fut pendant un temps, l'amoureux, sans espoir, de Judith Gautier. Ce frontispice doit probablement plus à cet attachement qu'à son goût pour la musique de Wagner.

Parsifal. Drame sacré en trois actes. Version française de Judith Gautier et Maurice Kufferath.
Paris, Société française d'édition d'art, 1898.
Nouvelle version française s'adaptant à la musique, retravaillée par Maurice Kufferath en collaboration avec Judith Gautier. Il s'agit de la première édition. Mais, certains exemplaires portent la marque Fasquelle, 1900. Elle fut utilisée pour la première représentation de l'oeuvre à La Monnaie de Bruxelles le 2 janvier 1914 (deux jours avant Paris). Les premières esquisses de cette traduction avaient été chantées vingt-neuf ans plus tôt, au Concert Populaire du 3 mai 1885. Le texte est enrichi de la distribution de la création bruxelloise.

Parsifal. Drame sacré en trois actes. Version française de Judith Gautier et Maurice Kufferath.
Bruxelles et Paris, Breitkopf & Haertel - Costallat & Cie, 1914, 74 p.

Parsifal.
In : Paris, La Petite Illustration, 3 janvier 1914 ; N° 44, 32 p., nombreuses reproductions en noir in-t., texte sur deux colonnes.
Version identique aux précédentes. Illustrations d'après des photographies prises à Bayreuth et d'après les maquettes de décors de l'Opéra de Paris et de La Monnaie. Distribution de la création de l'oeuvre dans ces deux villes.

GODEFROID (Philippe)
Tannhäuser. Livret et musique de Richard Wagner (version de Paris). Présentation et traduction de Philippe Godefroid (1983).
Paris, Gérard Billaudot Editeur, 1984, coll. « Opéra de Paris », 99 p.

Tannhäuser. Livret traduit par Philippe Godefroid.
In : **PAZDRO (Michel) [éd.]** : Guide des opéras de Wagner.
Paris, Fayard, 1988, coll. « Les Indispensables de la musique », pp. 89-123 [d'un vol. de 891 p.]
Les deux traductions, bien que dues au même traducteur, comportent des différences.

Tristan et Isolde. Livret de Richard Wagner. Traduction française de Philippe Godefroid.
Paris, Gérard Billaudot, 1984, Coll. « Opéra de Paris » 203 p.

Le Vaisseau Fantôme. Livret traduit par Philippe Godefroid.
In : **PAZDRO (Michel) [éd.]** : Guide des opéras de Wagner.
Paris, Fayard, 1988, coll. « Les Indispensables de la musique », pp. 33-61 [d'un vol. de 891 p.]

GOLÉA (Antoine)
L'Anneau du Nibelung. Livret original intégral. Nouvelle traduction française d'Antoine Goléa.
L'Avant-Scène Opéra, novembre 1976 - février 1978, N°6/7 à 13/14, pp. 56-137, 22-103, 25-113 et 25-110.
Cette traduction para-poétique se veut synthétique, poétique et plus ou moins ajustée à la musique ; mais comme souvent avec les compromis, elle a tendance à accumuler les défauts des deux dernières. Elle est précédée d'un avertissement intitulé : « Linéaments d'une traduction » (pp. 56-60 du numéro consacré à L'Or du Rhin).

KAPLAN (Horace)
Parsifal. Drame lyrique en 3 actes. Poème et musique de Richard Wagner. Première traduction littérale française par Horace Kaplan.
Paris, Commaille, 1914.
Ouvrage non consulté, prétendument annoncé comme « *première traduction littérale* », alors que celle de Judith Gautier existait déjà à l'époque.

KRIEG (Karl)
Parsifal. Ouvrage publié sous la direction d'André Segond.
S.l., Opéra de Marseille et Actes Sud, 1996, 187 p., illustrations en noir h.-t.
A lire également : *L'Année 1882 dans le monde. Passions et compassions - Parsifal : religion et art* par Simone Serret. *Parsifal à travers la correspondance de Wagner. Jugements de Gabriel Fauré et Claude Debussy sur Parsifal. La Création de Bayreuth vue par Richard Wagner. Parsifal en janvier 1914 à l'Opéra de Paris* par Pierre Lalo. *Marseille à la recherche de Parsifal. Analyse et livret traduit.*

L'Or du Rhin. Ouvrage publié sous la direction d'André Segond.
S.l., Opéra de Marseille et Actes Sud, 1996, 197 p., illustrations en noir h.-t.
L'ouvrage comprend également les analyses suivantes : *L'Année 1869 dans le monde. L'Or du Rhin d'après les écrits de Wagner* et des extraits des ouvrages de Martin Gregor-Dellin, de Pierre Boulez, ainsi que de *Musique et Verbe* de Furtwängler.

La Walkyrie. Ouvrage publié sous la direction d'André Segond.
S.l., Opéra de Marseille et Solin, 1996, 238 p., illustrations en noir h.-t.
Edition accompagnée des textes suivants : *L'Année 1870 dans le monde. Le Ring ou l'oeuvre d'une vie* par André Segond. *Analyse musicale* par Pierre Boulez. *Richard Wagner et l'Anneau du Nibelung* par Thomas Mann. *La Walkyrie vue par Paul Dukas.*

La Walkyrie vue par Ernest Reyer. Analyse et livret traduit. Wagner, le bien-aimé ou le mal-aimé à l'Opéra de Marseille par Simone Serret.

KRIEG (Karl) - ROUBAUD (Charles)
Siegfried. Ouvrage publié sous la direction d'André Segond.
S.l., Opéra de Marseille et Solin, 1999, 234 p., illustrations en noir h.-t.
Edition publiée avec les articles suivants : *L'Année 1876 dans le monde. La Tétralogie de Wagner : un drame des plus actuels* par Simone Serret. *Siegfried dans les écrits de Wagner. Siegfried vu par Ernest Reyer. Le retour de Siegfried. Analyse et livret traduit.*

Le Crépuscule des dieux. Ouvrage publié sous la direction d'André Segond.
S.l., Opéra de Marseille et Solin, 1999, 196 p., illustrations en noir h.-t.
A lire également : *L'Année 1876 dans le monde. Wagner et le rêve* par Simone Serret. *Analyse musicale* par Pierre Boulez. *Le Crépuscule des dieux dans les écrits de Wagner. L'Eclat du Crépuscule des dieux* par Pierre Echinard. *Analyse et livret traduit.*

KROP (Jean-Pierre)
Tristan et Isolde. Livret original intégral. Nouvelle Traduction de J.-P. Krop.
In : L'Avant-Scène Opéra, juillet-août 1981, N°34/35, pp. 49-144 [d'un vol. de 287 p.]

LA FONTAINE (Henri)
Richard Wagner. L'Anneau du Nibelung. La Walkyrie : Ier acte, essai de traduction rythmée. Le Crépuscule des dieux : prologue et seconde scène, essai de traduction rythmée.
Bruxelles, Ferdinand Larcier, 1885, deux cahiers de 37 p. et 8 p.
Traduction rythmique d'extraits de la Tétralogie par Henri de la Fontaine (1854 - 1943), sénateur socialiste pendant de longues années, futur prix Nobel de la paix en 1913 et fondateur de l'Association wagnérienne de Bruxelles. Dujardin concède « *un poème de noble allure et de lecture aisée* », mais il fustige le manque d'accord avec la musique et les fautes d'accent et surtout : « *Il a mis le style de notre langage courant* ».

LÉGIS (Stanislas), voir : CHAMBRUN (Comte de)

LÉNA (Maurice) - CHANTAVOINE (Jean)
Tristan et Isolde. Drame en trois actes. Version française.
Paris, Au Ménestrel - Heugel, 1925, 133 p.

LIVIO (Antoine)
L'Oeuvre lyrique de Wagner, présentée et commentée par Antoine Livio. L'intégrale des livrets d'opéras. La Cène des apôtres. Les Wesendoncklieder suivis du Dictionnaire des héros wagnériens.
Paris, Le Chemin vert, 1983, 931 p.
Traduction et dictionnaire contenant des erreurs, mais ayant l'avantage d'inclure les oeuvres de jeunesse. Les traductions sont de Charles Nuitter (Le Hollandais, Tannhäuser, Lohengrin), d'Alfred Ernst (Tristan, Les Maîtres, le Ring) et de Judith

Gautier (Parsifal). Pour les deux premiers opéras de Wagner, la traduction est d'Antoine Livio lui-même. Celle de Rienzi est dûe à Jean-Jacques Becquet et Daniel Renard.

LYON (Max)
Richard Wagner. Tristan et Iseult. Traduction par Max Lyon (janvier 1895).
Paris, Imprimerie de A. Maulde, 1895, 114 p.

Tristan et Isolde. Version française adaptée pour le chant et texte musical original.
Paris, Fischbacher, 1896, 118 p.
Version en prose rythmée destinée à être chantée, mais qui ne le fut jamais.

MALANDER (A. de)
La Tétralogie de Richard Wagner (la Bible d'un anarchiste), traduction et commentaires par A. de Malander.
Paris, Edition de la Revue littéraire des primaires « Les Humbles », 1939, coll. « La Belle Equipe », 304 p.
Traduction assortie d'un texte intitulé « Le Salut de la Révolution ». « *Bel exemple d'instrumentalisation du texte wagnérien dans un dessein politique libertaire, à l'époque du Font populaire et où le régime nazi en faisait un tout autre usage* » (Merlin).

MATTER (Jean)
Tristan et Isolde. Texte allemand avec traduction française en regard, introduction et commentaires par Jean Matter.
Lausanne, Edition l'âge d'homme, 1977, 291 p.
Excellente traduction enrichie d'un commentaire littéraire et musical de premier ordre.

Les Maîtres-chanteurs de Nuremberg. Livret intégral en allemand. Traduction française de Jean Matter.
In : L'Avant-Scène Opéra, janvier-février 1989, N°116/117, pp. 47-170 [d'un vol. de 257 p.]

MIGNON (Henri)
Tristan et Isolde. Nouvelle adaptation en vers.
Paris et Bruxelles, Imprimerie de l'Enorial, 1928, 422 p.

MIQUEL (André)
Tristan et Isolde. Préface de Pierre Boulez. Texte présenté, traduit et annoté par André Miquel. Edition bilingue.
Paris, Gallimard, 1996, 284 p.
Traduction entièrement nouvelle, conçue comme un texte littéraire en soi, « *mais qui laissera quelques trace d'impuissance : parce que la musique aura toujours le dernier mot...* » (préface).

NUITTER (Charles)
Charles Louis Etienne Truinet (1828 - 1899), dont Nuitter est l'anagramme, librettiste, archiviste de la bibliothèque de l'Opéra de Paris, est surtout le traducteur de la version parisienne du Tannhäuser, dont il remania la version Roger-Roche-Lindau et rédigea la première scène du premier acte, écrite par Wagner pour la création parisienne de l'oeuvre. Ses traductions présentent des qualités de précision et de fidélité particulièrement soignées et jouissaient de l'agrément du compositeur. C'est d'ailleurs la version de Nuitter que le théâtre de La Monnaie proposa pour la création belge de Lohengrin, du Hollandais Volant et de Tannhäuser, le 20 février 1873. On peut également signaler que Nuitter retouchera les traductions faites par Wilder après le décès du traducteur en 1892. Il s'agit de celles de La Walkyrie, de Tristan et Isolde et des Maîtres-chanteurs.

Tannhäuser, opéra en trois actes.
Paris, Madame Veuve Jonas Editeur, 1861, 55 p.
Première édition publiée lors de la création parisienne de l'oeuvre.

Autre édition :
Tannhäuser. Traduit par M. Charles Nuitter. Nouvelle édition.
Paris, Tresse, 1882, 46 p.
Réimpressions jusqu'en 1955 et réédition à la Librairie Théâtrale en 1960.

Rienzi. Traduction française de MM. Charles Nuitter et Jules Guilliaume.
Paris, Librairie Dramatique, 1869, 60 p.
Réédition à la Librairie Théâtrale dans les années 1960.
Charles Nuitter participera avec Jules Guilliaume à cette traduction à la demande de Wagner, qui sera utilisée pour la création française au Théâtre-Lyrique le 6 avril 1869.

Lohengrin. Paroles françaises de M. Charles Nuitter.
Paris, E. Dentu, 1870, 60 p.

Autres éditions :
- Lohengrin. Paroles françaises de M. Charles Nuitter.
Paris, Tresse & Stock, 1882, 59 p.
Réimpressions successives de 1901 à 1939 et réédition à la Librairie Théâtrale en 1960.
- Lohengrin. Paroles françaises de Charles Nuitter. Edition bilingue.
Paris, Henri Guichaoua, coll. « Les Grandes Mises en scène du XXème siècle », 1956, 139 p., nombreuses photographies en noir et blanc contrecollées in-t.
Exemplaire sur Alfa Mousse-Navarre tiré à 3000 exemplaires.
Premier numéro de la série. Edition reprenant les photographies de la mise en scène de Wolfgang Wagner de Bayreuth de 1953 à 54.
Cette traduction de Nuitter sera rédigée entre le 3 avril et 15 août 1867. Elle fut louée par Wagner comme « *un chef d'œuvre d'intelligence et de l'amitié* ». Cette version sera utilisée pour la représentation parisienne à l'Eden-Théâtre du 3 mai 1887, puis à l'Opéra le 16 septembre 1891. Elle sera toutefois revue et corrigée par Victor Wilder à partir des

années 1880 pour les concerts Lamoureux. Jules de Brayer, dans *La Revue Wagnérienne*, y fustigera son caractère de « *pur livret d'opéra* » et insiste sur l'intérêt de celle de Wilder, même si elle ne rend pas la qualité littéraire de l'œuvre originale.

Le Vaisseau Fantôme. Traduction française de Charles Nuitter.
Paris, Dentu 1872, 38 p.
L'oeuvre fut traduite à Paris avec la collaboration de Wagner en été 1861. Cette traduction fut utilisée pour la création française de l'oeuvre en 1893 à Lille, puis à l'Opéra Comique (Paris, 17 mai 1897).

Autres éditions :
- Le Vaisseau Fantôme. Traduction française de Charles Nuitter. Nouvelle édition conforme à la représentation.

Paris, Tresse, 1882, 38 p.
Réimpressions successives chez Tresse et Stock. Réédition à La Librairie Théâtrale dans les années 1960.
- Le Vaisseau Fantôme. Présentation d'André Segond.

S.l., Opéra de Marseille et Actes Sud, 1993, 83 p., front.

OFFOËL (Jacques d')
L'Anneau du Nibelung et Parsifal. Traduction nouvelle en prose rythmée exactement adaptée au texte musical allemand par Jacques d'Offoël.
Paris, Fischbacher, 1895, XX-319 p.
Cette traduction de d'Offoël, pseudonyme de G. Froissart (1862 - 1906), serait plus apte selon le traducteur que celle de Ernst à affronter la scène. Elle fut imprimée sous forme de recueil avec l'autorisation de Schott, mais ne remplit jamais sa fonction de texte chantable. Elle bénéficia toutefois d'un atout éditorial puisqu'elle fut assortie d'un guide des thèmes musicaux conçu par Wolzogen. L'auteur, inspecteur des finances, passait ses loisirs à traduire « rythmiquement » en français des lieder et des pages lyriques de Beethoven, Weber, Wolf, Sibelius et d'Elgar.

Tristan et Isolde. Traduction nouvelle en prose rythmée exactement adaptée au texte musical allemand. Avec une lettre d'Edouard Schuré.
Leipzig, Bruxelles et Paris, Breitkopf & Härtel - Costallat & Cie, s.d., X-56 p.

Le Crépuscule des dieux. Troisième journée de L'Anneau du Nibelung. Traduction française en prose rythmée exactement adaptée au texte musical.
Paris, Chamuel et Cie, 1901, 86 p.
Publication isolée de la troisième journée du Ring dans la traduction précédente.

PAZDRO (Michel) [éd.]
Guide des opéras de Wagner. Livrets - Analyses - Discographie. Introduction de Dominique Jameux.
Paris, Fayard, 1988, coll. « Les Indispensables de la musique », 891 p.
Les livrets des dix grands opéras de Wagner, traduits et commentés avec relevé des leitmotivs et discographie. Traductions dans une optique pédagogique, qui se veulent un

guide d'écoute, et sont destinées à être mises en regard de l'original allemand. Traductions lisibles, respectant les spécificités françaises, et simples, avec des préoccupations de précision par rapport à l'original et de fluidité de lecture. Les traductions du Hollandais Volant et Tannhäuser sont dues à Philippe Godefroid. Lohengrin est traduit par Dennis Collins ; Tristan et Parsifal par Dominique Sila. La traduction des Maîtres-chanteurs est due à Georges Pucher. Quant au Ring, la traduction des quatre livrets est due à la plume de Françoise Ferlan.

PERRIER (Henri)

Les Fées. Historique et traduction par Henri Perrier. Etude musicologique par Paul-André Gaillard.
S.l. (Lyon), 1983, 38 p., front., fac-similé, une planche h.-t., 3 illustrations en noir in-t.

La Défense d'aimer. Traduction en prose française.
S.l. (Lyon), n.d. (1984), 53 p., front., une gravure h.-t.
Publications du Cercle Richard Wagner de Lyon. Tirage en faible nombre à titre privé.

Catalogue des œuvres de Richard Wagner.
S.l. (Lyon) n.d. (1994), 8 p.
Traduction des titres du *Wagner Werk-Verzeichnis (WWV)*, le « Köchel » de Wagner. *Verzeichnis der musikalischen Werke Richards Wagners und ihrer Quellen* par John Deathridge, Martin Geck et Egon Voss (Mainz, Schott, 1986, 607 p.) est le répertoire des oeuvres dramatiques et musicales de Wagner (y compris les arrangements, les esquisses, les oeuvrettes de circonstances et les oeuvres aujourd'hui disparues).

PROD'HOMME (Jacques-Gabriel)

Les Maîtres-chanteurs de Nuremberg. Comédie lyrique en trois actes. Traduction en prose précédée d'une notice.
Paris, Delagrave, 1922, 104 p.

Parsifal. Festival scénique sacré. Traduction en prose précédée d'une notice.
Paris, Delagrave, 1922, 47 p.

Lohengrin. Opéra romantique en trois actes. Traduction en prose précédée d'une notice.
Paris, Delagrave, 1922, 60 p.

Tristan et Isolde. Opéra romantique en trois actes. Traduction en prose précédée d'une notice.
Paris, Delagrave, 1925, 59 p.

Tannhacuser. Opéra romantique en trois actes. Traduction en prose précédée d'une notice.
Paris, Delagrave, 1928, 64 p.
Traductions en prose par le musicologue, traducteur des *Gesammelte Schriften*.

PUCHER (Georges)
Le Vaisseau Fantôme. Livret original intégral. Nouvelle traduction de Georges Pucher.
In : L'Avant-Scène Opéra, novembre - décembre 1980, N° 30, pp. 30-86 [d'un vol. de 170 p.]

Parsifal. Livret original intégral. Nouvelle traduction française de Georges Pucher
In : L'Avant-Scène Opéra, janvier - février 1982, N° 38/39, pp. 42-112 [d'un vol. de 260 p.]

Tannhäuser. Livret intégral de la version parisienne (version de Dresde en appendice). Nouvelle traduction française de Georges Pucher.
In : L'Avant-Scène Opéra, mai - juin 1984, N° 63/64, pp. 45-119 [d'un vol. de 257 p.]

Tannhäuser. L'Avant-Scène Opéra. Livret intégral de Richard Wagner dans la version de Paris, complétée par la version de Dresde.
Paris, Premières Loges, mars 2004, pp. 17-83 [d'un vol. de 167 p.]
Numéro entièrement refait et mis à jour. La traduction du livret est conservée et permet de suivre le texte de la version de Dresde en parallèle à celle de Paris.

Les Maîtres-chanteurs de Nuremberg. Livret traduit par Georges Pucher.
In : **PAZDRO (Michel) [éd.]** : Guide des opéras de Wagner.
Paris, Fayard, 1988, coll. « Les Indispensables de la musique », pp. 341-431 [d'un vol. de 891 p.]

ROISSARD (Georges)
L'Anneau du Nibelung. Tétralogie en 4 volumes. Illustrations de Thérèse Jouve et Henri Patez. Traduction de Georges Roissard. I. L'Or du Rhin illustré par Thérèse Jouve. II. Siegfried illustré par Henri Patez. III. Le Crépuscule des dieux illustré par Henri Patez. IV. La Walkyrie illustrée par Thérèse Jouve. Edition réservée au Cercle des professeurs bibliophiles de France et au Cercle national Richard Wagner. Publié à l'occasion du centenaire de l'inauguration du Festspielhaus de Bayreuth.
Grenoble, Edition Roissard, 1976 - 1979, pages volantes sous emboîtage avec une suite de 12 lithographies pour chaque volume (147 p., 12 feuillets)
Edition luxueuse de grand format numérotée et tirée à 500 exemplaires.

ROUBAUD (Charles), voir : KRIEG (Karl)

ROUDIÉ (Emile)
Parsifal. Drame sacré en 3 actes et 7 tableaux. Traduction de M. Emile Roudié.
Paris, Stock, 1914, 89 p.
Ouvrage non consulté, publié à l'occasion des premières représentations hors-Bayreuth.

SAMAZEUILH (Gustave)
Tristan et Isolde. Drame musical en 3 actes. Version française d'après la traduction des « Quatre poèmes d'opéras » de Richard Wagner.
Paris, Durand et Cie, s.d. (1967), 78 p.
Nouvelle traduction datant de 1930 adaptée de celle de Paul Challemel-Lacour publiée dans les *Quatre poèmes d'opéras*.

SEILLER (Jacques)
Lohengrin, romantische [sic] Oper in drei Aufzügen / musique et livret de Richard Wagner. Traduction française de Jacques Seiller
Paris, Gérard Billaudot, 1982, Coll. « Opéra de Paris », 131 p.

SCHMIDT (Joël) [éd.]
Lyriques. Traduits par Judith Gautier, Louis-Pilate de Brinn'Gaubast, Alfred Ernst et Charles Nuitter. Choisis et présentés par Joël Schmidt.
Paris, Orphée - La Différence, 1989, 123 p.
Extraits de l'ensemble des drames de Wagner dans des traductions du XIXème siècle. Le but de cette édition est de reconnaître à Wagner la qualité de poète romantique allemand à part entière et de lire la poésie de ces drames en dehors de tout contexte musical. Intéressantes notes sur les traducteurs en fin de volume.

SILA (Dominique)
Tristan et Isolde. Livret traduit par Dominique Sila.
In : **PAZDRO (Michel) [éd.]** : Guide des opéras de Wagner.
Paris, Fayard, 1988, coll. « Les Indispensables de la musique », pp. 241-295 [d'un vol. de 891 p.]

Parsifal. Livret traduit par Dominique Sila.
In : **PAZDRO (Michel) [éd.]** : Guide des opéras de Wagner.
Paris, Fayard, 1988, coll. « Les Indispensables de la musique », pp. 809-849 [d'un vol. de 891 p.]

Lohengrin. Livret original intégral. Nouvelle traduction de Dominique Sila.
In : L'Avant-Scène Opéra, janvier - février 1992, N°143/144, pp. 47-132 [d'un vol. de 256 p.]

WILDER (Victor)
De son vrai nom Jérôme Albert Victor van Wilder, d'origine belge (1835 - 1892), traduisit les oeuvres de Wagner en vers dans le style du livret d'opéra, bourré de clichés pseudo-poétiques et d'écarts excessifs. Un accord fut passé entre Cosima Wagner et Wilder en 1885, qui lui donna le statut de traducteur quasi-officiel. Le traducteur recourt à un arsenal poétique de lieux communs très académiques, emploie des alexandrins chaque fois qu'il le peut. Cette traduction, qui est également une trahison cruelle de la poésie de Wagner, prend quelques aises avec le texte original et la musique. Ainsi, le texte ne s'adapte pas toujours avec la musique, ce qui contraint le traducteur à des

changements de la valeur des notes arbitrairement. De même, chez Wagner les mots essentiels sont accentués par le rythme ou des notes longues. Or, Wilder ne repère pas ces temps forts et y introduit des mots insignifiants alors que précisément, ils mettent en valeur une notion ou une sensation. Le manque d'unité entre les paroles et la musique se traduit par l'écriture d'un livret « *plat et banal* » (Chamberlain). Il s'agit donc d'une traduction qui méconnaît les données dramatiques et psychologiques fondamentales de l'oeuvre. Wilder fut critiqué par Dujardin et Chamberlain et dépossédé de son droit par la famille de Wagner en faveur de Ernst. Il n'est pas inintéressant de lire l'article de Chamberlain (*La Revue Wagnérienne*, 15 octobre 1887) intitulé « La Walküre de Richard Wagner et La Valkyrie (sic) de Victor Wilder », qui multiplie les exemples de non-sens jusqu'à reporter sur « *l'idiotie de la traduction* » l'échec de Wagner en France.

Tristan et Yseult. Version française de Victor Wilder.
Leipzig et Bruxelles, Breitkopf & Härtel, 1884, 79 p.
Réimpression en 1886.
Version en vers rimés, faite pour être chantée, basée sur le principe de l'amplification approximative et du remaniement de la partie vocale, conformément aux paroles nouvelles. Traduction utilisée, en 1884 et en 1885, pour les auditions du premier et du second actes aux concerts du Château d'Eau, sous la direction de Lamoureux, pour la création de l'oeuvre à La Monnaie le 21 mars 1894 ainsi que pour les représentations données à Monte-Carlo, à Aix-les-Bains et à Lyon (1896, 1897 et 1900).

Les Maîtres-chanteurs. Version française de Victor Wilder.
Paris, Londres et Mayence, B. Schott's, 1885, 140 p.
La création en français eut lieu à La Monnaie le 7 mars 1885 dans cette traduction.

Lohengrin. Opéra romantique en trois actes. Poème et musique de Richard Wagner. Version française de Victor Wilder.
Leipzig et Bruxelles, Breitkopf & Härtel, 1887, 66 p.
Il s'agit d'une traduction revue et corrigée, à partir des années 1880 pour les concerts Lamoureux, de celle de Nuitter. Jules de Brayer insiste sur l'intérêt de la traduction de Wilder, même si elle est loin de rendre la qualité littéraire de l'oeuvre originale. Edouard Dujardin adoptera un point de vue similaire. A noter que Charles Lamoureux utilise les textes de Wilder au concert et ceux de Nuitter à l'Opéra... et la représentation de l'Eden-Théatre le 3 mai 1887 se fera avec le livret de Nuitter.

Parsifal. Poème et musique de R. Wagner. Version française de Victor Wilder.
Paris, Schott., s.d.

« **L'Anneau du Nibeloung** » (sic) L'Or du Rhin. La Valkyrie (sic). Siegfried. Le Crépuscule des dieux. Poème et musique de Richard Wagner. Traduction française de Victor Wilder.
Paris, Londres, Mayence et Bruxelles, Schott, 1895, 4 vol. 65, 71, 85 et 77 p.
Réédition chez Max Eschig vers 1900 et à la Librairie Théâtrale en 1966.
Première traduction disponible du Ring en français, qui fut achevée en 1891. Le traité passé entre Schott et Victor Wilder, au sujet de la traduction des oeuvres lyriques de Wagner, a pris effet en 1885. La Walkyrie fut représentée à La Monnaie de Bruxelles le

9 mars 1887 (la traduction avait été déjà utilisée en février et mars 1886 pour l'audition du premier acte aux concerts Lamoureux) puis au Palais Garnier le 12 mai 1893. Des extraits de Siegfried et de L'Or du Rhin avaient été donnés dans cette version aux concerts Colonne de 1889 - 1890. Enfin, le Crépuscule des dieux fut donné dans cette version le 24 décembre 1901 en création à La Monnaie.

2. Œuvres abandonnées ou inachevées, esquisses

GODEFROID (Philippe)
Les Vainqueurs. « Dans les carnets, l'esquisse manuscrite ».
In : L'Avant-Scène Opéra, juillet - août 1981, N° 34/35, pp. 246-247 [d'un vol. de 287 p.]
Traduction française inédite à l'époque de Philippe Godefroid, précédée d'une analyse érudite d'Edouard Sans (pp. 241-247).

Les Opéras imaginaires. Traductions et analyses de Philippe Godefroid. Avant-propos d'Alain Satgé.
Paris, Librairie Seghier, 1989, 601 p.
Première traduction française intégrale des livrets, esquisses et projets de Wagner n'ayant jamais été mis en musique : Leubald et Adélaïde, Les Noces, La Sublime fiancée, L'Heureuse famille des ours, La Sarrazine, Les Mines de Falun, Frédéric Ier, Jésus de Nazareth, Achille, Wieland le forgeron, Les Vainqueurs, Les Noces de Luther, Une comédie en un acte. La traduction est accompagnée d'un commentaire critique de première qualité faisant appel aux nombreux essais théoriques ainsi qu'aux écrits autobiographiques non traduits en français. Le commentaire est souvent complexe mais d'une grande érudition. Ouvrage fondamental pour la connaissance de la dramaturgie wagnérienne. Unique en son genre.
Un deuxième tome qui se serait intitulé « Du wagnérien dans l'humain, une approche anthropologique » n'a jamais paru. Il aurait dû comprendre la traduction de La Mort de Siegfried. A ce jour, Siegfried's Tod et Der Junge Siegfried n'ont jamais été publiés en traduction française...

MATTER (Jean)
Esquisse pour « Tristan et Isolde ».
In : Tristan et Isolde. Texte allemand avec traduction française en regard, introduction et commentaires par Jean Matter.
Lausanne, Edition l'âge d'homme, 1977, pp. 271-284 [d'un vol. de 291 p.]
Unique traduction disponible de l'esquisse en prose du poème, datée du 20 août 1857.

PROD'HOMME (Jacques-Gabriel)
Parsifal. Le scénario de 1865. Traduction de J.-G. Prod'homme.
Le Guide musical, 25 janvier 1914 et 1er février 1914 ; N°4 et 5 : pp. 55-62 et 79-85.
Unique traduction française du scénario que Wagner rédigea à la demande de Louis II de Bavière du 27 au 30 août 1865, permettant de constater les modifications importantes et significatives qui distinguent le poème définitif et le scénario de 1865 (dont le plus visible est l'orthographe nouvelle donnée au nom du héros Parsifal au lieu de Parzival).

TOUZIN-BAUER (Lucie)
Wieland le forgeron. Première esquisse (inédite en allemand et en français). Traduction de Lucie Touzin-Bauer.
In : **NATTIEZ (Jean-Jacques) :** Wagner androgyne. Essai sur l'interprétation. Paris, Christian Bourgois, 1990, coll. « Musique/Passé/Présent », pp. 349-363 [d'un vol. de 415 p.]
En appendice de l'ouvrage, publication inédite en français de la première esquisse inédite de Wieland le forgeron. Cette ébauche date de l'hiver 1849 - 1850. Wagner souhaitait faire jouer cet opéra à Paris, mais il renonça à ce projet, ayant compris que le héros germanique ne pourrait jamais être transposé dans le domaine français.

WAGNER (Richard)
La Grotte de Vénus (Der Venusberg).
In : Bayreuther Festspiele Programm, Tannhäuser, 1985, pp. 142-159.
Publication de la première esquisse en prose écrite entre le 24 juin et le 6 juillet 1842, en vue de Tannhäuser.

Esquisses pour le poème de la Tétralogie. La légende des Nibelungen (un mythe).
- **L'Or du Rhin (prologue).**
In : Bayreuther Festspiele Programm, Rheingold,1985, pp. 63-72.
- **La Walkyrie.**
In : Bayreuther Festspiele Programm, Walküre, 1985, pp. 63-66.
- **Siegfried.**
In : Bayreuther Festspiele Programm, Siegfried, 1985, pp. 68-69.
- **La Mort de Siegfried.**
In : Bayreuther Festspiele Programm, Götterdämmerung, 1985, pp. 67-71.
Traduction française du premier texte rédigé en prose en vue du livret de La Mort de Siegfried le 4 octobre 1848. Suivi de la publication des esquisses en prose du texte des opéras de la Tétralogie, tiré de l'ouvrage d'Otto Strobel : *Skissen und Entwürfe zur Ring-Dichtung*, Munich, 1930.

Ebauche en prose de la Tétralogie.
- **Das Rheingold.** Ebauche en prose.
In : Bayreuther Festspiele Programm, Rheingold, 1984, pp. 108-119.
- **Die Walküre.** Ebauche en prose.
In : Bayreuther Festspiele Programm, Walküre, 1984, pp. 94-108.
- **Siegfried.** Ebauche en prose.
In : Bayreuther Festspiele Programm, Siegfried, 1984, pp. 78-97.
- **Götterdämmerung.** Ebauche en prose.
In : Bayreuther Festspiele Programm, Götterdämmerung, 1984, pp. 98-115.
Traduction française des ébauches en prose du texte des opéras de la Tétralogie (Le Rapt de l'Or du Rhin, 31 mars 1852 - La Walkyrie, 26 mai 1852 - Le Jeune Siegfried, 24 mars au 1er juin 1851 - La Mort de Siegfried, 20 octobre 1848).

Richard Wagner. Le Hollandais Volant (nom d'un fantôme de mer). Erster Prosaentwurf in französischer Sprache zu der Oper « Der Fliegende Holländer », Paris 1840.
In : **LAROCHE (Bernd)** : Der Fliegende Holländer. Wirkung und Wandlung eines Motivs Heinrich Heine - Richard Wagner - Edward Fitzball - Paul Foucher und Henry Revoil / Pierre-Louis Dietsch.
Frankfurt am Main, Berlin, Bern, New York, Paris et Wien, Peter Lang, 1993, coll. « Musicologie - Série XXXVI », pp. 71-74 [d'un vol. de 208 p.], 7 planches en noir.
Ouvrage en allemand consacré aux sources de Wagner ainsi qu'à l'adaptation française par Paul Foucher, qui contient l'esquisse écrite en français par Wagner, qui sera vendue au directeur de l'Opéra de Paris en 1840.

3. Adaptations littéraires et picturales, bandes dessinées

ALICE (Alex)
Siegfried.
Paris, Dargaud, 2007, 145 p.
Deux éditions sont parues. La première édition contient plus de 70 pages inédites de peintures, croquis préparatoires et illustrations. La seconde n'est que l'album proprement dit. Le second volume, La Walkyrie est à paraître.

ARCEL (M.)
Lohengrin (Les Contes de Richard Wagner).
Paris, Albert Méricaut, 1901, 2 vol. 128 et 118 p.
Seul volume d'une série curieusement intitulée « Les Contes de Wagner ». Et, en effet, l'auteur présente le livret de Wagner dans une prose développée et cite de nombreux extraits du texte (paroles). Il s'agit donc d'une sorte de vulgarisation romancée à la mode de l'époque, avec des illustrations plutôt début XIXème siècle. En définitive, une curiosité dans la bibliographie francophone de Wagner.

BAHUET (André)
La Tétralogie.
Paris, L'Edition d'art H. Piazza, 1958, 80 p.
Adaptation étonnante du poème du Ring sous la forme de 45 sonnets.

BRANCOUR (René)
Récits tirés de Richard Wagner, racontés aux enfants. Six planches en couleur.
Paris, Nelson, 1934, 119 p., six planches en couleur h.-t.
Récits adaptés du Hollandais, de Lohengrin et des Maîtres à destination des enfants.

ÉPHÉMÈRE
Le Mystère de Lohengrin. D'après l'opéra de Richard Wagner.
Brannay, Editions Sénones, 2006, 48 p.
Libre adaptation en bande dessinée du livret de Richard Wagner, en resituant l'opéra dans son contexte historique.

FARINA (Loredana)
L'Or du Rhin. Légende allemande racontée par Loredana Farina. Traduite par Anne Jola. Illustrations de Ivan Gongalov.
Paris, Pages d'or - Hachette, 1971, 14 p. (non paginé), illustrations en couleur in-t.

FERRAN (Stéphane)
L'Anneau des Nibelungen (sic). Livre I. Wotan le faible. Scénario, dessins et couleurs : Stéphane Ferran. Librement adapté de l'oeuvre de Richard Wagner.
Paris, Emmanuel Proust Editions, 2007, 28 p.
Premier volume d'une trilogie. A paraître : *Siegfried l'invincible.*

LUCKMANN (Helmut), voir : WEIXELBAUMER (Ingrid)

MARCEL (Jean)
Tristan et Iseut (sic) de Richard Wagner. Traduction et adaptation de Jean Marcel. Illustrations de Mikie Assif. Préface de Charles Dutoit.
S.l. (Québec), E.I.P, 1982, 72 p., 10 illustrations en couleur h.-t.
Traduction du poème, altérée par des suppressions, des condensations, voire de légères additions. « *Toutes ces altérations étant rendues nécessaires par l'absence de la musique* » (préface).

L'Anneau du Nibelung. Théâtre. Traduit et adapté par Jean Marcel.
Outremont (Québec), VLB éditeur, 1990, 269 p., 4 planches en noir h.-t.
Traduction en prose et surtout adaptation (avec de nombreuses coupures) du poème de la Tétralogie, de manière à rendre le texte propre à une représentation théâtrale « *sans musique* ».

PAUPHILET (Albert)
La Tétralogie de Richard Wagner transposée par Albert Pauphilet. Illustrations en couleurs de Théodore Linden.
Paris, H. Piazza, 1938, 199 p., 20 illustrations en couleur in-t.

La Tétralogie de Richard Wagner transposée par Albert Pauphilet. Illustrations en couleurs de E. Malassis.
Paris, H. Piazza, 1942, 197 p., 20 illustrations en coul. in-t.
Arrangement du Ring en forme de narration épique par un philologue médiéviste, qui était assez éloigné de l'univers germanique en général, et wagnérien, en particulier.
Parution en deux éditions illustrées par deux artistes différents. La première édition en 1938 fut illustrée par Théodore Linden (on a très peu de renseignements biographiques sur cet artiste talentueux qui fut l'élève de Gustave Moreau). Cette édition réapparaîtra sous l'Occupation (1942) avec la contribution plus mièvre d'un nouvel illustrateur, Edmond Malassis, un aquarelliste qui fut actif entre 1903 et 1943.

RABASSE (François), voir : ÉPHÉMÈRE

RACKHAM (Arthur)
L'Anneau du Nibelung. Tétralogie par Richard Wagner. I. L'Or du Rhin. La Walkyrie. II. Siegfried et Le Crépuscule des dieux. Traduits en prose rythmée par Alfred Ernst. Illustrations par Arthur Rackham.
Paris, Hachette et Cie, s.d. (1910 - 1911), 2 vol. 158 et 185 p., imprimé sur fort vélin avec deux front., 33 et 29 feuillets de planche en couleur contrecollées
Edition du Ring avec les célèbres illustrations de Rackham (1867 - 1939), aquarelliste, peintre paysagiste, illustrateur. Interprétation riche, intelligente et nuancée.

RENONCÉ (France), voir : SADOUL (Numa)

RIVAIS (Yak) - RIU (Michel)
Richard Wagner : Le Vaisseau Fantôme. Préface de José Van Dam. Texte de Yak Rivais d'après le livret de Richard Wagner. Dessins de Michel Riu.
Paris, Van de Velde, 1994, coll. « L'Opéra raconté aux enfants », 63 p., illustrations en couleur in-t.
Il n'est pas dit que cet ouvrage constitue vraiment un « *opéra raconté aux enfants* ». Préfacé par un grand interprète du Hollandais du XXème siècle, c'est davantage un conte illustré qu'une bande dessinée. L'illustration n'est d'ailleurs pas très réussie. Et dans la notice biographique, on lit que Wagner avait du « *mépris pour l'homme ordinaire* »...

SADOUL (NUMA) - RENONCÉ (FRANCE)
L'Anneau du Nibelung.
Paris, Lausanne et Montréal, Dargaud, 1982, 1983, 1984, coll. « Histoires fantastiques », 4 vol. 75, 76, 76 et 74 p.
Adaptation littéraire et picturale. Numa Sadoul a écrit une traduction française intégrale qui, sous couvert de modernité, est trop souvent grossière et vulgaire. Les dessins de France Renoncé sont du même tonneau.

SOROKINE (Dimitri)
Contes et récits tirés des opéras célèbres. Illustré par René Péron.
Paris, Fernande Nathan éditeur, 1964, coll. « des contes et légendes de tous les pays », 254 p., 6 planches couleur h.-t.
L'histoire de Lohengrin (pp. 98-118) et du Hollandais (pp. 218-232) contée aux enfants.

UL DE RICO
Der Ring des Nibelungen. Scènes de la Tétralogie de Richard Wagner racontée par Ul de Rico, auteur des illustrations. Trente et une reproductions d'après des tableaux peints à l'huile sur panneau de chêne et deux vignettes à l'encre de chine. Première édition.
Hersching am Ammersee, Schuler, 1980, 203 p., 31 planches en couleur h.-t.
Album luxueux, grand in-folio contenant d'étonnantes et magnifiques reproductions imprimées en quadrichromie, inspirées du Ring.

WEIXELBAUMER (Ingrid) - LUCKMANN (Helmut)
Le Vaisseau Fantôme. Illustrations de Helmut Luckmann. Adaptation de Ingrid Weixelbaumer. Traduit de l'allemand par Christine Flammarion.
Paris, Flammarion, 1969, illustrations en couleur

LITTERATURE SECONDAIRE
(par ordre alphabétique d'auteur)

ABOU SAMRA - HOLTMEIER (Aïda)

Tristan et Iseult au tournant du siècle en France : métamorphoses d'un mythe. Thèse de littérature comparée : Université de Grenoble III. 1994 ; 2 vol. de 530 p.

Etude de Tristan et Isolde dans sa résurgence au tournant du siècle dernier en France, qui permet de conclure à l'existence de trois lignées du mythe dont l'une va de Gottfried de Strasbourg à Wagner. Chacune correspond à trois formes littéraires distinctes et à trois variantes du même roman. Le repérage de ces versions à cette époque confirme le rôle déterminant qu'a joué le drame wagnérien dans la résurgence du mythe entre 1890 et 1914. L'auteur procède également à une analyse détaillée des adaptations dites explicites, mais aussi implicites, dont l'exemple le plus marquant est Pelléas, en tant que contre-figure du Tristan wagnérien.

ADAM (Juliette)

Mes premières armes littéraires et politiques.

Paris, Alphonse Lemerre, 1904, 463 p.

Juliette Lamber (1836 - 1926), épouse du sénateur Edmond Adam, fut dans sa jeunesse, demoiselle de compagnie de la comtesse d'Agoult, future belle-mère de Wagner... Elle créa *La Nouvelle Revue* en 1879 et fut l'amie de Gambetta. Dans cet ouvrage, mémoires d'une farouche opposante au régime impérial, elle décrit la bataille de la création de Tannhäuser à Paris (pp. 216-224 et 296-303). Plus tard, elle s'engagera très résolument contre la création parisienne de Lohengrin annoncée pour 1886. Dans *Le Figaro* du 15 janvier de cette même année, elle explique sa rancœur à l'égard de Wagner par le fait qu'il a obtenu le soutien de la « *très réactionnaire madame de Metternich* » pour la création française de Tannhäuser en 1861, alors qu'il était reçu dans le salon d'opposition de Marie d'Agoult : un traître et un ingrat en quelque sorte. Au mieux, selon elle, ce Lohengrin ne devrait être joué que dans un théâtre privé et subventionné par la colonie allemande de Paris.

ADLER (Guido)

Richard Wagner. Conférences faites à l'Université de Vienne et revues pour la traduction française par Guido Adler, avec un portrait de Wagner. Traduites en français par Louis Laloy.

Leipzig, Breitkopf & Härtel, 1909, VII-386 p., front., index.

En vingt-quatre leçons d'un intérêt considérable, cet ouvrage est également un exposé de la carrière de Wagner, mais en s'attachant presque exclusivement au musicien. Peut-être, la plus remarquable étude d'ensemble consacrée à Wagner musicien. « *Sur certains chapitres, elle est d'une précision et d'une justesse de vue qu'on ne rencontre nulle part ailleurs dans la littérature wagnérienne de langue française* » (Jean Matter).

ADORNO (Theodor-Wiesengrund)

Essai sur Wagner. Traduit de l'allemand par Hans Hildenbrand et Alex Lindenberg.

Paris, Gallimard, 1966, 223 p.

Réimpressions successives ; la dernière date de 1993.

L'auteur (1903 - 1969) fut un grand musicographe et même un compositeur de lieder. Il est cependant surtout connu comme philosophe et sociologue, marqué par le Marxisme et la psychanalyse, et membre, avec Horckheimer, Marcuse et Habermas de la célèbre Ecole de Francfort. Cet *Essai* publié en 1952 est un ouvrage important et très érudit, mais dont le caractère dogmatique nuit à sa portée. Il place son analyse sous l'angle de la sociologie de la musique et s'intéresse particulièrement aux effets produits sur les masses par la musique et le théâtre wagnérien.

Introduction à la sociologie de la musique. Douze conférences théoriques. Traduit de l'allemand par Vincent Barras et Carlo Russi.
Paris, Contrechamps, 1994, 273 p., index.
Cet ouvrage, publié en Allemagne en 1962, puis revu et corrigé en 1968, avant d'être réédité en 1973 dans les *Oeuvres complètes* d'Adorno, comporte plusieurs références à Wagner avec une vue historico-marxiste le plus souvent très critique.

L'Actualité de Wagner (1963).
Musique en jeu, janvier 1976 ; N°22 : pp. 80-93.
Reprise en français du texte d'une conférence d'Adorno intitulée « Wagners Aktualität », qui fut prononcée dans le cadre du festival de Berlin, le 30 septembre 1963, sur l'actualité de Wagner. Le philosophe a tempéré assez fondamentalement les critiques de son *Essai*. Cette conférence a été remaniée pour publication dans le programme de Tristan du festival de Bayreuth de 1964 et en traduction française dans la revue *Musique en jeu*. Extraits : « *Son actualité immédiate n'est pas du genre d'une simple renaissance artistique. Elle vit de problèmes irrésolus, comme tant d'œuvres du XIX*[ème] *siècle et d'abord Ibsen. Wagner est très économe avec le fortissimo. Quand il y passe, c'est comme pour protester contre la modération de la culture qu'il dénonce dans les chevaliers de Tannhäuser et ridiculise dans les corporations des Maîtres-chanteurs* ».

AGULHON (Maurice) [éd.]
Marianne et Germania, 1789 - 1889. Un siècle de passions franco-allemandes. Musée du Petit Palais. Exposition du 8 novembre 1997 au 15 février 1998, sous la direction de Maurice Agulhon.
Paris, Musée du Petit Palais, 1997, 304 p., nombreuses illustrations en noir et couleur in-t. et h.-t.
Catalogue d'une exposition conçue à partir de l'exposition allemande « Marianne et Germania, 1789 - 1889. La France et l'Allemagne, une revue des deux-mondes » présentée au Martin-Gropius-Bau de Berlin, du 13 septembre 1996 au 5 janvier 1997.
Un chapitre : « Quelques aspects de la musique entre Gallia et Germania : Faust, le fantastique, le mythe wagnérien » par Florence Fabre (pp. 75-84) et la notice « La France et le wagnérisme (les années 1880) » par Daniel Imbert (pp. 279-280).
[Ces deux textes sont repris par leur nom d'auteur dans la présente bibliographie]

AHLSTROM (Stellan)
« Mademoiselle Julie » de Strindberg et le wagnérisme.
Stockholm, Kungl. Goktr., 1968, pp. 65-67.
Ouvrage cité par Herberth Barth dans sa *Bibliographie Internationale* et non consulté.

AJALBERT (Jean)
Mémoires en vrac. Au temps du symbolisme, 1880 - 1890.
Clichy et Paris, Imprimerie P. Dupont - Albin Michel, 1938, 415 p., illustrations in-t.
Souvenirs « assez méchants » sur Dujardin, le fondateur de *La Revue Wagnérienne* (pp. 165-167 et 200-207) par un avocat (1863 - 1947), également poète et romancier naturaliste.

ALVIN (H.) - PRIEUR (R.)
Métronomie expérimentale. Paris. Bayreuth. Munich. Etude sur les mouvements constatés dans quelques exécutions musicales en France et en Allemagne, précédée d'une lettre de H. Lévi.
Paris, Fischbacher, 1895, 299 p.
Ouvrage très technique sur les durées d'exécution d'œuvres musicales, en prenant comme exemple des quatuors et des symphonies de Beethoven, des extraits d'œuvres de Wagner (orchestre seul et orchestre et chant) avec des exécutions comparées à Paris, Bayreuth et Munich. Pour les auteurs, si la réduction au 1/50ème de l'Apollon du Belvédère est envisageable et normale, il n'en va pas de même en musique où s'impose le respect absolu des durées. Dans une lettre-préface à l'ouvrage, Hermann Levi (chef du premier Parsifal à Bayreuth en 1882) reconnaît « *l'originalité de la méthode qui ouvre à la critique musicale un champ nouveau et fécond* », mais ne souhaite pas s'exprimer sur les exécutions analysées, déclarant ne pouvoir être juge et partie.

ANDLER (Charles)
Nietzsche, sa vie et sa pensée. I. Les Précurseurs de Nietzsche. II. La Jeunesse de Nietzsche. III. Le Pessimisme esthétique de Nietzsche, sa philosophie à l'époque wagnérienne. IV. La Maturité de Nietzsche jusqu'à sa mort. V. Nietzsche et le transformisme intellectualiste. La Philosophie de sa période française. VI. La Dernière Philosophie de Nietzsche. Le Renouvellement de toutes les valeurs.
Paris, N.R.F. - Gallimard, s.d. (1920 - 1931), 384-469-390-586-370 et 406 p.
Autre édition les mêmes années chez Brossard.

Autre édition :
I. Les Précurseurs de Nietzsche. La Jeunesse de Nietzsche. II. Le Pessimisme esthétique de Nietzsche. La Maturité de Nietzsche jusqu'à sa mort. III. Nietzsche et le transformisme intellectualiste. La Dernière philosophie de Nietzsche.
Paris, Gallimard, 1958, coll. « Bibliothèques des idées », 557, 642 et 520 p.
Réimpressions en 1979 et 1999 chez le même éditeur.
Monumentale publication sur Nietzsche, sa vie et sa pensée, fondamentale pour la compréhension du philosophe. Celle-ci fut publiée une première fois en six volumes entre 1920 et 1931 avant d'être rééditée en 3 volumes en 1958. L'auteur (1866 - 1933), très grand germaniste, élève de Lucien Herr, qui le sensibilisera à l'économie politique (on lui doit de remarquables traductions de Marx et Engels) reste connu pour être le grand introducteur de Nietzsche, non pas un intercesseur mondain ou strictement

littéraire comme Edouard Dujardin a pu le faire à *La Revue Wagnérienne*, mais un éditeur de texte incomparable. Andler, dans le premier livre (édition de 1958) évoque « L'Idylle de Tribschen » (pp. 334-343), « Le Voisinage du génie » (pp. 371-393), « La IVème intempestive » (pp. 535-546). Le second volume a pour cœur la rupture et l'étude de Parsifal (pp. 327-339). Le nom de Wagner figure à peine dans le troisième tome.

[ANONYME]
La Question Wagner, par un français.
Paris, Imprimerie Heymann, 1886, 11 p.
Madame Adam passe pour être l'auteur de ce libelle de 11 pages. Ecrit de propagande qui se vendait 10 centimes... et qui fut mis en vente le 22 janvier 1886, pour « *prévenir* » la création française de Lohengrin.

Wagner.
Genève, Edito-Service, 1984, coll. « Les Grandes Biographies en Bandes dessinées », 79 p.
A destination des jeunes lecteurs. Biographie de Wagner en bande dessinée....

ANSPACH (P.)
Tannhäuser et le concours des chanteurs à la Wartburg.
Bruxelles, Chez l'auteur, 1948.
Ouvrage cité dans la bibliographie d'Alain de Benoist et non consulté.

APPIA (Adolphe)
Metteur en scène et scénographe suisse (1862 - 1928), visionnaire à l'instar d'Edward-Gordon Craig, de Jacques Copeau, ou de Vsevolod Meyerhold, comme eux précurseur du théâtre moderne, opposé au réalisme historique, qui rechercha une synthèse des arts de la scène théâtrale (texte, jeu, décor et éclairage). Déclarant que la scène pseudo-naturaliste est incompatible avec l'idée même de représentation des drames wagnériens, il bannit toiles peintes, décors historiques et annonce l'abstraction scénique du XXème siècle. Malheureusement, son œuvre théâtrale restera essentiellement théorique. Dès ses premières recherches, il reconnut l'œuvre de Wagner comme source de sa pensée. Il tenta à plusieurs reprises d'intéresser Cosima et Siegfried Wagner à ses travaux en rêvant de pouvoir travailler à Bayreuth, introduit comme il put l'être par son ami Houston-Stewart Chamberlain ; mais il ne reçut d'eux qu'un refus poli. Dans son œuvre abondante, l'ouvrage majeur est sans doute *La Musique et la Mise en scène*. Plus tard, Appia se passionnera pour l'œuvre d'Emile Jaques-Dalcroze et collaborera à la création et aux travaux de l'institut éponyme à Hellerau. Son génie de la scène wagnérienne ne pourra se concrétiser que pour un Tristan à la Scala de Milan en 1923 (scénographie seulement) et pour L'Or du Rhin et La Walkyrie sur la modeste scène de Bâle en 1924 et 1925, avec un équipement si pauvre qu'il doit renoncer à la plus grande partie de ses principes. Cosima Wagner ne lui permit pas de travailler à Bayreuth au début du XXème siècle, bien que deux générations plus tard, son petit-fils Wieland ait été très influencé par lui... Et si finalement ce metteur en scène virtuel comptait beaucoup plus dans l'histoire de la scène théâtrale que des dizaines de metteurs en scène comblés... puis oubliés ?

La Mise en scène du drame wagnérien.
Paris, Chailley, 1895, 51 p.

Extraits :
In : La Mise en scène du drame wagnérien (extraits, 1895).
Musique en jeu, mai 1974 ; N°14 : pp. 55-62.
Cet ouvrage fut publié à compte d'auteur et édité à 500 exemplaires. Il s'agit d'une exposition de ses conceptions sur la mise en scène des drames de Wagner, qui enrichit considérablement notre connaissance du drame wagnérien et de sa représentation.

Comment réformer notre mise en scène ?
La Revue, 1 juin 1904 ; Vol. I - N°9 : pp. 342-349.

La Musique et la Mise en scène.
Berne, Theater Kultur Verlag, 1962 - 1963, coll. « Annuaire du théâtre suisse, XXVIII/XXIX de la Société suisse du théâtre », XVI-278 p., 5 planches.
Ecrit entre 1864 et 1869, la première édition en allemand fut publiée en 1899 chez Bruckman (*Die Musik und die Inszenierung*). Cet ouvrage contient en appendice la conception d'Appia d'une production de *Tristan.*

L'Oeuvre d'art vivant.
Genève et Paris, Atar, 1921, 113 p., 20 planches en noir.

Notes de mise en scène pour l'Anneau du Nibelung (1891 - 1892).
Revue d'histoire du théâtre, 1957 ; Vol. I-II : pp. 46-59.

Œuvres complètes. Editées par la société suisse du théâtre. Edition élaborée et commentée par Marie L.Bablet-Hahn. Introduction générale par Denis Bablet. Tome 1. 1880 - 1894. Tome 2. 1895 - 1905. Tome 3. 1906 - 1921. Tome 4. 1921 - 1928.
Lausanne, L'Âge d'Homme, 1983 - 1992, 4 vol. XXV-465, XIII-492, VII-560 et 582 p., nombreuses illustrations in-t et h.-t., bibliographie en fin de chaque volume, index général (tome IV).
Vaste publication moderne de l'ensemble des textes publiés et inédits d'Adolphe Appia, ainsi que toutes les notes de mise en scène inédites à ce jour. Publication de référence, enrichie d'un très riche et magistral appareil critique, due à Denis Bablet (1930 - 1992), à l'époque directeur de recherche au CNRS, responsable du Groupe de recherches théâtrales et musicologiques, sans doute le meilleur spécialiste d'Appia. Quatre volumes exhaustifs pour entrer dans le détail des travaux du metteur en scène. Chacun des ouvrages majeurs d'Appia est suivi d'un dossier de presse, qui reprend l'ensemble des critiques parues à l'époque de la publication. Une grande partie (tome I et II) est consacrée à « Appia et Wagner ». Ainsi, on retrouvera dans le volume I : *Un scénario de mise en scène pour le Ring - Le Tableau des décors du Ring, fiches techniques - Notes de mise en scène für den Ring des Nibelungen - La Mise en scène du drame musical* (pp. 255-283). Le volume II reprend l'ouvrage fondamental d'Appia : *La Musique et la Mise en scène* (pp. 43-173), ainsi que *La Mise en scène de Tristan et*

Isolde - La Mise en scène du Ring (pp. 174-208). En complément est également publié : *Deux mises en scène éliminées en cours de rédaction (Les Maîtres-chanteurs et Parsifal)* (pp. 245-299). Le tome IV est consacré au *Scénario des mises en scènes réalisées* (Tristan et Isolde à Milan, Le Ring à Bâle) *et non réalisées* (Lohengrin). Cet ultime volume reprend enfin des textes de conférences ou des écrits inédits (ex : *Richard Wagner et la mise en scène.* Genève, Mars 1925, Fondation A. Appia de Berne (pp. 469-471). A noter une annexe très intéressante, du tome I, consacrée aux « Art et technique à la fin du XIXème siècle ».

ARMANA (Jean d')
Wagner troubadour.
Paris, Les Livres Nouveaux, 1939, 713 p.
Par l'auteur d'une pièce de théâtre intitulée *Le Crépuscule des dieux* (Bordeaux, Librairie Delmas, 1935, 61 p.). « *Livre touffu, désordonné et aberrant* » (Guichard).

ARNOULT (Léon)
Turner, Wagner, Corot.
Paris, Sous le signe de la Salamandre, 1930, coll. « Les Grands Imprécisistes du XIXème siècle », 124 p., fac-similés, 1 planche h.-t.
Les trois grands noms cités dans le titre comme « *imprécisistes* », Turner, Wagner, Corot ne sont pas les seuls analysés et comparés dans l'ouvrage. Mais on y traite aussi d'imprécisisme et littérature, d'imprécisisme philosophique, en astronomie, en déclamation etc... Wagner est étudié à la lunette de l'imprécisisme (pp. 39 à 52). Selon l'auteur, « *l'imprécisisme en art réside dans la tendance à voiler l'expression afin d'obtenir un effet sensoriel ou émotionnel allant du désir réalisé jusqu'au moment du rêve* ». S'apparentant - un peu seulement - à l'impressionnisme, il a, selon Léon Arnoult, son auteur-phare, Mallarmé, avec son « *bariolage éclatant d'idées vagues, la teneur mystérieuse de ses images présentées sous forme de rébus...* »

ARNOUX (Alexandre)
Rencontres avec Richard Wagner.
Paris, Grasset, 1927, coll. « Les Ecrits », 204 p.
Tirage sur vélin bouffant à 3300 exemplaires numérotés.
Cet écrivain de l'académie Goncourt (1884 - 1973) dont les romans sont surtout autobiographiques et historiques, passa une partie de sa jeunesse à Lyon. L'ouvrage, plutôt humoristique, est un recueil de souvenirs de cette période. Lyon est pour lui une ville liée à Richard Wagner avec les représentations au Grand Théâtre et « *sa mythologie* ».

ARTAUD (Alain)
Vers une mise en scène de la mémoire : le Ring de Kupfer à Bayreuth.
In : **BANU (Georges) [éd.]** : Opéra, théâtre : une mémoire imaginaire.
Paris, Edition de l'Herne, 1990, coll. « Cahiers de l'Herne », pp. 90-102 [d'un vol. de 260 p.], cahier de 8 feuillets de reproductions photographiques en noir.
L'auteur trouve une filiation esthétique de cette production (1988 - 1992) avec celle de Chéreau (1976 - 1980) pour la figuration technologique et avec celles de Wieland Wagner (1951 - 1958 et 1965 - 1969) pour la technique du plateau nu.

ASTIER (Jean)
André Suarès. Un wagnérien oublié.
Nouvelle Revue des Deux-Mondes, août 1977 : pp. 333-338.

AUBIN (Léon)
Histoire de la musique dramatique en France. Le Drame lyrique.
Tous, Imprimerie P. Salmon - Edition de « L'Echo littéraire et artistique », 1908, III-97 p.
Quelques pages sur la réforme wagnérienne sans grand intérêt.

AUN WEOR (Samaël)
Le Parsifal dévoilé. Traduction de l'espagnol.
Paris, Editions Gnostiques, 1997, 260 p.
Ouvrage qui se veut une révélation des symboles ésotériques de l'œuvre.

AUQUIER (Isabelle)
Du wagnérisme au symbolisme : Maeterlinck, un chevalier du Saint-Graal.
In : **COUVREUR (Manuel) - HOEVEN (Roland van der) [éd.]** : La Monnaie symboliste.
Bruxelles, Université libre de Bruxelles - Cahiers du GRAM (groupe de recherche en art moderne), 2003, pp. 233-258 [d'un vol. de 379 p.], cahier de 8 pages de reproductions couleur h.-t., nombreuses illustrations en noir in-t., index.
Itinéraire artistique du poète belge, Maurice Maeterlinck (1862 - 1949), auteur de la pièce de théâtre *Pelléas et Mélisande*. Parmi les spectateurs de la création parisienne de 1892, un certain Claude Debussy, jeune compositeur encore inconnu...

AUSTIN (Lloyd James)
Le Principal Pilier. Mallarmé, Victor Hugo et Richard Wagner.
Revue d'histoire littéraire de la France, avril - juin 1951 : pp. 154-180.
A la mort de Victor Hugo, le 22 mai 1885 (jour d'anniversaire de naissance de Richard Wagner !), il y aurait place, désormais, pour des créations modernes, pour une école qui ne serait plus dominée par la figure tutélaire du patriarche. C'est ce que semblerait souligner Mallarmé dans le sonnet publié par *La Revue Wagnérienne* le 8 janvier 1886. L'auteur (1915 - 1994) y voit la mention d'un passage de « *l'ancien maître au nouveau dieu* », de Hugo à Wagner (« *le principal pilier* » représenterait la tradition théâtrale française, et plus particulièrement le théâtre de Hugo).

[AVANT-SCENE OPERA]
Ces monographies concilient vulgarisation et rigueur académique. Elles sont toutes enrichies d'une vaste iconographie (d'où l'absence de mentions sur les illustrations présentes à chaque volume). Chaque livraison comprend le texte bilingue du livret, son commentaire littéraire et musical, un ensemble de textes, articles, souvenirs, interviews, et une documentation précieuse (mise en scènes, discographies). Nous avons repris les principaux articles par nom d'auteur dans cette présente bibliographie, tout comme nous l'avons fait pour les traductions.

L'Anneau du Nibelung.
1. L'Or du Rhin.
- L'Avant-Scène Opéra, novembre - décembre 1976, N°6/7, 226 p.
- Nouvelle édition : Paris, Premières Loges, novembre 1992, 190 p.
- Nouvelle édition : Paris, Premières Loges, juillet - août 2005, N° 227, 174 p.
2. La Walkyrie.
- L'Avant-Scène Opéra, janvier - février 1977, N°8, 162 p.
- Nouvelle édition : Paris, Premières Loges, janvier 1993, 192 p.
- Nouvelle édition : Paris, Premières Loges, septembre - octobre 2005, N°228, 183 p.
3. Siegfried.
- L'Avant-Scène Opéra, novembre - décembre 1977, N°12, 162 p.
- Nouvelle édition : Paris, Premières Loges, avril 1993, 160 p.
- Nouvelle édition : Paris, Premières Loges, novembre - décembre 2005, N°229, 166 p.
4. Le Crépuscule des dieux.
- L'Avant-Scène Opéra, janvier - février 1978, N°13/14, 210 p.
- Nouvelle édition : Paris, Premières Loges, juin 1993, 191 p.
- Nouvelle édition : Paris, Premières Loges, janvier - février 2006, N°230, 165 p.

Traduction française inédite d'Antoine Goléa pour la première édition et de Françoise Ferlan, pour la seconde et la troisième édition (traduction revue et corrigée). La première édition sur la Tétralogie fut publiée entre la fin 1976 et le début 1978, de manière contemporaine à la production de Chéreau, « *à qui elle paie une dette indéniable* ». La deuxième éditée entre 1992 et 1993, est marquée par une « *certaine recherche d'objectivité, voire des critères de scientificité* ». La troisième édition de 2005 est « *placée sous le signe de l'histoire de l'interprétation* » (Merlin), comme le montrent les excellentes synthèses de Christian Merlin, « Diriger le Ring, chanter le Ring » ou de Pierre Flinois « Mettre en scène le Ring », ainsi que le commentaire musical plus concret de Christian Goubault. Bibliographie de Pierre Flinois pour les trois éditions.

Le Vaisseau Fantôme.
- L'Avant-Scène Opéra, novembre - décembre 1980, N°30, 170 p.

Nouvelle traduction française de Georges Pucher. Bibliographie de Pierre Flinois.
- Edition mise à jour : Paris, Première Loges, 2000, 153 p.

Bibliographie sans nom d'auteur.
- Mise à jour du numéro 30 de l'Avant-Scène Opéra : Paris, Premières Loges, Mai 2000, 23 p.

Tristan et Isolde.
- L'Avant-Scène Opéra, juillet - août 1981, N°34/35, 287 p.

Nouvelle traduction française de Jean-Pierre Krop. Bibliographie de Pierre Flinois. En suppléments : « Les Vainqueurs » (pp. 241-247) et « Gros plan sur Bayreuth » (pp. 248-281).
- Réimpression Laser.

- Mise à jour du numéro 34/35 de L'Avant-Scène Opéra : Paris, Premières Loges, Janvier 1998, 31 p.
- Nouvelle édition : Paris, Première Loges, mars 2002, 207 p.
Edition de l'ancien numéro entièrement refaite et mise à jour. La traduction est conservée. Bibliographie d'Elisabetta Soldini.

Parsifal.
- L'Avant-Scène Opéra, janvier - février 1982, N°38/39, 260 p.
Nouvelle traduction française de Georges Pucher. Bibliographie de Pierre Flinois.
- Réimpression Laser.
- Mise à jour du numéro 38/39 de L'Avant-Scène Opéra : Paris, Premières Loges, 1999, 31 p.
- Nouvelle édition : Paris, Premières Loges, mars 2003, 223 p.
Edition de l'ancien numéro entièrement refaite et mise à jour. La traduction est conservée, mais le commentaire littéraire et musical est du à Alain-Patrick Olivier. Bibliographie d'Elisabetta Soldini.

Tannhäuser.
- L'Avant-Scène Opéra, mai - juin 1984, N°63/64, 257 p.
Nouvelle traduction française de Georges Pucher. Bibliographie d'Elisabeth Giuliani.
- Réimpression Laser.
- Mise à jour du numéro 63/64 de L'Avant-Scène Opéra : Paris, Premières Loges, 2004.
- Nouvelle édition : Paris, Premières Loges, mars 2004, 167 p.
Edition de l'ancien numéro entièrement refaite et mise à jour. La traduction du livret est conservée et permet de suivre le texte de la version de Dresde en parallèle à celle de Paris. Bibliographie d'Elisabeth Soldini.

Les Introuvables du chant wagnérien.
L'Avant-Scène Opéra, septembre 1984, N°67, 189 p.

Les Maîtres-chanteurs.
L'Avant-Scène Opéra, janvier - février 1989, N°116/117, 257 p.
Traduction française de Jean Matter. Bibliographie d'Elisabeth Giuliani.

Lohengrin.
L'Avant-Scène Opéra, janvier - février 1992, N°143/144, 256 p.
Nouvelle traduction française de Dominique Sila. Bibliographie d'Elisabeth Giuliani.

AVICE (Jean-Paul), voir : PICHOIS (Claude)

AZOUVI (Jean)
- Les Origines mythiques du personnage de Wotan.
In : L'Or du Rhin. L'Avant-Scène Opéra, novembre - décembre 1976, N°6/7, pp. 165-177 [d'un vol. de 226 p.]

- Siegfried ou la quête de l'unité.
In : Siegfried. L'Avant-Scène Opéra, novembre - décembre 1977, N°12, pp. 115-118 [d'un vol. de 162 p.]
Ces deux textes sont repris dans la nouvelle édition de janvier et d'avril 1993.

BABLET (Denis et Marie-Louise)
Adolphe Appia, 1862 - 1928. Acteur - Espace - Lumière.
Lausanne, L'Âge d'Homme, 1981, 92 p., nombreuses illustrations in-t et h.-t.
Catalogue d'une exposition tenue dans le cadre des Espaces 79 à Paris en 1979. L'ouvrage contient des citations d'Appia, des commentaires et des textes sur son œuvre, ainsi qu'une riche iconographie.

BABLET (Misolette)
Adolphe Appia, l'architecte du sensible.
Musical - Revue du Théâtre musical de Paris-Châtelet - L'Opéra romantique allemand, 1er trimestre 1989 ; N°8 : pp. 78-99.
Belle revue qui, comme il arrive souvent, ne vécut que quelques saisons... En une vingtaine de pages, l'essentiel de ce qu'il faut savoir sur le grand scénographe suisse qui fut, malheureusement pour lui, plus un visionnaire qu'un réalisateur.

BAILBÉ (Joseph-Marc) [éd.]
De Bayreuth à Rouen. Images de Richard Wagner.
S.l.n.d., (1983), 149 p., illustrations en noir et couleur in-t.
Tirage à 1000 exemplaires hors-commerce.
L'ouvrage rassemble les communications présentées lors du colloque organisé à l'occasion du centenaire de la mort de Wagner, les 16 et 17 mars 1983, par le Centre d'art, d'esthétique et de littérature, l'Institut de musicologie et l'Institut d'études germaniques de la Faculté des lettres de Rouen. [L'ensemble des textes est repris par ordre alphabétique d'auteur]

BAILBÉ (Joseph-Marc)
La Tentation wagnérienne des musiciens français : Reyer, d'Indy.
In : **BAILBÉ (Joseph-Marc) [éd.]** : Bayreuth à Rouen. Images de R. Wagner.
S.l.n.d., (1983), pp. 23-34 [d'un vol. de 149 p.]

BAILLOT (Alexandre)
L'Influence de la philosophie de Schopenhauer en France, 1860 - 1900. Suivi d'un essai sur les sources françaises de Schopenhauer.
Paris, Librairie philosophique J. Vrin, 1927, coll. « Bibliothèque d'histoire de la philosophie », VIII-358-78 p.
Publication d'une thèse de lettres soutenue à Poitiers en 1927. Il y a un développement sur « Schopenhauer et Wagner » (pp. 285-297).

La Notion d'existence: antiquité classique, civilisation moderne.
Paris, Belles Lettres, 1954, 216 p.
A consulter pour le chapitre « Les Idées politiques et sociales de Richard Wagner ».

BAJOU (Valérie)
Fantin-Latour et ses musiciens.
Revue de musicologie, 1990 ; Tome 76 - N°1 : pp. 45-76.
Selon Valérie Bajou, Fantin-Latour (1836 - 1904) est l'inventeur, dès 1864, de la « *scène musicale* » en peinture (scène d'après Tannhäuser). « *Du concert à la lithographie, Fantin reprit de Wagner le romantisme légendaire des lacs, des tentations, des grands mythes éternels devenus des archétypes* » (p. 55).

BANOUN (Bernard)
Le Dernier opéra romantique.
In : La Femme sans ombre. L'Avant-Scène Opéra, juillet - août 1992, N°147, pp. 116-117 [d'un vol. de 160 p.]
Article du grand maître des études straussiennes français, professeur de littérature allemande à l'université de Tours, qui met en évidence les similitudes entre Lohengrin, Les Fées et l'opéra de Strauss.

L'Opéra selon Richard Strauss. Un théâtre et son temps.
Paris, Fayard, 2000, 577 p.
L'ouvrage propose une vision synthétique de « *l'opéra selon Richard Strauss* », autour de plusieurs axes d'approche, en particulier dramaturgique, de l'ensemble de sa production lyrique, de Guntram premier essai lyrique empreint de wagnérisme, à Capriccio. Articulé en sept chapitres, l'ensemble du texte comporte bien évidement de nombreuses références ou parties consacrées à Wagner (dont l'article précédent), mais l'avant-dernier chapitre, intitulé « Harmonie et contradictions » est de loin le plus intéressant à ce sujet. « *Les variations de la dramaturgie straussienne dans les opéras composés sur les livrets de Hofmannsthal peuvent être lues avec profit comme des réponses aux opéras de Wagner, en particulier, les Maîtres-chanteurs de Nuremberg, Lohengrin et Tristan et Isolde* ».

Permanence et historicité des configurations de personnages. Schémas actanciels dans les livrets de La Flûte enchantée, Lohengrin et La Femme sans ombre.
In : **BANOUN (Bernard) - CANDONI (Jean-François) [éd.]** : Le Monde germanique et l'opéra. Le Livret en question.
Paris, Klincksieck, 2005, coll. « Germanistique », pp. 169-189 [d'un vol. de 490 p.], index.
Exposé très dense et suggestif utilisant une méthodologie issue de la sémantique structurale de Greimas, tels les « *schémas actanciels* », pour démontrer que ces trois opéras « *présentent des variations sur Eros, la liberté et le pouvoir* ». Complexe...

BANVILLE (Théodore de)
Paris vécu. Feuilles volantes, avec un dessin de Georges Rochegrosse.
Paris, Charpentier, 1883, 464 p., front. de Rochegrosse tiré sur Chine.
Premier volume de *Petites Etudes*. L'auteur (1823 - 1891), théoricien de « *l'art pour l'art* » et maître du mouvement parnassien, qui compta parmi les premiers admirateurs

de Wagner, proclame son adhésion au système wagnérien et défend le drame musical, mais de manière réservée. Ces lignes montrent qu'il a connu de façon assez précise les théories wagnériennes, qu'il a bien compris la révolution accomplie et qu'il a reconnu la grandeur de l'œuvre. On lira les chapitres : « La Vérité » (pp. 196-198), « Explications loyales » (pp. 258-263) et « L'Interrègne » (pp. 332-337).

Critiques. Choix et préface de Victor Barrucand.
Paris, Eugène Fasquelle - Bibliothèque Charpentier, 1917, XXVIII-484 p., front.
On consultera l'article sur Rienzi, paru dans *Le National* du 12 avril 1869 au lendemain de la création parisienne de l'œuvre (pp. 174-181).

Critique littéraire, artistique et musicale choisie. Choix de textes, introduction et notes par Peter J. Edwards et Peter S. Hambly. I. Poésie et poètes, beaux-arts, musique. II. Romanciers, prosateurs, théâtre, préfaces et lettres. Annexes.
Paris, Honoré Champion, 2003, 2 vol. XXX-490 et 524 p., 2 portraits, index.
Réédition moderne et critique de l'ensemble des textes de critiques de Théodore de Banville.

BARBE (Michèle)
Fantin-Latour et la musique.
Thèse de lettres : Université de Paris IV. 1992 ; 3 vol. 346, 489 et 481 p.

Fantin-Latour symboliste ?
In : **PISTONE (Danièle)** : Symbolisme et musique en France, 1870 - 1914.
Paris, Honoré Champion, Revue internationale de musique française, N°32, 1995, pp. 77-93 [d'un vol. de 353 p.], index.
Peintre et lithographe (1836 - 1904), très lié avec Chabrier, qui figure également parmi ceux qui assistent à l'inauguration du théâtre de Bayreuth en 1876, il transcrira sa passion wagnérienne sur la pierre lithographique. L'une de ses toiles les plus célèbres « Autour du piano », représente ses amis wagnéristes du « *Petit-Bayreuth* ». Au salon de 1885, lorsque Fantin-Latour expose cette toile, hommage à Richard Wagner, les visiteurs spontanément la baptisent « *Les Wagnéristes* ». Elle rassemble Chabrier, Maître, Jullien, Boisseau, Camille Benoît, Lascoux, d'Indy et Pigeon. « *Tous Wagnéristes !* » comme le proclame le peintre dans une lettre d'avril 1885. Le tableau se situe bien dans l'optique de *La Revue Wagnérienne.* Fantin-Latour, n'aurait pas voulu composer une « *manifestation musicale* », malgré son engagement auprès des wagnéristes, mais une évocation des hommes d'avant-garde, indépendants et en lutte pour la modernité en art.

Images du « Ring » : une vision de Fantin-Latour.
In : **LANG (Paul) [éd.]** : Richard Wagner. Visions d'artistes. D'Auguste Renoir à Anselm Kiefer.
Paris et Genève, Pelléas éditions d'art - Musée d'art et d'histoire, 2005, pp. 28-39 [d'un vol. de 287 p.]

Le Finale du Rheingold : une œuvre d'art complète.
In : **BARBE (Michèle) [éd.]** : Musique et Arts plastiques. Analogies et Interférences.
Paris, Presses de l'Université de Paris - Sorbonne, 2006, coll. « musique/écritures », pp. 91-120 [d'un vol. de 303 p.], 2 cahiers de 4 feuillets de reproductions en noir et couleur h.-t., index.
L'auteur, spécialiste française du peintre Fantin-Latour, qui publia une thèse qui lui est consacrée, actuellement professeur à la Sorbonne, démonte la mécanique d'élaboration de la lithographie, basée sur divers moyens d'expression (image, notations musicales, calligraphie, structure géométrique). Cette création permet au peintre de nous faire entrer dans la compréhension du drame et de sa portée symbolique. Finalement, ceci permet de « *corroborer un des principes majeur de l'esthétique wagnérienne, à savoir la complémentarité des différents langages* ».

BARBET-SAY (Hélène)
Le Voyage artistique : Bayreuth, Oberammergau.
In : Le Voyage de France en Allemagne de 1871 à 1914 : voyages et voyageurs français dans l'Empire germanique.
Nancy, Presses Universitaires de Nancy, 1994, coll. « Histoire contemporaine », 412 p., 8 pages de planches.
Dans cet intéressant ouvrage qui traite des différents types et raisons de voyages des Français en Allemagne pendant cette période de germanophobie, l'auteur se livre en quelques pages (pp. 118-126) à une description statistique et sociologique des participants français au « *pèlerinage* » wagnérien, en se fondant bien entendu sur les données livrées par Lavignac à partir des *Fremdenliste* établies par la direction du festival de Bayreuth.

BARBIERI (Hugues)
Richard Wagner et Baudelaire. L'article de « L'Art romantique » ou l'harmonie des correspondances.
Thèse. Université de Toulouse. 1955 ; 3 vol. de 411 p.

BARENBOÏM (Daniel) - SAÏD (Edward-W.)
Parallèles et Paradoxes. Explorations musicales et politiques. Entretiens. Edité et préfacé par Ara Guzelimian. Traduit de l'anglais par Philippe Babo.
Paris, Le Serpent à plumes, 2003, 239 p.
Ces conversations publiques enregistrées de 1995 à 2001 entre le chef d'orchestre, citoyen israélien, et son ami, intellectuel palestinien résidant et travaillant aux Etats-Unis (1935 - 2003), abordent beaucoup de domaines, mais on ne s'étonnera pas que Wagner y trouve une place importante. On sait en effet que le directeur musical de la Staatsoper de Berlin a dirigé dix-neuf années consécutives à Bayreuth de 1981 à 1999, et qu'il a œuvré inlassablement pour l'interprétation publique de Wagner en Israël. Les deux hommes ont créé en 1999, le West-Eastern Divan, fameux orchestre rassemblant de jeunes interprètes israéliens et palestiniens.

BARILIER (Etienne)

- La Musique du sublime.

In : Lohengrin. L'Avant-Scène Opéra, janvier - février 1992, N°143/144, pp. 159-163 [d'un vol. de 256 p.]

- Poètes et critiques (Wagner et Proust).

In : Siegfried. L'Avant-Scène-Opéra. Nouvelle édition.

Paris, Premières Loges, novembre - décembre 2005, N°229, pp. 122-123 [d'un vol. de 166 p.]

Immersion dans l'univers wagnérien de l'écrivain suisse, né en 1947, auteur d'une quinzaine de romans et d'une douzaine d'essais de littérature, de philosophie, de musique (notamment son *B-A-C-H. Histoire d'un nom dans la musique* ou *Le Chien Tristan*) et même un dernier ouvrage sur... la beauté du tennis, à travers Martina Hingis...

BARIOZ (Jacques)

Wagner et Lyon. Chronique d'un grand siècle. Ouvrage publié avec le concours du Cercle Richard Wagner de Lyon.

Lyon, Editions lyonnaises d'art et d'histoire, 2002, 217 p., 17 feuillets h.-t. de reproductions dont une en couleur in-fine.

Synthèse de la réception des œuvres wagnériennes et du déroulement chronologique de leurs reprises au cours d'un siècle (1891 - 2001) à Lyon, appelée jadis la « *Bayreuth française* ». L'auteur dresse un état des lieux complet sur les représentations, les artistes qui se sont illustrés sur la scène lyonnaise, les critiques journalistiques et les personnalités locales qui se sont exprimées sur le sujet.

BARRAUD (Henry)

Les Cinq Grands opéras. Don Juan - Tristan et Isolde - Boris Godounov - Pelléas et Mélisande - Wozzek.

Paris, Editions du Seuil, 1972, 302 p.

L'auteur, compositeur français (1900 - 1997), a beaucoup œuvré, dans ses fonctions associatives et radiophoniques pour la diffusion de la musique contemporaine, toutes écoles confondues. Le titre de cet ouvrage est affirmatif, mais finalement peu discutable, à moins peut-être de mettre l'Orfeo de Monteverdi à la place de Boris... et si on veut qu'il n'y ait que cinq auteurs différents !

BARRÈS (Maurice)

Du sang, de la volupté et de la mort. Un amateur d'âmes. Voyage en Espagne. Voyage en Italie.

Paris, Eugène Fasquelle, 1894, coll. « Bibliothèque Charpentier », 327 p.

Edition originale dédiée à la mémoire de Jules Tellier. Le texte essentiel de Barrès, en ce qui concerne Wagner, est *Le Regard sur la prairie* (daté d'août 1890). L'auteur (1862 - 1923), dans un texte d'une très belle envolée, y exprime son émotion croissante devant le drame de la souffrance et de la pureté. Il y perçoit et explique le point par où Wagner répond à ses préoccupations et dégage un enseignement de ces héros qui affirment à l'en croire, « *les lois de l'individu* » que Barrès voulait opposer à celles de la société. Cette image d'un Wagner libérateur fera place à celle d'un Wagner, enchanteur maléfique (Wagner est devenu *« une pente vers les gouffres »*).

Amori et dolori sacrum. La Mort de Venise.
Paris, Félix Juven, s.d. (1903), 311 p.
Réimpressions successives
Dans *La Mort de Venise*, dont un premier fragment avait paru dans *La Renaissance latine* du 15 juin 1902, d'admirables pages où Barrès en évoquant l'ombre de Wagner à Venise, met en relief le caractère dangereux, voire morbide de la musique wagnérienne et dénonce le philtre-poison de Tristan. Celui qui avait fait deux fois le pèlerinage à Bayreuth (Barrès s'y était rendu durant l'été 1891 avec sa femme, au lendemain même de leur mariage, il y retournera l'année suivante) et après avoir écrit *« Allons à Wahnfried, sur la tombe de Wagner, honorer les pressentiments d'une éthique nouvelle »* (*Du sang, de la volupté et de la mort*), donna dans la wagnérophobie comme thuriféraire de « l'union sacrée » et finit par accuser de « *trahison* », ceux qui adoptaient l'attitude qu'il avait précédemment prônée.

Les Grands Problèmes du Rhin. Introduction de Philippe Barrès.
Paris, Librairie Plon, 1930, IV-471 p., une carte in fine dépliante
Edition originale posthume.
Recueil sous le titre *Quelles limites poser au germanisme intellectuel* (pp. 229-280) de deux articles parus les 1er et 15 mai 1922 dans *La Revue universelle*. Après avoir vu en Wagner un auxiliaire de sa pensée, puis un poison, Barrès voit en lui un adversaire.

La Mode de Bayreuth.
In : **BARRÈS (Maurice)** : Journal de ma vie extérieure. Présentation de François Broche et Eric Roussel.
Paris, Editions Julliard, 1994, pp. 320-323 [d'un vol. de 522 p.]
Ce volume est un recueil d'articles publiés dans diverses revues et publications entre 1881 et 1923. Ce texte, paru dans *Le Voltaire*, le 29 juillet 1886, est une rapide description d'une représentation bayreuthienne.

Pour une édition moderne complète, il convient de se reporter à :
Romans et voyages. Edition établie par Vital Rambaud. Tome I. Préface d'Eric Roussel et Tome II.
Paris, Robert Laffont, 1994, coll. « Bouquins », 2 vol. CLXIII-1507 et 1160 p.
Le Regard sur la prairie (I., pp. 468-470) et *La Mort de Venise* (II., pp. 43-47).

BARTH (Herbert)
Actualité de Wagner.
Bayreuth, Festspielleitung Bayreuth, 1952, 39 p.
Ensemble de textes compilés par Herbert Barth, de Zdenko von Kraft : *Soixante-quinze ans d'histoire au festival de Bayreuth*, H. Reissinger : *Richard Wagner bâtisseur* et Wieland Wagner : *Tradition et re-création, à l'occasion de la réouverture du festival de Bayreuth en 1951.*

BARTH (Herbert) - MACK (Dietrich) - VOSS (Egon)
Wagner. Une étude documentaire. Traduit de l'anglais par Bernard Miailhe. Préface de Pierre Boulez.
Paris, Gallimard, 1976, 255 p., front., 296 illustrations dont 73 en couleur in-t. et h.-t., index
Ensemble de documents iconographiques racontant les vicissitudes de la vie de Wagner, introduit par l'*Esquisse autobiographique* et suivie par des extraits de souvenirs de contemporains, du *Journal* de Cosima, de la correspondance, d'articles et de comptes-rendus... Dommage que l'ouvrage dû à la plume des meilleurs spécialistes de l'époque ne représente pas une contribution de fond à la « wagnérologie ».

BARTHOLONI (Jean)
Wagner et le recul du temps. Lettre-préface de M. Louis Barthou.
Paris, Albin Michel, 1924, XVII-250-II p.
Autre édition la même année chez Hachette.
L'auteur veut établir une synthèse « *définitive* » (le XXème et ultime chapitre s'intitule sans humilité : « Place définitive de Wagner dans l'histoire »), trente à quarante ans après la fièvre éditoriale française sur le Maître, et dix ans après le silence commandé par la première guerre mondiale. Le résultat est honorable : les erreurs et les malentendus sur Wagner sont détaillés, les multiples facettes du créateur mises en valeur, et Wagner est ainsi présenté, quarante ans après sa mort, comme un classique. On avait donc fini de discuter et de travailler sur Wagner ? Voire... Quatre-vingts ans après, on peut sérieusement en douter...

BARTHOU (Louis)
La Vie amoureuse de Richard Wagner.
Paris, Edition Flammarion, 1925, coll. « Leurs Amours », 203 p.
Réimpression en 1927.
L'homme politique français (1862 - 1934), membre de l'Académie française, et qui mourut tragiquement avec le roi de Yougoslavie Alexandre Ier lors de l'attentat de Marseille en 1934, offre ici un ouvrage sans intérêt majeur, qui peut être une initiation à la vie de Wagner, vu sous l'angle de sa vie sentimentale.

La Vie ardente de Wagner.
Paris, Flammarion, 1932, 126 p., front. 3 planches h.-t.
Version abrégée de l'édition précédente sous un titre comportant un changement d'adjectif.

BARUZI (Joseph)
Le Rêve d'un siècle.
Paris, Calmann-Lévy, 1904, 326 p.
Rapprochement entre Victor Hugo et Richard Wagner d'une part et leur importance dans le monde de l'art et de la pensée, d'autre part. L'ouvrage est plutôt une méditation sur les deux hommes qu'une véritable étude.

BASTET (Ned)
Eros et Wagner. La Figure valéryenne de la Walkyrie.
In : **LAURENTI (Huguette) [éd.]** : Paul Valéry, 5. Musique et Architecture. Textes réunis par Huguette Laurenti.
Paris, Lettres modernes - Minard, 1987, coll. « La Revue des lettres modernes. Série Paul Valéry », pp. 93-114 [d'un vol. de 190 p.]
Texte issu du colloque organisé à Montpellier le 12 et 13 mai 1978 au Centre d'études valéryennes de l'Université Paul Valéry. « *Au centre de toute préoccupation valéryenne concernant la création esthétique, un nom : Wagner, la découverte essentielle, fulgurante et définitive des années quatre-vingt-dix. Un Wagner envié, adoré, haï, désespérant - par la suite analysé, assimilé, sans doute aussi dévié vers le tempérament valéryen, mais toujours présent, comme le montre ici Ned Bastet* » (Laurenti).

BAUDELAIRE (Charles)
Richard Wagner et Tannhaeuser à Paris.
Paris, Dentu, 1861, 70 p.
Document de premier ordre, qui est une admirable étude sur Tannhäuser et qui démontre que le poète (1821 - 1867) a compris, plus que beaucoup d'autres, toute la portée et le sens du drame wagnérien. « *Soixante pages essentielles* » pour reprendre les termes de Dauriac. La première partie est relative aux concerts des Italiens. L'auteur étudie ensuite avec sympathie les théories de Wagner sur le drame d'après *La Lettre sur la musique* dont il cite plusieurs passages, et le défend contre le reproche d'avoir composé des opéras pour vérifier la valeur de son système. Puis, il examine les poèmes du Vaisseau, de Tannhäuser et de Lohengrin. Son appréciation sur la musique n'est pas celle d'un homme de métier, mais celle d'un artiste. Il s'agit de la traduction des impressions suscitées par l'audition des trois concerts donnés par Wagner, et en particulier du prélude de Lohengrin. Cette analyse est basée sur les correspondances sensorielles, que Baudelaire transpose sur un plan pictural. L'article reproduit textuellement certaines phrases de la fameuse lettre du 17 février 1860 adressée par le poète à Wagner. Celui-ci parut d'abord dans *La Revue européenne* du 1er avril 1861 sous le titre *Richard Wagner*. Un appendice, où Baudelaire demeure sur ses positions, *Encore quelques mots*, sera ajouté à la plaquette publiée à la fin 1861 chez Dentu, sous le titre nouveau *Richard Wagner et Tannhäuser à Paris*. Celle-ci sera imprimée plus tard dans le volume intitulé *L'Art romantique*. Le texte sera également réédité dans *Le Figaro* du 11 mai 1895. Baudelaire se référa à Wagner dans plusieurs de ses journaux intimes (*Fusées, Mon cœur mis à nu*). Si Baudelaire n'était pas mort si prématurément, nous disposerions sans aucun doute de textes de grande valeur sur Tristan, le Ring... On peut rêver...

Autres éditions modernes :
- Œuvres complètes. Nouvelle édition. Texte établi présenté et annoté par Claude Pichois. Tome II.

Paris, Gallimard, 1975, coll. « Bibliothèque de la Pléiade », XIII-1691 p., index. Réimpressions successives.
Ouvrage de référence dû au maître des études baudelairiennes, Claude Pichois (1925 - 2004). « *Non seulement, on trouve, à lire les notices et les notes, tout ce qu'on peut espérer d'une édition critique, mais encore une richesse d'information, une justesse de*

ton dans le commentaire ainsi qu'une impartialité d'interprétation exemplaire » (John E. Jackson). La première édition de la Pléiade fut publiée en 1954 (édition annotée et préfacée par Y.-G. Le Dantec) ; Claude Pichois révisa celle-ci en 1968. Le texte sur Wagner est à consulter pp. 779-815.

- Sur Richard Wagner. Richard Wagner et Tannhäuser à Paris, suivi de textes sur Richard Wagner par Nerval, Gautier et Champfleury. Introduction de Robert Kopp.

Paris, Les Belles Lettres, 1994, coll. « Le Corps éloquent », XLVI-143 p.

En appendice, on retrouve le texte de Champfleury sur Wagner, le compte rendu du Tannhäuser à Wiesbaden par Théophile Gautier et des extraits de *Lorely* de Nerval à propos de la création de Lohengrin à Weimar.

- Œuvres complètes. Préface de Claude Roy. Notices et notes de Michel Jamet.

Paris, Robert Laffont, 1989, coll. « Bouquins », 1180 p.

BAUER (Oswald Georg)

Richard Wagner. Opéras de la création à nos jours. Préface de Wolfgang Wagner. Traduction française d'Odile Demange.

Paris et Fribourg, Vilo - Office du Livre, 1983, 288 p., très nombreuses planches et illustrations en couleur et en noir in-t.

Ouvrage sur un siècle d'interprétations scéniques richement illustrées et parfaitement commentées. Présentation agréable et très riche iconographie. Une somme sur l'œuvre scénique de Wagner, par l'ancien directeur du service de presse du festival de Bayreuth et auteur d'un très grand nombre d'articles parus dans les livres-programmes du festival.

BAUER (Roger)

Paul Claudel et Richard Wagner.

Orbis Litterarum, 1956 ; Tome XI - N°1/2 : pp. 197-214.

Ex-*Revue danoise d'histoire littéraire*, créée en 1943, devenue *Revue internationale d'études littéraires*, de parution trimestrielle.

BAUMGART (Reinhard)

Richard et Cosima.

Le Chesnay, Jade-Flammarion, 1985, 233 p., deux feuillets de reproductions photographiques h.-t.

Script du film du même nom, tiré du *Journal* de Cosima, retraçant les quatorze années de la vie de Richard et Cosima Wagner. Une première partie « La Maison au bord du lac » se joue à Tribschen et dans les montagnes suisses, la deuxième « Wahnfried. La Paix suprême », à Bayreuth et à Venise. Ce film de Peter Patzak tourné en 1987, avait, pour interprètes des principaux protagonistes : Otto Sander dans Richard Wagner, Tatja Seibt dans Cosima, Anton Diffring dans Liszt, Christoph Waltz dans Nietzsche, Peter Matic dans von Bülow, Fabienne Babe dans Judith Mendès-Gautier. Il fit partie de la sélection officielle du festival de Cannes en 1987.

BAUMGARDT (Rudolf)
Les Colonnes du temple (Das Fundament). Génies et créateurs du XIXème siècle. Traduit de l'allemand par A. Boucher.
Paris, Albin Michel, 1943, 508 p., 22 portraits h.-t.
Quelques pages biographiques sur Cosima Wagner d'un intérêt médiocre (pp. 471-498).

[BAYREUTHER FESTSPIELBLAETTER IN WORT UND BILD]
Album illustré des Feuilles de Bayreuth
Munich, Verlag der Autotype-Company, 1884, 60 p., nombreuses illustrations en noir h.-t. et in-t.
Très bel album illustré de grand format publié à la gloire du Maître. Il s'agit d'une publication internationale qui contient des articles d'écrivains allemands, français, anglais, italiens. Les textes en français, inédits par ailleurs, contiennent des détails très intéressants. Il s'agit des articles de : Charles Nuitter : « Les 164 répétitions et les trois représentations de Tannhäuser à Paris » (pp. 38-40) - Léon Leroy : « Une après-midi à Villiers-sur-Marne » (p. 41) - Louis de Fourcaud : « Richard Wagner et l'opéra français » (pp. 42-43) - Judith Gautier : « Souvenirs de Tribschen (Août 1869) » (pp. 43-44) - Adolphe Jullien : « Les Oeuvres de Richard Wagner dans les concerts de Paris » (pp. 44-45) - Maurice Kufferath : « Notes bruxelloises » (pp. 47-48) - un article, paru dans *L'Illustration française* du 27 juin 1857 (pp. 65-68), compréhensif et prophétique sur l'œuvre wagnérienne signé du pseudonyme de Valleyres, qui émane de la comtesse d'Agénor de Gasparin, née Valérie Boissier, qui le publia sous ce nom dans cet album (pp. 48-49).

BEAUFILS (Marcel)
Musique du son, musique du verbe. Préface de Jean-Yves Bosseur.
Paris, Presses Universitaires de France, coll. « Bibliothèque internationale de musicologie », 1954, 219 p., index

Nouvelle édition augmentée.
Paris, Klincksieck, 1994, coll. « L'Esprit et les formes », XVIII-219 p., index.
Ouvrage nécessitant de solides connaissances musicologiques, contenant de nombreuses références à notre compositeur mais sans chapitre précis.

Wagner et l'Allemagne.
L'Alsace française (Numéro spécial : Le Cinquantenaire de la mort de Richard Wagner), 12 février 1933 ; Tome XXV - N°7 : pp. 131-134.

Wagner et le wagnérisme.
Paris, Montaigne, 1944, coll. « La Musique dans la civilisation », 384 p.

Autre édition :
Wagner et le wagnérisme.
Paris, Aubier, 1980, 380 p.
Un grand classique par un germaniste éminent et visionnaire, professeur d'esthétique au Conservatoire (1899 - 1985). L'ouvrage, daté par certains aspects de sa critique et

certaines opinions sévères (en particulier sur Le Hollandais Volant), témoigne d'une véritable finesse d'analyse. Le style est élégant et l'ironie du biographe souvent savoureuse.

La Philosophie wagnérienne : de Schopenhauer à Nietzsche.
In : Richard Wagner.
Paris, Hachette, 1962, coll. « Génies et Réalités », pp. 113-130 [d'un vol. de 302 p.], nombreuses photographies et illustrations en noir in-t et h.-t., 8 planches en couleur contrecollées h.-t.
Réimpression en 1964 et 1971.
Texte extrait d'un bon ouvrage collectif, muni d'un intéressant appareil iconographique en noir et en couleurs. Réunion de 9 textes sérieux, concernant la vie et l'œuvre de Wagner, signés M. Beaufils, M. Brion, J. Mistler, R. Dumesnil, B. Gavoty, A. Goléa, J.-R. Huguenin, W. Panofsky, J. Rovan (voir à ces noms pour le détail des articles).

BEAUQUIER (Charles)
La Musique et le drame. Etude d'esthétique.
Paris, Sandoz et Fischbacher, 1877, 316 p.
Deuxième édition en 1884.
L'auteur (1833 - 1916) conclut dans son chapitre « La Mélodie infinie de M. Wagner » à la condamnation pure et simple du drame lyrique wagnérien.

BECKER (Georges)
Philippe Pedrell. Le Richard Wagner de l'Espagne.
Lausanne, Imprimerie A. Petter, 1913, 4 p.
Plaquette consacré au compositeur et écrivain espagnol (1841 - 1922), auteur par ailleurs de quatre conférences sur Lohengrin en 1881..., qui voulut initier un théâtre lyrique national sur l'exemple de la lignée allemande (Weber - Wagner).

BÉDRIOMO (Emile)
Proust-Wagner et la coïncidence des arts.
Tübingen et Paris, Gunter Narr Verlag - Edition Jean-Michel Place, 1984, coll. « Etudes littéraires françaises », 188 p., fac-similés
Ouvrage consacré à la dette contractée par *A la recherche du temps perdu* envers les techniques wagnériennes d'écriture, mais qui souffre d'un manque total d'exigence scientifique.

BELLAIGUE (Camille)
Critique musical (1858 - 1930), auteur d'une abondante production musicographique, en particulier à *La Revue des Deux-Mondes* (dès 1885). Selon Willy (dans ses *Lettres à l'Ouvreuse*), Bellaigue aurait dit « *donner tout Wagner pour le cinquième acte des Huguenots...* » En tout cas dans *La Revue des Deux-Mondes* du 1er janvier 1905, il écrivait ceci : « *Tristan possède quelque chose non point assurément de pourri, mais de malsain et peut-être de mortel* ». Compte tenu du nombre important d'articles publiés et de leur intérêt souvent limité, nous avons préféré mentionner les recueils d'articles en volumes, tout en sachant également que nous omettons volontairement l'ensemble des

volumes rétrospectifs consacrés à *L'Année musicale* parus chez Delagrave de 1886 à 1891. Les volumes mentionnés reprennent très souvent les critiques musicales parues dans diverses revues.

Portraits et silhouettes de musiciens.
Paris, Librairie Charles Delagrave, 1896, 324 p.
Le chapitre XII intitulé simplement « Wagner » (pp. 320-324) est très critique. Il reprend à son compte les clichés habituels sur Wagner et résume bien l'opinion de Bellaigue. Extraits : « *Le symphoniste géant a méconnu la beauté de la voix. Il a méprisé parfois outragé la parole humaine, le verbe, cette chose saine. Entre les deux éléments du drame musical, le chant et l'orchestre, il a renversé l'inégalité primitive, il n'a point établi l'équilibre. [...] A la longue, le leitmotiv de Wagner tue la liberté, il emprisonne le génie dans la monotonie. [...] Tel est ce génie extraordinaire, dispensateur souverain des surnaturelles extases et des ennuis surhumains. On ne saurait parler de lui sans enthousiasme et sans révolte, sans l'adorer et le maudire à la fois* ».

Etudes musicales et nouvelles silhouettes de musiciens
Paris, Librairie Charles Delagrave, 1898, 423 p., 2 planches
Un chapitre intitulé « Trois opéras symboliques, Le Freischütz, Robert le Diable et Tannhäuser ».

Impressions musicales et littéraires.
Paris, Librairie Charles Delagrave, 1891, 449 p.
A lire : « Le Vaisseau Fantôme de Richard Wagner (juin 1897) » et « Tristan et Isolde (1er décembre 1899) » (pp. 143-156).

Etudes musicales. Première et seconde série.
Paris, Librairie Charles Delagrave, s.d. (1903), 2 vol.
Ouvrages non consultés.

Etudes musicales. Troisième série.
Paris, Delagrave, 1907, 394 p.
Un chapitre « De quelques ouvrages de Richard Wagner » (pp. 89-132) consacré à La Cène des Apôtres, à Siegfried, au Crépuscule des dieux (juin 1902) et à Tristan (1905).

Notes brèves. Première série.
Paris, Librairie Charles Delagrave, 1911, 358 p.
Ouvrage non consulté.

Notes brèves. Deuxième série.
Paris, Librairie Charles Delagrave, 1914, 325 p.
Un chapitre « Tolstoï et la musique » (pp. 1-7) non dépourvu d'intérêt consacré à l'étude critique de l'ouvrage de l'écrivain russe, *Qu'est ce que l'Art ?* Bellaigue, à l'instar de Kufferath, est un sévère critique de cet essai. Il en arrive à la conclusion que pour Tolstoï, il n'est pas de bons opéras et surtout pas dans la musique de son temps...

Souvenirs de musique et de musiciens
Paris, Nouvelle Librairie nationale, 1921, 112 p.
Ouvrage non consulté.

Les Epoques de la musique.
Paris, Librairie Charles Delagrave, 1909, 2 vol. 291 et 281 p.
Réimpression en 1920.
Ces deux volumes sont composés d'articles publiés à des dates diverses, mais qui tentent de former une « *histoire complète* » de la musique. L'ultime chapitre, « L'Opéra symphonique » (pp. 247-281) est consacré à « *sa forme la plus récente, sinon peut être, celle de l'avenir ou de demain* », ce terme, lui paraissant propre à désigner le genre conçu par Wagner.

Promenades lyriques. Faust. Le Barbier de Séville. Carmen. Samson et Dalila. Guillaume Tell. Les Huguenots. Le Roi d'Ys. Aïda. Manon. La Damnation de Faust. Tannhäuser. Orphée. Les Noces de Figaro. La Dame blanche. L'Arlésienne.
Paris, Nouvelle Librairie nationale, 1924, 250 p.
Première édition tirée à 1100 exemplaires sur vélin teinté navarre.
Comme son titre l'indique, il s'agit d'une série de « promenades » à travers le répertoire lyrique, d'Orphée au Roi d'Ys, sous forme de courts articles d'introduction à l'œuvre. Pour Wagner, il s'agit du Tannhäuser (pp. 175-188), qui permet à l'auteur un exposé des théories wagnériennes.

Paroles et musique de guerre.
Paris, Nouvelle Librairie nationale, 1917, 317 p.
Le chapitre IX est consacré à « Gabriele d'Annunzio et la musique, juillet 1916 » (pp. 223-254), lequel est une paraphrase du *Triomphe de la mort*, mais qui insiste bien sur l'influence du Tristan dans le roman.

BELLANGÉ (Guy)
De Besançon à Bayreuth ou la voie de la modernité.
In : **BAILBÉ (Joseph-Marc) [éd.]** : Bayreuth à Rouen. Images de R. Wagner.
S.l.n.d., (1983), pp. 101-112 [d'un vol. de 149 p.]

BENDA (Julien)
Mallarmé et Wagner.
In : **LESCURE (Jean) [éd.]** : Domaine français. Message 1943. Textes réunis par Jean Lescure.
Genève et Paris, Edition des trois collines, 1943, pp. 353-359 [d'un volume de 445 p.]
Anthologie célèbre de près de 70 auteurs de langue française : Textes d'Aragon, de Michaux, Jouve, Camus, Sartre, Seghers, Huguet, Paulhan, Eluard, Queneau, Tardieu, Ponge, Bataille, Leiris, Soupault, Saint-Pol Roux, etc. *« La revue Message est devenue pour les années de guerre une anti-NRF, le front élargi du refus qui culmine avec le*

célèbre numéro unique de 1943 : 'Domaine français' » (H. Vignes et J.Y. Lacroix, *L'Intelligence en guerre*).

BENOIST (Alain de) [éd.]
Richard Wagner 2. Nouvelle Ecole. Numéro spécial. N° 31/32 - Mars 1979.
Paris, Copernic, 1979, 239 p., nombreuses illustrations en noir in-t. et h.-t.
Outre une généalogie de Wagner et un recueil de textes du compositeur qui explicitent la pensée wagnérienne, l'intérêt de cet ouvrage réside dans les articles consacrés à Wagner et la France (riche bibliographie française, Wagner et Paris, Gobineau et Wagner, biographie de Dujardin et Schuré) ainsi que par l'histoire de Bayreuth de 1876 à 1976 avec des riches apports biographiques sur le cercle de Bayreuth qui politisa le lieu (Hans von Wolzogen, Houston-Stewart Chamberlain, Heinrich von Stein). [Les articles n'étant pas dus à la plume d'Alain de Benoist sont cités par leur nom d'auteur dans la présente bibliographie]

BENOIST (Alain de)
« Crépuscule » ou « destin » des dieux ?
In : **LOCCHI (Giorgio)** : Richard Wagner. 1. Nouvelle Ecole. Numéro spécial. N°30.
Paris, Copernic, 1978, pp. 84-88 [d'un vol. de 239 p.], nombreuses illustrations en noir in-t. et h.-t.

BENOÎT (Camille)
A travers les Maîtres-chanteurs.
Paris, Schott, 1885.
Réunion d'articles parus dans *Le Ménestrel* des 1er, 8, 15 et 22 février 1885. L'auteur (1851 - 1923), compositeur et surtout musicographe doué d'un sens esthétique pénétrant, analyse le mécanisme des motifs de la partition dans leur rapport avec les situations dramatiques.

Les Motifs typiques des Maîtres-chanteurs de Nuremberg, comédie musicale de Richard Wagner. Etude pour servir de guide à travers la partition, précédée d'une notice sur l'œuvre poétique.
Paris, Schott, 1888, 34 p.
Rapide aperçu du synopsis de l'œuvre et des principaux motifs musicaux. En appendice, l'explication d'une ancienne vignette sur bois représentant la mission poétique de Hans Sachs.

BENOÎT-ARLENC (Andrée)
Richard Wagner et Mistral. « Une finalité de la rédemption ».
Nîmes, Lacour-Editeur MMV, 2005, 45 p.
Court essai par la fondatrice et actuelle présidente (2008) du Cercle Richard Wagner de Nîmes-Languedoc. « *Essayer d'accéder à cette survie mystique des héros wagnériens et mistraliens : tel fut le but de ce propos* » (présentation).

BENREKASSA (Geneviève)
Jules Laforgue, Wagner et l'opéra.
In : **LESURE (François) [éd.]** : Centre d'art, esthétique et littérature. Regards sur l'opéra. Du ballet comique de la Reine à l'Opéra de Pékin.
Paris, Presses Universitaires de France, 1976, pp. 127-146 [d'un vol. de 259 p.], 29 planches h.-t.
Il s'agit de l'une des communications faites lors des quatrièmes journées d'études de la Société française de musicologie tenues à Rouen sur le thème de l'opéra du XIXème siècle. Le poète Jules Laforgue (1860 - 1887), un des fondateurs du vers libre, fut, grâce à l'entremise de Paul Bourget, lecteur de français de l'impératrice Augusta. Ce séjour à Berlin de près de cinq ans entre 1881 et 1886, lui permit - comme son séjour à New York le permit à Stuart Merrill - de connaître mieux que la plupart des écrivains et des poètes français la musique de Wagner. Ses poèmes s'inspireront souvent de thèmes wagnériens, notamment le Lohengrin des *Moralités*, avec son amour impossible. Le jeune poète, pour sa part, mourut de phtisie l'année de son mariage.

BERGERAT (Emile)
Théophile Gautier. Entretiens, souvenirs et correspondance, avec une préface d'Edmond de Goncourt et une eau-forte de Félix Bracquemond.
Paris, Fasquelle - Bibliothèque Charpentier, 1879, XXVIII-321 p., front.
Edition augmentée en 1880. Réédition en 1911.
Cet ouvrage est constitué des souvenirs du gendre de Théophile Gautier (1845 - 1923), d'une biographie du poète (1811 - 1872) et d'une série d'entretiens. Le huitième est consacré à : « La Musique. Son passé et son avenir » (pp. 150-158). On peut y lire cette phrase : « *Dans quarante ans d'ici, Richard Wagner, que tu admires et que j'ai le premier signalé en France, sera accusé d'être dépassé en hardiesse...* » (p. 156).

Autres éditions :

- Entretiens, souvenirs et correspondance avec une préface d'Edmond de Goncourt.

Paris, L'Harmattan, 1996, coll. « Les Introuvables », XXVIII-323 p.
Reproduction en fac-similé de l'édition de Paris, G. Charpentier, 1879.

- Entretiens, souvenirs et correspondance avec une préface d'Edmond de Goncourt.

Genève, Slatkine reprints, 1998, XXVIII-332 p., front.
Reproduction en fac-similé de la 3ème édition augmentée de G. Charpentier, 1880.

BERGNER (Georges) : Le Wagnérisme d'un romancier anglais.
L'Alsace française (Numéro spécial : Le Cinquantenaire de la mort de Richard Wagner), 12 février 1933 ; Tome XXV - N°7 : pp. 140-142
Communication à propos de Maurice Baring (1874 - 1945).

BERLIOZ (Hector)
Correspondance générale (1803 - 1869). Publiée sous la direction de Pierre Citron. Avec la collaboration d'Yves Gérard, François Lesure, Hugh J. Mac-

Donald, Frédéric Robert. I. 1803-1832. II. 1832-1842. III 1842-1850. IV. 1851-1855. V. 1855-1859. VI. 1859-1863. VII. 1864-1869. VIII. Suppléments.
Paris, 1972 - 2003, Flammarion, coll. « Nouvelle Bibliothèque romantique », 8 vol. 596, 797, 835, 791, 769, 590, 768, 856 p., index.
Correspondance intégrale qui comprend sept volumes (1972 - 2001), plus un de suppléments (2003).
On consultera l'index général à la fin du huitième volume au nom de Wagner (p. 820) pour obtenir l'ensemble de la correspondance entre les deux artistes. Il est intéressant de consulter au sein de cette vaste publication les lettres échangées entre Berlioz et Wagner, ou celles échangées entre Berlioz et d'autres correspondants à propos de Wagner. Le ton des lettres laisse percer une animosité croissante envers Wagner, notamment pendant le séjour parisien de 1860.

A travers chants. Etudes musicales, adorations, boutades et critiques.
Paris, Michel Lévy, 1872, 352 p.
Réimpressions successives.

Autre édition :
A travers chants. Edition du centenaire. Texte établi avec notes et choix de variantes par Léon Guichard. Préface de Jacques Chailley.
Paris, Gründ, 1971, 488 p., front., 11 pages de planches
Recueil des articles de critique musicale rédigés entre 1834 et 1862. Le style de ces textes est vif et brillant et témoigne d'une intense participation au mouvement littéraire contemporain.
On y trouve l'article intitulé « Concerts de Richard Wagner. La Musique de l'avenir » (pp. 321-333). Il s'agit du fameux article publié le 9 février 1860 dans *Le Journal des débats* à la suite des trois concerts donnés par Wagner, dans lequel il qualifie la musique du compositeur de « *musique de l'avenir* ». Il analyse en musicien les divers morceaux exécutés aux trois concerts, la critique passant ensuite à l'examen des théories de Wagner. Bien que louangeur à l'égard des premières œuvres de Wagner, il s'agissait d'un manifeste trop acerbe pour ne pas irriter l'orgueil de l'artiste. La réponse de Wagner fut une lettre digne et simple, qui fut insérée le 22 février publiée dans le même journal. Le compositeur ne répond pas aux attaques de Berlioz contre l'esthétique de sa musique, mais replace le terme de « *musique de l'avenir* » dans son contexte. Il développe ses théories sur le drame musical avec plus de clarté, de netteté et de concision que dans la *Lettre sur la musique*.

Mémoires d'Hector Berlioz comprenant ses voyages en Italie, en Allemagne, en Russie et en Angleterre, 1803 - 1865.
Paris, Michel Lévy, 1870, iii-514 p.
Edition originale de parution posthume. Il s'agit d'un ouvrage composite dont la genèse s'étale sur plus de vingt ans et qui réutilise nombre de publications antérieures, tout en apportant des corrections et des développements. On y trouve notamment le récit du voyage en Allemagne de Berlioz en 1842 - 1843 avec l'audition à Dresde de Rienzi et du Hollandais Volant. Ce texte avait été publié antérieurement dans *Le Journal des débats* du 12 septembre 1843.

Autres éditions :

- Mémoires d'Hector Berlioz comprenant ses voyages en Italie, en Allemagne, en Russie et en Angleterre. 1803 - 1865.

Paris, Calmann-Lévy, 1878, 2 vol. III-367 et 430 p., front.
Réimpressions successives.

- Mémoires. Chronologie et introduction par Pierre Citron.

Paris, Garnier-Flammarion, 1969, 2 vol. 307 et 380 p.

- Mémoires. Présentés et annotés par Pierre Citron.

Paris, Flammarion, 1991, coll. « Harmoniques », 631 p., cahier de 8 feuillets de reproductions en noir et couleur h.-t., index.
Réimpression en 2000 dans la collection « Mille et une pages ».

Œuvres littéraires. Edition du centenaire (sic). Les Critiques musicales d'Hector Berlioz. 1823 - 1863. Edition par Anne Bongrain et Marie Hélène Coudroy-Saghaï.
- Volume 4. 1839 - 1841.
Paris, Buchet-Chastel, 2003, XIX-693 p.
L'ouvrage contient la chronique du *Journal des débats* du 6 décembre 1840 dans laquelle Berlioz signale à ses lecteurs la nouvelle de Richard Wagner (p. 403). (« *On lira longtemps celle de M. Wagner intitulée : Une visite à Beethoven* »). On consultera également la critique : « La Première représentation du Freischütz » (pp. 507-515), qu'il convient d'opposer à l'analyse germanisante de Wagner, publiée dans la même revue des 23 et 30 mai 1841.
- Volume 5. 1842 - 1844.
Paris, Buchet-Chastel, 2004, XV-691 p.
A lire : « Académie royale de musique. Le Vaisseau Fantôme. Opéra en deux actes de M. Paul Foucher, musique de M. Dietsch » (pp. 215-221) (l'opéra, inspiré par l'esquisse de Wagner, vendue au directeur de l'Opéra de Paris, avait été créé le 9 novembre 1842) ; « Voyage musical en Allemagne (cinquième lettre). A Ernst. Dresde » (pp. 297-303) : (bref compte rendu de Rienzi et du Hollandais entendus à Dresde. Ce texte, paru dans *Le Journal des débats* du 12 septembre 1843, sera repris dans les *Mémoires*).

BERMBACH (Udo)
Auf Richard Wagner Spuren. Eine Bildreise.
Hambourg, Ellert & Richter Verlag, 1995, 96 p., nombreuses illustrations en noir et couleur, reproductions photographiques in-t. et h.-t.
La vie de Wagner à travers divers lieux géographiques où il séjourna. Texte en allemand, mais commentaires photographiques trilingue dont le français.

BERNARD (Gabriel)
Le Wagner de « Parsifal ».
Paris, Méricaut, 1914, coll. « Les Maîtres et les Chefs-d'œuvre », 320 p. 21 planches en noir h.-t., une planche dépliante
Edition princeps, à tirage limité. Les planches reproduisent les décors et costumes créés pour les représentations de Parsifal données à l'Opéra de Paris ainsi que plusieurs autographes. Nombreux portraits satiriques dans le texte.

Richard Wagner. Son œuvre, sa vie romanesque et aventureuse. Nouvelle édition de « Le Wagner de Parsifal », revue et corrigée.
Paris, Tallandier, 1933, 256 p.
Réédition revue et augmentée sous un titre différent de l'ouvrage précédent, mais avec une iconographie moins importante.

BERNARD (Suzanne)
Mallarmé et la musique. Thèse complémentaire pour le doctorat ès lettres, présentée à la Faculté de lettres de l'Université de Paris.
Paris, Librairie Nizet, 1959, 184 p.
N'a-t-on pas fait du poète un disciple de Wagner ? L'esthétique de Mallarmé ne serait qu'une « *adaptation* » de la doctrine wagnérienne, dont il emprunte et assimile les idées. C'est pour détruire ces légendes tenaces que l'auteur éclaircit dans sa thèse cette question, afin que l'on puisse comprendre l'esthétique de Mallarmé et ses tentatives poétiques.
L'introduction expose l'initiation du poète à la musique (« Les concerts Lamoureux et *La Revue Wagnérienne* - Mallarmé et les idées de Wagner » - pp. 21-26). Le chapitre I (« L'Influence de Wagner » - pp. 27-35) démontre que les théories de Wagner, telles que les a fait connaître *La Revue Wagnérienne*, ont orienté la pensée de Mallarmé sur trois points essentiels : la portée métaphysique de la musique, les rapports entre la musique et la poésie et la valeur religieuse de la musique. Cette thèse s'achève sur « Le Défi à Wagner » (pp. 65-80) : Mallarmé prétendant démontrer que la vraie musique, c'est la poésie et que Wagner a échoué à créer l'œuvre d'art de l'avenir.

BERNARDINI (Léonie)
Richard Wagner. Sa vie, ses poèmes d'opéra, son système dramatique et musical.
Paris, C. Marpon & E. Flammarion, s.d. (1882), 216 p.
Biographie plus complète que celles qui l'avaient précédée à l'époque, mais d'une modeste valeur, étant donné que l'auteur ne connaissait ni la musique ni l'allemand...

BERTON (Jean-Claude)
Richard Wagner et la Tétralogie.
Paris, Presses Universitaires de France, 1986, coll. « Que sais-je », 127 p.
Petit ouvrage d'initiation à la Tétralogie, truffé d'erreurs..., ce qui est regrettable pour cette collection réputée pour son sérieux.

BERTRAND (Ch.-A.) - PROD'HOMME (Jacques-Gabriel)
Guides analytiques de l'Anneau du Nibelung de Richard Wagner. Le Crépuscule des dieux. Analyse du livret. Analyse de la partition.
Paris, Librairie Molière, 1902, 70 p.
Petit opuscule de coupe classique : le livret, la partition.
« *Travail consciencieux et méthodique* » (Dauriac). Seul ouvrage paru, contrairement à ce que son titre indique.

BERTRAND (Gustave)
Les Nationalités musicales étudiées dans le drame lyrique. Gluck, Mozart, Weber, Beethoven, Meyerbeer, Rossini, Auber, Berlioz, F. David, Glinka, verdisme et wagnérisme. L'Ecole française militante.
Paris, Didier et Cie, 1872, XXXI-364 p.
Un chapitre (pp. 338-356) sévère consacré à Wagner où l'auteur (1834 - 1880) lui reproche d'avoir médit de la France après 1861, d'avoir dénigré les compositeurs français. L'ouvrage est un optimiste panégyrique de la musique française à laquelle appartient l'avenir.

BESSE (Clément)
La Musique allemande chez nous.
Paris, P. Lethielleux, 1916, 128 p.
A l'époque de la publication de ce livre (1916), le wagnérisme en France devait être pratiqué comme culte privé et l'auteur prend donc son courage à deux mains pour en traiter avec la musique allemande : il remarque cependant qu'aucun mot méchant n'est prononcé contre Bach. Pour faire bonne mesure avec l'ambiance du temps, il concède qu'il y a pour Wagner, « *le rustre dans l'homme de génie* ». En complément au volume, figure une monographie, *Parsifal, opéra-mystère*, paru précédemment dans la *Revue du Clergé français* du 1er avril 1914, après la présentation de cette œuvre en France. Si l'auteur, ecclésiastique, estime que la musique allemande contemporaine manifeste un « *abaissement de l'idéal allemand* », pour les grands classiques et romantiques, « *ce sera toujours et partout se grandir que de les aimer* ».

BIGET (Michèle)
Musique française et musique germanique dans le Journal de Cosima.
In : **BAILBÉ (Joseph-Marc) [éd.]** : Bayreuth à Rouen. Images de R.Wagner.
S.l.n.d., (1983), pp. 37-49 [d'un vol. de 149 p.]

BIZET (Georges)
Souvenirs et correspondance par M. Ed. Galabert.
Paris, Michel Lévy, 1877.
Ouvrage non consulté.

Lettre à un ami, 1865 - 1872. Préface par Edmond Galabert.
Paris, Calmann-Lévy, 1909, 200 p., un portrait.
En 1865, débute une relation épistolaire avec Edmond Galabert, élève de Bizet, et qui durera jusqu'en 1872. On peut y lire dans la lettre d'avril 1869, un curieux tableau de la répétition générale de Rienzi au Théâtre Lyrique en 1869.

Lettres (1850 - 1875), choisies et présentées par Claude Glayman.
Paris, Calmann-Lévy, 1989, 315 p.
Large édition choisie de la correspondance de Bizet (1838 - 1875), non rééditée depuis le début du XXème siècle, et à laquelle l'éditeur a rajouté une quarantaine d'inédits. Le compositeur de Carmen qualifie toutefois Wagner, « *d'immense musicien* » (p. 211). La fameuse lettre précédemment citée est reprise aux pages 183-184.

BLANCHARD (Roger) - CANDÉ (Roland de)
Dieux et divas de l'opéra. I. Des origines à la Malibran. II. De 1820 à 1950, grandeur et décadence du bel canto.
Paris, Plon, 1986 - 1987, 2 vol. 429 et 478 p., illustrations en noir h.-t., index.

Dieux et divas de l'opéra.
Paris, Fayard, 2004, 836 p., index.
Réédition de l'ouvrage précédent.
Les chapitres, « Naissance du drame lyrique allemand » (II., pp. 183-203 [1ère édition] ou pp. 437-449 [2ème édition]) et « Le rituel wagnérien » (II., pp. 93-107 ou pp. 517-535), sont de courtes notices biographiques sur les grands créateurs des rôles wagnériens : Wilhelmine Schröder-Devrient, Josef Tichatschek, le couple Schnorr von Carosfeld, Marianna Brandt, Franz Betz, Amalie Materna, Hermann Winckelmann... A lire également un chapitre sur « La Tradition wagnérienne » (II., pp. 349-365).

BLAZE DE BURY (Henri)
Meyerbeer et son temps.
Paris, Michel Lévy Frères 1865, 396 p.
Ouvrage d'un esprit très conservateur, qui contient quelques pages dans lesquelles Meyerbeer livre son opinion sur la « *musique de l'avenir.* » L'auteur (1813 - 1888), fils de Castil-Blaze, fut diplomate et critique musical. Il écrit sous son nom et sous deux pseudonymes (Hans Werner et F. de Lagevenais) dans *La Revue des Deux-Mondes*. A ce titre, il n'avait aucun mal à concurrencer son prédécesseur, Paul Scudo... Il est également l'auteur d'une monographie sur *Meyerbeer, sa vie, ses œuvres et son temps* (Paris, Heugel et Cie, 1865, 216 p.)

Musiciens du passé, du présent et de l'avenir.
Paris, Calmann-Lévy, 1880, 438 p.
Le chapitre consacré à Wagner (pp. 369-397) est d'une rare insignifiance. Il exprime des idées déjà dépassées à l'époque de la parution, exprimées dans de vieilles chroniques de *La Revue des Deux-Mondes*.

BLOCH (Ernest)
Le Jeu de miroirs des paradoxes.
In : Les Maîtres-chanteurs. L'Avant-Scène Opéra, janvier - février 1989, N °116/117, pp. 186-189 [d'un vol. de 257 p.]
Ce texte du compositeur américain d'origine suisse (1880 - 1959) est extrait de *Paradoxa und Pastorale bei Wagner* (1965).

BLOCH (Ernst)
L'Esprit de l'Utopie. Traduit de l'allemand par Anne-Marie Lang et Catherine Piron-Audard.
Paris, Gallimard, 1977, coll. « Bibliothèque de philosophie », 344 p.
Réimpression en 1989.
Le grand philosophe allemand (1885 - 1977), émigré dès 1933 en divers pays avant les Etats-Unis, est revenu en Allemagne après 1945. Son enseignement à Leipzig n'ayant

pas été jugé conforme à la « *vulgate marxiste* », il passe à l'ouest en 1961 où il enseignera à Tübingen. Cet ouvrage, traduction de *Geist der Utopie*, est l'édition revue et modifiée de celle de 1923. Il y développe une « *philosophie de la musique* » avec de nombreux commentaires sur Bach, Beethoven et Wagner. Fidèle du festival de Bayreuth depuis la réouverture de 1951, Bloch apportera plusieurs contributions dans les programmes.

Héritage de ce temps. Traduit de l'allemand par Jean Lacoste.
Paris, Payot, 1977, coll. « Critique de la politique », 390 p.
Quelques réflexions sur Wagner également.

BLOOM (Peter)
Le Sort du Fliegende Holländer en France : Le Hollandais Volant de Wagner et Le Vaisseau Fantôme de Dietsch.
In : **DUFOURT (Hugues) - FAUQUET (Joël-Marie) [éd.]** : Musique et Médiation. Le Métier, l'instrument, l'oreille.
Paris, Klincksieck, 1994, pp. 83-110 [d'un vol. de 299 p.], index
Volume issu d'un séminaire d'histoire sociale de la musique dans le cadre du Centre d'information et de documentation « Recherche musicale » au CNRS. Analyse de référence du devenir de l'esquisse du Hollandais Volant vendu par Wagner à Léon Pillet en 1840.

BOISSEL (Jean)
Cosima, Schopenhauer et le gobinisme.
In : **BENOIST (Alain de) [éd.]** : Richard Wagner 2. Nouvelle Ecole. Numéro spécial. N°31/32 - Mars 1979.
Paris, Copernic, 1979, pp. 89-94 [d'un vol. de 239 p.], illustrations in-t. et h.-t.
Jean Boissel (1920-2000) est l'auteur de l'ouvrage, *Gobineau. Mythe et réalité* (Paris, Berg international, 1993, 360 p.), faisant autorité.

BONDEVILLE (Emmanuel)
Au seuil de l'année Wagner (1813 - 1883). Une correspondance entre deux génies : Richard Wagner et Franz Liszt. Communication faite à la séance publique annuelle du mercredi 17 novembre 1982.
Paris, Firmin-Didot, 1982, 11 p., 2 planches en noir h.-t.
Tirage à part de la communication faite à l'Académie des Beaux-Arts.
Etude sans prétention de la liaison épistolaire entre ces deux musiciens, par un autre musicien,... déjà un peu oublié (1898 - 1987).

BONNIER (Pierre)
L'Orientation auditive. Extrait du Bulletin scientifique du département du Nord.
Brochure de 20 pages non consultée, citée dans *La Revue Wagnérienne* (tome I, p. 222).
Curiosité « *esthético-physiologique* » qui évoque en quelques lignes l'exploitation du sens de l'espace par l'art wagnérien.

BONNIER (Charles et Pierre)
Parsifal. Documents de critique expérimentale.
Paris, A La Revue Wagnérienne, 1888, 56 p., un feuillet dépliant in-fine
Tiré à part, rarissime, qui reprend l'ensemble des trois articles parus dans *La Revue Wagnérienne* (voir : *La Revue Wagnérienne*, tome III, pp. 43-55, 74-91 et 254-260). L'étude des frères Bonnier porte déjà les prémisses théoriques de la révolution de la scène théâtrale. Ils estiment que Wagner ne peut se passer de représentations, que l'exécution de concert est une absurdité pour la raison que, sur scène, c'est la sensation qui conduit à la compréhension. Tout l'appareil théâtral doit être mis au service des sens (phénomènes optiques, couleurs, direction d'acteur, influence acoustique). Ainsi, le symbole contenu dans l'œuvre se trouve beaucoup plus accessible à l'esprit sensibilisé et ouvert plus largement par les sens. Seul exemple de tirage à part d'articles de *La Revue Wagnérienne.*

BORGEX (Louis)
Les Premiers Interprètes de Wagner en France. Louise Janssen.
Lyon, Imprimerie Express, s.d. (1912), 61 p., 12 planches en noir
Louise Janssen (1863 - 1937), cantatrice née au Danemark qui étudia avec Amalie Materna, créatrice de Brünnhilde et de Kundry à Bayreuth, fit l'essentiel de sa carrière à Lyon en y créant la plupart des grands rôles féminins de Wagner (Elsa, Isolde, Eva, Brünnhilde...) Cette plaquette, éditée par les « fans » lyonnais, reprend divers articles de presse qui lui furent consacrés, tous aussi dithyrambiques les uns que les autres.

BORY (Robert)
La Vie et l'œuvre de Richard Wagner par l'image.
Genève, Edition du Journal de Genève, 1938, 249 p. dont 199 p. de reproductions en noir, index
Exemplaire sur papier vélin numéroté à 500 exemplaires. Une seconde édition, a été éditée à 1950 exemplaires sur papier vélin par A. Jullien à Genève la même année.
Un classique. Remarquable travail de documentation. 39 pages de texte suivies de plus de 200 pages portant sur des centaines de reproductions, de portraits, documents, gravures, objets, partitions, affiches, caricatures, vues de lieux, etc. concernant la vie de Wagner. De nombreuses illustrations sont encore aujourd'hui méconnues et peu reproduites.

Liszt et ses enfants. Blandine, Cosima, Daniel d'après une correspondance inédite avec la princesse Marie Sayn-Wittgenstein.
Paris, R.A. Corrêa, 1936, 227 p., 8 planches en noir h.-t.
Récit biographique des trois enfants de Liszt, de 1835 à la mort de Daniel en 1859, à travers leur correspondance avec la fille de la princesse Carolyne Sayn-Wittgenstein.

BOSCHOT (Adolphe)
Chez les musiciens (Du XVIIIème siècle à nos jours).
Paris, Plon, 1922, 286 p.
Adolphe Boschot (1871 - 1955) tint la rubrique musicale de *L'Echo de Paris* entre 1910 et 1938. Il est surtout connu pour être un des spécialistes de Berlioz. « *La révolution Wagner* » lui paraissait « *une illusion puérile* » et l'art allemand post-wagnérien « *une*

expression du pangermanisme ». Cet ouvrage contient plusieurs textes ayant trait à Wagner : *Le Premier mariage de Wagner*, *Savoir écouter la Tétralogie*, *Un aspect italien de Tristan*, *Parsifal et Siegfried Wagner, un feuillage pâle sur un vieux tronc* (ce dernier article étant l'estocade portée au « fils »).

Portraits de musiciens.
Paris, Plon - Edition d'histoire et d'art, 1946-47, 2 vol. VIII-232 et VII-224 p., 20 planches h.-t.
Ce recueil comporte également plusieurs textes en relation avec Wagner : *Le Conflit Wagner-Berlioz*, *Parsifal quitte la colline sacrée*, *Le Premier mariage de Wagner*, *La Seconde femme de Wagner*, *Wagner expliquant Beethoven*, *Wagner au concert*, *Encore Wagner*.

La Musique et la vie.
Paris, Plon, 1931, XI-244 p.
Reprise du texte *Encore Wagner* (pp. 159-163). On consultera également la notice nécrologique de Cosima Wagner (pp. 197-207).

BOUCHER (Maurice)
Les Idées politiques de Richard Wagner (exemple de nationalisme mythique).
Paris, Aubier, 1947, 270 p.
Premier ouvrage à traiter entièrement de ce sujet. Etude et interprétation des conceptions politiques de Wagner à travers *Opéra et drame*, *L'Art et la Révolution* et un certain nombre d'autres essais et articles.
L'auteur (1885 - 1977), germaniste, critique littéraire et musical, souligne avec pertinence les cheminements de la pensée politique de Wagner, dégage ses grandes idées sur la culture et la civilisation et montre en quoi celles-ci diffèrent des interprétations que l'on a pu en donner. *« Mais il faut relever de nombreuses imprécisions idéologiques et un jugement a priori un peu sommaire* » (Eric Eugène).

BOUHELIER (Saint-Georges de)
L'Hiver en méditation, ou les passe-temps de Clarisse, suivi d'un opuscule sur Hugo, Richard Wagner, Zola et la poésie nationale, (1er octobre 1896).
Paris, Edition du Mercure de France, 1896, 283 p.
L'auteur (1876 - 1947) écrira une pièce intitulée *La Tragédie de Tristan et Iseult* (Charpentier, 1923) et un *Drame du génie* dont Wagner est le héros et qui fut créé à Genève en 1943.
L'ouvrage est dédié à Emile Zola. Il s'agit de poèmes en prose de style décadent très marqué. Dans l'opuscule sur les trois créateurs, il écrit ceci : « *Tout cet extraordinaire mélange de volupté et de terreur, du plus chimérique mysticisme et d'une férocité extrême, Richard Wagner l'a exprimé* ».

BOUILLAT (Abbé J.M.F.)
Richard Wagner (1813 - 1883). Notice biographique.
Les Contemporains, 1901 ; N°442 : 16 p.
Notice biographique sans grand intérêt comme il en fut publié beaucoup au tournant du siècle dernier.

BOUILLON (Elisabeth)
Le Ring à Bayreuth. La Tétralogie du centenaire.
Paris, Fayard, 1980, 382 p., cahier de 16 feuillets de reproductions photographiques en noir h.-t.
Un des nombreux ouvrages suscités par le Ring du centenaire. Recueil d'une série d'entretiens avec les artisans (artistes, chef d'orchestre, metteur en scène...) de ce spectacle, enrichi d'une revue de presse contradictoire, extraite de diverses revues traduites pour la plupart de l'allemand et de l'anglais. Ouvrage « hagiographique » de même valeur que celui de Sylvie de Nussac (voir à ce nom), mais plus touffu et beaucoup moins beau pour le crédit photographique. Il comporte également une description scène par scène de la mise en scène de Patrice Chéreau.

BOUILLOT (Florence)
Paul Claudel et Le Poison wagnérien
In : **TACOU (Constantin) [éd.]** : Les Cahiers de l'Herne. Paul Claudel. Chronologie - Bibliographie - Iconographie.
Paris, Editions de L'Herne 1997, pp. 302-305 [d'un vol. de 425 p.], planches ornées de 35 photographies.
Le Poison wagnérien est un écrit de 1938, parfaitement contemporain de l'Anschluss, ce qui n'est peut-être pas anodin, dans lequel Claudel renie son maître de jeunesse. Pour autant, il ne cessera ensuite de faire allusion à lui, ce qui rappelle un peu, *rebus sic stantibus*, l'amour - désamour de Nietzsche pour le même.

BOULANGER (Marie-Hélène) - LE FRANCOIS (Jean-Jacques)
Wagner et l'imaginaire.
Frénésie, Revue de la Société internationale d'histoire de la psychiatrie et de la psychanalyse, Printemps 1989 ; N°7 : pp. 89 et suiv.
Numéro spécial consacré à l'opéra. Ouvrage non consulté.

BOULEZ (Pierre)
Boulez à Bayreuth. Le Ring du centenaire.
Paris, Phonogram, 1981, 53 p. et 53 feuillets non paginé, très nombreuses reproductions photographiques h.-t.
Ouvrage trilingue basé sur le texte de Pierre Boulez, « Le Temps re-cherché », illustrant l'édition en disque vinyle du Ring du centenaire, comportant de très nombreuses reproductions photographiques de la mise en scène.

Points de repère. Textes réunis et présentés par Jean-Jacques Nattiez.
Paris, Christian Bourgois et éditions du Seuil, 1981, coll. « Musique/Passé/Présent », 573 p., illustrations, index
« *Boulez est probablement avec Schönberg, Stockhausen et Ligeti, l'un des compositeurs du XXème siècle qui a le plus écrit. Il s'inscrit dans une filiation de compositeurs-écrivains qu'on peut faire remonter à Weber, Schumann, Berlioz et surtout Wagner* » (Nattiez). Recueil de textes faisant suite aux *Relevés d'apprenti* qui rassemble tous les textes écrits par Boulez depuis 1945 jusqu'en 1981. Pour Wagner, on lira : *Divergences : de l'être à l'œuvre (Richard Wagner)* (pp. 199-208). *Le Journal de*

Cosima Wagner : Richard travaille (pp. 209-215). *Le Temps re-cherché (la Tétralogie)* (pp. 236-256). *Chemins vers Parsifal* (pp. 257-273). *Parsifal : la première rencontre* (pp. 410-412). *« Der Raum wird hier zur Zeit » (Wieland Wagner)* (pp. 413-418). *La Tétralogie : commentaires d'expérience* (pp. 433-448).

Points de repère. Textes réunis et présentés par Jean-Jacques Nattiez. Deuxième édition revue et corrigée.
Paris, Christian Bourgois et éditions du Seuil, 1985, coll. « Musique/Passé/Présent », 587 p., illustrations, index
Recueil de textes extraits de diverses revues et publications, 1945 - 1984. Les articles sur Wagner sont identiques à ceux de l'édition précédente.

Points de repère. I. Imaginer. Textes réunis par Jean-Jacques Nattiez et Sophie Galaise. Introduction de Jean-Jacques Nattiez, exemples musicaux identifiés par Robert Piencikowski. Nouvelle édition entièrement refondue.
Paris, Christian Bourgois, 1995, coll. « Musique/Passé/Présent », 578 p., illustrations
Volume paru à l'occasion du 70ème anniversaire du musicien. Il est consacré aux textes écrits pendant la période 1943 - 1963. Il y est peu question de Wagner.

Points de repère. II. Regards sur autrui. Textes réunis par Jean-Jacques Nattiez et Sophie Galaise.
Paris, Christian Bourgois, 2005, coll. « Musique/Passé/Présent », 779 p.
Publié à l'occasion des 80 ans de Boulez, ce deuxième volume de l'édition complète des articles de Boulez rassemble tous les textes concernant les compositeurs et les œuvres que l'interprète a croisés au cours de sa carrière de chef d'orchestre. On y retrouvera l'ensemble des textes publiés dans *Points de repère* (1981), regroupés en plusieurs chapitres intitulés : « Sur Parsifal de Richard Wagner » (pp. 103-125) - « Sur la Tétralogie de Richard Wagner » (pp. 142-234) – « Richard Wagner, sa vie, son œuvre » (pp. 316-341) – « Sur scène - Wieland Wagner » (pp. 690-696) ». A partir de son expérience d'interprète, Boulez nous livre des textes importants qui, en expliquant le déroulement du discours musical wagnérien, forment un complément appréciable aux études musicologiques abstraites qui souvent ne tiennent qu'insuffisamment compte d'une dimension importante de la musique : son exécution. A noter que l'on trouvera deux textes inédits intitulés : *Wagner librettiste* et *Le Regard français*.

Points de repère. III. Leçons de musique. Deux décennies d'enseignement au Collège de France (1976 - 1995). Textes réunis et établis par Jean-Jacques Nattiez. Présentation de Jean-Jacques Nattiez et Jonathan Goldman. Préface posthume de Michel Foucault.
Paris, Christian Bourgois, 2005, coll. « Musique/Passé/Présent », 758 p., index
Textes de l'enseignement donné dans le cadre de la chaire « Invention, Technique et Langage » où il est fréquemment question de Wagner.

Conversations de Pierre Boulez sur la direction d'orchestre avec Jean Vermeil
Paris, Edition Plume - Calmann-Lévy, 1989, 214 p., illustrations, index

L'Ecriture et le geste. Entretiens avec Cécile Gilly sur la direction d'orchestre.
Paris, Christian Bourgois, 2002, coll. « Musique », 169 p.
Livres d'entretiens sur la direction d'orchestre avec des développements sur Wagner.

Le Texte, le compositeur et le chef d'orchestre.
In : **NATTIEZ (Jean-Jacques) [éd.]** : Musiques. Une encyclopédie pour le XXIème siècle. II. Les Savoirs Musicaux sous la direction de J.-J. Nattiez avec la collaboration de Margaret Bent, Rossana Dalmonte et Mario Baroni.
Arles et Paris, Acte Sud - Cité de la musique, 2004, pp. 1183-1196 [d'un vol. de 1241 p.], index.
Second tome d'une considérable encyclopédie, traduction de *Enciclopedia della musica. Musica e culture,* qui en comprend cinq, dirigée par Jean-Jacques Nattiez, et publiée à l'origine en italien (Einaudi, 2001). On y retrouve ce qui était déjà présent dans le volume précédent, c'est à dire honnêteté intellectuelle, rigueur scientifique, évocation des recherches les plus récentes ; le tout présenté dans des articles jamais fastidieux et toujours enrichi d'une bibliographie récente. Pierre Boulez nous livre une excellente synthèse sur le sujet, avec en particulier un développement sur « Berlioz et Wagner ».

BOUNIAS (Michel)
Le Forgeron de l'autre monde. Le Message humaniste et philosophique de Richard Wagner : A la recherche du paradigme perdu.
S.l., M. Pietteur, 2004, coll. « Safran », 336 p.
Ouvrage bizarre à prétentions scientifique et philosophique (mais en réalité plutôt ésotérique). Sorte de pamphlet contre notre société moderne coupable d'avoir rompu avec la nature et présentant Wagner comme une sorte de sauveur du genre humain...

BOURGEOIS (Jacques)
Richard Wagner.
Paris, Le Bon Plaisir - Plon, 1959, 237 p.
Réédition en 1976 par les Editions d'Aujourd'hui, coll. « Les Introuvables ».
Ouvrage de type classique, destiné à une première approche : « une vie et son œuvre » : analyse musico-dramatique succincte, mais classique des œuvres de Wagner.

Réflexions sur la genèse de L'Anneau du Nibelung.
In : L'Or du Rhin. L'Avant-Scène Opéra, novembre - décembre 1976, N°6/7, pp. 44-52 [d'un vol. de 226 p.]

BOUTELDJA (Pascal)
Richard Wagner : Une biographie médicale.
Thèse de médecine : Université Claude Bernard Lyon I. 1996 ; 235 p.
Etude analysant les événements médicaux de la vie du compositeur. La première partie relate dans l'ordre chronologique les épisodes pathologiques successifs en s'appuyant sur les témoignages de l'artiste et de ses contemporains. La seconde partie est une analyse et une synthèse de ces pathologies, à la lumière d'une part des connaissances médicales de l'époque et des données les plus récentes de la médecine d'autre part.

I. Aspects médicaux de la vie de Richard Wagner. II. Richard Wagner : « Un roman familial ».
Médecine des arts, décembre 1999 - mars 2000 ; N°30 et 31 : pp. 28-32 et 26-30.

BOYER (Régis)
Sur trois thèmes wagnériens.
La Walkyrie. L'Avant-Scène Opéra. Nouvelle édition.
Paris, Premières Loges, janvier 1993, pp. 4-13 [d'un vol. de 192 p.]
Plongée dans le Ring wagnérien du plus grand scandinaviste français de la seconde moitié du XXème siècle.

BRECHENMACHER (Jean-Pierre)
La Tétralogie de Richard Wagner à Bayreuth, 1965 - 1966. Essai critique sur le nouveau Ring de Wieland Wagner.
Paris, Pro-Musica, 1966, 16 p. (non paginé).
Notice explicative destinée à des néophytes, augmentée d'une critique musicale du Ring de Wieland Wagner. Ce critique fut président de la Société Furtwängler.

BRÈQUE (Jean-Michel)
Une récréation lyrique et un art poétique en acte.
In : Les Maîtres-chanteurs. L'Avant-Scène Opéra, janvier - février 1989, N ° 116/117, pp. 24-32 [d'un vol. de 257 p.]

BREQUET (Jean-Michel) - RENARD (Daniel)
Les Avatars d'une transformation : la mythologie germanique de Jakob Grimm lue par Richard Wagner.
In : L'Or du Rhin. L'Avant-Scène Opéra, novembre - décembre 1976, N° 6/7, pp. 38-43 [d'un vol. de 226 p.]

BRICQUEVILLE (Eugène de)
Deux polémiques. Christophe Gluck et R. Wagner (Extrait du Correspondant).
Paris, J. Gervais, 1881, 21 p.
L'auteur (1854 - 1933) compare l'opposition passionnée des détracteurs de Wagner aux insultes prodiguées au novateur du XVIIIème siècle. Résumant les griefs reprochés au maître allemand, il s'efforce d'en montrer l'inanité et tente de rattacher les visées nouvelles de Wagner aux idées réformatrices de Gluck dont, à ses yeux, elles ne sont que l'application.

La Théorie du drame lyrique, d'après Gluck et Richard Wagner (Extrait du Correspondant).
Paris, J. Gervais, 1882, 19 p.
Nouveau parallèle entre Gluck et Wagner. Comparaison contestable entre leurs systèmes, souhaitant montrer que « *les deux réformateurs ont puisé dans un fonds commun, le drame de l'antiquité* ».

L'Opéra de l'avenir dans le passé.
Paris, Au Ménestrel - Henri Heugel, 1884, 85 p.
Nouvelle variation sur Gluck et Wagner, question chère au critique.

BRIDGMAN (Frederick-Arthur)
L'Anarchie dans l'art. Traduit de l'anglais.
Paris, Société française d'édition d'art - L.- Henry May, s.d. (1898), 248 p.
Un chapitre « Wagner et les formes nouvelles » (pp. 173-181) démontre la nouveauté de l'opéra wagnérien. « *L'opéra a subi, grâce à Wagner, une transformation pour laquelle les musiciens et ceux qui aiment la musique lui seront toujours reconnaissants* ».

BRION (Marcel)
Héros de son propre drame.
In : Richard Wagner.
Paris, Hachette, 1962, coll. « Génies et Réalités », pp. 7-28 [d'un vol. de 302 p.], nombreuses photographies et illustrations en noir in-t et h.-t., 8 planches en couleur contrecollées h.-t.

BROHM (Jean-Marie)
Wagner notre contemporain. Le Petit Wagner illustré.
In : Opéra. Mises en scènes et représentations théâtrales. Revue Prétentaine, Université Paul Valéry Montpellier III, mars 2007 ; N°20/21 : pp. 331-373.

BRULÉ (André-Georges)
Wagner.
Bruxelles, Syrinx, 1946, 93 p., front.
Petite plaquette sans prétention, si ce n'est par l'intitulé des chapitres. Exemples : Louis II - Parsifal et Cosima-Senta.

BRUNEAU (Alfred)
Musiques d'hier et de demain.
Paris, Bibliothèque Charpentier - Eugène Fasquelle, 1900, III-284 p.
Recueil d'impressions brèves sur de nombreuses œuvres lyriques. Dans la présente bibliographie, à retenir : pp.1-14 (La Walkyrie), pp. 64-74 (Tannhäuser), pp. 127-136 (Le Vaisseau Fantôme), pp. 137-147 (Les Maîtres-chanteurs) et pp. 248-258 (Tristan et Iseult). Ce recueil ne donne qu'un faible aperçu de l'activité de critique musical de ce compositeur et violoncelliste (1857 - 1934), qui fut un ami et admirateur de Zola. Il composa d'ailleurs des opéras dit « *prosaïques* » en adaptant notamment *Le Rêve*.

BRUNIER (Joseph)
Le Procédé musical de R. Wagner dans les œuvres de sa troisième manière, à propos du livre de MM. Soubies et Malherbe (Extrait de la Revue du Lyonnais).
In : Lyon, Imprimerie de Mougin-Rusand, La Revue du Lyonnais, Série 5, Tome 5, 1886, p. 438.
Premier commentaire important sur Wagner par un auteur lyonnais, à propos d'un livre de Soubies et Malherbe : *L'Oeuvre dramatique de Richard Wagner*.

Dans cette « troisième manière », l'auteur compte Les Maîtres-chanteurs, Tristan, la Trilogie (sic) et Parcifal (sic). Conclusion de l'article : « *En somme le Maître de Bayreuth apparaît comme un météore brillant mais échappé de son orbite, météore dont la course folle à travers les champs de l'imagination risque fort de troubler l'équilibre de notre firmament artistique où tant d'astres charmants promènent leurs harmonieuses et bienfaisantes évolutions* ».

BUCH (Esteban)
La Neuvième de Beethoven, une histoire politique
Paris, Gallimard, 1999, coll. « Bibliothèque des histoires », 364 p., cahier de 12 pages de reproductions en noir et couleur h.-t., index
Dans cet excellent ouvrage d'histoire culturelle, l'auteur, enseignant à l'Ecole pratique des hautes études, consacre quelques pages à l'appréciation de Wagner sur Beethoven (dans son essai éponyme) et notamment sur la IXème symphonie (chapitre VIII : « La Neuvième symphonie au temps des nationalismes », pp. 185-192).

BÜCHNER (Alexandre)
Richard Wagner et sa musique (Extrait du Bulletin de la Société des Beaux-Arts de Caen).
Caen, Imprimerie de Hardel, 1864, 13 p.
Ouvrage cité par Henri Silège et non consulté.

BUELLET (Clément)
Wagner et son œuvre. Le Vaisseau Fantôme.
Lille, Librairie centrale, 1893, 40 p., front.
Il s'agit d'une série d'articles écrits antérieurement pour *L'Echo du Nord* à la faveur de la création française du Vaisseau Fantôme à Lille, le 28 janvier 1893. Petit ouvrage de coupe classique : la légende, le livret, la partition.

BÜHRLE (Christian)
Scénographie wagnérienne et peinture.
In : **LANG (Paul) [éd.]** : Richard Wagner. Visions d'artistes. D'Auguste Renoir à Anselm Kiefer.
Paris et Genève, Somogy éditions d'art - Musée d'art et d'histoire, 2005, pp. 66-75 [d'un vol. de 287 p.]

BUSCHINGER (Danielle)
L'Image de Richard Wagner dans la littérature française au XXème siècle.
In : **BAILBÉ (Joseph-Marc) [éd.]** : Bayreuth à Rouen. Images de R. Wagner.
S.l.n.d., (1983), pp. 127-149 [d'un vol. de 149 p.]
Le nom de l'auteur est orthographié par erreur, Buschimger Danièle.

Wagner et le Moyen Âge. Deux exemples : Tannhäuser et Lohengrin.
Etudes Médiévales, Revue du Centre d'études médiévales de l'Université Picardie - Jules Verne, 2000 ; N°2 : pp. 205-226.

De Parzival à Parsifal. Une esquisse.
In : **BUSCHINGER (Danielle) - CANDONI (Jean-François) - PERLWITZ (Ronald) [éd.]** : Richard Wagner : Points de départs et aboutissements. Anfangs - und Endpunkte. Actes du colloque d'Amiens 19, 20, 21, 22 octobre 2001.
Amiens, Presse du Centre d'études médiévales, coll. « Médiévales 19 », 2002, pp. 87-97 [d'un vol. de 400 p.]

Repris in : **Parzival, Arthur et le Graal.** Recueil d'articles.
Amiens, Presse du Centre d'études médiévales, 2001, coll. « Médiévales 18 », pp. 85-93 [d'un vol. de 162 p.]
Article dans la lignée de la synthèse de Lévi-Strauss qui reprend les sources de Wagner, les relations entre les textes médiévaux et l'œuvre ultime du compositeur pour ce qui est des personnages et de l'action, et qui s'interroge enfin sur l'origine des filles-fleurs.

La Tradition médiévale tristanienne.
In : Tristan et Isolde. L'Avant-Scène Opéra. Nouvelle édition.
Paris, Première Loges, mars 2002, pp. 126-131 [d'un vol. de 207 p.]

Le Moyen Âge de Richard Wagner.
Amiens, Presse du Centre d'études médiévales, 2003, coll. « Médiévales 27 », 201 p.
Analyse ardue des sources médiévales utilisées par Wagner. L'auteur, spécialiste de littérature germanique médiévale, analyse soigneusement à propos de chaque opéra les sources médiévales utilisées par Wagner et montre également que l'intérêt de Wagner pour le Moyen Âge avait été suscité par une redécouverte de celui-ci au cours des XVIIIème et XIXème siècles.

Le Paris de Richard Wagner d'après l'autobiographie et la correspondance du compositeur.
In : Le Paris de Richard Wagner suivi de correspondance entre musiciens et entre écrivains et musiciens. Actes du colloque international des 8, 9 et 10 décembre 2004 à Amiens.
Amiens, Presse du Centre d'études médiévales, 2005, coll. « Médiévales 39 », pp. 1-28 [d'un vol. de 142 p.], cahier de six feuillets de reproductions en noir.
Sur les traces de Wagner à Paris avec quelques photographies et renseignements inédits sur son séjour à l'ambassade de Prusse en 1861.

Les Animaux de Richard Wagner.
In : **CLUET (Marc)** : Les Animaux dans le monde germanique. 1760 - 2000.
Rennes, Presses Universitaires de Rennes, 2006, coll. « Etudes germaniques », pp. 111-127 [d'un vol. de 377 p.]
Trois parties : Les animaux intervenant dans l'œuvre de Wagner (trop superficiel...), les animaux qui ont accompagné la vie du compositeur (largement inspiré de la plaquette d'Henri Perrier...), et l'étude de l'attitude de Wagner en face du végétarisme et de la vivisection en s'inspirant des derniers écrits de Wagner. A notre sens, une conclusion trop manichéenne...

BUSCHINGER (Danielle) - CANDONI (Jean-François) - PERLWITZ (Ronald) [éd.]
Richard Wagner : Points de départs et aboutissements. Anfangs - und Endpunkte. Actes du colloque d'Amiens 19, 20, 21, 22 octobre 2001.
Amiens, Presse du Centre d'études médiévales, coll. « Médiévales 19 », 2002, 400 p., index
Actes du colloque d'Amiens organisé par le département d'allemand et le Centre d'études médiévales de l'Université de Picardie à Amiens, les 19, 20, 21 et 22 octobre 2001. Textes bilingues, d'une très grande qualité, consacrés à l'étude de l'œuvre de Wagner à travers les relations qu'il entretient avec la culture européenne. Principaux chapitres : « Le Wagnérisme en France », « Wagner dans l'histoire culturelle allemande », « Wagner, le théâtre et les arts : aspects de la réception », « Wagner dans l'histoire du théâtre musical européen », « Wagner musicien », « Lectures de Wagner ». **[Ces textes sont repris par leur nom d'auteur dans la présente bibliographie]**

BUSCHINGER (Danielle) - PERLWITZ (Ronald) [éd.]
Quatre siècles de livret d'opéra. En annexe : les représentations des opéras de Richard Wagner en France (1945 - 2000). Actes du colloque de Saint-Riquier (9, 10 et 11 octobre 2002).
Amiens, Presse du Centre d'études médiévales, 2004, coll. « Médiévales 35 », 250 p., index.
Textes bilingues, écrits par des universitaires, mais aussi par des « hommes de terrain », consacrés à l'étude du livret d'opéra. Le texte d'annexe de D. Buschinger est malheureusement en allemand....
On lira : Clarke (Graham) : « Loge et Mime, ou comment j'ai interprété ces rôles » (pp. 63-68). Leblanc (Cécile) : « Entre wagnérisme et symbolisme, les Parsifal français : Briséis, Fervaal et le Roi Arthus » (pp. 109-116). Picard (Timothée) : « Faire un livret d'opéra après Wagner » (pp. 185-192). [Ces textes sont repris par leur nom d'auteur dans la présente bibliographie]

CABANÈS (Augustin)
Wagner.
In : Grands névropathes. Malades immortels. Baudelaire, Byron, Chateaubriand, Molière, Pascal, Shelley, Wagner.
Paris, Albin Michel, 1930, pp. 325-376 [d'un vol. de 376 p.], 47 planches h.-t. Réimpressions successives.
Première tentative d'interprétation diagnostique des maladies de Wagner. Incomplet mais intéressant par de nombreux points.

CABAUD (Judith)
Mathilde Wesendonck ou le rêve d'Isolde. Préface de Marcel Schneider.
Arles, Actes Sud, 1990, 424 p., index.
Biographie exhaustive et récente de Mathilde Wesendonck, basée sur de nombreuses sources inédites (archives de la famille Wesendonck et œuvres poético-dramatiques de Mathilde Wesendonck).

CADOT (Michel)
Un ardent wagnérien. Joséphin Péladan (1858 - 1918).
In : **FAUSER (Annegret) - SCHWARTZ (Manuela) [éd.]** : Von Wagner zum Wagnerisme (sic). Litteratur, Kunst, Politik.
Leipzig, Leipziger Universitäts Verlag GmbH, 1999, coll. « Deutsche Französische Kultur Bibliothek, Band 12 », pp. 475-483 [d'un vol. de 642 p.]
Extrait des actes du colloque intitulé : Der « Wagnérisme » in der französischen Musik und Musikkultur (1861 - 1914), tenu du 8 au 10 juin 1995 au Konzerthaus de Berlin. Un des rares articles modernes à aborder le wagnérisme du « Sâr ».

CANDÉ (Roland de), voir : BLANCHARD (Roger)

CANDONI (Jean-François)
Les Dimensions politiques du Ring.
In : Le Crépuscule des dieux. L'Avant-Scène Opéra. Nouvelle édition.
Paris, Premières Loges, juin 1993, pp. 10-15 [d'un vol. de 191 p.]

Richard Wagner. Texte, musique et drame.
Revue d'études germaniques, juillet - septembre 1999 ; N°3 : pp. 415-439.
Etude érudite sur le « Wort-Ton-Drama » à partir des textes originaux des œuvres en prose de Richard Wagner.

La Genèse du drame musical wagnérien. Mythe, politique et histoire dans les œuvres dramatiques de Richard Wagner entre 1833 et 1850.
Bern, Peter Lang, 1998, coll. « Contact », XVII-412 pp., index
Ouvrage universitaire (reprise d'une thèse de doctorat en études germaniques [Paris IV, 1996] intitulée *Mythe, politique et histoire dans les œuvres dramatiques de Richard Wagner entre 1833 et 1850. La Constitution du drame musical*) qui montre d'une part, comment les créations de cette époque sont redevables à l'opéra romantique allemand, au mouvement « Jeune Allemagne », au « Grand Opéra » et en quoi il y a un génie wagnérien spécifique d'autre part. Ce qui démontre le continuum entre cette période créatrice et l'œuvre de maturité et comment s'est constituée l'esthétique wagnérienne. Travail clair, objectif et scientifique, exemple de production d'une nouvelle génération de chercheurs et d'ouvrages, ni pamphlets, ni dithyrambes.

Gluck et Wagner : les révolutions de l'opéra en France et en Allemagne. A propos de la réception de la réforme gluckiste dans les essais de Wagner.
In : **BUSCHINGER (Danielle) - CANDONI (Jean-François) - PERLWITZ (Ronald) [éd.]** : Richard Wagner : Points de départs et aboutissements. Anfangs - und Endpunkte. Actes du colloque d'Amiens 19, 20, 21, 22 octobre 2001.
Amiens, Presse du Centre d'études médiévales, coll. « Médiévales 19 », 2002, pp. 189-203 [d'un vol. de 400 p.]

Tristan et Isolde ou le crépuscule du romantisme.
In : Tristan et Isolde. L'Avant-Scène Opéra. Nouvelle édition.
Paris, Première Loges, mars 2002, pp. 132-135 [d'un vol. de 207 p.]

« Le Dieu Richard Wagner irradiant un sacre ». A propos de la religion dans l'art dans Parsifal.
In : Parsifal. L'Avant-Scène Opéra. Nouvelle édition.
Paris, Premières Loges, mars 2003, pp. 123-127 [d'un vol. de 223 p.]

Mémoire et oubli dans Le Crépuscule des dieux.
In : Le Crépuscule des dieux. L'Avant-Scène Opéra. Nouvelle édition.
Paris, Premières Loges, janvier - février 2006, N°230, pp. 134-139 [d'un vol. de 165 p.]

CANTILLON (Arthur)
Essai sur les symboles de la Tétralogie wagnérienne.
Mons, Imprimerie générale, 1911.
Ouvrage non consulté qui serait un « *essai sur la méthode suivie par Wagner dans la composition de ses drames lyriques* » (van Nuffel). L'auteur (1893 ou 1890 - 1933) avait créé dans l'atmosphère wagnérienne de l'époque, à la « Taverne des chevaliers », lieu de rencontre des étudiants, un « Cercle Tétralogique ». Est-ce afin de mieux initier ses compagnons à l'art wagnérien qu'il écrivit cette plaquette ?

CARASSUS (Emilien)
Le Snobisme et les lettres françaises de Paul Bourget à Marcel Proust, 1884 -1914.
Paris, Librairie Armand Colin, 1966, 639 p., 4 planches en noir h.-t., index
Des développements consacrés au wagnérisme, en particulier dans un chapitre, intitulé « Musicomanie » dont la première partie traite « De Wagner à Debussy » (pp. 296-312).

CARCASSONNE (E.)
Wagner et Mallarmé.
Revue de littérature comparée, juillet - septembre1936 ; N°3 : pp. 347-366.
Etude sérieuse et documentée qui déclare que « *la stérilité* » de Mallarmé, son oscillation du livre au drame sont « *autant d'indices qu'une fascination maladive paralysait son génie* ».

CAROUTCH (Yvonne) [éd.]
Wagner. Numéro spécial dirigé par Yvonne Caroutch.
Nyons, Obliques, 1979, N°18/19, 320 p., nombreuses illustrations in-t.
Rassemblement apparemment hétéroclite : textes longs ou très courts, de Wagner, d'auteurs célèbres par ailleurs (Baudelaire, Gracq, Mallarmé, Nietzsche...) ou de critiques oubliés, extraits d'ouvrages existants ou inédits..., mais finalement rassemblement très illustratif de la variété des angles d'attaque de la question wagnérienne : en somme une mise en abîme de la présente bibliographie. Très belle mise en page et iconographie, habituelles pour cette prestigieuse revue.

CARVALHO (Léon)
Les *Mémoires* de Carvalho (originairement Carvaille) (1825 - 1897) sont cités par nombre de bibliographies mais l'ouvrage semble introuvable... Il ne nous a pas été

possible de trouver, ni l'éditeur, ni le lieu et la date d'édition... On doit y trouver la scène d'anthologie de l'audition du Tannhäuser au piano par Wagner à Carvalho. Ce dernier fut directeur du Théâtre-Lyrique de 1856 à 1860 et de 1862 à 1868, avant de diriger l'Opéra Comique en 1877. Peut-être ces mémoires furent-ils publiés en feuilleton ?

CASANOVA (Nicole)

Isolde 39 : Germaine Lubin - Nicole Casanova. Préface de Camille Bourniquel.
Paris, Flammarion, 1974, 251 p., 8 feuillets d'illustrations

Biographie d'une des grandes interprètes françaises de Wagner (1890 - 1979). Son titre, *Isolde 39*, marque une étape de sa carrière qui était à son sommet et qui en même temps fit basculer son destin artistique et humain. Car, après avoir interprété Kundry au festival de Bayreuth de 1938, elle y fut Isolde en 1939 à quelques semaines du début de le seconde guerre mondiale, rôle dans lequel elle fut célébrée par le public, la critique et... Adolf Hitler. Elle incarna encore Isolde dans Paris occupé en 1941, avec des collègues allemands sous la direction de Karajan. Nicole Casanova, sur la base d'un dossier très complet et ayant recueilli elle-même les propos de l'artiste, suit au mieux la ligne de l'objectivité pour raconter cette vie.

CASEVITZ (Jean)

La Première Représentation du Tannhäuser : deux lettres inédites à Edgar Quinet.
La Revue musicale, novembre 1930 ; Tome II - N°109 : pp. 378-382.

Publication de deux lettres adressée à Edgar Quinet, opposant au Second Empire, alors en exil, par un correspondant peu connu, A. Desprez, à propos de la création parisienne du Tannhäuser. Jugement sévère reflétant bien le climat hostile de l'époque...

CASTARÈDE (Marie-France)

La Scène du baiser. Wagner et Proust.
In : **BAUDUIN (Andrée) - COBLENCE (Françoise) [éd.]** : Proust, visiteur des psychanalystes.
Paris, P.U.F., 2003, coll. « Quadrige », pp. 231-247 [d'un vol. de 383 p.]

Pour l'auteur, professeur de psychopathologie à l'Université Franche-Comté (qui note que Wagner est le nom de musicien le plus cité dans *Jean Santeuil* et la *Recherche*, plus de soixante fois), il y a un rapprochement évident à faire entre la scène du baiser de Parsifal à l'acte II, expression de séduction maternelle, et celle du « *baiser de Combray* » occupant les premières pages de *A la recherche du temps perdu*. Rapprochement incluant cependant une sorte d'inversion : « *La scène du baiser inaugure pour Proust toute son œuvre à venir, alors que la scène du baiser de Kundry à Parsifal clôt le cycle de l'œuvre de Wagner* ». L'auteur souligne que Parsifal reçoit, par le baiser de Kundry, « *un nom, une histoire, une mère de remplacement, un amour sensuel et un sentiment de culpabilité* ».

Les Vocalises de la passion. Psychanalyse de l'opéra.
Paris, Armand Colin / VUEF, 2005, 182 p.

A lire deux développements sur la passion amoureuse (à propos de Tristan, pp. 75-79) et la passion du pouvoir (à propos de Parsifal, pp. 120-122).

CATTEAU (Dominique)
L'Apostasie nietzschéenne ou le malentendu wagnérien.
Paris, Presses Universitaires du Septentrion, 1999, 367 p.
Ouvrage tiré d'une thèse de doctorat en études germaniques (1998). L'auteur démontre que Nietzsche ne s'est jamais rendu coupable d'apostasie vis-à-vis de Wagner. D'une part, le philosophe n'a jamais renié l'amitié profonde qui l'avait attaché au musicien dès leur rencontre ; jusque dans sa dernière œuvre, il la revendique hautement. D'autre part, il n'a jamais renié les idéaux wagnériens pour la simple raison qu'il ne les a jamais partagés... Nietzsche aurait toujours été pour le moins réservé à l'égard des ouvrages musicaux du compositeur. Il a toujours critiqué lucidement et fermement les conceptions esthétiques du musicien. Le but de l'ouvrage n'est donc pas de savoir quand et pourquoi Nietzsche aurait changé d'avis, car il n'en pas changé..., mais de chercher à comprendre comment un tel malentendu a pu s'insinuer entre eux. Nietzsche a cru pendant un temps que Wagner partageait son propre idéal tragique. Selon l'auteur, cette confusion semblerait provenir de l'équivocité des mots alliée au manque de rigueur théorique de Wagner. L'un et l'autre s'enivraient des mêmes vocables (musique, grecs, tragédie). Mais chacun les entendait différemment. Finalement, conclut l'auteur, « *l'étonnant c'est qu'ils aient tant tardé à se séparer* ».

Nietzsche, apostat de Wagner
Paris, Publibook, 2002, 322 p.
Notre essayiste se demande si Nietzsche s'est réellement détaché du Maître de Bayreuth. Sur le plan personnel, il est indubitable que Nietzsche n'a jamais trahi son amitié pour l'homme qu'il estimait le plus au monde. Sur le plan conceptuel, on peut douter que Nietzsche n'ait jamais été wagnérien. Explication dans ces pages.

Nietzsche, apologiste de Wagner.
Paris, Publibook, 2002, 288 p.
Nietzsche est réputé pour avoir d'abord été un fervent wagnérien pendant une première partie de sa vie. Or, deux textes seulement ont été officiellement consacrés par Nietzsche à la défense et illustration de Wagner. Et il fut prompt à prendre ses distances avec lui : « *Ce que, dans mes jeunes années, j'avais entendu dans la musique de Wagner, n'a strictement rien à voir avec Wagner* ». Retour sur cette relation ambiguë.

Nietzsche, adversaire de Wagner. Le Sens du « Cas Wagner ».
Paris, Publibook, 2002, 314 p.
Comment Nietzsche juge-t-il Wagner à la fin de sa vie, et comment apprécie-t-il son propre cheminement à l'égard du musicien ? Plus qu'une étude sur Wagner, Nietzsche, dans *Le Cas Wagner*, fait du Maître de Bayreuth le porte-parole du *« malaise dans la civilisation »*.

Hector Berlioz à Bayreuth ou Berlioz, Wagner et Nietzsche.
In : **DÖHRING (Sieghart) - JACOBSHAGEN (Arnold) - BRAAM (Gunter)** : Berlioz, Wagner und die Deutschen.
Köln, Verlag Dohr, 2003, pp. 59-67 [d'un vol. de 343 p.]
Essai original d'une cinquième « Considération inactuelle » : Hector Berlioz à Bayreuth...

CATULLE-MENDÈS (Jane)
Catulle Mendès et Richard Wagner. Conférence donnée le 23 mars 1929 avec le concours de Mme Overgaard.
Conferencia - Journal de l'Université des annales, 20 octobre 1929 ; N°21 : pp. 443-460.
La poétesse Jeanne Nette prit ce nom après la mort de son mari, Catulle Mendès. On sait que la première épouse de l'écrivain symboliste fut, pour quelques années seulement, Judith Gautier. Il eut ensuite une liaison plus longue avec la compositrice Augusta Holmès qui lui donna plusieurs enfants. Et enfin vint cette Jeanne Nette...

CAUSSÉ (Jeanne), voir : CESSOLE (Bruno de)

CAUSSY (Fernand)
Wagner et la sensibilité française.
Paris, Mercure de France, octobre 1902 ; Tome XLIV : pp. 98-118
Article qui marque l'incompatibilité des génies latin et germain, dans une France redevenue farouchement nationaliste.

CAZENAVE (Michel)
Le Philtre et l'amour. La Légende de Tristan et Iseult.
Paris, José Corti, 1969, 170 p.
Consulter les pages 133-149 : « Le Tristan de Wagner ». Cazenave est l'auteur de plusieurs ouvrages sur le sujet (*La Subversion de l'âme. Mythanalyse dans l'histoire de Tristan et Isolde* (Seghers, 1981), *Tristan et Isolde, adaptation en français moderne...*).

CÉLOS (Georges)
L'Anneau, l'épée dans la Tétralogie de Richard Wagner.
Paris, Jouve et Cie, 1912, 123 p.
Ouvrage de circonstance (exécution du premier Ring à Paris du 10 au 15 Juin 1911 ; à noter que le Grand-Théâtre de Lyon avait présenté la première en France en 1904) mais singulièrement orienté sur l'ésotérisme et les sciences occultes : commentaires sur le globe crucifère, l'épée ansée, la svastika... A lire pp. 31-32, une « *prière pour se disposer à bien entendre la Tétralogie* »... : « *Seigneur, nous vous remercions..., Saint-Esprit, éclairez-nous..., Sainte Vierge, protégez-nous... !* »

CESSOLE (Bruno de) - CAUSSÉ (Jeanne)
Nietzsche. 1892 - 1914. Préface d'Alexis Philonenko.
Paris, Maisonneuve et Larose - Edition des Deux-Mondes, coll. « Les Trésors retrouvés de La Revue des Deux-Mondes », 1997, 311 p.
Anthologie d'articles parus dans *La Revue des Deux-Mondes* sur Nietzsche pendant cette période avec, concernant Wagner : « L'Amitié de Friedrich Nietzsche et de Richard Wagner » par T. de Wyzewa, « Un problème musical. Le Cas Wagner » par Camille Bellaigue (article paru en 1892 et qui est un billet sur l'ouvrage de Nietzsche par un critique musical qui découvre en fait le philosophe par le biais de Wagner (pp. 35-42). C'est assez superficiel...) et « L'Evolution musicale de Nietzsche » par Bellaigue (article paru en 1905, donc après la mort du philosophe. Laborieuse, bien que

courte, analyse des divers écrits sur Wagner (pp. 251-272)). Sur la question, on aura intérêt, en notre XXIème siècle, à lire l'ouvrage de Georges Liébert...

CHABRIER (Emmanuel)

Correspondance, réunie et présentée par Roger Delage et Frans Durif.
Paris, Klincksieck, coll. « Domaine musicologique - N°16 », 1994, 1262 p. index

Emmanuel Chabrier (1841 - 1894) fut un ardent défenseur de la cause wagnérienne aux heures héroïques. C'est dire l'importance de sa correspondance qui contient des références innombrables à Wagner. Il assista aux représentations de Tristan à Munich en 1880. Il en ramena ses fameux « Souvenirs de Munich », quadrille sur les thèmes favoris de Tristan et Isolde pour piano à quatre mains (1887), dédiés à Antoine Lascoux. Qu'un wagnérien aussi fervent que lui ait signé ces irrespectueux souvenirs à la verve débridée ne saurait surprendre que ceux qui oublient que l'humour est l'une des formes familières de l'admiration. Nul mieux que Chabrier savait rire de ce qu'il aimait. Toutefois, est-ce uniquement l'admiration qui a suscité la composition de ce quadrille ? Avec cette « *charge* », Chabrier ne voulait-il pas se débarrasser d'un amour trop oppressant en brisant l'idole. Car enfin, si ce quadrille est un jeu, c'est un jeu de massacre. Il témoigne des rapports ambigus que Chabrier a entretenus avec l'œuvre de Wagner. Il entendit la Tétralogie à Londres pour la première fois au printemps 1882. Lors de l'introduction de Wagner aux concerts de Lamoureux en 1884 et 1885, Chabrier, seul et anonymement, préparait les chœurs, faisait travailler les différents groupes instrumentaux ainsi que les chanteurs auxquels il insufflait l'esprit de cette nouvelle musique. C'est encore lui qui participa aux côtés de Lamoureux aux études de Lohengrin de 1891 (on pourra lire les lettres à son épouse de septembre 1891 à ce sujet). Il entendit Parsifal au festival de Bayreuth 1888, où parut van Dyck pour la première fois. On consultera la correspondance avec le ténor à propos des préparatifs de ce voyage. Il fut également reçu par Cosima à Wahnfried. Il assista ensuite au festival de Bayreuth en 1889, 1891 et 1893. Chabrier participait à Paris aux réunions musicales du « *Petit Bayreuth* » qui se tenaient chez le célèbre juge Lascoux. Cette correspondance fournit de nombreuses informations sur le milieu wagnérien du « *Petit-Bayreuth* ». Pour mémoire, Chabrier apparaît sur le tableau de Fantin-Latour, appelé « Autour du Piano », exposé au Salon de 1885.

CHAILLEY (Jacques)

Tristan et Isolde de Richard Wagner (cours I et II).
Paris, 1962 - 1963, Centre de documentation universitaire, « Les Cours de la Sorbonne », deux vol. 126 p.

Cours professé à la Sorbonne par Jacques Chailley (1910 - 1999), compositeur et musicologue. Analyse musicale méticuleuse et approfondie fondée sur l'harmonie définie comme spécificité du langage musical wagnérien.

Tristan et Isolde de Richard Wagner.
Paris, Alphonse Leduc, 1972, coll. « Au delà des notes. », 105 p., une carte

Réédition de l'ouvrage précédent dans la collection « d'explications de textes musicaux » dirigée par l'auteur.

Parsifal de Richard Wagner. Opéra initiatique.
Paris, Buchet/Chastel, 1979, 217 p., 2 feuillets d'illustrations en noir
Rééditions successives dont en 1989.
L'auteur s'attache ici à tenter de démontrer le caractère maçonnique de l'ultime œuvre du compositeur (il avait déjà publié *La Flûte enchantée, opéra maçonnique* en 1968). Outre l'enquête approfondie sur le sujet, cet ouvrage donne une analyse musicale fouillée de Parsifal. Mais, ouvrage finalement partiel et partial.

Parsifal, œuvre initiatique par Jacques Chailley. Communication faite à la séance du 27 avril 1994.
Paris, Institut de France, 1996, 20 p.
Tirage à part de la communication faite à l'Académie des Beaux-Arts.
Le texte est un raccourci des thèses de l'ouvrage précédent.

CHALLAYE (Félicien)
L'Art et la beauté.
Paris, Nathan, 1929, [ix]-xi-291 p.
Un chapitre est consacré par l'auteur (1875 - 1967) au « drame lyrique wagnérien ».

CHAMBERLAIN (Houston-Stewart)
La Doctrine artistique de Richard Wagner.
La Revue des Deux-Mondes, 15 octobre 1895 : pp. 881-900.
Première traduction française d'un des chapitres de l'ouvrage de Chamberlain, *Richard Wagner*, paru en allemand la même année (édition française complète en 1899).

Richard Wagner et le génie français.
La Revue des Deux-Mondes, 15 juillet 1896 : pp. 432-456.
Intéressante mise au point sur la dette de Richard Wagner à l'endroit de l'esprit français. Article nuancé et peu connu.

Un philosophe wagnérien : Heinrich von Stein (1857 - 1887).
La Revue des Deux-Mondes, 15 octobre 1895 : pp. 831-858.
Heinrich von Stein, (1857 - 1887) fut, par l'intermédiaire de l'amie de Wagner, Malwida von Meysenbug, engagé comme précepteur de Siegfried de 1879 à 1881. Ce familier de Wahnfried, poète et philosophe, fut l'auteur de *Helden und Welt* (1883), dont Wagner écrivit le 31 janvier 1883 la préface.

Le Drame wagnérien.
Paris, Léon Chailley, 1894, XI-206 p.
Ouvrage de base pour l'étude de Wagner. Livre de doctrine, fortement pensé et reposant sur une solide connaissance de l'œuvre et de l'homme. Il contient une des plus fortes analyses qui aient jamais été tentées à l'époque, de l'esthétique wagnérienne dans ses principes et dans son application au drame. Il faut faire abstraction de la personnalité de l'auteur et de ses idées pangermanistes. Celui-ci développera dans ses écrits (notamment *La Genèse du XIXème siècle* (1899)) des idées mêlant sciences naturelles et philosophie et qui eurent une grande influence sur l'idéologie nazie. H.-S. Chamberlain

(1855 - 1927), britannique naturalisé allemand en 1914, avait épousé (en 1908), longtemps après la mort du compositeur, sa fille Eva et collabora avec sa veuve Cosima pour infléchir le wagnérisme dans le sens des idées nationalistes. Il fut par ailleurs un grand ami du scénographe Adolphe Appia et d'Edouard Dujardin, littérateur et fondateur de *La Revue Wagnérienne* à Paris en 1885.

Richard Wagner. Sa vie et ses œuvres. Traduit de l'allemand par M. Alfred Dufour, de Genève.
Paris, Librairie Académique Perrin, 1899, XII-395 p., front.
Réimpressions successives.
Ouvrage aussi fondamental pour l'étude de Wagner que le précédent. Traduction française, dont la préface nous dit qu'elle est « *abrégée en beaucoup d'endroits, modifiée en quelques autres* » de l'ouvrage paru en 1895 chez Brückmann sous le titre *Richard Wagner (grande édition illustrée en allemand, ornée de portraits, de photos et de nombreux fac-similés)*. L'ouvrage se compose de trois parties. La première partie est une étude biographique, célèbre pour sa division en 8 périodes. La seconde partie (pp. 103-237) traite des écrits et de la doctrine. Il s'agit du premier exposé systématique en français de la pensée wagnérienne à partir des écrits théoriques. La troisième partie est consacrée aux œuvres. L'auteur s'en tient à des indications d'ordre général. En appendice : la liste des écrits de Wagner ainsi que le catalogue général de l'œuvre artistique du compositeur, tel qu'on pouvait le reconstituer à l'époque, bien avant le *Wagner Werk-Verzeichnis*. Cette étude présente un portait idéalisé du compositeur, en tout point conforme à l'hagiographie décidée par Bayreuth. Il contribua ainsi à entretenir le mythe et le culte de Bayreuth.

Wagner, Gobineau, Chamberlain (Vienne, 1901).
In : Annexes. La Genèse du XIXème siècle. Edition française par Robert Godet.
Paris, Librairie Payot et Cie, 1913, pp. 1383-1389 [de 2 vol. LXX-1551 p. (pagination continue)], index
Les troisième et quatrième éditions allemandes de l'ouvrage édité en 1899 en Allemagne et dédié au physiologiste Julius Wiesner, furent augmentées de préfaces, tantôt réfutant une objection, tantôt rectifiant une interprétation. Ces suppléments formèrent un ensemble de plus de cent pages et furent tirés à part en 1912. Du premier, le traducteur reprit un extrait de « Wagner, Gobineau, Chamberlain », afin de montrer comment Chamberlain, en revendiquant son indépendance par rapport à Wagner, précise sa position opposée à l'égard de Gobineau ». A noter, que l'ouvrage en lui-même n'évoque que très parcimonieusement le nom de Wagner.

CHAMBRUN (comte de)
Wagner à Carlsruhe, l'artiste du siècle.
Paris, Calmann-Lévy, 1898, 25 p., quatre planches en noir h.-t.

Wagner à Munich, Francfort, Nice.
Paris, Calmann-Lévy, 1898, 140 p., front., trois planches en noir h.-t.
Recueils par Joseph-Dominique-Aldebert de Pineton (1821 - 1899), descendant de la Fayette, préfet du Jura sous le Second Empire, puis député de droite de la Lozère à l'Assemblée nationale (1871 - 1876), puis sénateur de 1876 à 1879. Frappé de cécité, il

avait ensuite abandonné la vie politique pour se consacrer à l'étude. Ensemble de souvenirs de spectateur, d'appréciations et commentaires presque touchants par leur caractère personnel (le « je » est omniprésent) et un peu naïfs. Présentés dans un désordre certain, découpés en petits paragraphes numérotés, ces réflexions auraient amplement mérité une préface explicative de l'auteur.

CHAMPFLEURY

Richard Wagner.
Paris, A. Bourdillat et Cie, 1860, 16 p.
Edition originale.

Grandes figures d'hier et d'aujourd'hui. Balzac, Gérard de Nerval, Wagner, Courbet. Avec quatre portraits gravés à l'eau forte par Bracquemond.
Paris, Poulet-Malassis et de Broise, 1861, xiv-VII-272 p., front.
Réimpression en fac-similé chez Slatkine reprints en 1968. Mais celle-ci ne comporte pas la réimpression des quatre portraits gravés à l'eau-forte.

Directeur artistique de la manufacture de porcelaine de Sèvres, futur collaborateur de *La Voix du Peuple* de Proudhon et de surcroît, écrivain, poète, peintre et sculpteur, Champfleury (1821 - 1889) de son vrai nom Jules Husson avait fait paraître une petite plaquette immédiatement après le premier concert de Wagner au Théâtre des Italiens. Dédié au romancier Charles Barbara (1817 - 1866), cette brochure n'est pas une étude générale de l'œuvre et du système de Wagner, mais comprend une série de propositions sans lien entre elles sur la musique wagnérienne et le premier concert du 24 janvier 1860 auquel l'auteur a assisté. Champfleury défend Wagner contre ses détracteurs (dont Fétis) et rapproche le combat du compositeur allemand pour une nouvelle musique, de celui mené par Courbet. Son analyse de Lohengrin et de Tannhäuser se résume à une série d'aphorismes et de brèves notations, souvent plus enthousiastes que pertinentes. Elles n'ont pas la divination d'un Baudelaire, mais témoignent d'un sincère enthousiasme et du souci de juger en Wagner surtout le musicien. Cette brochure fut traduite immédiatement en allemand et publié par l'éditeur Schubert. Ce texte fut réimprimé l'année suivante dans le recueil, *Oeuvres illustrées de Champfleury, Grandes figures d'hier et d'aujourd'hui*. Il était augmenté de quelques pages où était relatée la réponse de Wagner aux critiques de Berlioz et qui se veut une attaque directe à l'opposition pédante de Fétis, Scudo... L'ouvrage contient également le texte d'*Une visite à Beethoven* paru dans la *Gazette musicale* du 19 novembre 1840. Déjà en 1855, dans une lettre à George Sand, Champfleury signalait : « *Un musicien allemand hyper-romantique, M. Wagner, dont on ne connaît pas les œuvres à Paris, a été vivement maltraité dans les gazettes musicales, par M. Fétis* ».

CHAMPION (Pierre) - SCHNEIDER (Edouard)

Tristan et Isolde de Richard Wagner. Textes inédits de Pierre Champion et d'Edouard Schneider, avec des gravures de Daragnès, à propos de vingt disques enregistrés à Bayreuth par Colombia.
S.l. (Paris), n.d. (1929), 32 p. (non paginé)
Petite plaquette d'introduction à Tristan dans le cadre du premier enregistrement intégral de Tristan et Isolde dirigé par Karl Elmendorff au festival de Bayreuth en 1928.

CHANTAVOINE (Jean) - GAUDEFROY-DEMONBYNES (Jean)
Le Romantisme dans la musique européenne. La Place du romantisme dans l'esprit humain. Introduction par Paul Chalus. Avant-propos par Henri Berr.
Paris, Albin Michel, 1955, coll. « L'Evolution de l'humanité. Synthèse collective », XXVII-611 p., index
Il s'agit du troisième volume de la série *L'Ere Romantique*, due à la plume de Jean Chantavoine (1877 - 1952). Il contient un article de vulgarisation aux pages 294-317 intitulé « Richard Wagner ». L'ouvrage est parcouru par ailleurs de nombreuses références au compositeur (voir l'index).

CHARNACÉ (Guy de)
Musique et musiciens.
Paris, P. Lethielleux, 1874, 2 vol. 264 et 347 p.
Cet ouvrage est dû à l'époux (1825 - 1909) de Claire de Charnacé, fille de la comtesse et du comte d'Agoult, donc demi-sœur de Cosima. Le premier volume contient une analyse de Rienzi suivie de critiques sans portée (pp. 19-33). Le second volume contient des fragments wagnériens traduits, « Fragments littéraires de M. Richard Wagner, traduits et annotés », dont les articles sur *De la Musique allemande*, *De l'ouverture*, la première partie d'*Opéra et drame* et *Sur la direction d'orchestre*. Traduction médiocre, incomplète, accompagnée de remarques critiques hostiles à Wagner.

Richard Wagner jugé par un allemand (3 août 1894).
Angers, Lachèse, 1894, 50 p.
Brochure qui résume les idées émises par Max Nordau sur Richard Wagner dans son ouvrage *Dégénérescence*. L'auteur semble plus soucieux de montrer les rapports existant entre ses propres opinions et celles du philosophe, que de prendre la défense du compositeur. D'ailleurs, « *ce savant penseur, lumière intellectuelle de l'Allemagne* », lui inspire un véritable enthousiasme. Il ne craint pas d'affirmer que de sa plume tombe « *le jugement définitif, irrévocable, de l'impartiale histoire* »...

Hommes et choses du temps présent. Troisième série.
Paris, Emile Paul éditeur, 1904.
Trois chapitres intitulés : « Richard Wagner poète et penseur » (critique de la somme d'Henri Lichtenberger, parue sous ce titre (pp. 243-263)), « A propos du Siegfried de Wagner » (pp. 265-273), et « Wagner jugé par Nietzsche » (pp. 275-287).
Trois textes manifestant une opposition radicale à Wagner.

CHÂTELLIER (Hildegard) : L'Orient des wagnériens.
In : **HULIN (Michel) - MAILLARD (Christine) [éd.]** : L'Inde inspiratrice. Réception de l'Inde en France et en Allemagne (XIXe-XXe siècles). Etudes réunies par M. Hulin et C. Maillard. Préface de Gérard Fussman.
Strasbourg, Presses Universitaires de Strasbourg, 1996, coll. « Faustus/Etudes germaniques », pp. 129-143 [d'un vol. de 223 p.]
Etude des formes diverses qu'a pu prendre une « *récupération idéologique de l'Inde* » par le cercle des wagnériens de Bayreuth (Wolzogen, Stein..), qui trouve en elle un modèle d'identification.

CHAUSSON (Ernest)

Ecrits inédits. Textes réunis par Jean Gallois

Monaco, Edition du Rocher, 1999, coll. « Littérature », VIII-503 p., index

L'auteur du Roi Arthus (1855 - 1899) fut un fervent admirateur de Wagner. Voici ce qu'il écrivait : « *J'ai entendu Tristan, qui est une merveille. Je ne connais aucune autre œuvre ayant cette intensité de sentiments. Comme musique pure, c'est splendide, et de l'ordre le plus élevé ; comme manière de comprendre le drame musical, c'est une révolution. [...] Wagner a créé un art nouveau qui doit fatalement bouleverser les vieux moules de l'opéra* ». Wagner exerça sur lui une véritable fascination. L'emprise est telle que l'élève de Massenet profite de quatre jours de congé pour faire une escapade à Munich afin d'assister à Tristan en juillet 1880. Par trois fois (en deux ans), il reviendra dans la capitale bavaroise. Il y apercevra le 4 novembre 1880 à l'occasion d'une représentation du Hollandais Volant, le compositeur, sans le rencontrer. Par trois fois également, il se rendra à Bayreuth, dont un voyage de noces ! (1883). Pourtant, il a conscience que là n'est pas la voie de la musique française. Il écrit dès 1886 : « *Il faut nous déwagnériser* », c'est-à-dire prendre au « *vieil enchanteur* » ce qu'il offre de meilleur, et savoir retrouver la tradition française. Cet ouvrage reprend de nombreuses lettres faisant allusion à Wagner et aux séjours à Bayreuth.

CHÉRAMY (Paul-Arthur)

Richard Wagner et son œuvre. Conférence faite à la Société des amis des arts, à Angers.

Paris, Société française d'édition d'art L.-H. May, 1901, 32 p.

L'auteur, grand collectionneur de peinture, qui assista aux concerts parisiens de Wagner de 1860 ainsi qu'à la troisième et dernière représentation de Tannhäuser à Paris en 1861, nous livre une courte analyse de la vie et l'œuvre de Wagner.

Deux discours prononcés aux fêtes de Richard Wagner à Berlin (1er et 4 octobre 1903).

Paris, Société française d'édition d'art L.-H. May, 1903, 10 p.

Reprise du discours fait à l'occasion de l'inauguration du monument Wagner à Berlin.

CHÉREAU (Patrice)

Lorsque cinq ans seront passés (sur le Ring de Richard Wagner, 1976 - 1980).

Toulouse, Ombres, 1994, 188 p.

Reprise du texte du metteur en scène que l'on trouve reproduit de nombreuses fois par ailleurs.

CHEVAL (René)

Romain Rolland, l'Allemagne et la guerre

Paris, Presses Universitaires de France, 1963, XII-769 p.

Ouvrage tiré de la thèse du même nom de doctorat ès lettres (Paris, 1962) de l'auteur (1918 - 1986). Le titre de cette étude laisse naturellement entendre que la question Wagner est abordée : délectation de sa jeunesse, admiration entretenue ensuite par son amitié avec Malwida von Meysenbug, puis éloignement et critique de plus en plus acerbe. Elle y est effectivement bien exposée, notamment aux pages 96 à 99 et aux pages 198 à 210.

CHEYREZY (Christian)
Musique et représentation : essai sur Wieland Wagner
Thèse de musicologie : Université de Paris VIII. 1990 ; 383 p.

Wieland Wagner et la scène représentative.
In : Tristan et Isolde. L'Avant-Scène Opéra, juillet - août 1981, N°34/35, pp. 275-277 [d'un vol. de 287 p.]

Essai sur la représentation du drame musical. Wieland Wagner in memoriam. Prélude et avant-scène de Michel Guiomar.
Paris, L'Harmattan, 1998, coll. « Arts et sciences de l'art », 250 p., 3 illustrations en noir in-t., cahier de 8 feuillets de reproductions photographiques en noir et couleur h.-t.
Retour, plus de trente ans après sa disparition, au génie scénique du petit-fils de Wagner, Wieland, qui a révolutionné dans les années 1950 et 1960 la mise en scène à Bayreuth. Wieland ne pouvait, et n'a pas renié sa filiation avec les intuitions géniales d'Adolphe Appia.

CHIMÈNES (Myriam)
Elites sociales et politiques wagnériennes : de la propagande au snobisme.
In : **FAUSER (Annegret) - SCHWARTZ (Manuela) [éd.]** : Von Wagner zum Wagnerisme (sic). Litteratur, Kunst, Politik.
Leipzig, Leipziger Universitäts Verlag GmbH, 1999, coll. « Deutsche Französische Kultur Bibliothek, Band 12 », pp. 155-197 [d'un vol. de 642 p.]
Extrait des actes du colloque intitulé : Der « Wagnérisme » in der französischen Musik und Musikkultur (1861 - 1914), tenu du 8 au 10 juin 1995 au Konzerthaus de Berlin.

Mécènes et musiciens. Du salon au concert à Paris sous la IIIème République.
Paris, Fayard, 2004, 776 p., planches h.-t., index
Ouvrage intéressant et tout à fait nouveau sur le rôle du mécénat en musique entre 1870 et 1940. Il permet de voir que l'audition musicale à Paris passe progressivement du salon privé à la salle de concert. Et significativement, la réception de l'œuvre wagnérienne est située entre la première partie (espace privé) et la seconde (espace public). Important chapitre intitulé « Pratiques wagnériennes ; de la propagande au snobisme » (pp. 431-474) concernant l'analyse précise des cercles wagnériens dans le Paris de la fin du XIXème siècle. On trouvera de nombreuses informations sur le juge Antoine Lascoux et son « *Petit Bayreuth* », les séances organisées par Judith Gautier, en particulier, son « *Petit Théâtre* », les organisateurs des concerts wagnériens et le pèlerinage à Bayreuth.

CHION (Michel)
La Symphonie à l'époque romantique. De Beethoven à Mahler.
Paris, Fayard, 1994, coll. « Les Chemins de la musique », 256 p., index
Un chapitre : « Wagner et les erreurs de Beethoven » (pp. 26-31). Bref résumé des opinions de Wagner exprimées dans *Opéra et drame* sans analyse par ailleurs du *Beethoven* ultérieur. Superficiel...

La Musique au cinéma.
Paris, Fayard, 1995, coll. « Les Chemins de la musique », 475 p., index
Réimpression en 2002.
De nombreuses références à Wagner, mais on regrettera l'absence d'étude précise sur ce que l'on pourrait appeler les procédés cinématographiques de l'opéra wagnérien.

CHOISY (Louis-Frédéric)
Richard Wagner, l'homme, le poète, le novateur.
Paris, Fischbacher, 1932, 406 p.
Biographie de Wagner couplée à une analyse dramatique de ses œuvres. In fine, en troisième partie, de courts chapitres sur le travail de composition, l'humour, le patriote, l'amour des animaux, le tempérament..., sorte de petite encyclopédie wagnérienne assez bien faite.

CITRON (Pierre) - REYNAUD (Cécile) - BARTOLI (Jean-Pierre) - BLOOM (Peter) [éd.]
Dictionnaire Berlioz.
Paris, Fayard, 2003, 613 p., index, texte sur deux colonnes
Quelque six-cents articles consacrés à l'univers berliozien. L'ouvrage contient de nombreux développements sur la vie musicale au XIXème siècle et donc sur Wagner et le wagnérisme. Le rédacteur de l'article « Wagner » est Peter Bloom (pp. 590-592).

CLARKE (Graham)
Loge et Mime, ou comment j'ai interprété ces rôles.
In : **BUSCHINGER (Danielle) - PERLWITZ (Ronald) [éd.]** : Quatre siècles de livret d'opéra. En annexe, les représentations des opéras de Richard Wagner en France (1945 - 2000). Actes du colloque de Saint-Riquier (9, 10 et 11 octobre 2002).
Amiens, Presse du Centre d'études médiévales, 2004, coll. « Médiévales 35 », pp. 63-68 [d'un vol. de 250 p.], index
La parole est donnée au grand interprète wagnérien...

CLAUDEL (Paul)
Richard Wagner. Rêverie d'un poète français.
La Revue de Paris, 15 juillet 1934 : pp. 269-292.
Edition originale de cette étude rédigée à Tokyo en 1926.
Paul Claudel (1868 - 1955), dans sa jeunesse et surtout avant sa fameuse conversion à côté d'un pilier de Notre-Dame, fut un auditeur fanatique de Wagner avec, entre autres, son camarade de rhétorique Romain Rolland. Il se dessaisit ensuite de cette passion, tout en gardant le souvenir d'une musique qui lui a parlé de la recherche du paradis perdu. Ce texte reprend très exactement le titre de la sorte de poème en prose bien connu de Mallarmé. Claudel y expose par un dialogue de deux personnages en automobile, d'une part, « à droite », qui le personnifie et d'autre part, « à gauche », prénommé Jules, son interlocuteur, sa louange et sa critique de ce génie dans le contexte de la culture allemande.

Autres éditions :

- Richard Wagner. Rêverie d'un poète français

In : **CLAUDEL (Paul) :** Figures et Paraboles.
Paris, N.R.F., 1936, pp. 163-211 [d'un vol. de 261 p.]
Reprise du texte précédent en volume.

- Richard Wagner. Rêverie d'un poète français. Edition critique et commentée par Michel Malicet.

Paris, Les Belles Lettres, 1970, 179 p.
Edition critique et commentée, extraite d'une thèse publiée en 1970, augmentée d'une magistrale préface consacrée à Wagner et Claudel. L'appareil critique est remarquable et, semble-t-il, définitif.

- Richard Wagner. Rêverie d'un poète français. Présentation de Guy Samama.

In : Le Crépuscule des dieux. L'Avant-Scène Opéra, janvier - février 1978, N °13/14, pp. 201-208 [d'un vol. de 210 p.]

Le Poison wagnérien. Le Figaro, 26 mars 1938.
Ce texte - avec un tel titre ! - marque apparemment une rupture définitive avec sa passion de jeunesse. A noter toutefois, dans le contexte de son exaspération du régime nazi, les circonstances de la rédaction de ce pamphlet : 12 mars 1938, l'Anschluss, et trois jours après, l'achèvement de ce texte. Claudel, à la fin de sa vie, au moment de l'édition des œuvres complètes, a souhaité que sa *Rêverie* soit intégrée à *Contact et Circonstances* et donc liée au *Poison wagnérien.* En somme « *le contrepoison à côté du poison !* » (Malicet). En tout cas, quelques réflexions plus tardives permettent de dire que ce texte ne peut représenter l'état définitif de l'opinion du poète sur Wagner.

Oeuvres en prose. Préface de Gaétan Picon. Textes établis et annotés par Jacques Petit et Charles Galpérine.
Paris, Gallimard, 1965, coll. « Bibliothèque de la Pléiade », XLVII-1627 p., index
Réimpressions successives.
Dans *Contact et Circonstances*, *Le Poison wagnérien* figure aux pages 367 à 372 et *La Rêverie* aux pages 863 à 885. On consultera également dans *Positions et Propositions*, *Le Drame et la Musique* (pp. 163-168) dans lequel Claudel, sous ce titre, ne peut éviter des réflexions sur Wagner, mais en cherchant à se dégager de sa « *Gesamtkunstwerk* » pour lui-même et dans le cadre de sa collaboration avec Darius Milhaud.

CLÉMENT (Catherine)
L'Anneau raconté à...
In : L'Or du Rhin. L'Avant-Scène Opéra, novembre - décembre 1976, N°6/7, pp. 10-37 [d'un vol. de 226 p.]

Repris in : L'Opéra ou la Défaite des femmes.
Paris, Bernard Grasset, 1979, coll. « Figures », 358 p., index
Réimpression en 1995.
Le texte n'a pas été repris dans les éditions ultérieures de *L'Avant-Scène Opéra*, mais figure remanié dans la forme, mais non dans le fond, dans cet ouvrage (pp. 265-330).

CLÉMENT (Félix)
Les Musiciens célèbres depuis le seizième siècle jusqu'à nos jours. Ouvrage illustré de 45 portraits gravés à l'eau-forte par Masson, Deblois et Massard et de trois reproductions héliographiques d'anciennes gravures par A. Durand.
Paris, Hachette, 1878, XI-672 p., 47 planches h.-t.
Cet ouvrage est la troisième édition revue et augmentée. Une première édition aurait été publiée en 1868. Les pages 75 à 98 sont consacrées à Wagner, au jugement de l'œuvre et du système de Wagner au travers des idées de Fétis, mais en invoquant en leur faveur certains jugements de Gaspérini. On doit également à l'auteur la rédaction des notices consacrées aux principaux opéras de Wagner (Tannhäuser, Lohengrin, Tristan et Les Maîtres-chanteurs) dans le *Dictionnaire Larousse*.

CLOSEL (Amaury de)
Les Voix étouffées du IIIème Reich. Entartete Musik.
Arles, Actes Sud, 2005, coll. « Musique », 574 p., index
Premier ouvrage (prix du Syndicat de la critique musicale, meilleur essai 2005) sur « la musique dégénérée » qui tend à replacer dans son contexte idéologique et institutionnel la répression mise en œuvre par le IIIème Reich, ainsi que les destins de ces « voies étouffées ». Le chapitre IV (pp. 91-143) intitulé « Antisémitisme », évoque le « *Cercle de Bayreuth* » et les *Bayreuther Blätter* de 1918 à 1938, dates où la revue devient un organe de propagande. Le « *Cercle de Bayreuth* » désigne, depuis les travaux de W. Schüler (1971), les auteurs qui s'étaient donné pour tâche de préserver ce qu'ils considéraient comme l'héritage nationaliste de Wagner.

CLOSSON (Ernest)
Siegfried et Richard Wagner. Etude esthétique et musicale.
Bruxelles et Paris, Th. Lombaerts - Schott, 1891, 85 p.
L'auteur (1870 - 1950) d'origine belge, qui fut professeur au Conservatoire de Bruxelles, nous livre une étude, de facture assez classique, principalement musicologique en deux parties : quelques considérations esthétiques et la partition.

La Philosophie de Parsifal.
Bruxelles, René van Sulper, 1926, 36 p.
Petite étude parue auparavant dans *Le Flambeau,* revue politique et littéraire belge. En incipit, cette phrase d'Emile Faguet : « *Pas de théâtre qui soit plus un théâtre d'idées que celui de Richard Wagner* ».

CLUET (Marc)
Le Festival de Dresde - Hellerau 1910 - 1914 dans ses rapports à Bayreuth.
In : **BUSCHINGER (Danielle) - CANDONI (Jean-François) - PERLWITZ (Ronald) [éd.]** : Richard Wagner : Points de départs et aboutissements. Anfangs - und Endpunkte. Actes du colloque d'Amiens 19, 20, 21, 22 octobre 2001.
Amiens, Presse du Centre d'études médiévales, coll. « Médiévales 19 », 2002, pp. 159-177 [d'un vol. de 400 p.]

CLYM
Wagner. La Discographie idéale. Des œuvres de jeunesse à Parsifal.
Paris, Ramsay, 1982, 284 p.
Plutôt un roman de Wagner et du disque qu'un catalogue, comme le dit son auteur, de son vrai nom Clément Guérard. Avec une passion, une connaissance et une expérience qui, dans le domaine wagnérien, sont exceptionnelles. On peut toutefois regretter une certaine trivialité dans le propos et surtout dans le choix des titres et sous-titres des chapitres.

COCTEAU (Jean)
Le Coq et l'Arlequin. Notes autour de la musique. Avec un portrait de l'auteur et deux monogravures par Pablo Picasso.
Paris, Edition de la Sirène, 1918, coll. « Des tracts », 74 p.

Réédition :
Le Coq et l'Arlequin. Notes autour de la musique. Préface de Georges Auric.
Paris, Stock, 1979, coll. « Musique », 161 p.
Réimpression en 1993.
En 1918, Jean Cocteau (1889 - 1963) publie *Le Coq et l'Arlequin*, un petit opuscule assez composite mais qui prenait des allures de manifeste en faveur de la jeune musique. Il y plaidait pour un art français simple et direct opposé tout à la fois au sublime wagnérien et aux délices de l'impressionnisme. La cible principale de Cocteau était Wagner, qui représentait dans son esprit le suprême degré du germanisme en art : « *L'ennui semble à ce vieux dieu une drogue utile pour obtenir l'hébétement des fidèles* ». Debussy ne trouvait pas plus grâce à ses yeux, coupable lui aussi « *parce que de l'embûche allemande, il est tombé dans le piège russe* ». En définitive, le modèle que proposait Cocteau était Erik Satie, qui incarnait à ses yeux « *la plus grande audace à notre époque* », c'est-à-dire le retour à la simplicité. Pour le poète, Satie savait s'inspirer du réel avec sobriété et sans s'embarrasser d'inutiles complexités, en plaçant au premier plan la mélodie. *« Il ouvrira une porte aux jeunes musiciens un peu fatigués de la belle polyphonie* », affirmait Cocteau.

COEUROY (André)
André Coeuroy (1891 - 1976), normalien, germaniste, musicographe et critique musical, fonda *La Revue musicale* en 1920 et en fut le rédacteur en chef jusqu'en 1937.

Musique et Littérature. Etudes de musique et de littérature comparées. Flaubert, Gobineau, Maurice de Guérin, Marcel Proust, Dostoïevski, Shelley, la littérature anglaise au XIXème siècle, Edgar Poe, Hoffmann et le romantisme allemand, Nietzsche, Otto Ludwig, Carl Spitteler. Préface de Maurice Barrès.
Paris, Bloud et Gay, 1923, VIII-263 p.
Peu de choses sur Wagner, mais deux chapitres intéressants : « Sur Nietzsche musicien » (pp. 73-78) et « La Musique dans l'œuvre de Marcel Proust » (pp. 225-262), traitant du wagnérisme de Proust.

La Walkyrie de R. Wagner. Etude historique et critique. Analyse musicale.
Paris, Paul Mellottée - Librairie Deplane, s.d. (1920), 187 p.
Monographie de qualité honorable, de facture habituelle (analyse des sources, étude historique et musico-dramatique), mais d'un niveau bien inférieur à celle écrite par Maurice Kufferath.

Appels d'Orphée. Nouvelles études de musique et de littérature comparées.
Paris, Nouvelle Revue critique, 1929, 214 p.
Reprise de l'article « Sur le roman wagnérien français » (pp. 197 et suiv.), initialement publié dans le numéro spécial de 1923 de *La Revue musicale* consacré à Wagner.

Wagner et l'esprit romantique. Wagner et la France. Le Wagnérisme littéraire.
Paris, Gallimard, 1965, coll. « Idées », 380 p.
Ouvrage intéressant pour les informations qu'il fournit sur les débuts du wagnérisme en France et l'influence qu'il exerça sur la littérature française. Mais, par ailleurs, pamphlet, de qualité douteuse, contre la pensée wagnérienne. Bien documentée, cette étude est cependant trop partiale.

[Articles]
- Wagner et le ballet.
La Revue musicale, 1er octobre 1921 ; Tome I - N°2 : pp. 206-213.
- Note musicale sur le comte de Gobineau.
La Revue musicale, 1er juillet 1922 ; N°9 : pp. 26-35.
- Notes sur le roman wagnérien français.
In : Wagner et la France. La Revue musicale, 1er octobre 1923 : pp. 132-140.

COHEN (Gustave)
Richard Wagner et le Moyen Âge.
L'Alsace française (numéro spécial : Le Cinquantenaire de la mort de Richard Wagner), 12 février 1933 ; Tome XXV - N°7 : pp. 125-128.

COHEN-HALIMI (Michèle) [éd.]
Querelle autour de « La Naissance de la tragédie ». Ecrits et lettres de Friedrich Nietzsche, Friedrich Ritschl, Erwin Rohde, Ulrich von Wilamowitz-Möllendorf, Richard et Cosima Wagner. Avant-propos de Michèle Cohen-Halimi. Traductions de Michèle Cohen-Halimi, Hélène Poitevin et Max Marcuzzi.
Paris, Librairie Jacques Vrin, 1995, 303 p., index
Diverses conceptions philologiques de l'ouvrage de Nietzsche, dont celle de Wagner.

COLETTE
Au concert. Edition établie et présentée par Alain Galliari.
Paris, Le Castor astral, 1992, coll. « Les Inattendus », 155 p.
Recueil des critiques de concert, parues en 1903 dans le quotidien *Le Gil Blas*. Non dénuée de jugement musical - elle est l'épouse depuis dix ans du critique musical Willy - elle a un style, un vocabulaire, un humour qui font de la lecture de ces courts articles un régal. Peu d'occurrences sur Wagner à vrai dire. Mais il est bon de rappeler que

Colette se rendit avec son mari plusieurs années au festival de Bayreuth. Elle s'en souvient dans *Mes apprentissages* et dans *Claudine s'en va.*

COLIN (Gerty)
Le Destin de Cosima. Eternel retour des amours. Marie d'Agoult, Liszt, Cosima Liszt, Richard Wagner.
Paris, Robert Laffont, 1959, coll. « Couleurs du temps passé », 570 p.
Biographie de style romancé sans intérêt.

COLLIN (Daniel)
Influence de la musique sur la poétique de Jules Laforgue
Thèse de langue et littérature françaises : Université de Caen. 2003 ; 570 p.
« *En ce XIX*[ème] *siècle finissant, avide de renouveler la poésie, Laforgue délaisse les sources populaires pour se tourner vers Wagner. De ce musicien qui se veut poète, il imite les jeux structurants d'assonances et d'allitérations ainsi que des systèmes de rupture ou des écarts d'intensité et d'intonation : il dynamise ainsi la ligne mélodique prosaïque de sa poésie dans sa progression vers le vers libre* ».

COMETTANT (Oscar)
Musique et Musiciens.
Paris, Pagnerre, 1862, 524 p.
L'auteur (1819 - 1898) fut critique musical au *Figaro* et au *Ménestrel.* L'ouvrage contient un chapitre spécial sur « La Musique de l'avenir et l'avenir de la musique » (pp. 367-413). Etude malveillante sur Tannhäuser et les théories de Wagner, qui est une exposition fausse et incomprise des idées exposées dans la *Lettre sur la musique.*

COOPER (Page), voir : WAGNER (Friedelind)

COR (Jacques)
Les Maîtres-chanteurs de Richard Wagner. Etude musicale et littéraire.
Paris, Fischbacher, 1898, 64 p.
Petite plaquette sans prétention (si ce n'est que l'auteur abuse un peu du « je »...), comme il en sortait à cette époque presque une par mois des éditions Fischbacher... Davantage causerie (comme l'auteur l'écrit en avant-propos) sur les premières représentations de fin 1897 à Paris, qu'étude littéraire (fort peu, encore qu'il compare Sachs à Ernest Renan et Beckmesser à Homais...) ou musicale (pas du tout).

CORBELLARI (Alain)
De Bellini à Wagner. Le Gruppetto révélateur. Contribution à l'exégèse du concept de « mélodie infinie ».
In : **BUSCHINGER (Danielle) - CANDONI (Jean-François) - PERLWITZ (Ronald) [éd.]** : Richard Wagner : Points de départs et aboutissements. Anfangs - und Endpunkte. Actes du colloque d'Amiens 19, 20, 21, 22 octobre 2001.
Amiens, Presse du Centre d'études médiévales, coll. « Médiévales 19 », 2002, pp. 247-258 [d'un vol. de 400 p.]

COSAERT (Johan)
L'Avènement du wagnérisme en Belgique.
Bruxelles, Université libre de Bruxelles, 1973 - 1974, 2 vol. XII-152 et II-50 p.
Mémoire de licence d'histoire de l'art et d'archéologie, section musicologie.

COTARD (Charles)
Richard Wagner. Tristan et Iseult. Essai d'analyse du drame et des leitmotifs.
Paris, Fischbacher, 1895, 122 p.
Essentiellement un parcours musicologique de l'œuvre, mais non dénué d'intérêt.

COUBÉ (Chanoine)
L'Or du Rhin. Conférence de Mr le Chanoine Coubé.
Lyon, Imprimerie B. Arnaud, s.d. (1917), 33 p.
Reprise d'une conférence prononcée le 26 juin 1917 en présence des « *plus hautes personnalités lyonnaises* ». Bel exemple d'utilisation détournée des références wagnériennes à des fins nationalistes, car il s'agissait en fait d'inciter les citoyens à porter leur or à la Banque de France pour aider l'effort de guerre...

COURTIN (Michèle)
Un siècle de représentations wagnériennes au Théâtre des Arts de Rouen.
In : **BAILBÉ (Joseph-Marc) [éd.]** : Bayreuth à Rouen. Images de R.Wagner.
S.l.n.d., (1983), pp. 9-19 [d'un vol. de 149 p.], illustrations in-t.

COURVILLE (Xavier de)
Deux parodies françaises de Wagner.
In : Wagner et la France. La Revue musicale, 1er octobre 1923 ; pp. 179-185.

COUTAGNE (Henry - Docteur)
Les Drames musicaux de Richard Wagner et le théâtre de Bayreuth. Etude critique (Extrait des mémoires de l'Académie des sciences, belles-lettres et arts de Lyon, vol. XXVIII de la classe des lettres).
Lyon, Association typographique, 1892, 80 p.

Les Drames musicaux de Richard Wagner et le théâtre de Bayreuth. Etude critique.
Paris, Fischbacher, 1893, 164 p.
L'auteur (1846 - 1895) fut un médecin légiste lyonnais connu par plusieurs ouvrages dans sa spécialité. C'est lui qui, avec le professeur Lacassagne, pratiqua l'autopsie du président Sadi Carnot, assassiné à Lyon en 1894. Membre de l'Académie de Lyon (au titre de la musique...), ce fut aussi un musicologue. Il mit à profit son pèlerinage wagnérien de 1891 pour rédiger cet ouvrage en 1893. Livre court mais substantiel. Lire le chapitre qui traite de « La Musique de Richard Wagner et son orchestration » (pp. 63-102). Le chapitre II est aussi plein d'intérêt (pp. 10-42).

COUTANCE (Guy)
- Wieland Wagner et le wieland-wagnérisme.
In : L'Or du Rhin - La Walkyrie. L'Avant-Scène Opéra, novembre - février 1976 - 1977, N°6/7 et 8, pp. 159-163 et 109-113.
- Wieland Wagner, hors espace, hors temps : Parsifal à jamais.
In : Parsifal. L'Avant-Scène Opéra, janvier - février 1982, N°38/39, pp. 168-173 [d'un vol. de 260 p.]
- Tannhäuser chez Wieland Wagner.
In : Tannhäuser. L'Avant-Scène Opéra, mai - juin 1984, N°63/64, pp. 163-169 [d'un vol. de 257 p.]
Ce dernier texte est repris dans la nouvelle édition de mars 2004.

COUVREUR (Manuel) [éd.]
La Monnaie wagnérienne. Sous la direction scientifique de Manuel Couvreur.
Bruxelles, Université libre de Bruxelles - Cahiers du GRAM (Groupe de recherche en art moderne), 1998, V-405 p., cahier de 8 pages de reproduction couleur h.-t., nombreuses illustrations en noir in-t., index
Excellent ouvrage collectif pluridisciplinaire fondé sur des archives et des sources inédites, divers essais et thèses, ayant pour sujet l'histoire du wagnérisme bruxellois (mais aussi liégeois), au concert, sur la scène, avec des développements substantiels sur la direction de Kufferath, sur la mise en scène, le calendrier des créations wagnériennes à La Monnaie (1870 - 1914), les personnalités wagnériennes et anti-wagnériennes... On sait que Bruxelles précéda systématiquement Paris - sauf pour Tannhäuser ! - pour les premières représentations scéniques des œuvres de Wagner. Neuf œuvres de l'auteur de la Tétralogie furent créées en langue française, à La Monnaie, souvent dans la traduction du gantois Wilder, que Cosima préférait aux autres. Rappelons encore que Tannhäuser, qui fut copieusement sifflé à Paris, fut accueilli triomphalement à Bruxelles le 20 février 1873. Excellent appareil critique, remarquable réalisation graphique et iconographie. Bilinguisme bruxellois oblige, deux contributions sur seize sont en néerlandais.

COUVREUR (Manuel) - HOEVEN (Roland van der) [éd.]
La Monnaie symboliste.
Bruxelles, Université libre de Bruxelles - Cahiers du GRAM (Groupe de recherche en art moderne), 2003, 379 p., cahier de 8 pages de reproductions en couleur h.-t., nombreuses illustrations en noir in-t., index
Ouvrage similaire au précédent, qui contient deux articles concernant plus ou moins directement Wagner. Detemmerman (Jacques) : « Le Wagnérisme français et la critique belge » (pp. 163-184) et Auquier (Isabelle) : « Du wagnérisme au symbolisme : Maeterlinck : un chevalier du Saint-Graal » (pp. 233-258).
[Ces deux textes sont repris par leur nom d'auteur dans la présente bibliographie]

CRÉMIEUX (Jean-Louis)
Richard Wagner et Beethoven.
La Revue musicale (numéro spécial : Autour de Beethoven et Wagner), 15 mai 1937 ; N°174 : pp. 240-248.

CRESPIN (Régine)
La Vie et l'amour d'une femme.
Paris, Fayard, 1982, 317 p., deux cahiers de 8 feuillets de reproductions photographiques en noir h.-t.
Un chapitre « Bayreuth » (pp. 73-92) consacré aux souvenirs de la chanteuse, interprète de Kundry en 1958, 1959, 1960 et 1961 et de Sieglinde en 1961 sur la « *Colline verte*». (Nous mentionnerons à l'attention des spécialistes, l'interprétation de la troisième Norne en 1961...)

Mémoires.
Paris, Actes Sud, 2007, coll. « Babel », 395 p.
Edition revue et augmentée de l'ouvrage précédent.

CRISENOY (Carl de)
Le Sens intime de la Tétralogie de Richard Wagner. La Chute - La Rédemption.
Paris, Librairie Académique Perrin et Cie, 1913, XXVII-228 p.
Etude assez approfondie du Ring, pratiquant des allers-retours entre les *Eddas* et l'œuvre de Wagner, et en insistant sur le rôle central de Wotan (« *D'un bout à l'autre de la Tétralogie, nous voyons ou nous devinons, au-dessus des événements et des hommes, la grande figure de Wotan, d'abord orgueilleusement triomphante, puis pleine d'angoisse et de fureur, enfin calme et sereine, éclairée par la pourpre du mystérieux incendie du Walhall* ».)

La Conception de l'amour chez Wagner
Les Entretiens idéalistes, janvier 1914 : pp. 1-13.
Bref mais intéressant article sur les omniprésences et la multiplicité des genres de l'amour dans les œuvres de Wagner.

CUNICULUS (Docteur)
Des maladies wagnériennes, de leur traitement et de leur guérison par le docteur Cuniculus.
Paris, Paul Dupont, 1893.
Plaquette dans le genre parodique. L'auteur (Lecocq selon certains, Nuitter selon d'autres) divise ces affections en quatre espèces : « *la wagnériole, la wagnéromanie, la wagnéralgie et la wagnérite* ».

CURZON (Henri de)
L'Oeuvre de Richard Wagner à Paris et ses interprètes (1850 - 1914). Avec des tableaux de tous les interprètes de chaque œuvre, un index général de tous les noms cités et 24 planches comprenant 24 portraits.
Paris, Maurice Sénart et Cie, 1920, 92 p., 2 feuillets de tableaux h.-t., 24 planches h.-t., tableaux in-t., index
L'ouvrage est dédié à Mariette Dabija, amie de la famille van Dyck, ardente wagnérienne et admiratrice inconditionnelle du ténor belge. L'auteur (1861 - 1942), archiviste et germaniste, un des premiers biographes français de Schubert a doté la bibliographie wagnérienne d'une remarquable étude.

Bibliographie générale de l'œuvre de Louis de Fourcaud (1851 - 1914).
Paris, Les Belles Lettres, 1926, 194 p., un portrait h.-t.

Une gloire belge de l'art lyrique. Ernest Van Dijck (sic). 1861 - 1923. Avec 26 portraits.
Bruxelles, Librairie nationale d'art et d'histoire, 1933, 202 p., front. 15 planches en noir h.-t.
L'une des rares biographies du ténor belge (1861 - 1923), l'un des interprètes wagnériens les plus renommés de son époque.

DAHLHAUS (Carl)
Les Drames musicaux de Richard Wagner. Traduit de l'allemand par Madeleine Renier.
Liège, Mardaga, 1994, coll. « Musique - Musicologie », 178 p., index.
Première traduction française de l'ouvrage de synthèse du grand musicologue allemand (édition originale allemande en 1971 !). Il s'agit d'un examen approfondi des œuvres poético-musicales de Wagner du Hollandais à Parsifal. L'auteur s'attache à mettre en évidence à la fois l'évolution du style wagnérien de l'opéra romantique vers le drame musical et la permanence du souci wagnérien d'unité entre le drame et la musique.

DAMCKE (Berthold)
Une visite à Wagner.
Revue et gazette musicale de Paris, 9 janvier 1876 ; 43 : pp. 10-11.
Ce compositeur allemand (1812 - 1875), critique et professeur fixé en France, a été l'un des derniers et plus fidèles amis de Berlioz. Ce récit de la visite faite à Wagner en 1856 à Zurich, est un article posthume contenant des détails sur les concerts donnés par le compositeur en Suisse et sur son interprétation des symphonies de Beethoven.

DANCLA (Charles)
Miscellanées musicales. Un peu de tout, à tort et à travers. Au courant de la plume. Opinion, réflexions, appréciations d'un musicien sans partis-pris. Mendelssohn, Schumann, Brahms, Raff, Rubinstein, Wagner. Quelques notes sur les derniers quatuors de Beethoven.
Paris, Colombier, 1876, 19 p.
Curieuse brochure due à la plume d'un célèbre violoniste de l'époque (1818 - 1907) dont la critique de Wagner (pp. 13-14) reste acerbe, malgré son titre (« sans partis-pris »).

DARRAS (Jacques)
La Mer hors d'elle-même. L'Emotion de l'eau dans la littérature.
Paris, Hatier, 1991, coll. « Brève Littérature », 250 p., LIV pages de planches en couleur h.-t., index
L'auteur, né en 1939, angliciste, comparatiste et écrivain, aborde Wagner, sans en être un spécialiste, par l'intermédiaire de Mallarmé et ... de Tristan quand même, dans un chapitre intitulé « La Musique saisie par le large » (pp. 161-180). La vague, selon lui, est « *le schème premier de l'imagination wagnérienne* ».

DAUDET (Léon)

Souvenirs des milieux littéraires, politiques, artistiques et médicaux de 1880 à 1905. Deuxième et troisième série : Devant la douleur - L'Entre-deux-guerres.

Paris, Nouvelle Librairie nationale, 1915, 2 vol. 304 p. et 314 p.

L'auteur (1867 - 1942) publia à partir de ses 46 ans, de 1914 à 1921, ses souvenirs dans neuf volumes qui portent le titre générique *Souvenirs des milieux littéraires, politiques, artistiques et médicaux de 1880 à 1905*. D'abord étudiant en médecine, puis romancier comme son père Alphonse, Léon Daudet lia son destin vers 1904 à celui de Maurras et de l'Action française. Ce député de Paris sera avant tout un polémiste, connu pour sa haine du XIXème siècle, d'une violence verbale aujourd'hui inimaginable, qui mit son talent au service d'un nationalisme intégral et de l'antisémitisme. Il n'en reste pas moins l'un des meilleurs mémorialistes de son époque et l'auteur d'une œuvre littéraire prolifique, mais très inégale. Membre de l'académie Goncourt, il déposa les armes politiques pour parler littérature et fut le premier grand défenseur de Proust, à qui il fera obtenir le prix en 1919 pour *A l'ombre des jeunes filles en fleurs*. Seuls les deuxième et troisième volumes concernent notre propos. On lira le chapitre VI de *Devant la douleur*, intitulé « La Wagnéromanie ». Daudet évoque la création française de Lohengrin à l'Eden-Théâtre et la naissance du culte de Wagner en France de 1887 à 1892. Le chapitre VIII évoque « La Walkyrie à l'Opéra » et concerne la création de l'œuvre en 1893. Converti au nationalisme, Daudet, à l'instar de Barrès, en viendra à désavouer l'enthousiasme de sa jeunesse pour le « *redoutable magicien* ».

Autres éditions :

- Souvenirs littéraires. Préface de Kléber Haedens.

Paris, Bernard Grasset, 1968, 391 p.

Réédition en 1997.

- Souvenirs littéraires.

Paris, Edition Georges Crès & Cie, 1925, II-293 p., front.

Tirage limité à 1650 exemplaires.

Cet ouvrage reprend le chapitre intitulé « La Wagnéromanie » (pp. 131-145).

- Souvenirs et polémiques (Souvenirs des milieux littéraires, politiques, artistiques et médicaux, Député de Paris, Paris vécu, Le Stupide XIXème siècle). Edition établie par Bernard Oudin.

Paris, Robert Laffont, 1992, coll. « Bouquins », LXXI-1398 p., index

Voir les chapitres « La Wagnéromanie » et « La Walkyrie à l'Opéra » (pp. 226-236 et 387-388). On pourra également consulter dans *Paris vécu. Rive droite* (les souvenirs sont évoqués non pas chronologiquement, mais au fil des promenades dans les rues de Paris), le chapitre V, « De l'Opéra à l'Etoile » (pp. 1001-1003), qui évoque la représentation de La Walkyrie à l'Opéra en 1896. A lire un portrait assez méchant de Catulle Mendès (pp. 551-553), qui est d'ailleurs souvent évoqué dans ces souvenirs.

Hors du joug allemand. Mesures d'après-guerre.

Paris, Nouvelle Librairie nationale, 1915, 321 p.

Rééditions multiples.

On lira le chapitre « Le Wagnérisme et ses ramifications » (pp. 74-93) dans lequel le fils d'Alphonse Daudet décelait dans l'œuvre de Wagner de « *formidables steppes d'ennui* » et qui estimait que l'art wagnérien était une « *forme d'envahissement* ».

DAURIAC (Lionel)
La Philosophie de Richard Wagner.
Revue philosophique, 1899 ; N°1 : pp. 345-370.
Article-débat à propos de l'ouvrage d'Henri Lichtenberger, *Wagner, poète et penseur.*

Le Musicien poète, Richard Wagner. Etude de psychologie musicale suivie d'une bibliographie raisonnée des ouvrages consultés.
Paris, Fischbacher, 1908, XI-333 p.
A l'origine, le contenu de l'ouvrage était un cours destiné à être donné en 1903 par Dauriac (1847 - 1923) à l'Ecole des hautes études en sciences sociales, et qui n'avait pu être prononcé. « *Le Wagner de Dauriac est un compositeur psychologue et kantien, ramené à l'horizon de la République* » (Geneviève Espagne). 13 pages de bibliographie critique en fin d'ouvrage du plus grand intérêt.

Un problème d'esthétique wagnérienne.
Bulletin français de la S.I.M., 15 janvier 1908 : pp. 50-55.
Court article mais très savant sur la question de savoir si c'est le *Wort* ou le *Tondichter* qui est le père du drame wagnérien.

DAUVEN (Jean)
La Gamme mystique de Richard Wagner, suivi de Couleur et musique.
Paris, Nouvelles Editions latines, 1961, 125 p.
Court ouvrage, mais de lecture laborieuse pour ceux que rebutent les rapports des notes de la gamme avec la psychologie et les sentiments, avec le corps humain ou avec les couleurs... Quelque peu ésotérique.

Le Secret de Wagner.
Paris, Nouvelles Editions latines, 1964, 92 p., index
Moins de cent pages, mais l'absence d'une quatrième de couverture ou de préface ne nous permettent pas de voir où réside ce « secret », à moins de se perdre dans cette sorte d'ésotérisme musical mâtiné d'hypertrophie du moi de l'auteur.

Freud, Wagner et la walkyrie Materna
Paris, Nouvelles Editions latines, 1979, 163 p.
Ouvrage de la même veine que les deux précédents.

DEATHRIDGE (John)
Légende de deux héros. A propos de la difficile naissance du Ring. Traduit de l'anglais par Josée Bégaud.
In : L'Or du Rhin. L'Avant-Scène Opéra. Nouvelle édition.
Paris, Premières Loges, novembre 1992, pp. 16-23 [d'un vol. de 190 p.]
Le seul texte en français du pionnier anglais (1944-...) des études wagnériennes modernes. Ses travaux, à l'instar de ceux de Dahlhaus mériteraient une large diffusion en France. L'article est une étude des premières esquisses du Ring, qui permettent à partir de l'analyse de la conception des personnages de Wotan et de Siegfried, de mettre en évidence une évolution dans les idées de Wagner sur l'amour et le pouvoir.

DEBUSSY (Claude)
C'est en 1882, alors qu'il entendit Tristan à Vienne, que Debussy devint un fervent wagnérien et c'est des années 1887-1888 que date son wagnérisme le plus fervent. Il ne s'était pas encore émancipé de celui qu'il appellera plus tard « *le vieil empoisonneur* » (1896). Il assista aux représentations de Parsifal et des Maîtres-chanteurs à Bayreuth en 1888, et en revint profondément enthousiasmé. Il assistera à nouveau à Tristan en 1889, dont il connaissait la partition par cœur... Nous ne possédons malheureusement aucun témoignage direct sur les représentations bayreuthiennes. C'est à partir de 1889 que Debussy prendra une position de plus en plus critique vis-à-vis de Wagner. « *Il en viendra même à une attitude franchement hostile. Et c'est cette vision wagnérienne négative de Debussy que la postérité a en général conservée. Il faut toutefois préciser que deux œuvres échappèrent aux vindictes de Claude de France : Tristan et Parsifal* » (Gut). Il qualifiait Parsifal « *d'un des plus beaux monuments sonores que l'on ait élevés à la gloire imperturbable de la musique* ». Pour Debussy, et prenant l'exact contre-pied de la position de Vincent d'Indy, Chabrier ou Chausson qui cherchèrent à appliquer la réforme wagnérienne en la considérant comme le début d'une rénovation artistique dont ils devaient profiter, il fallait chercher « *après Wagner et non d'après Wagner* ». Mais, comme le rappelle Christian Goubault, « *Pelléas n'est pas concevable sans Tristan et sans Parsifal* ». Et Serge Gut ne manque pas de souligner la « *situation paradoxale de l'œuvre d'être à la fois dans la filiation et la continuité du drame wagnérien et en opposition ontologique avec lui* ». La réussite de Debussy a été « *d'en utiliser les éléments épars, de les atomiser en les intégrant à son projet artistique* » (Cécile Leblanc), à l'opposé des autres compositeurs contemporains qui ont pris les œuvres de Wagner comme des matériaux de départ. Mais Debussy a cherché sans cesse à se détourner de Wagner, notamment à travers le statisme de son écriture, pour nous imposer une œuvre absolument unique et originale.

Monsieur Croche, antidilettante.
Paris, Librairie Dorbon Ainé - Nouvelle Revue française, 1921.
Edition originale.

Autres éditions :

- Monsieur Croche, antidilettante.

Paris, Gallimard - N.R.F., 1926, 213 p.
Edition tirée à 200 exemplaires numérotés sur papier vélin pur fil lafuma-navarre.
Réimpressions successives (27ème édition en 1950).

- Monsieur Croche et autres écrits. Edition complète de son œuvre critique avec une introduction et notes de François Lesure.

Paris, Gallimard, 1971, 332 p., index

- Monsieur Croche et autres écrits. Introduction et notes de François Lesure. Edition revue et corrigée.

Paris, Gallimard, 1987, coll. « L'Imaginaire », 361 p., index
Réimpression en 2007.
Recueil d'articles et d'interviews parus dans diverses revues et publications de 1901 à 1917. Les pages consacrées à l'auteur de la Tétralogie sont parmi les plus caustiques, riches en boutades bien connues. Exemple : « *Ah ! Milord ! Que ces gens à casques et à peaux de bêtes deviennent insupportables à la quatrième soirée... Songez qu'ils*

n'apparaissent jamais sans être accompagnés de leur damné leitmotiv ; il y en a même qui le chantent ! Ce qui ressemble à la douce folie de quelqu'un qui, vous remettant sa carte de visite, en déclamerait lyriquement le contenu ».

Lettres. 1884 - 1918. Réunies et présentées par François Lesure.
Paris, Hermann, 1980, V-xv-293 p., front. en couleur, nombreuses illustrations en noir in-t et h.-t., planches couleur h.-t., index
La correspondance de Debussy est immense. De nombreux volumes ont été publiés. Nous mentionnons seulement ce recueil qui contient de nombreuses références à Wagner. Nous ne citerons donc pas les autres, car il convient dorénavant de se reporter à la nouvelle édition de la correspondance générale (voir ci-dessous)

Correspondance (1872 - 1918). Edition établie par François Lesure et Denis Herlin, annotée par François Lesure, Denis Herlin et Georges Liébert.
Paris, Gallimard, 2005, XIX-2330 p., index
Jamais encore l'immense correspondance de Claude Debussy n'avait fait l'objet d'une publication d'ensemble. François Lesure (1923 - 2001) avait passé une partie de sa vie à rassembler les lettres de Debussy, en vue de l'édition d'une correspondance intégrale. Disparu en 2001, il n'a pu terminer ce travail, aujourd'hui enfin édité grâce au concours de son assistant Denis Herlin et de Georges Liébert. Ce corpus considérable de 3054 lettres, dont 2568 de la main du compositeur, reflète l'abondance et la variété de ses centres d'intérêt. On y trouve aussi bien des courriers adressés à d'autres compositeurs, d'Ernest Chausson à Stravinsky, à des critiques musicaux, ses éditeurs de musique (principalement Hartmann et Durand), que des correspondances avec des écrivains et des artistes du temps : Mallarmé, d'Annunzio, Pierre Louÿs, Paul-Jean Toulet, Victor Segalen... Du wagnérisme des premières lettres jusqu'à la sympathie avec le jeune Stravinsky, on passe d'un siècle à l'autre, grâce à la plume alerte et pleine d'humour de Claude Debussy.

DÉCOTTIGNIES (Jean)
L'Histoire et le secret : Villiers de l'Isle-Adam et Richard Wagner.
Revue des sciences humaines, octobre-décembre 1978 ; Tome XLIV - N°172 : pp. 57-67.
« *Je voudrais montrer Villiers de l'Isle-Adam, conteur de son état de surcroît amateur de musique, mis en demeure, comme ses contemporains, de prendre parti entre le passé et le présent de cet art* [wagnérien]. *Parole d'un écrivain questionné par l'histoire, mais peu soucieux de se laisser acculer par un tel questionnement ; revendiquant, au contraire, le droit à la circonspection, ou mieux : à la réserve* » (Décottignies).

DEFFOUX (Léon)
Les Origines du gobinisme en Allemagne. D'après des lettres de Richard Wagner et de Mme Cosima Wagner.
Paris, Mercure de France, 1925, 24 p.
Tirage limité à 200 exemplaires.
Plaquette sur les relations Wagner - Gobineau d'après la biographie éditée par Ludwig Schemann. Cette dernière contenait dans sa seconde partie des extraits inédits de la correspondance de Cosima Wagner avec l'auteur des *Pléiades*.

DELAGE (Roger)
Chabrier et Wagner.
Revue de musicologie, 1996 ; Tome 82 - N°1 : pp. 167-179.
Excellente analyse des rapports entre les deux compositeurs par le spécialiste des études françaises sur Chabrier (1922 - 2001), auteur d'une magistrale biographie de Chabrier, parue en 1999 chez Fayard, et également chef d'orchestre.

DÉLESQUES (Paul)
Lohengrin à Rouen. La Distribution - Le Livret - La Partition.
Rouen, Imprimerie Espérance Cagniard, 1891, 14 p.
Petite plaquette d'introduction à la première représentation de Lohengrin au Théâtre des arts de Rouen le samedi 7 février 1891.

DELLI-PONTI (Mario), voir : VERDEAU-PAILLÈS (Jacqueline)

DELVAU (Alfred)
Les Lions du jour. Physionomies parisiennes.
Paris, Dentu, 1867, 330 p.
Facétieuse galerie de personnages pittoresques, parmi lesquels Lacenaire, Daguerre, Nadar, et bien d'autres. Quelques pages sur Wagner et son séjour parisien de 1860 (pp. 197-201).

DEMONET (Gilles)
Parsifal sur scène. 120 ans de représentation.
In : Parsifal. L'Avant-Scène Opéra. Nouvelle édition.
Paris, Premières Loges, mars 2003, pp. 144-159 [d'un vol. de 223 p.]

DELPLA (François)
Les Tentatrices du diable. Hitler, la part des femmes.
Paris, L'archipel, 2005, 361 p.
Un chapitre : « En famille avec les Wagner » (pp. 61-100) traite des relations de la belle-fille de Wagner, Winifred avec le dictateur.

DELSEMME (Paul)
Teodor de Wyzewa et le cosmopolitisme littéraire en France à l'époque du symbolisme.
Bruxelles, Presses Universitaires, 1967, coll. « Travaux de la Faculté de philosophie et lettres, 34 », 2 vol. XIV-392 et 136 p.
En appendice, un essai de bibliographie méthodique des publications de Wyzewa.

DESTRANGES (Etienne)
Souvenirs de Bayreuth. Parsifal, Les Maîtres-chanteurs.
Paris, Tresse & Stock, 1888, 48 p., une illustration en noir in-t.
Récit par le critique nantais de son voyage à Bayreuth en 1888 : Wahnfried, le Festspielhaus, comptes rendus de la représentation de Parsifal et de la première exécution des Maîtres-chanteurs.

Dix jours à Bayreuth (Fêtes de 1889).
Paris, Tresse et Stock, 1889, 43 p.
Nouvelle variation sur le Festival de 1889, à propos de Parsifal et de Tristan.

Tannhaeuser de Richard Wagner. Etude analytique.
Paris, Fischbacher, 1894, 40 p.

Le Vaisseau Fantôme. Etude analytique et thématique.
Paris, Fischbacher, 1897, 44 p.
Deux petites plaquettes comme il en existait beaucoup à l'époque pour l'initiation aux ouvrages de Wagner. Leur seul intérêt est historique.

Les Femmes dans l'œuvre de Richard Wagner. Préface d'Alfred Bruneau. Vingt dessins inédits de A. De Broca.
Paris, Fischbacher, 1899, 138 p., 20 gravures en noir h.-t.
Le texte a considérablement vieilli. On pourra toujours apprécier les lithographies...

DESTRÉE (Jules)
Journal, 1882 - 1887. Texte établi, présenté et annoté par Raymond Trousson.
Bruxelles, Académie royale de langue et de littérature françaises, 1995, 438 p.
Ce journal de jeunesse jusqu'alors inédit, montre que Jules Destrée (1863 - 1936), avocat et littérateur belge, n'est pas resté indifférent au phénomène wagnérien. La première mention de Wagner est contemporaine des représentations qui consacrent le wagnérisme en Belgique. On lira les pages traitant des représentations de la Tétralogie par la troupe allemande d'Angelo Neumann en janvier 1883 (p. 172), des Maîtres-chanteurs de 1885 (pp. 337-342) ainsi que de la première de La Walkyrie le 9 mars 1887 (pp. 433-436). Mélomane, Destrée l'était jusqu'à l'intransigeance. Indigné par « *les scandaleuses coupures* » infligées au premier acte de Siegfried, il assigna en 1888 les directeurs de La Monnaie en justice. Cet insolite procès, symptomatique de la *« wagnérite fin de siècle »*, fut relayé par la presse de l'époque et surtout l'hebdomadaire *L'Eventail* qui prit fait et cause pour la défense de l'intégrité de l'art.

DETEMMERMAN (Jacques)
Le Wagnérisme français et la critique belge.
In : **COUVREUR (Manuel) - HOEVEN (R. Van Der) [éd.]** : La Monnaie symboliste.
Bruxelles, Université libre de Bruxelles - Cahiers du GRAM (groupe de recherche en art moderne), 2003, pp. 163-184 [d'un vol. de 379 p.], cahier de 8 pages de reproductions en couleur h.-t., illustrations en noir in-t., index.
Analyse de la perception par la presse belge du Roi Arthus, de Fervaal et de Sigurd.

DETTMAR-WRANA (Suzanne)
Julien Gracq et la réception du romantisme allemand.
Thèse de littérature française : Université de Paris IV- Sorbonne. 2000 ; 409 p.
Etude des effets de la lecture d'un certain nombre d'œuvres du romantisme allemand sur l'écriture de Julien Gracq. En conclusion, ce travail permet de donner *« une image*

d'ensemble de la relation importante entre Gracq et la littérature allemande, en particulier la littérature du romantisme allemand ».

DIGEON (Claude)
La Crise allemande de la pensée française (1870-1914).
Paris, Presses Universitaires de France, 1959, VIII-568 p.
Réédition en 1992 chez le même éditeur dans la collection « Dito ».
Ouvrage tiré d'une thèse de lettres intitulée *La Question allemande dans la vie intellectuelle française de l'avant-guerre de 1870 à celle de 1914* (Paris, 1957). Une, parmi de nombreuses autres plus ou moins riches, présentation de l'influence wagnérienne sur le monde intellectuel français dans le contexte des deux nationalismes ambiants à la fin du XIXème siècle. C'est bref mais sérieusement établi (pp. 394-399 et pp. 452-455).

DINGER (Hugo)
Introduction à l'étude des drames de Richard Wagner. N°1. Les Maîtres-chanteurs de Nuremberg. Traduit de l'allemand par le Dr Georges Dwelshauvers.
Leipzig, Bade, Bruxelles, Londres, New York et Paris, Constantin Wild - Breitkopf & Härtel, Fischbacher, 1892, 99 p.
Courte brochure, mais analyse pénétrante de l'action et des personnages, en particulier celui de Walter, intelligemment saisi (pp. 27-40).

DODIN (Christian)
Siegfried et Brünnhilde ou le malentendu.
In : Siegfried. L'Avant-Scène Opéra, novembre - décembre 1977, N°12, pp. 119-121 [d'un vol. de 162 p.]

DOHERTY (Thomas-W.) : Suarès et deux musiciens de son temps : Wagner et Debussy.
In : André Suarès. Cahier N°1 : André Suarès et le Symbolisme. Textes réunis et présentés par Yves-Alain Favre.
Revue des lettres modernes, 1973 ; N°346-350 : pp. 105-123.

DOISY (Marcel)
L'Oeuvre de Richard Wagner du Vaisseau Fantôme à Parsifal.
Bruxelles, La Boétie, 1945, 111 p.
Fervent essai d'interprétation du sens humain des grands symboles wagnériens, basé sur les écrits littéraires et les œuvres musicales de Wagner.

Musique et Drame.
Bruxelles, Les Lettres latines, 1949, 260 p.
Autre édition à Paris chez A. Flament en 1949.
Mise en lumière des réponses esthétiques que les musiciens ont données au problème de l'union de la musique et du drame, de la Renaissance à l'époque contemporaine. On lira les pages 110 à 137 pour Wagner.

DOMENECH ESPANYOL (Michel)

L'Apothéose musicale de la religion catholique. Parsifal de Wagner. Relations démonstratives de la signification et sinbolisme (sic) de cette œuvre. Traduit du catalan par Jules Villeneau.

Barcelone, Imprimerie de Fidel Giro, 1902, 278 p.

Parcours musicologique de l'œuvre en trois parties : beauté musicale de Parsifal et son caractère spécial ; le drame ou poème et symbolisme ; symbolisme musical de l'œuvre, explication des motifs. Extrait : *« Wagner n'a pas connu le caractère divin de son œuvre. Il s'agit d'un miracle »*.

DOMINGO (Placido)

Mes rôles d'opéra. Entretiens avec Helena Matheopoulos. Traduit de l'anglais par Floriane Vidal.

Paris, Bernard Grasset, 2001, 330 p., 32 p. de planches

Entretiens dans lesquels le chanteur aborde son travail d'interprète lyrique. Il revient en grande partie sur ses rôles wagnériens. Le chanteur avait déjà publié en 1984 : *Mes quarante premières années* [Paris, Flammarion, 1984, 282 p., 16 p. de planches].

DONINGTON (Robert)

Richard Wagner et l'image de l'éternel féminin. Traduction de Béatrice Vierne.

In : La Walkyrie. L'Avant-Scène Opéra, janvier - février 1977, N°8, pp. 14-15 [d'un vol. de 162 p.]

L'entreprise d'analyse jungienne de Robert Donington dans *Wagner's Ring and its symbols* [Music and Myth. London : Faber and Faber, 1963] n'est malheureusement pas traduite en français. Cet article n'est qu'un extrait de l'ouvrage.

DROUGART (Emile)

Villiers de l'Isle-Adam et Richard Wagner d'après des documents inédits.

La Revue musicale, février 1936 ; N°163 : pp. 95-104.

Analyse critique d'un point de vue chronologique du séjour de Villiers de l'Isle-Adam à Tribschen et Munich en 1869 et 1870. Il contient également certains extraits du *Journal* de Cosima qui furent communiqués par Eva Chamberlain à Emile Drougart (une première publication parcellaire eut lieu dans la *Revue de littérature comparée*, avril-juin 1934 : pp. 297-330).

DRUIK (Douglas) - HOOG (Michel) [éd.]

Fantin-Latour. Galeries nationales du Grand Palais : Paris, 9 novembre 1982 - 7 février 1983.

Paris, Editions de la Réunion des Musées Nationaux, 1982, 358 p., cahier de 12 planches couleur h.-t., nombreuses illustrations en noir in-t et h.-t.

Catalogue d'exposition consacré au peintre Fantin-Latour. A lire le chapitre : « Fantin, l'art de la lithographie et l'avant-garde wagnérienne 1873 - 1889 » (pp. 271-315). Ouvrage important car contrairement à d'autres catalogues d'exposition, celui-ci contient l'analyse de l'ensemble des lithographies de la « *Suite wagnérienne* ». A noter également une très importante bibliographie sur le peintre et son œuvre.

DRUMONT (Edouard)
Richard Wagner, l'homme et le musicien, à propos de Rienzi, avec un portrait de Wagner, par E. Penauille (Publication du journal bihebdomadaire « La Chronique illustrée »).
Paris, Dentu, 1869, 15 p.
Courte brochure ornée d'un fort mauvais portrait de Wagner, par l'auteur antisémite de *La France juive* (1844 - 1917). Elle comprend une biographie aux sources déjà connues de l'époque, agrémentée de nombreuses anecdotes apocryphes, suivie de quelques renseignements intimes sur le compositeur (« *Profondément idéaliste dans son œuvre, Wagner était matérialiste dans sa vie.* »). Brochure qui fut la première à mettre en évidence le rôle du maréchal Magnan dans la mise à l'étude du Tannhäuser.

DRÜNER (Ulrich)
Richard Wagner : La Création artistique entre l'idéologie et le mythe.
Thèse : Université de Strasbourg II. 1987.

La Version parisienne du Tannhäuser de Richard Wagner ou l'introduction du psychologique dans le grand opéra
In : **PRÉVOST (Paul) [éd.]** : Le Théâtre lyrique en France au XIXème siècle.
Metz, Edition Serpenoise, 1995, pp. 163-180 [d'un vol. de 356 p.], index.
Peu d'œuvres du répertoire lyrique ont connu autant de modifications que Tannhäuser. L'article n'est pas tant l'étude des transformations subies, que celle de la direction nouvelle que prend l'œuvre en s'ouvrant progressivement au domaine psychologique.

DUBOSSON (Bernard)
Deux génies du romantisme. Richard Wagner et Hector Berlioz.
Lausanne, 1984, 101 p.
Edition tirée à 200 exemplaires. Ouvrage non consulté.

DUCHESNE (Pierre)
Le Vaisseau Fantôme de Richard Wagner au Grand Théâtre de Lille.
Lille, Imprimerie « Nouvelliste-Dépêche », 1893, 32 p.
Petite plaquette d'introduction à la création française du Vaisseau Fantôme le 28 janvier 1893 à l'Opéra de Lille, qui n'est en fait qu'une reprise d'articles de journaux.

DUCKER (Daniela)
L'Influence du wagnérisme sur les Beaux-Arts en France au temps du symbolisme.
Thèse : Université de Paris IV. 1992.

DUHAMEL (Georges)
La Musique consolatrice
Monaco, Editions du Rocher, 1944, coll. « L'Hippocampe », 187 p.
Réimpressions successives.
Georges Duhamel (1884 - 1966), auteur prolifique, notamment de la célèbre *Chronique des Pasquier*, académicien, bien oublié en ce début du XXIème siècle, évoque dans le

deuxième chapitre de cet ouvrage intitulé « Le Mage de ma jeunesse » (pp. 27-51), ses souvenirs d'adolescent pris, comme tant d'autres, par la passion wagnérienne. Mais quand il écrit cet ouvrage dans sa pleine maturité, contrairement à un Paul Claudel ou à un Romain Rolland, même si sa passion s'est calmée, il reste toujours pleinement admiratif de ce « *mage* ».

Autre édition :
La Musique consolatrice. Nouvelle édition revue et augmentée.
Monaco, Editions du Rocher, 1950, V-182 p.
Réimpression en 1989 chez le même éditeur, collection « Alphée ».

DUJARDIN (Edouard)
Edouard Dujardin (1861 - 1949), écrivain et revuiste, est à vingt-quatre ans en 1885, selon un journaliste de l'époque, un jeune homme « *monoclé, belle barbe, dandy aux gilets éclatants sur lesquels étaient brodés des motifs wagnériens, esthète et Don Juan* ». Ce portrait existe : c'est celui du personnage masculin en haut de forme représenté sur la célèbre affiche de Toulouse-Lautrec pour *Le Divan japonais*. 1885 est l'année où il fonda, avec le britannique H.-S. Chamberlain (futur époux d'Eva, la deuxième fille de Wagner), *La Revue Wagnérienne*. Associé au mouvement symboliste et grand ami de Mallarmé, il publia des poèmes, des drames et des romans. *Les Lauriers sont coupés* (1888), est un petit chef d'œuvre constamment réédité depuis, qui fut, par le procédé du monologue intérieur, une source formelle pour l'*Ulysse* de Joyce. Mais il se passionna ensuite pour l'histoire des religions qu'il finit par enseigner à la Sorbonne.

La Revue Wagnérienne
In : Wagner et la France. La Revue musicale, 1er octobre 1923 : pp. 141-160.

Mallarmé par un des siens.
Paris, Edition Messein, 1936, 234 p.
Un chapitre « La Revue Wagnérienne » (pp. 194-234) reprend le texte précédent et expose la création, les diverses collaborations de la fameuse revue. Quelques pages (pp. 78-83) exposent comment la connaissance de l'œuvre et des doctrines de Wagner ont conduit Mallarmé à préciser ses propres théories du théâtre, fête religieuse.

Rencontre avec H.-S. Chamberlain. Souvenirs et correspondance.
Paris, Grasset, 1943, 195 p.
Histoire d'une amitié entre l'écrivain et critique français et l'écrivain d'origine anglaise qui se consacra au culte wagnérien et épousa Eva, fille de Richard et Cosima. Quatre chapitres qui suivent les domiciliations de Chamberlain : 1. Vert-Pré (1885), nom d'une villa aux environs de Genève, où l'on remémore la présentation entre les deux personnages par le juge parisien Lascoux. De cette « *union* » naîtra *La Revue Wagnérienne* en 1885 - 2. Dresde (1885 - 1889) - 3. Vienne (1889 - 1909) période de conception et parution de *La Genèse du XIXème siècle*) - 4. Bayreuth (1909 - 1927).

DUKAS (Paul)
L'Influence wagnérienne.
In : Wagner et la France. La Revue musicale, 1er octobre 1923 : pp. 1-9.

Ecrits sur la Musique. Avant-propos de Gustave Samazeuilh.
Paris, Société d'Editions françaises et internationales, 1948, coll. « Musique et Musiciens », 691 p., front.
Recueil dans un ordre chronologique de ses critiques parues dans le cadre de sa collaboration simultanée, pendant une période assez longue, à *La Revue hebdomadaire* et à la *Gazette des Beaux-Arts*. Wagner y occupe une place d'honneur, au sein d'analyses subtiles et pénétrantes. A lire : *Le Vaisseau Fantôme, mars 1893*, p. 95 ; *La Walkyrie, mai 1893*, p. 108 ; *Tannhäuser, juillet 1895*, p. 262 ; *Les Maîtres-chanteurs 1897*, p. 394 ; *Sur Richard Wagner, octobre 1899*, p. 461 ; *Tristan et Yseult, décembre 1899*, p. 467 ; *L'Or du Rhin, février 1901*, p. 529 ; *Le Prestige de Bayreuth, août 1901*, p. 555 ; *L'Influence wagnérienne, octobre 1923*, p. 655.

Chroniques musicales sur deux siècles. 1892 - 1832. Préface de Jean-Vincent Richard.
Paris, Stock, 1980, coll. « Musique », 223 p.
Edition abrégée de la précédente. On retrouvera l'intégralité des textes consacrés à Wagner en dehors de celui sur *L'Influence wagnérienne*, qui figure par contre dans le numéro spécial de *La Revue musicale* de 1923 (voir ci-dessus).

DUMAINE (Robert)
Richard Wagner. Conférence prononcée au casino de Dieppe le 19 août 1932.
S.l. (Imprimerie de la Vigie de Dieppe), n.d. (1932), 22 p.
Conférence prononcée par un avocat de la ville, au cours d'un concert orchestral. L'auteur a tenté de mettre le sujet - immense - à la portée de ses auditeurs, sans doute estivants pour la plupart. Le conférencier, sans doute pour réveiller l'auditoire, entrecoupait son exposé, à intervalles réguliers, d'un « *Mesdames, Messieurs* ».

DUMESNIL (René)
Richard Wagner. Avec soixante planches hors-texte en héliogravure.
Paris, Rieder, 1929, coll. « Maître de la musique ancienne et moderne », 96 p., 30 pages de planches h.-t.
Ouvrage de vulgarisation comportant quatre parties : La Vie, Idées et théories, L'Oeuvre, Génie et influence. A la fin du volume, riche cahier de 60 pages de planches en héliogravures, malheureusement mal distribuées. L'auteur (1879 - 1967) fut musicographe et historien littéraire dix-neuviémiste, spécialiste de Flaubert. Il fut critique musical à *La Revue des Deux-Mondes* et au journal *Le Monde*.

Le Rythme musical. Essai historique et critique
Paris, Mercure de France, 1921, 256 p., index
Etude du plus grand intérêt sur le leitmotiv wagnérien et ses étapes successives de Tannhäuser à Parsifal, accompagné de nombreux exemples, et qui met également en évidence l'analogie entre le rythme musical et le rythme des vers (pp. 171-221).

Réédition :
Le Rythme musical. Essai historique et critique
Paris, La Colombe - Edition du vieux colombier, 1949, 249 p., index

Richard Wagner.
Paris, Plon, 1954, 221 p., 35 planches h.-t., index
La vie et les œuvres analysées dans un volume plus important qu'en 1929 : il ne s'agit donc pas d'une réédition. La biographie écrite dans un style vivant, pêche comme souvent à cette époque par quelques erreurs. A noter, une chronologie riche et précise.

La Nature du drame wagnérien.
In: Richard Wagner.
Paris, Hachette, 1962, coll. « Génies et Réalités », pp. 193 - 211 [d'un vol. de 302 p.], nombreuses photographies et illustrations en noir in-t et h.-t., 8 planches en couleur contrecollées h.-t.
Bel essai sur le « *Wort-Ton-Drama* ».

DUMESNIL DE GRAMMONT (Michel), voir : KLUGMANN (Narcisse)

DU MOULIN (Eckart)
Cosima Wagner. Une vie - Un caractère. Traduit de l'allemand par M. Rémon.
Paris, Stock, 1933, 463 p.
Biographie apologétique de la seconde épouse de Wagner, rédigée surtout en l'honneur des amours du musicien à son égard. Comme son *Journal*, cette biographie de Cosima prend fin à la mort de son époux, alors qu'en 1928, date de l'édition allemande, elle était encore en vie. L'auteur utilise en partie le *Journal*, à l'époque inédit. Division en chapitres courts, mais l'absence de toute table et la rareté de précisions chronologiques en rendent le maniement difficile. Seul le premier tome de l'édition originale est traduit.

DUMONT (Paul-Ursin)
Pierre Louÿs. L'Hermite du hameau. Préface de Raoul Cambiaggio.
Vendôme, Libraidisque, 1985, 314 p., illustrations en noir in-t.
L'ouvrage reproduit en fac-similé les notes manuscrites de Pierre Louÿs, préparatoires à un article sur Debussy et Wagner (p. 105). Debussy, au moment de son wagnérisme inconditionnel des années 1887 - 1888, souhaitait rédiger un article sur Wagner. Ce dernier ne fut finalement jamais élaboré. Pierre Louÿs nous livre les notes les plus précises dont nous disposions à ce sujet. On trouve également de nombreuses informations sur son double séjour à Bayreuth (pp. 99-102).

DUMOULIÉ (Camille) [éd.]
Fascinations musicales. Musique, littérature et philosophie. Textes réunis par Camille Dumoulié.
Paris, Editions Desjonquères, 2006, coll. « Littérature et Idée », 286 p.
Recueil composé des communications présentées lors du colloque « Fascinations musicales », tenu les 23 et 24 mai 2003 à l'Université Paris X. Trois contributions concernent Wagner : Olivier Abiteboul : « La Dimension métaphysique de la musique chez Nietzsche » (pp. 45-60) - Colette Astier : « Il me semblait que cette musique était la mienne » (pp. 81-92) - Marie-Françoise Hamard : « La Peur de la musique : Thomas Mann et Gabriele d'Annunzio » (pp. 232-245). En conclusion, un texte de Timothée Picard : « La Littérature aime-t-elle vraiment la musique ? » (pp. 267-283).

DUNCAN (Isadora)
Ma vie. Traduit de l'anglais par Jean Allary.
Paris, Gallimard, 1928, coll. « Les Documents bleus - N°42 », [7]-382 p.
Réimpression en 1987 et en 1998 dans la collection « Folio »
La célèbre danseuse américaine (1878 - 1927), très novatrice, anti-académique, quasiment apatride eut une vie très agitée. Dans cette autobiographie, publiée en anglais en 1927, elle raconte son engagement à Bayreuth en 1904 pour chorégraphier et interpréter la bacchanale de Tannhäuser, où sa tunique transparente et ses jambes nues au milieu du corps de ballet frisèrent le scandale... Selon elle, Cosima l'aurait bien vue épouser Siegfried, mais, comme elle l'écrit « *bien qu'il eût pour moi une affection fraternelle et qu'il fût toujours mon ami, Siegfried n'avait jamais eu l'ombre d'un désir qui ressemblât à de l'amour* ». Mais, elle était, semble-t-il, beaucoup plus attirée par Heinrich Thode, l'époux de Daniela, première fille de Cosima et de Hans von Bülow...

La Danse de l'avenir. Textes choisis et traduits par Sonia Schoonejans. Suivis de Regards sur Isadora Duncan par Élie Faure, Colette et André Levinson. Préface de Yannick Ripa.
Bruxelles, Edition Complexe, 2003, coll. « Territoires de la danse », 157 p.
Reprise de textes qu'Isadora Duncan a écrit tout au long de sa vie, sous forme de conférence ou de réponse à des critiques. La plupart sont inédits en français et ont été publiés à l'origine en anglais dans *The Art of the Dance* et dans *Isadora Speaks*. On y trouve quelques réflexions wagnériennes ancrées dans la statuaire grecque. Wagner, ce « *libérateur de l'art* » permet de ressusciter le chœur grec dans la danse. C'est lui qui « *se rapproche le plus du musicien qui compose pour la danse* ».

DURET (Théodore)
Critique d'avant-garde. Salon de 1870. Les Peintres impressionnistes. Claude Monet. Renoir. Edouard Manet. L'Art japonais. Hokousaï. James Whistler. Sir Joshua Reynolds et Gainsborough. Richard Wagner. Arthur Schopenhauer. Herbert Spencer.
Paris, Charpentier et Cie, 1885, 328 p.

Autre édition :
Critique d'avant-garde. Préface de Denys Riout.
Paris, Ecole nationale supérieure des beaux-arts, 1998, coll. « Beaux-Arts Histoire », 161 p.
L'auteur (1838 - 1927) livre un texte intelligent et hardi pour l'époque, « Richard Wagner aux concerts populaires », publié dans *La Tribune* du 26 décembre 1869 à propos de l'exécution au concert Pasdeloup de l'ouverture des Maîtres (pp. 285-295).

DURON (Jean)
Le Mythe de Tristan
In : Hommage à Paul Claudel. Le Poète, le philosophe, le dramaturge, la Bible et le monde claudélien, hommages, souvenirs, textes inédits.
Paris, Gallimard - Nouvelle Revue française, 1er septembre 1955, 3ème année, N° 33, pp. 543-552 [d'un volume de 252 p. ; paginées 388-640], 4 planches h.-t.

DUTRONC (Jean-Louis)
- Cris et chuchotements : deux constances du chant wagnérien.
In : Le Crépuscule des dieux. L'Avant-Scène Opéra, janvier - février 1978, N °13/14, pp. 138-147 [d'un vol. de 210 p.]
Le texte est repris dans la nouvelle édition de juin 1993.
- De l'ambiguïté des tessitures.
In : Parsifal. L'Avant-Scène Opéra. Nouvelle édition.
Paris, Premières Loges, mars 2003, pp. 160-162 [d'un vol. de 223 p.]

DWELSHAUVERS-DÉRY (Félix -Victor)
Richard Wagner. Etude analytique de sa vie et de ses œuvres, contenant quelques remarques sur les exécutions de Bayreuth.
Verviers, Gilon, 1889, 112 p.

Pour servir d'introduction à l'étude des drames de Richard Wagner. Tannhaeuser et le tournoi des chanteurs à la Wartbourg. Action dramatique en trois actes de Richard Wagner. Commenté par le Dr F.-V. Dwelshauvers-Déry. Traduction autorisée par l'auteur.
Leipzig, Bade, Bruxelles, Londres, New York et Paris, C. Wild - Breitkopf et Haertel - G. Fischbacher, 1892, 31 p.
Analyse musico-dramatique. In-fine, un fort heureux essai d'analyse thématique.

Le Vaisseau Fantôme de Wagner. Faits, appréciations et analyse thématique.
Paris, Fischbacher, 1902.
Ouvrage cité par Henri Silège et non consulté.

ECKERLIN (Peter)
Hans von Bülow. Sa vision de la musique au XIXème siècle au travers de ses écrits et de sa correspondance.
Thèse de musicologie : Université de Paris IV. 1995
L'ouvrage présente dans ses grands traits la vie de Hans von Bülow et retrace ses diverses activités musicales en Allemagne entre 1850 et 1894 suivie de l'étude du cheminement de la pensée musicale de Bülow, et de ses idées sur l'esthétique musicale.

ÉCORCHEVILLE (Jules)
M. Saint-Saëns et le wagnérisme.
La Revue de Paris, août 1899 ; N°15 : pp. 663-676.
Article prenant la défense de Wagner face aux attaques du compositeur français, dû à un musicologue (1872 - 1915), rédacteur de la *Revue de la Société internationale de musique* (SIM)

EDIGHOFFER (Roland)
Mythe et symbole dans le Parsifal de Richard Wagner.
In : **BAILBÉ (Joseph-Marc) [éd.]** : Bayreuth à Rouen. Images de R. Wagner. S.l.n.d., (1983), pp. 53-63 [d'un vol. de 149 p.]

EHRHARD (Auguste)

Richard Wagner d'après les œuvres jouées à Bayreuth en 1892. Conférence faite dans l'amphithéâtre de la Faculté des lettres de Clermont-Ferrand, le 17 mars 1893 avec le concours des principaux artistes de la ville, sous la direction de M. Claussmann.

Clermont-Ferrand, Typo. et Litho. de G. Mont-Louis, 1893, 55 p.

Conférence très habituelle à l'époque permettant la découverte du compositeur. On put y entendre des extraits de ses œuvres (orchestre, 27 pupitres ! et voix...), qui s'intercalaient entre les parties de la conférence...

L'Anneau du Nibelung de Richard Wagner. Conférence faite dans l'amphithéâtre de la Faculté des lettres de Clermont-Ferrand, le 19 janvier 1894.

Clermont-Ferrand, Typo. et Litho. de G. Mont-Louis, 1894.

Ouvrage non consulté, mais probablement de même facture que le précédent.

EIGELDINGER (Marc)

Théophile Gautier critique de Richard Wagner.

Bulletin de la Société Gautier, 1986 ; N°8 : pp. 205-213.

EKLEKTIK

Parsifal et le théâtre de « Richard Wagner » à Bayreuth (représentations de juillet 1883).

Marseille, Imprimerie Blanc et Bernard, 1884, 38 p.

L'auteur est l'avocat Berlier de Vauplane. La brochure est destinée à donner aux auditeurs marseillais quelques idées justes sur l'œuvre de Wagner. Travail élémentaire.

ÉMERIC (Le comte)

Les Problèmes du sentiment. III. Problèmes d'harmonie.

Paris, Marpon et Flammarion, 1890, 418 p.

A lire « Au Temple de Wagner. » Il s'agit d'une brève mais assez drôle et vivante description des « *mystères* » de Bayreuth par un « *pèlerin* » néophyte de Bayreuth.

ÉMERY (Léon)

Richard Wagner, poète mage.

Lyon, Les Cahiers libres, 1958, 151 p.

Ouvrage remarquable, d'allure classique en ce qu'il suit la vie de Wagner et de sa création de façon tout à fait chronologique, mais, par une analyse d'une grande finesse, par la haute et large culture de l'auteur - et une écriture de très grande qualité, rare en la matière - le lecteur voit apparaître progressivement le génie de Wagner. Pas d'illustrations, pas de notes, pas de bibliographie ; tout simplement un très grand livre qui se suffit à lui-même.

ENCKELL (Pierre)

- Un chevalier problématique.

In : Tannhäuser. L'Avant-Scène Opéra, mai - juin 1984, N°63/64, pp. 17-19 [d'un vol. de 257 p.]

- Nuremberg, au-delà de la comédie.
In : Les Maîtres-chanteurs. L'Avant-Scène Opéra, janvier - février 1989, N °116/117, pp. 33-36 [d'un vol. de 257 p.]

ERISMANN (Guy)
La Musique dans les pays tchèques.
Paris, Fayard, 2001, coll. « Chemins de la musique », 605 p., index
Deux courts chapitres : « Le Wagnérisme en Bohème » (pp. 250-254) et « Le Wagnérisme en Bohème et la mode Biedermeier » (pp. 273-276).

ERNST (Alfred)
Richard Wagner et le drame contemporain. Introduction par Louis de Fourcaud.
Paris, Librairie moderne, 1887, XII-326 p.
Le premier ouvrage véritablement savant publié en France sur Wagner. Livre écrit, non dans la langue du poète, comme l'a fait Catulle Mendès, mais dans celle du critique. Les huit premiers chapitres traitent de l'art wagnérien en général (pp. 1-156). « *Le court chapitre VIII sur l'harmonie de Wagner est précis et instructif* » (Dauriac). [voir la notice développée sur Ernst en première partie]

L'Art de Richard Wagner. L'Oeuvre poétique.
Paris, Plon Nourrit & Cie, 1893, IV-544 p.
Ouvrage remarquable, essentiellement analytique, riche par la vigueur de ses réflexions et en observations fines et pénétrantes. La première partie, consacrée à l'art wagnérien (318 pages) est supérieure à la seconde qui évoque les caractères et les personnages. L'ouvrage devait comprendre deux volumes. Du second, réservé à l'œuvre musicale proprement dite, l'éminent écrivain n'a laissé que le plan et des fragments restés inédits. Ouvrage très en avance sur son temps qui ne dépare pas la critique actuelle.

Tannhäuser. Notice d'Alfred Ernst.
Paris, Henri Gauthier / Nouvelle bibliothèque populaire, 1893, 35 p.
Ouvrage non consulté, mais qui, à notre connaissance, ne serait pas une traduction de l'œuvre, mais un opuscule explicatif.

Antigone et la Walkyrie. Extrait de La Revue de Paris du 15 février 1894.
Paris, Imprimerie de Chaix, 1894, 15 p.
Tiré à part consacré aux analogies et aux dissemblances entre les deux héroïnes.

Tannhaeuser, souvenirs de Bayreuth. Extrait de La Revue de Paris du 1er juin 1895.
Paris, Imprimerie de Chaix, 1895, 14 p.
Tiré à part. Souvenirs d'Ernst sur la création bayreuthienne de Tannhäuser, en 1891.

Leitmotiv - Lied (Extrait de la Grande Encyclopédie).
Paris, H. Lamirault et Cie, 1896, 32 p.
Tiré à part. Article d'une très grande richesse d'analyse sur ce thème, qui reprend en grande partie les idées énoncées dans les deux ouvrages fondamentaux d'Ernst.

[Quelques articles]
- Une traduction de l'Anneau du Nibelung.
Mercure de France, décembre 1894 ; Tome XII - N°60 : pp. 346-353.
Article élogieux concernant la traduction du Ring par Brin'Gaubast et Barthélemy, qui met surtout en évidence la problématique de la traduction des œuvres de Wagner.
- Tannhaeuser à Bayreuth.
La Revue de Paris, 1er juin 1895 : pp. 661-672.
- Sur les traductions de Wagner.
La Revue blanche, novembre 1894 : pp. 464-471.
- Après les « Maîtres-chanteurs ». Lyon et Paris.
Revue internationale de musique, 15 mars 1898 ; N°2 : pp. 65-81.
Souvenirs personnels du traducteur et du répétiteur, sur ces deux créations françaises.
- Les Représentations de Bayreuth.
Revue encyclopédique, 1896.
Article d'un enthousiasme délirant sur les représentations bayreuthiennes du Ring en 1896 dans lequel il explique en particulier les techniques d'éclairage et la qualité de l'acoustique avec une précision toute scientifique.

ERNST (Alfred) - POIRÉE (Élie)
Etude sur Tannhäuser de Richard Wagner. Analyse et guide thématique.
Paris, A. Durand et Fils - Calmann Lévy, 1895, 121 p.
Analyse dramatico-musicale à l'occasion des représentations parisiennes de Tannhäuser en 1895 lors de la première reprise de l'œuvre après l'échec de 1861.

ESPAGNE (Geneviève)
Un regard sur Wagner. Le Wagnérisme de Lionel Dauriac.
In : **BUSCHINGER (Danielle) - CANDONI (Jean-François) - PERLWITZ (Ronald) [éd.]** : Richard Wagner : Points de départs et aboutissements. Anfangs - und Endpunkte. Actes du colloque d'Amiens 19, 20, 21 et 22 octobre 2001.
Amiens, Presse du Centre d'études médiévales, coll. « Médiévales 19 », 2002, pp. 27-39 [d'un vol. de 400 p.]

ESTIENNE D'ORVES (Nicolas d')
Histoires d'opéra. Textes réunis par Nicolas d'Estienne d'Orves.
Paris, Sortilèges, 2002, 367 p.
Un chapitre « Wagneriana... » (pp. 327-350) qui reprend des extraits « classiques » de Baudelaire (*Richard Wagner et Tannhäuser à Paris*), Nietzsche (*Le Cas Wagner*), Léon Daudet (*Souvenirs sur Wagner*), Mallarmé (*Rêverie d'un poète français*) et Pierre Louÿs (*Le Trophée des vulves légendaires*).

EUGÈNE (Eric)
Les Idées politiques de Richard Wagner et leur influence sur l'idéologie allemande, 1870 - 1945.
Paris, Les Publication universitaires, 1978, 346 p., index
D'après une thèse universitaire : d'où le sérieux de la recherche documentaire, le plan très précis, l'importance de la bibliographie. Même si les ouvrages sur la question ne

sont pas légion (cf. celui de Maurice Boucher et divers articles plus spécialement axés sur l'antisémitisme de Wagner), cette problématique « politique » est particulièrement utilisée depuis les années 1980 pour les mises en scène de ses ouvrages. Le fil rouge de cette étude est de considérer Wagner comme héritier et comme précurseur. La méthode suivie pour aborder cette complexité multiplie les angles d'attaques, les perspectives, si bien que nous avons au final une série importante de portraits juxtaposés mais complémentaires et non le portrait synthétique d'un « Wagner politique ». La deuxième partie de son étude consacrée à l'influence de Wagner sur l'idéologie allemande (l'aspect précurseur) traite donc de la question lancinante : wagnérisme source idéologique de l'hitlérisme ? Approche pondérée permettant de répondre aux préjugés tenaces et simplistes en la matière contre Wagner.

Le Sens politique de l'Anneau.
In : Le Crépuscule des dieux. L'Avant-Scène Opéra, janvier - février 1978, N °13/14, pp. 19-21 [d'un vol. de 210 p.]

Wagner et Gobineau. Existe-t-il un racisme wagnérien ? Préface de S. Klarsfeld.
Paris, Le Cherche Midi, coll. « Points fixes / Essais », 2000, 254 p., index
Excellente synthèse, objective et impartiale démontrant que Wagner, malgré ses erreurs, n'a pas suivi les idées gobiniennes. Elle explique comment et par quels moyens, les idées de Wagner pourront être détournées par le nazisme. L'ouvrage contient une nouvelle traduction critique d'*Héroïsme et Christianisme* et est d'un grand intérêt pour l'étude historique de la période. Un modèle de publication.

Antisémitisme : le dossier Wagner.
Historia, décembre 1998 ; N°624 : pp. 70-74.
Synthèse impartiale et pondérée qui, bien que brève, est complète.

EVENEPOËL (Edmond)
Le Wagnérisme hors d'Allemagne (Bruxelles et la Belgique). Prolégomènes. Richard Wagner à Bruxelles. Interlude. Lohengrin. Le Vaisseau-Fantôme, Tannhäuser à Bayreuth. Période transitoire. L'Anneau du Nibelung. Mort de Richard Wagner. Les Maîtres-chanteurs de Nuremberg. La Walkyrie. En attendant Siegfried.
Paris, Bruxelles et Leipzig, Fischbacher - Schott - Otto Junne, 1891, XII-300 p.
Ce livre, dû à la plume d'un musicologue belge (1846 - 1931), est rempli d'informations abondantes et précises. Essentiel pour qui veut connaître l'évolution de l'art wagnérien dans l'esprit public belge... L'ouvrage retrace fidèlement les différentes étapes du mouvement wagnérien en Belgique et spécialement au théâtre de La Monnaie. Bilan complet et clair du wagnérisme en Belgique en 1890.

[EXPOSITIONS (Sans nom d'éditeur scientifique)]
- **Catalogue du Musée des amis de Meudon-Bellevue.** Exposition à Meudon en 1941 et centenaire du Vaisseau Fantôme, tous les dimanches du 25 mai au 3 novembre 1941.

Meudon, Musée d'art et d'histoire, 1941, 20 p.

- **Exposition Richard Wagner.** Le musée Galliera, 24 juin au 17 juillet 1966. Paris, Grandes Imprimeries Paris - Centre/musée Galliera, 51 p., 5 planches de reproduction en noir h.-t.

Exposition présentée par le Cercle national Richard Wagner au musée Galliera à Paris du 24 juin au 17 juillet 1966. Les pièces présentées provenaient de collections diverses, notamment celle très importante de M. Jean Cabaud, du Louvre, du musée de l'Opéra, de l'administration du festival de Bayreuth... Les sections en étaient : biographie et œuvre de Richard Wagner ; premières représentations wagnériennes en France illustrées par des documents de l'époque ; iconographie wagnérienne ; wagneriana ; Wagner à Bayreuth aujourd'hui ; peintures contemporaines à thèmes wagnériens.

- **Exposition Wagner et Paris.** Exposition réalisée par la bibliothèque et musée de l'Opéra, département de la musique - Bibliothèque nationale, du 17 novembre au 31 mars 1977.

S.l. (Paris), 1977, 4 p.

Exposition retraçant l'histoire de Wagner à Paris et de ses œuvres à l'Opéra.

FABRE (Florence)

Quelques aspects de la musique entre Gallia et Germania : Faust, le fantastique, le mythe wagnérien.

In : **AGULHON (Maurice) [éd.]** : Marianne et Germania, 1789 - 1889. Un siècle de passions franco-allemandes. Musée du Petit Palais. Exposition du 8 novembre 1997 au 15 février 1998.

Paris, Musée du Petit Palais, 1997, pp. 75-84 [d'un vol. de 304 p.]

Nietzsche musicien. Préface de Michel Guiomar.

Rouen, Presses Universitaires de Rouen, 2006, coll. « Aesthetica », 274 p.

Ouvrage tiré d'une thèse de philosophie, intitulée *La Musique et son ombre. Etude de la musique et de la pensée musicale de Nietzsche* [Paris IV, 1991, 488 p.]. Contribution notable à l'étude du célèbre philosophe en tant que compositeur.

FABRE-LUCE (Alfred)

Anthologie de la nouvelle Europe. Anthologie présentée par Alfred Fabre-Luce.

Paris, Plon, 1942, 295 p.

Un chapitre intitulé « Révolution nationale », évoquant Wagner. Ouvrage non consulté.

FANTIN-EPSTEIN (Marie-Bernadette)

Richard Wagner - Emile Zola : correspondances et analogies.

In : **MANSAU (Andrée) - CABANES (Jean-Louis)** : Les Cahiers de littératures. Textes, images, musiques.

Toulouse, Presses Universitaires du Mirail, 1992, pp. 55-63 [d'un vol. de 127 p.]

« *Le but de la présente étude n'est pas d'établir un parallèle rigoureux entre deux œuvres qui, a priori, ne semblent pas présenter beaucoup d'éléments communs. Cependant, pour être moins directement apparente que chez des écrivains comme Proust ou Claudel, l'imprégnation wagnérienne est un fait reconnu chez l'auteur des Rougon-Macquart* » (introduction).

Wagner et la Belle Epoque. Le Regard de Willy.
Toulouse, Edition Universitaire du Sud, 1999, 317 p., très nombreuses illustrations en noir in-t dont certaines en pleine page, index
Ouvrage tiré d'une thèse de littérature comparée, *Willy et l'Ouvreuse : vingt ans de critique wagnérienne (1886 - 1906)* [Toulouse II, 1986, 340 p.]. L'auteur, maître de conférences à l'Université du Mirail, nous livre une excellente présentation de l'écrivain et critique musical Henry Gauthier-Villars (1859 - 1931), alias « *L'Ouvreuse* », alias Willy, premier époux de Colette, roi du calembour et champion du wagnérisme au tournant du XIX et XXème siècle. Ayant une connaissance approfondie tant de Wagner que de la Belle Epoque, l'auteur nous donne ici, avec légèreté, humour, mais aussi avec efficacité, une mine d'informations et d'idées pour nourrir une réflexion sur une poétique de l'écriture de la musique en littérature.

FARRET (Georges)
Rita Gorr et Ernest Blanc. Les Telramund de Bayreuth. Préface de Wolfgang Wagner.
Gémenos, Autres Temps, 2005, 269 p., deux cahiers de 16 feuillets de reproductions photographiques en noir, nombreuses illustrations in-t et h.-t.
Partant du Lohengrin de légende auquel les deux artistes participèrent au festival de Bayreuth 1959, l'auteur (disparu prématurément en 2008) retrace leurs carrières respectives dans une perspective à la fois chronologique et thématique (Wagner, l'opéra français...). Le récit, bien qu'hagiographique est très vivant, et émaillé d'anecdotes ou de citations. On trouvera en annexe la chronologie quasi-complète de la carrière de ces deux chanteurs.

FAUQUET (Joël-Marie) [éd.]
Dictionnaire de la musique en France au XIXème siècle.
Paris, Fayard, 2003, XVIII-1406 p., deux cahiers de 8 feuillets de reproductions en noir et couleur h.-t., index
Premier dictionnaire consacré à la musique en France au XIXème siècle. Nombreuses notices sur les premiers wagnériens et le wagnérisme en France à cette époque. L'article Wagner est dû à la plume de J.-M. Fauquet, celui traitant du wagnérisme est écrit par H. Lacombe, A. Fauser et M. Schwartz.

FAUQUET (Joël-Marie)
- Le Folklore breton dans Le Roi d'Ys, un antidote contre Wagner ?
In : Le Roi d'Ys. L'Avant-Scène Opéra, N°65, juillet 1984, pp. 16-21 [d'un vol. de 129 p.]
Article qui démontre que l'aspect folklorique du Roi d'Ys de Lalo qui est traité avec finesse et brio dans l'œuvre, transcende l'attrait de la simple couleur locale et sert à neutraliser « *l'emprise dominatrice de Wagner* ». L'auteur est actuellement directeur de recherche en musicologie et histoire sociale de la musique au CNRS.
- Relire Liszt.
In : Lohengrin. L'Avant-Scène Opéra, janvier - février 1992, N°143/144, pp. 155-156 [d'un vol. de 256 p.]
A découvrir, l'intérêt de ce témoignage qui réside autant dans son impartialité que dans sa pérennité.

FAURÉ (Gabriel)

Lettres intimes. Présentées par Philippe Fauré-Fremiet.

Paris, La Colombe - Editions du vieux colombier, 1951, 299 p.

Réédition chez Grasset.

Recueil des lettres de Gabriel Fauré (1845 - 1924) à sa femme, qui contrairement à ce qu'indique son titre, contiennent peu de détails intimes. On y trouvera les lettres adressées pendant le séjour à Bayreuth de 1896 (pp. 14-18). Pas de notes critiques, ni d'index.

Correspondance. Textes réunis, présentés et annotés par Jean-Michel Nectoux.

Paris, Flammarion, 1980, coll. « Harmoniques », 363 p., 4 planches en noir h.-t., index

Publication d'un choix de lettres à divers correspondants, dont « *l'intérêt musical* [de la relation] *a été le critère essentiel* » (introduction). Cette édition est pourvue d'un excellent appareil critique et dotée d'intéressantes introductions de chapitre. On lira ainsi une excellente synthèse sur le wagnérisme de Fauré (pp. 71-76), ainsi que quelques exemples de l'emprise wagnérienne sur son œuvre. La qualité de cette analyse rend tout autre commentaire superflu ici-même. On lira les lettres consacrées aux voyages de Fauré à Munich en septembre 1879, juillet 1880 et septembre 1881, pour y voir respectivement la Tétralogie, Les Maîtres-chanteurs et Lohengrin. On lira également la lettre du 27 juillet 1888, consacrée aux représentations bayreuthiennes de Parsifal. In-fine, la liste de toutes les sources, imprimées ou manuscrites, de la correspondance de Fauré.

FAURE (Gabriel)

Les Rendez-vous italiens. La Mort de Wagner à Venise. Deux français à Gênes : Michelet et Flaubert sur les rives du Trasimène. Goethe à Padoue. Barrès à Naples, etc...

Paris, Bibliothèque Charpentier - Eugène Fasquelle, 1933, 187 p.

Il s'agit ici d'un quasi-homonyme du compositeur (Faure sans accent aigu...), écrivain ardéchois (1877 - 1962) qui publia de nombreux livres sur l'Italie. Les pages 13 à 59 sont consacrées aux derniers mois vénitiens de Wagner jusqu'à sa mort et à la visite ultérieure par Faure du palais Vendramin.

FAVRE (Georges)

Ecrits sur la musique et l'éducation musicale.

Paris, Durand, 1966, 182 p., illustrations

Deux chapitres intitulés : « Autour de Richard Wagner » et « L'Amitié du roi Louis II de Bavière et de Richard Wagner » ; ce dernier texte paraîtra dans un livre-programme du festival de Bayreuth (BFP, Siegfried, 1967, pp. 25-32).

Richard Wagner par le disque.

Paris, Editions Durand et Cie, 1958, 92 p., 14 photographies h.-t.

La lecture de cet ouvrage datant d'un demi-siècle donne l'étrange sensation de se trouver face à un document historique, tant cette appellation « *par le disque* » paraît aujourd'hui disqualifiée. Qu'on en juge : une brève biographie, un bref chapitre sur l'esthétique, précédant « *l'œuvre* » où sont décrits, musicologiquement « *des morceaux* » à partir d'une petite partition d'orchestre et d'un enregistrement discographique signalé par ses seules marque et numéro, sans aucun commentaire sur l'interprétation du disque en question. C'est tout... C'est exactement l'inverse de ce que l'on appelle aujourd'hui analyse discographique où il n'est question que d'interprétation. A ce niveau d'étrangeté, on peut parler d'un intérêt historique de ce document. Finalement, l'ouvrage de Clym, postérieur de vingt-quatre ans, semble un bon compromis entre cette discographie-là et les discographies actuelles.

Les Débuts de Paul Dukas dans la critique musicale. Les Représentations wagnériennes à Londres en 1892.
Revue de musicologie, 1970 ; Tome LVI - N°1 : pp. 54-85.

FAZY (Edmond)
Louis II et Richard Wagner par Edmond Fazy, d'après des documents inédits avec une version nouvelle sur la mort de Louis II.
Paris, Librairie Académique Perrin, 1893, 216 p.
Il s'agit de la seconde édition de la correspondance du 2 mai 1864 au 26 décembre 1865 entre Eliza Wille et Richard Wagner, dans une traduction plus proche de la réalité que celle de Saint-Cère. L'auteur accompagne cette correspondance d'un commentaire biographique inspiré des souvenirs d'Eliza Wille. In-fine, quelques lettres de Louis II et Wagner ainsi que le récit des dernières années de la vie et la mort de Louis II.

FÈBVRE-LONGERAY (A.)
Notes et documents de musique. Vincent d'Indy : Richard Wagner.
Mercure de France, 1er juillet 1930 ; Tome CCXXI - N°769 : pp. 224-230.
Article très critique de l'ouvrage de d'Indy.

FERCHAULT (Guy)
Les Créateurs du drame musical (de Monteverdi à Wagner). Préface de M. Adolphe Boschot, de l'Institut.
Paris, Gallet et fils éditeurs, 1944, 190 p., un portrait
L'auteur livrera de nombreuses contributions dans les livres-programmes du festival de Bayreuth des premières années du « Neues-Bayreuth ».

Faust, une légende et ses musiciens.
Paris, Librairie Larousse, 1948, coll. « Formes, Ecoles et Œuvres musicales », 114 p.
Quelques lignes sur la célèbre « Ouverture pour Faust » (pp. 104-106).

FERLAN (Françoise)
- Le Hollandais aux multiples visages.
In : Le Vaisseau Fantôme. L'Avant-Scène Opéra, novembre - décembre 1980, N°30, pp. 20-23 [d'un vol. de 170 p.]
- Le Roi Marke.
In : Tristan et Isolde. L'Avant-Scène Opéra, juillet - août 1981, N°34/35, pp. 177-181 [d'un vol. de 287 p.]

- L'Ambivalence de Kundry : prison ou liberté ?
In : Parsifal. L'Avant-Scène Opéra, janvier - février 1982, N°38/39, pp. 120-124 [d'un vol. de 260 p.]
- Les Sources littéraires.
In : Tannhäuser. L'Avant-Scène Opéra, mai - juin 1984, N°63/64, pp. 11-16 [d'un vol. de 257 p.]
Le texte est repris dans la nouvelle édition de mars 2004.
- Tannhäuser ou l'homme en quête de sa religion.
In : Tannhäuser. L'Avant-Scène Opéra, mai - juin 1984, N°63/64, pp. 147-149 [d'un vol. de 257 p.]
- Rires et sourires.
In : Les Maîtres-chanteurs. L'Avant-Scène Opéra, janvier - février 1989, N °116/117, pp. 198-201 [d'un vol. de 257 p.]

FERNEUIL (Th.)
Impressions de Bayreuth.
La Revue de Paris, 1er octobre 1896 ; N°19 : pp. 662-675.
Compte rendu des représentations du Ring en 1896, par le père de Gustave Samazeuilh (Fernand Samazeuilh). Ce dernier rencontra lui-même Wagner en 1867.

FERRAN (André)
L'Esthétique de Baudelaire
Paris, Hachette, 1933, XII-734 p., index
Réimpression chez A.G. Nizet en 1968.
Un chapitre « Richard Wagner ou l'harmonie des correspondances » (pp. 278-361), synthèse magistrale et définitive sur le sujet, accompagné d'un très riche appareil critique et bibliographique. Un ouvrage de référence.

Baudelaire et la musique.
In : Mélanges de philosophie et d'histoire littéraire offerts à Edmond Huguet, par ses élèves, ses collègues et ses amis.
Paris, Boivin et Cie, 1940, pp. 287-393 [d'un vol. de XIV-488 p.], front., six feuillets de fac-similés
Réimpression en fac-similé chez Slatkine reprints en 1972.
Synthèse définitive, semble-t-il, sur le sujet, inspirée de l'étude précédente.

Tannhäuser à l'Opéra de Paris en 1861 : caricatures et parodies
In : Mélanges d'histoire littéraire offerts à Daniel Mornet professeur honoraire à la Sorbonne par ses anciens collègues et ses disciples français.
Paris, Librairie Nizet, 1951, XXIV-229 p., front., pp. 189-197 [d'un vol. de XXIV-229 p.]
L'article aborde le sujet peu traité des parodies de l'œuvre de Wagner et de la *« musique de l'avenir »*, qui furent représentées lors du séjour parisien de l'artiste en 1860 et 1861.

FERRAND (Françoise)
Notes sur les « versions françaises » des textes tristaniens de la bibliothèque de Richard Wagner.
In : Tristan - Tristrant. Mélanges en l'honneur de Danielle Buschinger à l'occasion de son 60ème anniversaire. Edition par André Crépin et Wolfgang Spiewok.
Greifswald, Reineke-Verlag, 1996, coll. « Wodan », pp. 157-158 [d'un vol. de XXXIV-556 p.], illustrations en noir h.-t.

FERRUS (André)
Richard Wagner à Bordeaux. Une aventure amoureuse.
Bordeaux, Delmas éditeur, 1935, 15 p., deux planches en noir h.-t.
Petite plaquette consacré au séjour de Wagner à Bordeaux dans la famille Laussot en 1849, avec des indications sur les lieux où vécut Wagner à cette occasion.

FESCHOTTE (Jacques)
Les Hauts-lieux de la musique. Festivals de Bayreuth, Salzbourg, Munich, Florence, Lucerne, Strasbourg.
Strasbourg, Librairie Istra - Société d'éditions françaises et internationales, 1950, 190 p.
Il s'agit d'une description très vivante bien que fondée sur une fréquentation, dix ou quinze ans auparavant des grands festivals européens, et non pas d'un guide tel qu'il a pu en être publié, avec historique, description du fonctionnement, conseils de réservation... Ces souvenirs concernent donc Bayreuth (le plus ancien, en effet des grands festivals de musique modernes), mais aussi Salzbourg, Munich, Lucerne... Dans les années 1950, Feschotte rédigea plusieurs articles pour les livres-programmes du festival de Bayreuth.

FÉTIS (François-Joseph)
Biographie universelle des musiciens et bibliographie générale de la musique. Deuxième édition refondue et augmentée de plus de moitié.
Paris, Firmin-Didot, 1860-1865, 8 vol. XXXVII-478, 484, 480, 491, 480, 496, 548 et 527 p.
Réédition en deux volumes en 1888-1889 chez le même éditeur, et en fac-similé (édition de 1860) chez C. Tchou pour la Bibliothèque des introuvables en 2001.
En 1827, alors qu'il est professeur au Conservatoire de Paris, Fétis (1784-1871) fonde le premier journal entièrement consacré à la musique, *La Revue musicale*. En 1833, il devient le premier directeur du Conservatoire royal de musique de Bruxelles, puis maître de chapelle du Roi Léopold Ier. C'est durant cette période, de 1835 à 1844, qu'il rédige la *Biographie universelle des musiciens*. L'ouvrage offre à ses lecteurs une somme considérable d'informations sur la musique de toutes les époques. En ce qui concerne Wagner, la partie biographique de la notice du dictionnaire est faite avec l'étude qu'avait publiée Fétis en 1852 dans *La Revue et gazette musicale* (numéros des 6, 13, 20 et 27 juin, 11 et 25 juillet et 8 août 1852). Ce travail critique avait pour titre : *« Wagner, sa vie, son système de rénovation de l'opéra, ses œuvres comme poète et musicien, son parti en Allemagne, appréciation de la valeur de ses idées »*. Il s'agit

d'une condamnation capitale prononcée en termes académiques de Wagner, ses œuvres et ses idées. Ce réquisitoire met en relief ce qui dans les tendances du compositeur s'éloigne le plus de la forme conventionnelle de l'opéra français. L'étude fut d'une extrême importance en raison de l'influence qu'elle a exercée sur les jugements ultérieurs de la presse. Bien que n'ayant pas inventé la légende de la « *musique de l'avenir* », Fétis dans ce texte, que Baudelaire traite « *d'indigeste et abominable pamphlet* », a répandu sur le compte de Wagner toutes les idées les plus propres à effaroucher les admirateurs d'Auber. A noter, qu'au cours de son séjour à Bruxelles en 1860, Wagner rendra une visite de courtoisie à Fétis, qui se terminera plutôt mal...

FILLONNEAU (Ernest)
Concerts de Paris en 1860. Revue et saison musicale de 1860.
Paris, Jules Tardieu, 1860, 39 p.
Cet annaliste musical rappelle dans les pages 16 à 19 les trois auditions d'œuvres de Wagner au Théâtre des Italiens. Elles reflètent bien l'opinion française en 1860.

FIMERY (M.)
La Légende de Siegfried et des Nibelunge (sic) et la Tétralogie de Richard Wagner. Conférence de M. Fimery.
Lyon, A. Storck et Cie, 1901, 25 p., une planche dépliante h.-t.
Solide analyse, bien que brève, des sources utilisées par Wagner, ainsi que de leurs ressemblances et dissemblances avec le drame musical. On trouve un utile tableau synoptique des personnages apparaissant dans le poème germanique, la légende norroise et dans le Ring. L'ouvrage fut édité en pleine période du « wagnérisme lyonnais ».

FINK (G.)
Etude biographique sur Richard Wagner et ses principaux ouvrages (août 1897).
Angoulême, Imprimerie de la « Chronique charentaise », 1897.

Hector Berlioz. Etude biographique, suivie d'une notice comparative sur Wagner et Berlioz.
Angoulême, Imprimerie de la « Chronique charentaise », 1898.
Ouvrages cités par Henri Silège, non consultés.

FIORENTINO (Pier-Angelo)
Comédies et Comédiens. Feuilletons. Deuxième série.
Paris, Michel Lévy, 1866, 360 p.
L'auteur rédigeait la critique musicale au *Constitutionnel* sous son nom et au *Moniteur* sous la signature de E. De Rovray. (1806 - 1864). Il fit paraître dans *Le Constitutionnel* du 31 janvier 1860, un article consacré à Wagner sous le titre « Théâtre des Italiens. Monsieur Richard Wagner - 30 janvier 1860 », qui est réimprimé dans ce second volume de *Comédie et Comédiens* (recueil de feuilletons) (pp. 73-91).

FISCHBACH (Fred)
Brecht-Weill et l'opéra wagnérien.
Revue d'études germaniques, janvier - mars 1992 ; N°1 : pp. 49-67.

FISCHBACH (Gustave)
De Strasbourg à Bayreuth. Notes de voyages et notes de musique.
Strasbourg et Paris, Treuttel et Würtz - Fischbacher, 1882, 93 p.

Repris in : Un strasbourgeois à Bayreuth en 1882.
L'Alsace française (numéro spécial : Le Cinquantenaire de la mort de Richard Wagner), 12 février 1933 ; Tome XXV - N°7 : pp. 142-144.
L'auteur (1847 - 1897), rédacteur du *Journal d'Alsace*, consigne ses impressions (sans grande valeur) après avoir entendu Parsifal en 1882 à Bayreuth. Il s'agit d'une reprise des onze articles publiés dans ce même journal.

FISCHER-DIESKAU (Dietrich)
Wagner et Nietzsche. L'Initiateur et son apostat. Traduit de l'allemand par Lucie Touzin-Bauer et Chantal Gaulin.
Paris, Francis van de Velde, 1979, 255 p.
Etude, par le célèbre interprète, des relations entre Wagner et le philosophe. Sans entrer dans des considérations proprement philosophiques, l'auteur insiste sur les ambitions musicales de Nietzsche et leur échec, comme tentative d'explication de leur rupture. L'interprétation est simple et superficielle, dans une épouvantable traduction française.

FISER (Emeric)
Le Symbolisme littéraire. Essai sur la signification du symbole chez Wagner, Baudelaire, Mallarmé, Bergson et Marcel Proust.
Paris, Librairie José Corti, 1941, 223 p.

La Théorie du symbole littéraire et Marcel Proust.
Genève, Slatkine reprint, 1992, 223 p.
Réimpression de la première édition citée ci-dessus sous un titre différent.
L'étude consacrée à Wagner (pp. 69-103) est importante (« Le Présymbolisme de Richard Wagner » - « Les Idées de La Revue Wagnérienne »), en particulier sous le rapport du parallèle avec Bergson. Avant Léon Guichard, il montre à quel point le drame wagnérien a fécondé les écrivains français symbolistes. Très intéressante analyse également du leitmotiv wagnérien, qui sert de « *véhicule pour le souvenir* ».

FIX-BOUILLOT (Florence)
Paul Claudel - wagnérien malgré lui ?
Thèse de littérature : Université de Paris IV. 1996 ; 341 p.
Etude qui démontre, en partant du « *parcours wagnérien* » de Claudel, que Wagner lui a désigné la voie d'une réflexion essentielle pour l'ensemble de sa production dramatique.

FLAT (Paul)
Lettres de Bayreuth, suivies d'une lettre de M. Houston-Stewart Chamberlain (Extrait de « L'Artiste », des mois de septembre, octobre et décembre 1891).
Paris, Aux Bureaux de « L'Artiste », 1892, 42 p.
L'auteur (1865 - 1918) a adressé ces lettres au directeur de *L'Artiste*, J. Alboize. Il rend compte du festival de 1891, note l'absence de bons chanteurs et n'est pas d'accord sur

l'entrée de Tannhäuser au répertoire de Bayreuth qui, effectivement, s'ajoutait cette année-là à la programmation du Ring (1876), de Parsifal (1882), de Tristan (1886), des Maîtres-chanteurs (1888). Dans sa lettre figurant dans le volume, H.-S. Chamberlain justifie au contraire cette nouvelle entrée au répertoire bayreuthien.

Souvenirs d'avant-guerre pour servir après.
Paris, Plon-Nourrit et Cie, 1916, 93 p.
Dans les cinq études contenues dans ce volume dédicacé à Péladan, figure « Les Français à Bayreuth » (pp. 79-93). Ce pèlerin de Bayreuth des années 1890 et suivantes se rebelle (effet de la guerre en cours ?) contre l'évolution du festival devenu « *une affaire, un lieu d'industrie* », et contre « *l'indigne rejeton (Siegfried Wagner) qui a apposé sa signature au bas du fameux manifeste des intellectuels allemands* ».

FLAUBERT (Gustave)
Dictionnaire des idées reçues.
In : Œuvres. II. Edition établie et annotée par Albert Thibaudet et René Dumesnil.
Paris, Gallimard, 1952, Coll. « Bibliothèque de la Pléiade », pp. 999-1023 [d'un vol. de 1054 p.], index
Réimpressions successives.
Article particulièrement significatif des années 1870 à 1880 : « *Wagner : Ricaner quand on entend son nom, et faire des plaisanteries sur la musique de l'avenir* ».

FLINOIS (Pierre) [éd.]
Bayreuth. Richard Wagner. Centenaire du Ring. Ouvrage publié sous la direction de Pierre Flinois.
Paris, revue Opéra, 1976, 208 p.
Numéro Spécial de la revue *Opéra*. Intéressant recueil d'articles, d'interviews, soit inédits, soit extraits d'ouvrages, sur la Tétralogie, à l'occasion du centenaire de sa création. Sources de l'œuvre, historique de l'interprétation, travail de Boulez - Chéreau en 1976, bibliographie, discographie...

FLINOIS (Pierre)
Le Festival de Bayreuth. Histoire, mythologie, renseignements pratiques.
Paris, Sand, 1989, coll. « Les Hauts Lieux de l'opéra », 350 p., cartes et plans, nombreuses photographies in-t. et h.-t.
Un vrai guide pour le nouveau festivalier qui a besoin d'aide comme pour le wagnérien confirmé toujours en quête de quelques renseignements et documents iconographiques encore inédits : les fondamentaux sur le lieu et son créateur, un historique bien développé du festival, les grandes têtes d'affiche, le guide pratique - vraiment très pratique - pour une infinité d'aspects.

[Articles]
- Genoveva - Lohengrin : un parallèle.
In : Genoveva. L'Avant-Scène Opéra, janvier 1985, N°71, pp. 89-99 [d'un vol. de 145 p.]

- Les Maîtres de Wieland Wagner ou de l'incompréhension comme moteur de représentation.
In : Les Maîtres-chanteurs. L'Avant-Scène Opéra, janvier - février 1989, N °116/117, pp. 204-208 [d'un vol. de 257 p.]
- Bayreuth, 1988 - 1992. Harry Kupfer, des images de demain.
In : L'Or du Rhin. L'Avant-Scène Opéra. Nouvelle édition.
Paris, Premières Loges, novembre 1992, pp. 140-145 [d'un vol. de 190 p.]
- Mettre en scène le Ring.
In : Le Crépuscule des dieux. L'Avant-Scène Opéra. Nouvelle édition.
Paris, Premières Loges, janvier - février 2006, N°230, pp. 112-123 [d'un vol. de 165 p.]

FOCILLON (Henri) [éd.]
Pour la musique française - Douze causeries. Préface de Claude Debussy.
Paris, Georges Crès, Paris, 1917, IV-342 p.
Douze conférences faites à Lyon, de mars à juin 1915 par des personnalités locales ou vivant à l'époque à Lyon. Celle de Paul Huvelin s'intitule : « Musique française et Musique allemande : Wagner et Bizet jugés par Nietzsche ».

FÖRSTER-NIETZSCHE (Elisabeth)
Cosima Wagner. Traduit par J. Peyraube.
Revue d'Allemagne et des pays de langue allemande, juin 1928 ; N°8 : pp. 673-682.
« *Mon frère a toujours déclaré que Mme Cosima Wagner était, de toutes les femmes qu'il connaissait, celle pour qui il avait la plus grande vénération* ». Explication à ce propos de la sœur du philosophe...

Friedrich Nietzsche et les femmes de son temps. Traduit de l'allemand, annoté et postfacé par Pascal Hummel.
Paris, Michel de Maule, 2007, 198 p.
Edition critique française partielle de l'ouvrage publié en 1935 par la sœur de Nietzsche et épouse de l'antisémite B. Förster. Elle fut la première éditrice (falsificatrice) de l'œuvre du philosophe et la fondatrice de ses archives à Weimar. Cet ouvrage contient uniquement la traduction de la première partie. La seconde partie intitulée « Comment Nietzsche écrit aux femmes » n'a pas été retenue, « *parce que la matière sur laquelle elle repose appartient à l'œuvre du philosophe et non de sa sœur* ». A la fois autobiographie et biographie, le livre fourmille de détails passionnants sur les femmes qui croisèrent le chemin du philosophe (Lou Andreas-Salomé, Cosima Wagner, Malwida von Meysenbug). Très importante bibliographie.

FONTBONA (Francesc)
Richard Wagner et l'art catalan.
In: **LANG (Paul) [éd.]** : Richard Wagner. Visions d'artistes. D'Auguste Renoir à Anselm Kiefer.
Paris et Genève, Somogy éditions d'art - Musée d'art et d'histoire, 2005, pp. 48-55 [d'un vol. de 287 p.]

FOUQUE (Octave)

Histoire du théâtre Ventadour : 1829 - 1879. Opéra-Comique. Théâtre de la Renaissance. Théâtre-Italien.
Paris, G. Fischbacher, 1881, 163 p.
Quelques lignes sans importance sur les concerts parisiens de Wagner en 1860.

Les Révolutionnaires de la musique. Lesueur. Berlioz. Beethoven. Richard Wagner. La Musique russe.
Paris, Calmann-Lévy, 1882, 358 p.
L'auteur (1844 - 1883) consacre un chapitre à Wagner où il expose les vues de l'artiste tendant à un retour au théâtre antique, à une conception de la poésie unie à la musique dans une représentation scénique solennelle, telle qu'elle a lieu à Bayreuth. Il décrit l'organisation du théâtre de Bayreuth et de son orchestre invisible. Cette analyse est suivie d'une brève analyse de Tannhäuser et des Maîtres-chanteurs. Etude inférieure à ses précédents travaux de critique musicale, qui n'apporte aucun élément nouveau.

FOURCAUD (Louis de)

Siegfried. Bref aperçu de l'action au point de vue des traditions populaires courantes.
Paris, E. Fromont - Edition Schott, s.d. (1901), 7 p. (non paginé).
Reprise dans cette brochure d'un article paru dans *Le Gaulois* du 19 décembre 1901, préalablement à la création parisienne de Siegfried le 3 janvier 1902.

Richard Wagner. Les Etapes de sa vie, de sa pensée et de son art (1813 - 1883). Préface d'Henri de Curzon.
Paris, Hachette, 1923, VIII-471 p.
Ouvrage d'un wagnérien de la première heure, professeur d'esthétique aux Beaux-Arts, membre de l'Institut, qui connut personnellement Wagner et Mathilde Wesendonck. De son vrai nom, Jean-Louis-Olivier-Marie Boussès, l'auteur (1851 - 1914) fut un des critiques les plus féconds entre 1880 et 1914, notamment au *Figaro* et au *Gaulois*. Willy le surnomma « *le wagnérien inexpugnable* ». Ouvrage de synthèse de la pensée et l'art du maître de Bayreuth à travers sa vie et son œuvre. Cet ouvrage fut mis en forme par Henri de Curzon et parut à titre posthume.

FRANCFORT (Didier)

Le Chant des nations. Musique et culture en Europe, 1870 - 1914.
Paris, Hachette Littératures, 2004, 462 p.
Un chapitre bref « Wagnérisme et folklorisme : des passions européennes » (pp. 360-368), traitant de l'ascension du wagnérisme comme thématique nationaliste, à la fin du XIXème siècle, qui aurait mérité un développement plus substantiel.

FRESON (Jules-G.)

Bayreuth. Un pèlerinage d'Art. (Extrait de la « Revue de Belgique » avec de nombreuses corrections et notables additions).
Paris, Fischbacher, 1890, 42 p.
Ouvrage non consulté.

Essais de philosophie de L'Art. L'Esthétique de Richard Wagner.
Paris, Fischbacher, 1893, 2 vol. 273 et 283 p.
Il y est question de tout, excepté de l'esthétique de Richard Wagner, sauf dans l'introduction et le chapitre final. Il s'agit plutôt d'une critique de l'œuvre wagnérienne.

L'Evolution du lyrisme et l'œuvre de Richard Wagner.
Paris, Fischbacher, 1895.
Ouvrage non consulté.

FRYDMAN (Sarah)
Cosima Wagner. La Symphonie du destin. Roman.
Paris, Sylvie Messinger, 1983, 322 p.
Biographie « romancée », qui s'interrompt à la mort de Wagner.

FUCHS (Henriette)
L'Opéra et le drame musical d'après l'œuvre de Richard Wagner.
Paris, Fischbacher, 1887, 357 p.
L'auteur (1841 - 1927), cantatrice amateur, fondatrice avec Charles-Marie Widor de la chorale « La Concordia », livre dans une première partie un bref exposé des théories de Wagner et de la critique de ses drames lyriques. La seconde partie est l'étude du système wagnérien et de sa différence avec l'opéra traditionnel. Ces deux exposés sont restreints à des citations tirées de la *Lettre sur la Musique*. C'est Henriette Fuchs qui avait fait connaître Ernest van Dyck dans son salon lors de ses premiers pas dans la capitale française en 1883, en chantant avec lui le duo de La Walkyrie.

FURTWÄNGLER (Elisabeth)
Wilhelm Furtwängler. Traduit de l'allemand par Michel Cresta. Discographie établie par Henri-Jean Testas.
Paris, J.C. Lattès, 1983, coll. « Musique et musiciens », 227 p., index
Souvenirs de la veuve du chef d'orchestre. A lire : « Richard Wagner » (pp. 67-83).

Pour Wilhelm. Traduit de l'allemand par Michel Cresta. Préface de Daniel Barenboïm. Postface de Georg Alexander Albrecht. Suivi d'une correspondance inédite (1941 - 1954).
Paris, L'Archipel, 2004, 215 p., 8 pages de planches photographiques, index
Réédition du texte précédent, augmentée d'une préface et postface.

FURTWÄNGLER (Wilhelm)
Entretiens sur la musique. Traduction de J.-G. Prod'homme et Fred Goldberg.
Paris, Albin Michel, 1953, 161 p.
Réimpression en 1979.

Musique et verbe. Traduction de Jacques et Jacqueline Feschotte.
Paris, Albin Michel, 1963, 205 p., illustrations en noir h.-t.
Réunion et traduction par Jacques Feschotte sous ce titre de quelques textes de *Ton und Wort* (*Musique et verbe*) et de *Vermächtnis* (*Testament*).

Autre édition :
Musique et verbe. Préface de Georges Schneider. Traduction de Jacques et Jacqueline Feschotte.
Paris, Albin Michel/Hachette, coll. « Pluriel », 1979, 413 p., index
Réimpression en 1987.
Recueil composé pour moitié de textes inédits en français (traduits par Jean Malignon), extraits de *Ton und Wort* et de *Vermächtnis*, où figurent également les célèbres *Entretiens sur la musique*, retenus par Jacques Feschotte, mais dans une traduction entièrement révisée par Bernard Goldschmidt. Cet ouvrage permet de découvrir l'itinéraire artistique et intellectuel d'un interprète (1886 - 1954) dont la capacité d'évocation ne parait pas avoir été dépassée. Il y est évidemment souvent question de Wagner, et plus particulièrement dans quatre textes (pp. 207-264) : « Notes sur la Tétralogie » (1919), « Le Cas Wagner, critique du livre de Nietzsche » (1941), « La Leçon de Hans Sachs » et « Considérations sur l'union de l'art et du peuple » (1944).

GABRIEL (Francis)
Richard Wagner. Le Chant de l'inconscient.
Paris, Anthropos, 1998, coll. « Psychanalyse et pratiques sociales », 182 p.
Etude psychanalytique des œuvres wagnériennes à travers leur musique, leurs mots et leurs chants. Travail complexe tiré d'une thèse de doctorat de médecine (*Approche psychanalytique du rôle de la création chez Richard Wagner et de ses rapports avec la jouissance.* Strasbourg I, 1996).

GADOFFRE (Gilbert)
Claudel et le héros wagnérien.
In : **DOERTENBACH (Ulrich) - MAERZ (Karl August) - SCHENK (Fritz) - WAIS (Kurt) [éd.]** : Paul Claudel zu seinem Hundersten Geburtstag. Sonderdruck der Reihe Deutschland-Frankreich. Ludwigsburger Beiträge zum Problem der Deutsch-Französischen Beziehungen. Herausgegeben von Deutsch-Französischen Institut, Ludwigsburg.
Stuttgart, Deutsche Verlags-Anstalt, 1970, pp. 161-172 [d'un vol. de 206 p.]

GAHIER (Joseph)
Richard Wagner, sa vie, son œuvre, sa réforme musicale. Conférence prononcée à la salle des Beaux-Arts le 29 avril 1894.
Nantes, L. Mellinet et Cie, 1894, 39 p.
Ce président de la Société académique de Nantes prononce une conférence classique, sans génie, sans illustration musicale. La transcription comporte plusieurs fautes d'orthographe pour les personnages : mauvais signe...

GAILLARD (Paul-André)
L'Anneau du Nibelung. Essai pour la compréhension d'un chef d'œuvre.
Paris, Editions E.G.P., 1977, 141 p., illustrations en noir h.-t.
Ensemble de contributions érudites, qui reprennent une partie des textes publiés dans les programmes du festival de Bayreuth et des conférences prononcées pour le Cercle romand Richard Wagner.

Wagner et l'esprit de la révolution.
S.l. (Lyon), s.d. (1990), 21 p.
Publication du Cercle Richard Wagner de Lyon. Tirage à petit nombre d'une conférence prononcée pour le Cercle romand Richard Wagner le 15 octobre 1989.

L'As de Pique et le Sept de cœur ou l'opéra à l'envers. Passes variées sur une donne connue.
Nanterre, Académie européenne du livre, 1990, 271 p.
Recueil de souvenirs et d'anecdotes de l'ancien chef des chœurs du Grand Théâtre de Genève (1922-1992) fervent admirateur et connaisseur de Wagner. Ce dernier y est évoqué par endroits.

GALARD (Jean) - ZUGAZAGOITIA (Julian) [éd.]
L'Oeuvre d'art totale.
Paris, Editions Gallimard - Musée du Louvre, 2003, coll. « Art et artistes », 207 p., nombreuses reproductions en noir in-t., index
Ouvrage issu d'un cycle de conférences organisé à Paris par le musée du Louvre du 21 janvier au 11 mars 2002 et à New York par le Salomon R. Guggenheim Museum du 16 avril au 28 mai 2002. Celles-ci ne concernent pas seulement Wagner, mais rendent tout de même à César... Voir notamment : « Nietzsche, Wagner et la nostalgie de l'œuvre d'art totale » (pp. 11-34) de Glenn W. Most et, d'Eric Michaud : « Œuvre d'art totale et totalitarisme » (pp. 35-65). [Ces deux textes sont repris par leur nom d'auteur dans la présente bibliographie.]

GALLOIS (Jean)
Richard Wagner.
Lyon, Eise, 1962, coll. « Nos amis les musiciens », 123 p.
Petit ouvrage qui n'apporte rien de particulier (tout en empruntant sans doute à beaucoup d'autres...). Mais il est bien évident que dans une telle collection intitulée « Nos amis les musiciens », on ne peut pas s'attendre à quelque chose de remarquable.

GANSNER (Hans-Peter)
La Montagne Wagner. Quatre tentatives d'ascension. Das Wagner-Gebirge. Vier Besteigungs - Versuche. Quatre conférences dans le cadre du Cercle romand Richard Wagner 1991 - 2000.
Genève, Slatkine, 2001, 224 p.
Il s'agit des textes (en français et en allemand) de quatre conférences prononcées dans le cadre du Cercle romand Richard Wagner par un dramaturge, romancier, poète et traducteur né en Suisse en 1953 : *Epées de bois et sang théâtral* (mai 1991) : évocation historique de festivals helvétiques, sans lien particulier avec Wagner. *Richard Wagner et l'anarchisme* (novembre 1994) : variations sur les influences possibles de Bakounine, Proudhon et Stirner sur Wagner. Ce dernier, selon le conférencier, aura été davantage une personnalité anarchiste qu'il n'en aura été un idéologue. *L'Image de Wagner dans l'œuvre de Nietzsche* (s.d.) : rien de nouveau sur la question. *Les Wagner et le pouvoir* (mars 1999) : rapide revue du pouvoir sur le festival de Bayreuth et les interrogations actuelles.

GARNIER (Edouard)
Théâtre de la Renaissance. Concert d'été. Ouverture de Rienzi. Richard Wagner. (Feuilletons du « Phare de la Loire » des 18, 19, 20, 21 juillet 1869).
Nantes, Imprimerie de Mangin, 1869, 68 p.
Ouvrage non consulté.

GASPÉRINI (Auguste de)
Gaspérini (1823 - 1868), ancien médecin de la Marine, n'exerçant pratiquement plus, était critique et chroniqueur musical. Il avait connu Hans von Bülow à Baden-Baden. C'est ainsi qu'il avait été recommandé à Wagner. Il fut, pendant le séjour de 1860, l'un des plus intimes amis parisiens de Wagner. Jusqu'à sa fin prématurée en 1868, il se révéla un infatigable zélateur de la cause wagnérienne. Il publia un article enthousiaste sur Wagner dans *Le Courrier du dimanche* du 22 janvier 1860. Il publia également un compte rendu du premier concert le 29 janvier et le 12 février 1861, qui contient une analyse soigneuse de chaque morceau du programme.

La Nouvelle Allemagne musicale. Richard Wagner. Etude publiée par Le Ménestrel.
Paris, Heugel et Cie, 1866, 172 p.
Publication débutée dans *Le Ménestrel* (25 juin au 30 juillet et du 10 septembre au 22 octobre 1865) qui parut en volume l'année suivante. Peu de commentateurs signalent que c'est, avec celui de Baudelaire, avant l'article de 1869 de Schuré, l'ouvrage le plus important, le plus favorable et le mieux informé qui ait paru sur Wagner et ses théories à cette époque La première partie est consacrée à une biographie détaillée de Wagner. Les deux autres parties concernent l'appréciation qu'a rencontrée dans la presse française l'œuvre de Wagner, l'exposé des théories wagnériennes ainsi que l'examen critique de ses ouvrages de Rienzi à Tristan et Isolde. On consultera avec intérêt les souvenirs de Gaspérini ainsi que le récit du séjour parisien de Wagner de 1859 à 1861 (pp. 49-66). Etude intelligente qui est une excellente mise en lumière de la pensée wagnérienne.

La Saison musicale par une réunion d'écrivains spéciaux. 1866. Première année.
Paris, Achille Faure, 1867, III-208 p.
Il s'agit de divers textes de Léon Escudier, Ed. Neukomm, A Pugin et E. Thoinan. On y trouve un article sur Tristan publié à l'occasion de la création munichoise de 1865. Gaspérini y raconte la genèse de l'œuvre, l'histoire des déboires de l'auteur, la mise à l'étude successive de la partition à Vienne et à Munich et l'influence des théories de Schopenhauer sur la création de Wagner. Son appréciation sur l'œuvre diffère peu des jugements déjà formulés dans *La Nouvelle Allemagne musicale.*

Almanach des musiciens de l'avenir avec Les Deux Grenadiers de Richard Wagner et Les Regrets de Beethoven.
Paris, Librairie du Petit Journal, 1867, 72 p.
L'ouvrage contient un hommage à Richard Wagner dont est reproduit intégralement le lied « Les Deux Grenadiers » (1840) ainsi qu'un article sur les rapports de Wagner avec Edmond Roche (premier traducteur du Tannhäuser).

GAUDEFROY-DEMONBYNES (Jean), voir : CHANTAVOINE (Jean)

GAULMIER (Jean)
Gobineau et Wagner : essai de mise au point.
In : **BENOIST (Alain de) [éd.]** : Richard Wagner 2. Nouvelle Ecole. Numéro spécial. N° 31-32 - Mars 1979.
Paris, Copernic, 1979, pp. 79-89 [d'un vol. de 239 p.], nombreuses illustrations en noir in-t. et h.-t.
L'auteur (1905 - 1997), fut le directeur de publication des *Œuvres Complètes* de Gobineau (La Pléiade), en collaboration avec Jean Boissel (voir à ce nom).

GAUTHIER (André)
Wagner.
Paris, Hachette, 1969, coll. « Classiques de la musique », 93 p., quelques illustrations en noir in-t.
Ouvrage scolaire.

GAUTHIER-VILLARS (Henry) [dit WILLY]
- Lettres de l'Ouvreuse, par l'Ouvreuse du Cirque d'été. Voyage autour de la musique.
Paris, Léon Vanier, 1890, II-282 p.
- Bains de sons, par l'Ouvreuse du Cirque d'été.
Paris, H. Simonis Empis éditeur, 1893, 320 p.
- La Marche des croches, par l'Ouvreuse du Cirque d'été.
Paris, Fischbacher, 1894, 315 p.
- Entre deux airs, par l'Ouvreuse du Cirque d'été
Paris, E. Flammarion, 1895, 319 p.
- Notes sans portées, par l'Ouvreuse du Cirque d'été.
Paris, E. Flammarion, 1896, 277 p., portrait
- Accords perdus, par l'Ouvreuse du Cirque d'été
Paris, H. Simonis Empis éditeur, 1898, 263 p., portrait
- La Colle aux quintes, par l'Ouvreuse du Cirque d'été.
Paris, H. Simonis Empis éditeur, 1899, 274 p.
- Garçon d'audition ! par l'Ouvreuse du Cirque d'été.
Paris, H. Simonis Empis éditeur, 1901, 301 p.
- La Ronde des Blanches, par l'Ouvreuse du Cirque d'été.
Paris, Librairie Molière, 1901.
- Propos d'ouvreuse par Henry Gauthier-Villars (Willy). Avec le portrait de l'auteur, bois gravés et dessinés par Robert Barriot. Introduction de Georges Lecomte.
Paris, Les Editions Henry - Parville, 1925, 146 p., front.
Autre édition : Propos d'ouvreuse. Avec le portrait de l'auteur. Bois gravés et dessinés par Robert Barriot et deux lettres-préfaces de Colette.
Paris, Les Editions Martine, 1928, 146 p.
Tirage à 800 exemplaires sur vélin alpha numérotés.

L'auteur (1859 - 1931), qui fut l'époux de Colette, publia une douzaine de recueils consacrés aux concerts parisiens d'octobre 1889 à 1901, reprenant les critiques musicales écrites, souvent en collaboration dans les années 1889 - 1890 avec Alfred Ernst, dans *Art et critique, revue littéraire, dramatique, musicale et artistique* et *L'Echo de Paris*, sous la signature « L'Ouvreuse du Cirque d'été » puis de « L'Ex-Ouvreuse du Cirque d'été ». Passionné de musique wagnérienne, Willy nous livre des comptes rendus spirituels et compétents des concerts dominicaux. Ecrits dans un style inimitable, accumulant les calembours, ces recueils sont un précieux témoignage, au jour le jour, de la vie musicale parisienne, dominée en cette Belle Epoque par Wagner. Willy donne une description vivante des chefs d'orchestre, Lamoureux et Colonne. Musiciens, chanteurs, mise en scène et public (en bon chroniqueur mondain, il cite également les nobles auditeurs non sans les égratigner quelque peu au passage) sont passés au crible par cette impitoyable « Ouvreuse ». Nous ne citerons pas l'ensemble des références à Wagner, car à l'exemple de l'index qui figure à l'issue de son recueil *Lettres de l'Ouvreuse*, où Willy indique Wagner : « *partout* », nous nous dispensons ainsi de relever les innombrables pages auxquelles le nom du compositeur est cité.

GAUTIER (Henri)
Parsifal.
Paris, Nouvelle Bibliothèque populaire, s.d. (1891), N°225, paginé 217-252.
Deux parties : « Wolfram d'Eschenbach et son Parsifal », « Richard Wagner et son Parsifal ».

GAUTIER (Judith)
Judith Gautier (1845 - 1917), fille de Théophile Gautier et de la cantatrice Ernesta Grisi, eut son enfance placée sous le signe des lettres et des arts. Son mariage avec le poète Catulle Mendès fut bref et malheureux. Ecrivain prolifique (roman, nouvelle, poésie, essai, théâtre), elle collabora à un grand nombre de journaux et de revues, sous des noms divers, pendant près de quarante ans. « *La liste de ses articles formerait à elle seule tout un volume et rien ne pourrait affirmer qu'elle soit complète* » (Richardson). Nous n'avons donc pas repris dans le présent travail les nombreux articles de critique musicale parus jusqu'au début du XXème siècle. Très tôt initiée au monde oriental, ses traductions de poésies chinoises et des œuvres de fiction à cadre chinois, indien ou japonais eurent un grand succès. Elle fut très admirée par Victor Hugo et par Richard Wagner. Elle devint très proche de ce dernier, lui rendant visite à Tribschen et à Bayreuth. Elle fut la marraine de son fils Siegfried, et participa aux premiers festivals de 1876 et 1882. A Paris, Judith Gautier organisa des « *soirées wagnériennes* » dans le vaste atelier de Nadar, puis dans les années 1890 des représentations du Ring avec des marionnettes à son domicile de la rue de Washington : ces séances furent appelées par Henri de Régnier le « *Bayreuth lilliputien* ». Le pianiste Louis Benedictus y dirigeait des réductions pour quatre pianos du Vaisseau Fantôme, de Tristan et Isolde et de la Tétralogie. Retirée dans sa maison près de Dinard, son amie Suzanne Meyer-Zundel (voir à ce nom) fut le soutien de ses dernières années.

Richard Wagner et son œuvre poétique depuis Rienzi jusqu'à Parsifal.
Paris, Charavay Frères, 1882, 190 p., front., un fac-similé dépliant
Bonne et brève analyse des drames. La partie inédite est la première qui pourrait s'intituler « Wagner intime ». Visant à faire connaître l'œuvre de Wagner en France,

l'ouvrage contient également des éléments autobiographiques, à savoir : le chapitre intitulé : « Naissance de ma foi wagnérienne », ainsi que les souvenirs consacrés au second séjour à Tribschen en 1870 puis à Bayreuth en 1876 et 1881 (ces derniers seront développés et repris dans *Le Collier des jours*).

Le Collier des jours. Souvenirs de ma vie.
Paris, Félix Juven, s.d. (1902), 286 p.
Réimpressions successives (sixième édition en 1910)
Autre édition :
Le Collier des jours. Souvenirs de ma vie. Préface de Denise Brahimi
Saint-Cyr-sur-Loire, C. Pirot, 1994, coll. « Autour de 1900 », 230 p.

Le Second rang du collier. Souvenirs littéraires.
Paris, Félix Juven, s.d. (1907), 336 p.
Réimpressions successives.
Autre édition :
Le Second rang du collier. Souvenirs littéraires. Préface d'Agnès de Noblet.
Paris et Montréal, L'Harmattan, 1999, coll. « Les Introuvables », 336 p.
Reproduction en fac-similé de l'édition originale.

Le Troisième rang du collier.
Paris, Félix Juven, 1909, 272 p.
Réimpressions successives. Il y eut cinq éditions l'année de sa publication.
L'ouvrage parut préalablement en feuilleton dans *La Revue de Paris* (1er, 15 février, 1er mars, 1er et 15 avril, 1er mai 1909). Célèbre chronique qui donne un récit très vivant des moments que Judith Gautier et ses deux compagnons (Catulle Mendès et Villiers de l'Isle-Adam) ont partagés avec la famille Wagner à Tribschen en juillet 1869 puis à Munich pour les représentations de L'Or du Rhin. Récit d'un ton vivant et direct qui nous permet de pénétrer directement dans l'intimité du Maître. Malgré cette apparence de spontanéité, il s'agit de souvenirs personnels, que l'auteur rédigea 40 ans plus tard, mais aussi d'un habile tissage de textes provenant de sources diverses (lettre de Villiers de l'Isle-Adam à Jean Maurras, souvenirs de Catulle Mendès, morceaux épars de la correspondance avec Cosima). L'auteur réalise par ailleurs le tour de force de rédiger ses souvenirs sans indication chronologique et omet de citer le nom de son second compagnon de voyage, Catulle Mendès, dont elle s'était séparée depuis longtemps.

Autres éditions :

- Auprès de Richard Wagner. Souvenirs (1861 - 1882). Avant-propos par Gustav Samazeuilh.

Paris, Mercure de France, 1943, 248 p., front., quatre planches h.-t., fac-similé
Réédition du *Troisième rang du collier* auxquels s'ajoutent les extraits contenant des éléments autobiographiques du *Richard Wagner et son œuvre poétique*, à savoir : « Naissance de ma foi wagnérienne », puis « Lucerne (1870) » et « Bayreuth (1876 - 1881) ». In-fine, réédition du texte *Les Grandes et petites querelles de Richard Wagner*, publié dans *Le Temps* du 23 février 1914, sous le titre « Histoire d'une collaboration »,

curieuse chronique sur la correspondance de Judith avec le compositeur au moment où elle traduisait en français le poème de Parsifal.

• Visites à Richard Wagner. Edition présentée par Christophe Looten.
Paris, Le Castor Astral, 1992, coll. « Les Inattendus. », 185 p., front.
Réédition augmentée d'un appareil critique et sous un titre plus explicite du *Troisième rang du collier.*

GAUTIER (Théophile)
Ecrivains et artistes romantiques. Préface de Camille Mauclair.
Paris, Plon, 1929, coll. « Les Maîtres de l'histoire », 296 p., 17 planches h.-t., 11 vignettes en noir in-t.
On consultera les pages 283 à 293, qui reproduisent l'article consacré au Tannhäuser représenté à Wiesbaden, publié le 29 septembre 1857 dans *Le Moniteur universel* : « Théâtre ducal de Wiesbaden. Tannhäuser, grand opéra romantique en trois actes de M. Richard Wagner ». Il s'agit d'un curieux mélange d'appréciations enthousiastes et de réserves prudentes. L'auteur expose le sujet du poème et en apprécie les principaux morceaux.

La Musique.
Paris, Fasquelle, 1911, 310 p.
L'ouvrage reprend le texte précédent consacré à Tannhäuser (pp. 287-298) ainsi que l'article sur Rienzi publié le 12 avril 1869 (pp. 299-307). Il s'agit d'un feuilleton dithyrambique reproduit par sa fille dans *Le Troisième rang du collier.* Il manifeste un « wagnérisme » aussi ardent et convaincu qu'inattendu après l'article de 1857. Ce qui révèle bien son goût pour le genre périmé de l'opéra que Wagner réformait en le remplaçant par son drame musical.

GAVOTY (Bernard)
Au confluent du siècle musical : de Meyerbeer à Liszt.
In : Richard Wagner.
Paris, Hachette, 1962, coll. « Génies et Réalités », pp. 149-168 [d'un vol. de 302 p.], nombreuses photographies et illustrations en noir in-t et h.-t., 8 planches en couleur contrecollées h.-t.

Dix grands musiciens.
Paris, Gautier Languereau, 1962, 198 p.
Réimpressions successives.
Ouvrage à destination du jeune public. Un chapitre est consacré à Liszt et Wagner.

Alfred Cortot.
Paris, Buchet/Chastel, 1977, coll. « Musique », 316 p., cahier de 8 feuillets de reproductions en noir h.-t.
Réimpression en 1995.
L'auteur, organiste et critique musical (1908 - 1981), publie une biographie du célèbre pianiste et chef d'orchestre (1877 - 1962). Ce dernier fut aussi un grand wagnérien (voir

le chapitre « Où l'on se bat pour Wagner (1896 - 1903) » (pp. 53-93). Il fut assistant à Bayreuth en 1901et il dirigea la première française du Crépuscule des dieux en 1902.

GEFEN (Gérard)

Maison de musiciens. Textes de Gérard Gefen. Photographies de Christine Bastin et Jacques Evrard.

Paris, Edition du Chêne, 1997, 200 p., nombreuses reproductions photographiques en couleur in-t et h.-t.

Les pages de 69 à 75 sont consacrées à Wahnfried. Très belle iconographie.

GEFFROY (Gustave)

Notes d'un journaliste. Vie, littérature, théâtre.

Paris, Gustave Charpentier, 1887, 442 p.

L'auteur (1855 - 1926) reprend des articles parus dans le journal *La Justice* : « Richard Wagner à Paris (19 mars 1884) » et « Le Premier acte de Tristan et Yseult (28 mars 1884) » (pp. 421-438).

GEISSMAR (Berta)

Musique et politique. Traduit de l'anglais par Paule Hofer-Bury.

Paris, Albin Michel, 1949, 400 p.

Livre de souvenirs d'abord paru en anglais en 1944 et rédigé par la secrétaire (on dirait collaboratrice aujourd'hui...) de Wilhelm Furtwängler de 1921 à 1935, avant son exil forcé de « *non-aryenne* » en Angleterre. Le non-départ du grand « *Furt* » de l'Allemagne hitlérienne de 1933 à 1945 lui a été vivement reproché : c'est le thème d'une pièce de théâtre du britannique Harwood, *A torts ou à raisons*. L'ouvrage de Berta Geissmar est un témoignage de première main au quotidien qui permet de vérifier l'absence totale d'estime du « *chef* » pour le « *Führer* ». Le lien avec Wagner ? De nombreuses pages sur le festival de Bayreuth dans les années 1930 livrant une description historique et artistique qui se recoupe avec celle, plus intimiste, de la petite-fille de Richard, Friedelind Wagner, dans son *Héritage de feu*. Un éditeur serait bien inspiré de rééditer le présent ouvrage, depuis longtemps introuvable...

GEORGE (André)

Tristan et Isolde de Richard Wagner. Etude historique et critique. Analyse musicale.

Paris, Paul Mellottée, s.d. (1929)., coll. « Les Chefs d'œuvre de la musique expliqués », 238 p.

Bonne monographie pour l'analyse du poème et l'analyse musicale, développements plus inhabituels et intéressants sur la destinée de l'œuvre, bien qu'il soit regrettable que « la première » française soit seulement mentionnée en deux lignes...

GEROLD (Théodore)

Les Premiers Rapports de Richard Wagner avec Strasbourg.

L'Alsace française (numéro spécial : Le Cinquantenaire de la mort de Richard Wagner), 12 février 1933 ; Tome XXV - N°7 : pp. 129-131

Courte étude originale des séjours de Wagner en Alsace.

GILKIN (Iwan)

Mémoires inachevés : une enfance et une jeunesse bruxelloises, 1858 - 1878. Texte établi, présenté et annoté par Raymond Trousson.
S.l., Labor, 2000, coll. « Archives du futur », 436 p., 16 p. de planches

Le futur poète des *Ténèbres* (1858-1924), à peine âgé de 15 ans, assista à la première représentation à Bruxelles de Tannhäuser, le 20 février 1873. On en trouve une belle évocation dans ses mémoires (chapitre VI ; pp. 2-5). A la suite de cette soirée, « *la foi wagnérienne* » s'empara de lui. Il se fera un des plus ardents zélateurs du culte wagnérien. On a également tout lieu de croire qu'Iwan Gilkin fit son voyage à Bayreuth pour la création de Parsifal comme en témoigne un long article adressé à *La Jeune Belgique*. Plus tard, il publia de nombreux articles sur Wagner. Ils témoignent d'une vaste culture, et démontrent qu'il ne s'exprime pas en amateur, quelque éclairé qu'il pût être, mais en musicologue averti. Ils sont basés sur une connaissance approfondie de l'œuvre du Maître et étayés par de nombreuses citations judicieuses de Wagner lui-même.

Richard Wagner.
Revue moderne, février à mai 1882 ; Volume I - N° 3 à 6 : pp. 159-177, 236-248, 296-317 et 355-376.

Longue étude biographique et historique pour la revue de Max Waller.

L'Anneau du Nibelung.
Revue générale, 1er février 1883 ; Volume XXXVII : pp. 294-306.

Du 23 janvier au 1er février 1883, le théâtre itinérant d'Angelo Neumann vint donner la représentation en allemand de la Tétralogie à Bruxelles. Gilkin consacra à l'Anneau une étude très détaillée, qui met en exergue le rapport avec les représentations des tragédies d'Eschyle : « *Ce théâtre qui périt avec la Grèce ancienne, un homme l'a ressuscité* ».

GILLET (Louis)

Une inconnue de Richard Wagner
La Revue des Deux-Mondes, 1er octobre 1930 : pp. 582-603.

Récit tiré de la correspondance entre Wagner et Mathilde Maier entre 1862 et 1878. Il s'agit de la première publication partielle en français de ces lettres par Louis Gillet (1876 - 1943), écrivain, critique d'art, conservateur du musée Jacquemart-André et qui sera élu en 1935 à l'Académie française.

Theodor de Wyzewa et La Revue Wagnérienne.
La Revue des Deux-Mondes, 15 novembre 1934 : pp. 465-469.

Récit de la création de *La Revue Wagnérienne* à la lumière de l'ouvrage d'Isabelle de Wyzewa, qui venait de paraître cette année.

Rayons et ombres d'Allemagne.
Paris, Ernest Flammarion, 1937, 274 p.

Reportage d'un journaliste de *Gringoire*, dans l'Allemagne hitlérienne. Dans le dernier chapitre « A Bayreuth », l'auteur décrit quarante ans après sa première venue en ces lieux l'ambiance de casino avec son élégance, mais n'a pu supporter « *l'ennui et la bondieuserie en toc* » qui lui semblent émaner de Parsifal.

GIRARD (René)
La Voix méconnue du réel. Une théorie des mythes archaïques et modernes. Traduit de l'anglais par Bee Formentelli.
Paris, Bernard Grasset, 2002, 315 p.
Nouvelle édition au Livre de Poche en 2004.
L'ouvrage est un recueil de textes extraits de diverses revues et publications entre 1978 et 1997. Un chapitre intitulé « Le Surhomme dans le souterrain. Les stratégies de la folie : Nietzsche, Wagner et Dostoïevski » (pp. 107-148) est la reprise d'un texte paru aux Etats-Unis en 1978, puis dans la revue *Esprit* (N°6 - juin 1995). Archiviste-paléographe de formation, né en 1923, professeur de littérature française à l'Université de Stanford pendant de longues années, académicien français depuis fin 2005, universellement connu depuis *Mensonge romantique et vérité romanesque* (1961), René Girard utilise ici, assez brièvement, son fameux « *processus mimétique* » dans l'histoire de la relation de Nietzsche avec Wagner.

GIROUD (Françoise)
Cosima la sublime.
Paris, Fayard - Plon, 1996, 281 p., cahier de 4 feuillets de reproductions h.-t.
Réimpression en format « poche » chez Pocket en 1998.
Biographie « romancée » avec de nombreux emprunts et souvent littéraux, à celle de Martin Gregor-Dellin, écrite dans un style médiocre, « *ironique et racoleur ». Wagner y est caricaturé avec méchanceté d'un bout à l'autre de l'ouvrage de façon à rendre sa personnalité la plus antipathique possible* » (Fantin-Epstein). On lui doit néanmoins le « scoop » de l'existence d'un enfant naturel de Siegfried qu'il avait eu avant son mariage avec Winifred...

GIULIANI (Elisabeth)
- Tannhäuser par écrits.
In : Tannhäuser. L'Avant-Scène Opéra, mai - juin 1984, N°63/64, pp. 20-25 [d'un vol. de 257 p.]
- Au miroir des écrits : une genèse intermittente.
In : Les Maîtres-chanteurs. L'Avant-Scène Opéra, janvier - février 1989, N °116/117, pp. 17-23 [d'un vol. de 257 p.]
- « Lohengrin » ou l'impossible représentation.
In : Lohengrin. L'Avant-Scène Opéra, janvier - février 1992, N°143/144, pp. 30-37 [d'un vol. de 256 p.]

GJELLERUP (Charles)
La Walkyrie de Richard Wagner, expliquée et commentée. Le Drame musical, le sujet et les sources auxquelles le compositeur a puisé. Le Rôle de l'amour dans La Walkyrie. Edition française, par M. S. Gourovitch.
Paris, Librairie H. Le Soudier, 1893, 83 p.
Etude dramatique et musicale typique de la fin du XIXème siècle. « *L'analyse du drame est bonne. L'étude finale sur l'Amour dans La Walkyrie est moins bien venue* » (Dauriac).

GLUCKSMANN (André)
Les Maîtres Penseurs.
Paris, Grasset, 1977, 324 p.
Ouvrage de géopolitique sur la pensée et la révolution. A lire quelques pages sur le Ring : « Siegfried sans le savoir » (pp. 37-70) et « L'Opéra final » (pp. 281-286).

GODEFROID (Philippe)
Le Jeu de l'écorché. Dramaturgie wagnérienne.
Paris, Papiers, 1986, 183 p.
Ouvrage original écrit par le spécialiste actuel le plus complet en France de l'œuvre de Wagner (journaliste, musicologue, écrivain, administrateur de théâtre, metteur en scène). Pour comprendre la mécanique du théâtre de l'avenir. « *Son style est ardu, mais sa pensée, toujours originale et stimulante, constitue le meilleur remède contre clichés et stéréotypes* » (Merlin). Rare tentative d'établir une dramaturgie wagnérienne exhaustive. Malgré la diversité des angles d'approche, la conclusion est univoque : le drame wagnérien repose sur une implacable nécessité qui mène tout droit à la catastrophe. L'auteur met en lumière des rapports très complexes entres les personnages et des caractéristiques propres à chacun d'eux, ce qui permet de dégager également des constantes dans les caractères wagnériens.

Wagner, l'opéra de la fin du monde.
Paris, Gallimard, 1988, coll. « Découvertes », 159 p., très nombreuses illustrations en noir et couleur in-t et h.-t., index
Livre de vulgarisation, rapide à lire et richement illustré. Une référence dans le genre.

Les Opéras imaginaires. Traductions et analyses de Philippe Godefroid. Avant-propos d'Alain Satgé.
Paris, Librairie Seghier, 1989, 601 p.
Première traduction française intégrale des livrets, esquisses et projets de Wagner n'ayant jamais été mis en musique. Celle-ci est accompagnée d'un commentaire critique de première qualité faisant appel aux nombreux essais théoriques ainsi qu'aux écrits autobiographiques non traduits en français. Le commentaire est souvent complexe mais d'une grande érudition. Ouvrage fondamental pour la connaissance de la dramaturgie wagnérienne. Un deuxième tome qui se serait intitulé « Du wagnérien dans l'humain, une approche anthropologique » n'est pas encore paru, faute d'éditeur...

[Articles]
- Le Vent ou la vie.
In : Le Vaisseau Fantôme. L'Avant-Scène Opéra, novembre - décembre 1980, N°30, pp. 100-101 [d'un vol. de 170 p.]
- Karéol, ou comment Parsifal se souvint de Tristan.
In : Tristan et Isolde. L'Avant-Scène Opéra, juillet - août 1981, N°34/35, pp. 172-175 [d'un vol. de 287 p.]
- Entre Walhall et Montsalvat, histoire du Festspielhaus de Bayreuth.
In : Tristan et Isolde. L'Avant-Scène Opéra, juillet - août 1981, N°34/35, pp. 250-267 [d'un vol. de 287 p.]

- Relire Parsifal.
In : Parsifal. L'Avant-Scène Opéra, janvier - février 1982, N°38/39, pp. 29-33 [d'un vol. de 260 p.]
- Parsifal et Bayreuth : les avatars d'une exclusivité.
In : Parsifal. L'Avant-Scène Opéra, janvier - février 1982, N°38/39, pp. 154-155 [d'un vol. de 260 p.]
- Adolphe Appia et la mise en scène du drame wagnérien.
In : Parsifal. L'Avant-Scène Opéra, janvier - février 1982, N°38/39, pp. 162-167 [d'un vol. de 260 p.]
- Relire Tannhäuser.
In : Tannhäuser. L'Avant-Scène Opéra, mai - juin 1984, N°63/64, pp. 120-126 [d'un vol. de 257 p.]
- La Genèse des Maîtres-chanteurs ou comment écrire un mythe historique.
In : Les Maîtres-chanteurs. L'Avant-Scène Opéra, janvier - février 1989, N °116/117, pp. 4-16 [d'un vol. de 257 p.]
- Tristan *et* Isolde.
In : Tristan et Isolde. L'Avant-Scène Opéra. Nouvelle édition.
Paris, Première Loges, mars 2002, pp. 144-149 [d'un vol. de 207 p.]
Série de neuf articles érudits de la même veine que les deux ouvrages majeurs de l'auteur, cités précédemment.

GOLDET (Stéphane)
- Wagner et le manichéisme.
In : Tannhäuser. L'Avant-Scène Opéra, mai - juin 1984, N°63/64, pp. 144-146 [d'un vol. de 257 p.]
- Navigation tétralogique.
In : L'Or du Rhin. L'Avant-Scène Opéra. Nouvelle édition.
Paris, Premières Loges, novembre 1992, pp. 128-131 [d'un vol. de 190 p.]

GOLÉA (Antoine)
Wagner au miroir de ses héros.
In : Richard Wagner.
Paris, Hachette, 1962, coll. « Génies et Réalités », pp. 59-82 [d'un vol. de 302 p.], nombreuses photographies et illustrations en noir in-t et h.-t., 8 planches en couleur contrecollées h.-t.
Ce texte a été reproduit sous le même titre dans le programme du festival de Bayreuth (BFP, Siegfried, 1966, pp. 12-23).

Entretiens avec Wieland Wagner.
Paris, Pierre Belfond, 1967, 220 p., index
Reproduction des entretiens qui ont eu lieu à Bayreuth en juin 1966 quelques jours avant le début de la maladie et le décès en octobre de Wieland Wagner. Ils permettent de situer parfaitement le problème de la rénovation de la mise en scène wagnérienne liée à la réouverture du festival. Les propos sont malheureusement gâtés par la trivialité des questions de l'interviewer.

GOS (Charles)
Voyageurs illustres en Suisse. Dessins au lavis originaux par Frédéric Traffelet. Préface de M. Giuseppe Motta.
Berne, Edition du Pavillon Suisse, 1937, VIII-119 p., 25 planches, index
Parmi ces voyageurs se trouve bien évidement Richard Wagner. Ouvrage bibliophilique réputé.

GOT (Edmond)
Journal d'Edmond Got, sociétaire de la Comédie française (1822 - 1901). Publié par son fils Médéric Got. Préface d'Henri Lavedan.
Paris, Plon, 1910, 2 vol. VIII-34 et 324 p., deux front.
Souvenirs d'un artiste dramatique (1822 - 1901), sociétaire à la Comédie française depuis 1850, spécialiste des valets du théâtre classique, essentiels pour la vie théâtrale et artistique sous le Second Empire. Quelques lignes sur l'accueil « *inhospitalier* » du Tannhäuser à Paris. « *Les sifflets, en tout cas, sont une musique plus bête que la sienne* » (II., pp. 17-18).

GOUBAULT (Christian)
Parsifal devant la critique française jusqu'en 1914.
In : **BAILBÉ (Joseph-Marc) [éd.]** : Bayreuth à Rouen. Images de R. Wagner.
S.l.n.d., (1983), pp. 67-87 [d'un vol. de 149 p.]

La Critique musicale dans la presse française de 1870 à 1914.
Genève et Paris, Editions Slatkine, 1984, 475 p., index
Ouvrage tiré d'une thèse de musicologie soutenue sous le titre : *Histoire de la critique musicale en France de 1870 à 1914 : sa place dans l'évolution de la musique* (Paris IV, 1982). L'auteur a réalisé un travail considérable de dépouillement de journaux, revues, ouvrages et archives avec la fourniture de très nombreuses citations qu'il est difficile de trouver isolément ailleurs. Tel quel c'est un ouvrage de référence de premier plan pour la période étudiée (chapitre : « L'Oeuvre de Richard Wagner en France », pp. 213-276). Cette dernière correspond à celle où s'est manifesté le phénomène du wagnérisme en France. De ce fait l'index des noms de personnes citées rend de grands services, notamment pour trouver des biographies de critiques musicaux plus ou moins oubliés.

Décentralisation de l'art lyrique à Rouen.
In : **LESURE (François) [éd.]** : Centre d'art, esthétique et littérature. Regards sur l'opéra : du « Ballet comique de la Reine » à l'opéra de Pékin. Quatrième journée d'études de la Société française de musicologie, 5-7 septembre 1975, Rouen. Université de Rouen, Centre d'art, esthétique et littérature.
Paris, Presses Universitaires de France, 1976, coll. « Publications de l'Université de Rouen ; 35. Série littéraire », pp. 45-85 [d'un vol. de 259 p.]
Se rapporter à la partie B de ce chapitre, « Une scène wagnérienne » (pp. 71-76). C'est à Rouen qu'eut lieu février 1891 la représentation de Lohengrin après celle (parisienne), unique et houleuse, de l'Eden-Théâtre en 1887, ainsi que la première de Siegfried en février 1900.

Vocabulaire de la musique romantique.
Paris, Minerve, 1997, coll. « Musique ouverte », 239 p., index
De nombreuses références à Wagner (Tétralogie, drame musical...)

Claude Debussy. La Musique à vif.
Paris, Minerve, 2002, coll. « Musique ouverte », 236 p., index
Un chapitre « Après Wagner et non pas d'après Wagner » (pp. 170-179) qui montre comment Pelléas concentre en lui tous les problèmes de la textualité de « *l'après-Wagner* » et la difficulté à parvenir à cette « *connexion entre le mouvement scénique et le mouvement musical* ».

Debussy et la séduction de Parsifal : le cœur davantage que la raison.
In : Parsifal. L'Avant-Scène Opéra. Nouvelle édition.
Paris, Premières Loges, mars 2003, pp. 128-133 [d'un vol. de 223 p.]

GOUIFFÈS (Anne-Marie)
La Réception des livrets français de Lohengrin (1891) et d'Othello (1894) lors de leur création à l'Opéra de Paris. Enjeux politiques et Esthétiques.
In : **MARSCHALL (Gottfried R.) [éd.]** : La Traduction des livrets. Aspects théoriques, historiques et pragmatiques.
Paris, Presses de l'Université de Paris - Sorbonne, 2004, coll. « Musique/Ecriture », pp. 455-466 [d'un vol. de 662 p.], fac-similés
Extrait des actes du colloque international tenu en Sorbonne les 30 novembre, 1er et 2 décembre 2000.

GOUJON (Jean-Paul)
Pierre Louÿs et Wagner (avec six lettres inédites).
Littératures, printemps 1988 ; N°18 : pp. 151-170.
Jean-Paul Goujon est l'auteur d'une biographie de l'écrivain : *Pierre Louÿs, une vie secrète (1870 - 1925).* (Paris, Fayard, 2002, 872 p.). Il nous livre ici six lettres inédites de Pierre Louÿs évoquant son wagnérisme, qui fut très prononcé.

GOUNOD (Charles)
Richard Wagner.
La Revue de Paris, 1er Mai 1905 ; N°9 : pp. 1-13.
On sait comment Wagner jugeait Gounod : « *Un artiste d'extérieur fort aimable, et d'intentions honnêtes, mais sans aucun don supérieur* » (lettre à Mathilde Wesendonck du 11 novembre 1859, huit mois tout juste après Faust...). Cet article est une étude sur Richard Wagner, artiste, qui reprend le jugement que Gounod portait sur l'homme, tout en dressant une critique de la valeur de son système. Postérieures à la mort de Wagner, il est infiniment probable que ces pages furent écrites, par un élan de généreuse impartialité, en 1887, lors du scandale de la création française de Lohengrin. Patriote, mais artiste aussi, d'esprit libéral et de cœur généreux, - indépendant d'ailleurs, devant Wagner lui-même comme devant la foule, - Gounod sera resté jusqu'au bout « *l'homme tendre, bon et pur* » de 1860 (lettre de Wagner à Mathilde du 3 mars 1860).

GRACQ (Julien)
Lettrines I.
Paris, Librairie José Corti, 1967, 251 p.

En lisant, en écrivant.
Paris, Librairie José Corti, 1980, coll. « Rien de commun », 302 p.

Carnets du grand chemin.
Paris, Librairie José Corti, 1992, 308 p.

Œuvres Complètes. Tome II (Un balcon en forêt, Lettrines, Lettrines 2, La Presqu'île, Les Eaux étroites, En lisant en écrivant, La Forme d'une ville, Autour ses sept collines, Carnet du grand chemin). Edition établie par Bernhild Boie avec, pour ce volume, la collaboration de Claude Dourguin.
Paris, Gallimard, 1995, coll. « Bibliothèque de la Pléiade », XVIII-1756 p., index

Entretiens.
Paris, Librairie José Corti, 2002, 314 p.
L'écrivain (1910 - 2007), édité chez José Corti, mais qui fut l'un des premiers « pléïadisés » de son vivant, a souvent, dans ses essais critiques, mentionné Wagner (avec Verne, Poe, Stendhal et Breton) comme « *un des intercesseurs et éveilleurs* » de son imaginaire. Ses principales réflexions et commentaires sur ce créateur figurent dans *Lettrines 1* : « *La musique de Wagner est une technique instinctive du spasme, la reprise monotone, fiévreuse, intolérable, juste au défaut de l'âme, d'une passe acharnée* » (pp. 200-206), dans *En lisant, en écrivant*, dans son entretien avec Jean Carrière, en 1986 (pp. 123-124), mais il y a aussi une courte et fine analyse du Vaisseau Fantôme dans *Carnets du grand chemin* (pp. 223-224). Sa pièce de théâtre, *Le Roi pêcheur* (Paris, J. Corti, 1948), dérive plus des versions germaniques de *Parzival* et du *Parsifal* wagnérien que du *Perceval et Conte du Graal* de Chrétien de Troyes : on y trouve Amfortas, principal personnage, Perceval, Kundry, Clingsor. Quant à son récit *Au château d'Argol* (Paris, Librairie José Corti, 1938), il le présente comme « *une version démoniaque de Parsifal* ». [voir l'index détaillé de l'édition de la Pléiade au nom de Wagner, p. 1733]

GRAF (Max)
Le Cas Nietzsche-Wagner. Traduit de l'allemand par François Dachet et Marc Dorner. Postface de François Dachet.
Paris, Cahiers de l'Unebévue, 1999, 135 p., 9 gravures h.-t.
Réédition de la première partie de l'ouvrage paru en 1900 sous le titre *Wagner Probleme*. Dédiée à Gustav Mahler, cette étude sur le tournant des relations entre Nietzsche et Wagner a été écrite à l'orée du XXème siècle par un musicologue et critique musical viennois, collaborateur de Freud. L'analyse psychologique montre les personnages wagnériens marqués par le nihilisme de Schopenhauer, dont Nietzsche refuse, après Bayreuth, les conséquences artistiques et politiques. Cet essai tente d'expliquer comment ce n'est pas en homme malade que le philosophe délaissa Wagner,

mais qu'il tomba malade lorsqu'il rompit avec Bayreuth : « *C'est d'avoir vécu cet événement, qui ne cicatrisa jamais, qui resta toujours une plaie ouverte, que Nietzsche perdit tout son sang* ». Longue postface psychanalytique de François Dachet. Une des premières études - nombreuses à l'avenir - sur les relations entre les deux hommes.

GRAND-CARTERET (John)
Richard Wagner en caricatures. 130 reproductions de caricatures françaises, allemandes, anglaises, italiennes. Portraits, autographes (lettres et musiques). Dessins originaux de J. Blass, Moloch et Tiret-Bognet.
Paris, Larousse, s.d. (1891), 336 p., nombreuses planches in-t et h.-t., nombreux fac-similés
L'auteur (1850-1927) a regroupé de multiples reproductions de caricatures européennes et d'autographes (lettres et musique). L'ouvrage contient un inventaire des documents pour l'iconographie de Wagner (pp. 299-331) : parodies d'opéra, journaux à caricatures, bustes, médailles, objets, etc..., ainsi que la lettre de réponse de Richard Wagner à Gabriel Monod du 25 octobre 1876.

GRANDMOUGIN (Charles)
Esquisse sur Richard Wagner.
Paris, Durand - Schoenewerk & Cie, s.d. (1873), 77 p.
Une des premières monographies en français, contemporaine de Wagner, qui est une critique enthousiaste de l'œuvre wagnérienne. L'auteur (1850 - 1930) ne se livre pas à un travail de critique musicale, mais à une paraphrase sur les quatre opéras de Wagner traduits en français (Hollandais, Tannhäuser, Lohengrin et Tristan), qui est remplie d'appréciations très dures pour les plus célèbres compositeurs de la scène française et italienne. La troisième partie est curieuse et particulièrement intéressante, par ses rapprochements suggestifs avec Balzac et Swedenborg, avec Baudelaire, Lecomte de Lisle et Banville. « *Cette charmante esquisse [...] nous a fait beaucoup de plaisir* » (lettre de Wagner à Judith Gautier du 12 décembre 1873).

GRANGE WOLLET (L.)
Richard Wagner et le symbolisme français : Les Rapports principaux entre le wagnérisme et l'évolution de l'idée symboliste. Préface signée de L.G. W.
Paris, Presses Universitaires de France, 1931, 180 p.
Ouvrage issu d'une thèse de lettre soutenue à Paris en 1931.

GRAUBY (Françoise)
La Création mythique à l'époque du symbolisme. Histoire, analyse et interprétation des mythes fondamentaux du symbolisme.
Paris, Librairie Nizet, 1994, 336 p.
Ouvrage tiré d'une thèse de doctorat en lettres modernes du même titre (Montpellier III, 1992). Savante étude des mythes de la littérature symboliste (dont les principaux sont : Salomé, l'androgyne, le Sphinx, Orphée, Narcisse) à travers des lectures successivement rhétorique, psychanalytique et socio-critique. L'époque étudiée (au tournant des XIX et XXème siècle), et des auteurs étudiés comme Bourges, Dujardin, Péladan, Schuré font, qu'immanquablement, on croise à plusieurs reprises Wagner dans cet ouvrage. Absence dommageable d'index des noms cités.

GREGOR-DELLIN (Martin)
Wagner au jour le jour. Traduit de l'allemand par Raymond Barthe.
Paris, Gallimard, 1976, 315 p., index
Formule originale de biographie sous forme de chronique, pour savoir ce que faisait Wagner telle année, tel mois, tel jour. Travail bien documenté et presque complet.

Richard Wagner. Sa vie, son œuvre, son siècle. Traduit de l'allemand par Odile Demange, Jean-Jacques Becquet, Elisabeth Bouillon et Pierre Cadiot.
Paris, Fayard, 1981, 916 p., index
Réimpression en 1991 et 1999 dans la collection « Les Indispensables de la musique »
Grande biographie moderne. La principale actuellement, disponible en français, qui fait autorité. La première édition allemande date de 1980. Elle se caractérise par son ton romanesque, son insistance sur le stade œdipien du développement de Wagner. Mais, elle est parfois orientée... « *A prendre avec précaution : l'auteur* (1926 - 1989) *ne revendique pas l'objectivité, il s'agit bien de sa vision des choses* » (C. Merlin).

GRESSEL (Valérie)
Les Relations de Richard Wagner avec son traducteur Charles Nuitter.
In : **BUSCHINGER (Danielle) - CANDONI (Jean-François) - PERLWITZ (Ronald) [éd.]** : Richard Wagner : Points de départs et aboutissements. Anfangs - und Endpunkte. Actes du colloque d'Amiens 19, 20, 21, 22 octobre 2001.
Amiens, Presse du Centre d'études médiévales, coll. « Médiévales 19 », 2002, pp. 41-50 [d'un vol. de 400 p.]

Charles Nuitter. Des scènes parisiennes à la bibliothèque de l'Opéra.
Hildesheim, Zurich et New York, Georg Olms Verlag, 2002, 307 p., 17 planches de reproductions en noir h.-t., index
Première étude exhaustive consacrée à Charles Truinet d'après l'analyse des sources manuscrites des archives de l'Opéra. De très nombreuses pages sur la collaboration Nuitter - Wagner. Cette même année, 2002, était publiée *La Correspondance de Nuitter avec Richard et Cosima Wagner*, avec une importante introduction de Peter Jost.

GRILLIAT (Jacques)
Wagner autrement. Essais. Préface de Christian Merlin.
Paris, Buysell Imprimeur, 2007, 459 p.
L'ouvrage présenté sous forme d'essai rassemble les textes des conférences de Jacques Grilliat, mort en 2005, qui fut président du Cercle Richard Wagner de Nantes.

GRIMBERG (Michel)
Richard Wagner dans *L'Adultera* de Theodor Fontane.
In : **BUSCHINGER (Danielle) - CANDONI (Jean-François) - PERLWITZ (Ronald) [éd.]** : Richard Wagner : Points de départs et aboutissements. Anfangs - und Endpunkte. Actes du colloque d'Amiens 19, 20, 21, 22 octobre 2001.
Amiens, Presse du Centre d'études médiévales, coll. « Médiévales 19 », 2002, pp. 115-127 [d'un vol. de 400 p.]

GRODDEK (Georg)

La Maladie, l'art et le symbole. Traduit et préface par R. Lewinter.
Paris, Gallimard 1969, coll. « Bibliothèque de la connaissance de l'inconscient », 326 p.
Réimpression en 1977.

Le présent recueil, choix de textes qui s'échelonnent des premières publications de Georg Groddeck (1866 - 1934) à son dernier ouvrage, *L'Etre humain comme symbole*, couvre toutes les disciplines abordées par l'auteur : médecine, philosophie, critique littéraire et picturale. On consultera : « L'Anneau » (1927) (pp. 218-236).

GROSFILS (Paul)

Le Drame musical. Extrait de la Revue de Belgique. Suivi de Richard Wagner chez lui. Chronique musicale (15 août 1904).
Bruxelles, P. Weissenbruch, 1904, 19 et 7 p.

La réforme artistique de Richard Wagner est présentée comme la réédification complète du théâtre sur des fondements nouveaux. Pour l'auteur, l'action du musicien et celle du metteur en scène sont indissociables. La musique de Wagner est foncièrement scénique. Ce volume comprend en outre une chronique, « Richard Wagner chez lui », dans laquelle on mentionne la généralisation des créations de la Tétralogie en Europe : « *La difficulté est de disposer de chanteurs vraiment tragédiens* ».

GRULLIER (Jean-Claude)

Un essai sur le fétichisme à propos de l'objet dans l'opéra de Wagner.
Thèse médecine : Université de Brest. 1978 ; 157 p.

GUICHARD (Léon)

Les Symbolistes et la musique.
In : Bulletin des lettres, 1936 ; N°5 : pp. 193-199 et 232-239.

La Musique et les lettres en France au temps du Romantisme.
Paris, Presses Universitaires de France, 1955, 423 p., index

Concernant notre propos, quelques lignes sur la *Gazette musicale* de Schlesinger (p. 175), sur Fétis (pp. 169-171) et sur Nerval (pp. 330-354).

La Musique et les lettres en France au temps du wagnérisme.
Grenoble, Presses Universitaires de France, 1963, 354 p., index

Ouvrage de référence, complet et riche en notes critiques sur l'ensemble du sujet par un professeur à l'Université de Grenoble (1899 - 1995), dix-neuviémiste, spécialiste de Jules Renard, qui démontre dans une première partie comment les écrivains français ont compris et aidé à comprendre la révolution apportée par Wagner au théâtre et ont favorisé la pénétration de son œuvre en France. Dans une seconde partie, il expose comment le drame wagnérien a inspiré les écrivains de Baudelaire à Proust. On peut regretter que l'ouvrage ne fasse état que des œuvres dites d'imagination et laisse de côté les ouvrages de critique. Riche appareil de notes dont, malheureusement, la numération fragmentée par chapitre ne rend pas aisée la consultation. En appendice, un tableau des principaux écrits littéraires qui ont été inspirés par les drames de Wagner.

GUIDO (Laurent)
L'Esthétique wagnérienne et le cinéma.
In : **LANG (Paul) [éd.]** : Richard Wagner. Visions d'artistes. D'Auguste Renoir à Anselm Kiefer.
Paris et Genève, Somogy éditions d'art - Musée d'art et d'histoire, 2005, pp. 276-284 [d'un vol. de 287 p.]

GUILLEMAIN (Bernard)
Les Légendes de Wagner.
In : **AKOUM (André) [éd.]** : Le Monde indo-européen. Mythes et croyances du monde. L'Europe : Mythes et traditions.
Turnhout (Belgique), Brepols, 1985, pp. 453-460 [d'un vol. de 486 p.]

GUILLEMIN (Henri)
Regards sur Nietzsche.
Paris, Edition du Seuil, 1991, 309 p.
Ce grand dix-neuviémiste (histoire et littérature) (1903 - 1992) consacre dans cet ouvrage un chapitre important sur Nietzsche et Wagner (pp. 67-143). « *Sur quarante-quatre ans de vie consciente, de sa vingt-cinquième à sa quarante-cinquième année, l'histoire vraie de Nietzsche exige que l'on souligne la place considérable qu'y occupa Wagner* ». Un autre chapitre : « Nietzsche - Ariane » (à propos de Cosima Wagner).

GUIOMAR (Michel)
Problèmes permanents d'esthétique wagnérienne dans quelques publications récentes.
Revue d'esthétique, janvier - mars 1971 ; Tome XXIV - N°1 : pp. 95-101.

Imaginaire et Utopie. Etudes berlioziennes et wagnériennes. I. Wagner.
Paris, José Corti, 1976, 383 p., index
L'auteur, spécialiste d'esthétique, a rédigé une importante thèse, publiée en volume chez José Corti en 1967 : *Principes d'une esthétique de la mort.* Le présent ouvrage est protéiforme dans ses approches et ses commentaires : dramaturgie, scénographie, musicologie, se basant sur une connaissance approfondie de Wagner et de ses interprétations. De cette étude, véritable somme en elle-même, on ne peut vraiment pas parler, loin s'en faut, d'un ouvrage de référence : la table des matières, et la quasi-absence d'index n'y aident malheureusement pas. On est donc condamné à lire ou ... ne pas lire l'intégrale...

Présence et jeu de l'arbre aérien dans la Tétralogie.
In : **FLINOIS (Pierre) [éd.]** : Bayreuth. Richard Wagner. Centenaire du Ring.
Paris, Revue Opéra, 1976, pp. 121-134 [d'un vol. de 208 p.]
A la lumière de son maître en pensée, Gaston Bachelard, Michel Guiomar évoque les aspects symbolique et onirique de l'arbre originaire et omniprésent dans la Tétralogie : l'eau avec les racines, la terre avec le tronc, l'air avec la ramure et le feu avec l'embrasement final. Texte riche, assez convainquant et d'une lecture plus aisée que l'ouvrage précédent.

Gaston Bachelard dans la forge de Siegfried,
In : **GOUHIER (Henri) - POIRIER (René) [éd.]** : Colloque de Cerisy, « Bachelard » organisé par le Centre culturel international de Cerisy-La-Salle, juillet 1970.
Paris, U.G.E., 1974, coll. « 10/18 », pp. 286-316 [d'un vol. de 443 p.]
Dans sa communication à ce colloque, Guiomar met en valeur les aspects bachelardiens de la scène de la forge de Siegfried. En effet, même si Bachelard cite peu Wagner dans ses œuvres (« Siegmund au foyer de Hunding », dans *La Terre et les rêveries du repos*, p.104 ; « La trempe de l'acier de Notung dans *La Terre et les rêveries de la volonté*, p. 153 ; « Les Philtres wagnériens » dans *L'Eau et les rêves*, p. 169), « *sa lecture*, affirme Guiomar, *éveille en nous à chaque instant une scène, une situation, un thème musical, des œuvres de Wagner* » ; de même, ajoute-t-il, « *il est impossible que nous écoutions Wagner sans qu'apparaisse Bachelard sur scène, acteur ou scénographe* ». Il est vrai que les quatre éléments - eau, terre, air, feu - que Bachelard a étudiés sur le plan de la rêverie poétique et littéraire sont omniprésents dans la Tétralogie par exemple où ils sont les attributs de plusieurs personnages : « *S'il s'agit bien d'une cosmogonie, on ne s'étonnera pas que la réalité soit du côté de la matière et le masque du côté du personnage, j'allais dire de la marionnette* ». Texte plus probant que la prose quasi-illisible de *Imaginaire et Utopie.*

Phénoménologie critique de l'espace wagnérien.
In : Opéra. Mises en scènes et représentations théâtrales. Revue Prétentaine, Université Paul Valéry Montpellier III, mars 2007 ; N°20-21 : pp. 259-329 [d'un vol. de 373 p.]

GUT (Serge)
Musicologue, né en 1927, ancien doyen de la Faculté de musique et musicologie de la Sorbonne (1983 - 1990) qui, hormis huit grands ouvrages parus en librairie (Son *Franz Liszt* [Paris et Lausanne, Edition de Fallois - L'Age d'homme, 1989, 665 p.], plébiscité par la critique internationale en 1989, demeure une référence de la littérature lisztienne), a publié plus d'une centaine d'articles et d'études.

Franz Liszt. Les Eléments du langage musical. Publié par l'Université de Poitiers - Unité d'étude et de recherche d'histoire.
Paris, Klincksieck - Université de Poitiers U.E.R. de recherches d'histoire, 1975, XVII-504 p.
Ouvrage tiré d'une thèse de musicologie (Poitiers, 1972). On consultera : « Les Influences réciproques Liszt - Wagner » (pp. 416-433).

Les Difficultés d'interprétation sémantique du final du Crépuscule des cieux.
Revue de musicologie, 1997 ; Tome 83 - N°1 : pp. 33-55.

Musicologie au fil des siècles. Hommage à Serge Gut.
Paris, Presses de l'Université de Paris - Sorbonne, 1998, coll. « Musique/Ecriture », 343 p., deux reproductions photographiques en couleur

Publication d'un éventail très élargi des vingt articles, de la théorie grecque antique jusqu'à Schoenberg (d'où le sous-titre *Au fil des siècles*), pour beaucoup fondateurs, qui sont le miroir exact de la carrière de leur auteur.
A consulter, un article sur les rapports de Debussy à Wagner dans : « Pelléas et Mélisande - un anti-Tristan ? » (pp. 241-249) [Publication initiale dans *Littérature et Nation* (publication de l'Université de Tours), juin 1990]. « *Une dernière rubrique permet de replacer le compositeur hongrois dans son environnement privilégié, en y associant son collègue, ami et gendre, Richard Wagner* ». On lira dans cette partie intitulée « Autour de Liszt et Wagner. Présentation de Pierre Guillot » (pp. 269-343) les articles suivants : *Encore et toujours : L'Accord de Tristan* (pp. 273-280), publié initialement dans *L'Avant-Scène Opéra* - *Faust et Wotan* (pp. 281-289), publication initiale dans *Silence 3* [Paris, Editions de la différence, 1986, pp. 163-171] - *Berlioz, Liszt et Wagner : les composantes françaises de la « Neudeutsche Schule »*, dans une traduction de l'allemand par Philippe Reynal, revue par l'auteur (pp. 291-301) dont la parution initiale se fit dans *Liszt-Studien III* en 1986 - *Parsifal, drame païen ou drame chrétien* (pp. 321-343), publication inédite.

[Articles]

- La Notion de fantôme dans « Der Fliegende Holländer » et sa traduction musicale par la quinte à vide.
In : Le Vaisseau Fantôme. L'Avant-Scène Opéra, novembre - décembre 1980, N°30, pp. 91-93 [d'un vol. de 170 p.]
- Encore et toujours : « L'Accord de Tristan ».
In : Tristan et Isolde. L'Avant-Scène Opéra, juillet - août 1981, N°34/35, pp. 148-151 [d'un vol. de 287 p.]
Publication originale de cette étude.
- Parsifal, drame païen ou drame chrétien ?
In : Parsifal. L'Avant-Scène Opéra. Nouvelle édition.
Paris, Premières Loges, mars 2003, pp. 108-121 [d'un vol. de 223 p.]
Reprise du texte publié dans *Musicologie au fil des siècles*.
- Le Masculin et le féminin dans Tristan.
In : Tristan et Isolde. L'Avant-Scène Opéra. Nouvelle édition.
Paris, Première Loges, mars 2002, pp. 112-117 [d'un vol. de 207 p.]

HAHN (Reynaldo)
L'Oreille au guet
Paris, Gallimard, 1937, 286 p.
Le compositeur de « Ciboulette » (1875 - 1947), grand ami de Marcel Proust, rassemble dans ce volume de courts chapitres sur des œuvres musicales et des réflexions sur l'interprétation, sur le chant, sur le café-concert... Il en consacre quatre (dont « Wagner, l'ardoise de Beckmesser ») à des œuvres de Wagner qu'il admirait sans l'idolâtrer. Son Dieu était Mozart, dont il fit une comédie musicale sur un texte de Sacha Guitry. Sur Tristan, « *sublime délire* », il écrit quand même ceci, à propos du troisième acte : « *Je ne veux plus et ne peux plus l'entendre d'un bout à l'autre. Il faut laisser cela à ceux qui ont encore beaucoup de temps devant eux. A part quelques accents superbes de Kurwenal, les trois quarts m'en paraissent franchement insoutenables. Mais la fin atteint à une inexprimable magnificence, et quand Isolde...* »

HAINE (Malou)

Ernest Van Dyck, un ténor à Bayreuth. Suivi de la correspondance avec Cosima Wagner.

Lyon, Symétrie, 2005, 266 p., cahier de 16 feuillets de reproductions en noir h.-t., quelques illustrations en noir in-t., index

L'auteur est à professeur à l'Université libre de Bruxelles et conservateur du Musée instrumental de Bruxelles. « *Le ténor belge Ernest Van Dyck (1861 - 1923) est l'un des interprètes wagnériens les plus renommés de son époque. Le 3 mai 1887, lors de la création parisienne de Lohengrin à l'Éden-Théâtre, il chante le rôle-titre et se fait remarquer par les émissaires de Cosima Wagner. Celle-ci auditionne le chanteur et l'engage pour le festival de Bayreuth de 1888. Pendant neuf saisons, Ernest Van Dyck sera l'interprète incomparable de Parsifal, salué par une presse unanime. Les relations entre Ernest Van Dyck et Cosima Wagner n'ont cessé d'évoluer à la manière d'un pendule, de l'admiration la plus vive à la déception la plus cruelle. Elles se déroulent tel un opéra. La correspondance inédite entre Ernest Van Dyck et Cosima Wagner est rassemblée ici pour la première fois* » (Haine). Ouvrage abondamment illustré de photographies d'époque.

HALÉVY (Daniel)

Nietzsche.

Paris, Bernard Grasset, 1944, 548 p.

Biographie due à l'un des premiers spécialistes du philosophe (1872 - 1962), qui fut publiée initialement sous le titre *La Vie de Nietzsche* en 1909, et dont l'édition définitive, paraîtra en 1944. A lire, « Nietzsche et Wagner » (pp. 75- 212).

Nietzsche. Nouvelle édition. Avant-propos de G.-A. Goldschmidt.

Paris, Librairie générale française, 1977, coll. « Pluriel », 726 p., index

Réédition en 1986.

Seconde partie : « Nietzsche et Wagner » (pp. 105-247).

HANSLICK (Eduard)

Du beau dans la musique. Essai de réforme de l'esthétique musicale. Traduit de l'allemand par Charles Bannelier. Revu et complété par Georges Pucher, précédé d'une introduction à l'esthétique de Hanslick par Jean-Jacques Nattiez.

Paris, Christian Bourgois, 1986, coll. « Musique/Passé/Présent », 177 p.

Traduction de *Vom Musikalisch-Schönen*, dû au célèbre critique viennois. Pendant un demi-siècle, à raison d'un ou deux feuilletons par semaine, Eduard Hanslick (1825 - 1904) fut le critique musical attitré de la *Neue Freie Presse*. Aucun événement musical, ni à Vienne ni en Allemagne, n'échappait à son jugement. Hanslick était surtout un farouche opposant à « *la musique de l'avenir* » et l'ennemi de Liszt et Wagner. Dans son ouvrage théorique, *Du beau dans la musique*, le critique avait pris en 1854 la défense de la musique pure contre la musique dite « à programme ». Pour lui, en dépit de ses « extravagances » de la fin (notamment les derniers quatuors), Beethoven demeurait l'horizon indépassable. Brahms et son œuvre (qui ne comportait ni opéras ni pièces de musique descriptive) était le seul capable de soutenir la comparaison avec le maître de Bonn. Hanslick invitait tous ceux qui n'avaient pas suivi la voie ouverte par Berlioz, Liszt et Wagner à se rassembler sous cet étendard. Cependant, si sa condamnation du système de composition de Wagner était une chose, son jugement sur les œuvres proprement dites en était une autre. Par exemple : Tannhäuser, La Walkyrie. On oublie également trop souvent que l'opinion du critique viennois évolua. Il reconnut plus tard que Wagner avait sa place parmi les créateurs contemporains : « *Cette œuvre* [Les Maîtres-chanteurs] *est une expérience, étonnante d'énergie et complètement nouvelle. C'est une des plus passionnantes anomalies musicales qu'il nous ait été donné d'entendre. Si de telles anomalies devaient devenir la règle, ce serait la fin de la musique. Mais, comme exception, voilà une partition plus stimulante qu'une douzaine d'opéras de compositeurs normaux - qu'on honore encore trop quand on les appelle des demi-talents* » (d'après S. Goldet). Cet essai constitue le seul texte de Hanslick traduit en français. L'intégralité de son œuvre critique a été réunie en dix volumes publiés de 1880 à 1896. On attend toujours un ouvrage digne de ce nom en français...

HARCOURT (Eugène d')
Quelques remarques sur l'exécution du Tannhaeuser de Richard Wagner à l'Opéra de Paris (Mai 1895).
Paris, Fischbacher, 1895, 39 p.
Petite plaquette exclusivement musicologique par un compositeur et chef d'orchestre (1859 - 1918) : « *Mon but est simplement de signaler, en suivant la partition, quelques défauts que j'ai cru remarquer aux cinq premières représentations du Tannhaeuser* ».

HARDING (Berita)
Feu magique. La Vie passionnée de Wagner. Traduction de l'anglais par Jane Fillion.
Paris, Editions France-Empire, 1956, 314 p., 3 planches de reproductions photographiques en noir h.-t.
L'auteur serait une comtesse Radetzky. Biographie romancée qui inspira le film éponyme de William Dieterle (1955), dont Alan Badel, Yvonne de Carlo, Rita Gam et Valentina Cortese étaient les vedettes.

HARRIS (A.)
L'Or du Rhin. Résumé du poème. Analyse thématique de la partition.
Bruxelles, Georges Balat, 1898, 45 p.

La Walkyrie. Analyse du poème et de la partition.
Bruxelles, Georges Balat, 1899, 56 p.
Deux seuls volumes parus sur la Tétralogie. Analyse musico-dramatique classique, sans prétention, dont l'intérêt ne peut être qu'historique.

HÉBERT (Marcel)
Trois moments de la pensée de Richard Wagner. Tétralogie. Tristan et Iseult. Parsifal.
Paris, Fischbacher, 1893, 70 p.
Réédition en 1894.
Hébert (1851 - 1916) analyse le chemin qu'a parcouru Wagner de la Tétralogie à Parsifal, en démontrant l'influence des grands penseurs contemporains que subit le

compositeur. Il arrive à la conclusion que cette influence peut se résumer en trois moments de sa pensée : « Naturalisme » (Tétralogie), « Pessimisme » (Tristan) et « Foi religieuse » (Parsifal). Pour Hébert, Wagner est un esprit chrétien. Il conclut : « *L'âme du grand artiste, était orientée vers l'éternelle vérité par ce sentiment qui fait l'unité de son œuvre, qui déjà se manifeste dans Les Fées, Le Vaisseau Fantôme et Tannhäuser, inspire la conclusion de la Tétralogie, remplit tout Parsifal : la pitié, le dévouement, l'amour désintéressé et pour employer le mot de l'Evangile : la charité* ».

Le Sentiment religieux dans l'œuvre de Richard Wagner. Jésus de Nazareth. Tétralogie. Tristan et Iseult. Parsifal.
Paris, Fischbacher, 1894, X-248 p.
L'ouvrage est une reprise de l'étude précédente. Plusieurs chapitres ont été conservés, mais considérablement modifiés et développés. Seuls les chapitres II - III et VII sont inédits. Le chapitre II s'intitule « L'Art et la philosophie ». Le chapitre III est une analyse très suggestive sur le projet de drame de Jésus de Nazareth (pp. 37-85). Quant à l'ultime chapitre (VII), c'est un résumé de *Religion et art*. Ouvrage très intéressant.

Evolution sentimentale de Richard Wagner. (Extrait des « Annales de philosophie chrétienne »).
Paris, A. Roger et F. Chernoviz, 1896, 13 p.
Où comment Wagner passe de l'élément purement humain à l'élément idéal.

HEINDEL (Max)
Mystères des grands opéras. Edition revue, corrigée et complétée d'un index alphabétique.
Aubenas, La Maison rosicrucienne, 1981, 149 p., index
Nouvel essai d'interprétation ésotérique des drames musicaux de Richard Wagner.

HELL (Charles)
La Plastique chez Richard Wagner.
Paris, Fischbacher, 1902.
Ouvrage non consulté.

HELLEU (Claude)
Liszt et Wagner.
Musical - Revue du Théâtre musical de Paris - Châtelet - L'Opéra romantique allemand, 1er trimestre 1988 ; N°6 : pp. 108-119.
Bon article synthétique sur l'amitié entre les deux artistes.

HELLOUIN (Frédéric)
Feuillets d'histoire musicale française. Première série.
Paris, Librairie A. Charles, 1903, 167 p.
Le chapitre intitulé « Les Origines de l'orchestre invisible de Wagner » (pp. 39-44) tente de démontrer que Wagner ne serait pas à l'origine de son innovation à Bayreuth. Il s'agirait d'Alexandre-Etienne Choron (1771 - 1834), compositeur et surtout théoricien de la musique, qui aurait été le premier à saisir les avantages de cet orchestre invisible.

HERLIHY (James)
Catulle Mendès, critique dramatique et musical. Thèse pour le doctorat d'université présentée à la Faculté des lettres de Paris.
Paris, Lipschutz - Faculté des lettres de Paris, 1936, 231 p.
Seule biographie complète existante, publication d'une thèse ès lettres.

HERMANN (Jacques)
Les Héros du drame wagnérien. I. Les Femmes de Wagner. II. Les Hommes de Wagner. III. Les Groupes de Wagner.
Paris, Fischbacher, 1884,
Une première édition partielle fut publiée dans *La Revue de Bruxelles* en 1883. Ouvrages non consultés.

HERTRICH (Charles)
Richard Wagner. Le Sens prophétique de la Tétralogie.
Paris, Edition des Flambeaux, 1944, 24 p.
Nouvelle édition en 1947.
Cette collection de publications et conférences s'intitule « Les Flambeaux, œuvre de renaissance spirituelle par l'exemple et l'étude des grandes figures de l'humanité » : tout un programme, au demeurant vaguement vichyste et ésotérique. On fait le tour de la question Wagner en 24 pages..., mais trois seulement sont dédiées au thème annoncé par le sous-titre. Dans ces conditions, il n'y a pas grand-chose sur ce sens prophétique.

HERWEGH (Marcel)
Au printemps des Dieux. Correspondance inédite de la comtesse Marie d'Agoult et du poète Georges Herwegh.
Paris, Gallimard, 1929, coll. « Les Documents bleus de la N.R.F. », 240 p., 6 planches en noir h.-t.

Au banquet des Dieux. Franz Liszt, Richard Wagner et leurs amis.
Paris, J. Peyronnet & Cie, 1931, 154 p., front., 10 planches h.-t., index

Au soir des Dieux. Des derniers reflets wagnériens à la mort de Liszt.
Paris, J. Peyronnet & Cie, 1933, 226 p., front., 7 planches h.-t., fac-similés, index
Série de trois ouvrages qui constituent les souvenirs de Georg Herwegh (1817 - 1875), accompagnés d'une importante correspondance, éditée par son petit-fils.
Georg Herwegh, poète allemand, traducteur des œuvres de Lamartine, prit une part active au soulèvement allemand de 1849 et se fixa en Suisse comme Wagner et de nombreux réfugiés politiques. La seconde série est la plus intéressante. L'essentiel de l'ouvrage est consacré à des souvenirs sur Wagner (le séjour à Zurich, à Saint-Moritz, à Paris en 1861), abondants en détails pittoresques et enrichis d'une précieuse documentation épistolaire. Le dernier ouvrage contient la correspondance inédite de la princesse Caroline Sayn-Wittgenstein avec Georg et Emma Herwegh, qu'introduisent quelques extraits de l'étude consacrée par Cosima Wagner à son père. Quant au premier texte, il est consacré à la correspondance entre Marie d'Agoult et Georg Herwegh.

HERZBERG (Marthe)
Richard Wagner, artiste illustre, homme méconnu.
Bruxelles, Presses H. Wellens & W. Godenne, 1948, 61 p., front.
Réimpression en 1959.
Succincte étude consacrée à la liaison avec Mathilde Wesendonck.

HEYDET (Xavier)
Littérature comparée : 1. Richard Wagner et Bernard Shaw. 2. Hermann Bahr et Bernard Shaw.
Paris, Henri Didier, 1937, 14 p.
Analyse du *Parfait wagnérien*. L'auteur suppose que Shaw a été attiré par le socialisme de Wagner.

HIMONET (André)
Lohengrin de Richard Wagner. Etude historique et critique. Analyse musicale.
Paris, Paul Mellottée, s.d., 174 p.
Autre édition chez Delaplane, 1925.
Analyse musicale et dramatique « classique ».

HIPPEAU (Edmond)
Parsifal et l'opéra wagnérien avec les principaux motifs des drames lyriques de Richard Wagner.
Paris, Fischbacher, 1883, 92 p.
Contrairement à son titre, l'ouvrage ne contient qu'une douzaine de pages consacrées à l'ultime drame de Wagner. Il s'agit surtout d'un résumé des théories dramatiques et musicales de Wagner et de leur développement dans Parsifal et l'Anneau. Brochure courte mais claire, par un admirateur intelligent.

HIRTH (Frédéric)
- Henri Heine et Richard Wagner.
In : La Revue musicale. Numéro spécial : Autour de Beethoven et Wagner.
Paris, Nouvelle Revue française, 15 mai 1937 ; N°174 : pp. 257-261.
- Wagner et Meyerbeer.
In : Mercure de France, 1er avril 1938 ; Vol. CCLXXXIII - N°955 : pp. 89-101.

HOEVEN (Roland Van der)
De la musique des sphères aux coulisses de l'opéra
In : Splendeurs de l'idéal. Rops, Khnopff, Delville et leur temps.
Liège, Snoeck-Ducaju & Zoon - Pandora, 1997, pp. 239-269 [d'un vol. de 281 p.]
Catalogue d'une exposition tenue à Liège d'octobre à décembre 1997. Les trois grands peintres belges susnommés ont été actifs au tournant XIX-XXème, époque (et lieu, Belgique) qui a célébré Wagner comme créateur de l'œuvre d'art totale. D'autre part, le théâtre de La Monnaie a, comme on le sait, été la première scène francophone pour la réception des opéras et drames musicaux de celui-ci. Ce catalogue, et notamment ce chapitre, décrit et illustre cette forte présence en ce lieu, en ce temps.

HOFMANN (Michel-R.)
Richard Wagner.
Paris, Pierre Waleffe, 1966, coll. « Figures », 214 p., nombreuses illustrations en noir in-t. et h.-t.
Biographie sans intérêt majeur.

HOFMANNSTHAL (Hugo von), voir : STRAUSS (Richard)

HOLMÈS (Augusta), voir : PICHARD DU PAGE (René-Hippolyte)

HOLTEMEIER (Aïda)
Tristan et Isolde en France (1865/69 - 1914)
In : Tristan - Tristrant. Mélanges en l'honneur de Danielle Buschinger à l'occasion de son 60ème anniversaire. Edition par André Crépin et Wolfgang Spiewok.
Greifswald, Reineke-Verlag, 1996, coll. « Wodan », pp. 265-278 [d'un vol. de XXXIV-556 p.], illustrations en noir h.-t.

HONAKER (Michel)
L'Opéra des tempêtes.
Paris, Rageot-Edition, 1998, coll. « Cascade Musique », 153 p.
Du style « biographie romancée pour les enfants ».

HOOG (Michel), voir : DRUIK (Douglas)

HOOK-DEMARLE (Marie-Claire)
Un autre « Cas Wagner ». La Correspondance entre Malwida von Meysenbug et Romain Rolland (1889 - 1903).
In : **FAUSER (Annegret) - SCHWARTZ (Manuela) [éd.]** : Von Wagner zum Wagnerisme (sic). Litteratur, Kunst, Politik.
Leipzig, Leipziger Universitäts Verlag GmbH, 1999, coll. « Deutsche Französische Kultur Bibliothek, Band 12 », pp. 459-474 [d'un vol. de 642 p.]
Extrait des actes du colloque intitulé : « Der 'Wagnérisme' in der französischen Musik und Musikkultur (1861 - 1914) », tenu du 8 au 10 juin 1995 au Konzerthaus de Berlin.

HORTON (John)
Edvard Grieg. Traduit de l'anglais par Piotr Kaminski.
Paris, Fayard, 1989, coll. « Bibliothèque des grands musiciens », 300 p., index
En août 1876, Grieg assista à la première représentation du Ring. Le journal *Bergen Posten* avait commandé à Grieg une série de comptes rendus détaillés sur le festival. Ces six longs articles publiés entre le 20 août et le 3 septembre 1876, montrent qu'il n'opposait aucune résistance au génie de Wagner sans pour autant tomber dans l'idolâtrie, capable de formuler des réserves de détail sans méconnaître la grandeur du Ring et les conditions techniques idéales de Bayreuth. Le biographe cite des extraits de l'article consacré au Crépuscule des dieux (pp. 64-66).

HUBERT (Jean)
Etudes sur quelques pages de Richard Wagner.
Paris, Fischbacher, 1895, 33 p.
Etude musicologique sur les thèmes musicaux de Tristan.

HUEBNER (Steven)
Vincent d'Indy et le « drame sacré » : de Parsifal à La Légende de Saint-Christophe.
In : **BRANGER (Jean-Christophe) - RAMAUT (Alban) [éd.]** : Opéra et religion sous la IIIème république. Avant-propos de Jean-Louis Pichon.
Saint-Etienne, Publications de l'Université de Saint-Etienne - CIEREC, 2006, pp. 227-255 [d'un vol. de 338 p.], illustrations en noir in-t, index
Extrait des *Cahiers de l'Esplanade* (N°4) rassemblant les actes du colloque organisé les 10 et 11 novembre 2005 dans le cadre du 8ème festival Massenet à Saint-Etienne.

HUGUENIN (Jean-René)
Des amours intéressées.
In : Richard Wagner.
Paris, Hachette, 1962, coll. « Génies et Réalités », pp. 45-57 [d'un vol. de 302 p.], nombreuses photographies et illustrations en noir in-t et h.-t., 8 planches en couleur contrecollées h.-t.

HUMPERDINCK (Engelbert)
Esquisses de Parsifal I. Traduit de l'allemand par Lucie Kayas.
In : Hänsel et Gretel. L'Avant-Scène Opéra, N°104, décembre 1987, pp. 18-21 [d'un vol. de 129 p.]
Extrait d'*Engelbert Humperdinck : Briefe und Tagebücher*. Récit de la rencontre et de la collaboration avec Wagner à la création de Parsifal à Bayreuth, où il était assistant musical. Témoignage incomplet, qui ne comprend pas les renseignements publiés dans l'édition allemande, sur la conception par Wagner du jeu instrumental. Humperdinck enseigna de 1889 à 1890 la composition au fils de Wagner, Siegfried.

HUNT (Alexandre)
Wagner. Illustrations d'André Dugo.
Paris, Fernand Nathan, s.d. (vers 1950), 39 p., 20 illustrations en couleur, quelques illustrations en noir in-t.
Littérature enfantine.

HURN (Philip-Dutton) - ROOT (Waverley-Lewis)
La Vérité sur Wagner établie d'après les documents Burrell. Traduction de l'anglais par M. Rémon.
Paris, Stock, 1930, 249 p.
Une autre édition a été publié la même année chez l'éditeur Delamain et Boutelleau.

Etude biographique réhabilitant la première épouse du compositeur, en établissant le « *pourcentage exact* » des œuvres produites par Wagner tant qu'il vivait avec Minna, afin de montrer la différence par rapport à sa production pendant sa vie avec Cosima. L'assertion de ces deux américains en mal de découvertes, qui se fondèrent sur Nietzsche pour affirmer que Wagner aurait indiqué à la première page du manuscrit de l'édition privée de 1870 de *Ma vie* que Geyer était son père, est absolument gratuite.

HUYHN (Pascal) [éd.]
Le IIIème Reich et la musique. Sous la direction scientifique de Pascal Huyhn.
Paris, Fayard - Musée de la musique, 2004, 255 p., très nombreuses illustrations en noir et couleur in-t et h.-t., index
Catalogue de l'exposition tenue au Musée de la Cité de la musique du 8 octobre 2004 au 9 janvier 2005. Importants articles de fond sur l'emprise de l'idéologie et du système nazis sur les aspects culturels et sociaux de la musique : appropriation d'icônes emblématiques (Beethoven, Wagner), censure, institutions, « musique dégénérée », etc... Plus spécialement sur Wagner, voir : Splitt (Gehard) : « Hitler et la musique » (pp. 32-43) - Michaud (Eric) : « 1933. Le Triomphe de Richard Wagner. La destruction de la politique » (pp. 59-66).

HUYSMANS (Joris-Karl)
Œuvres complètes. Introduction de Lucien Descaves. VIII. Croquis parisiens.
Paris, Georges Crès et Cie, 1929, 206 p.
Exemplaire tiré à 1500 exemplaires numérotés.
VIIIème volume sur les XIII de la première édition des œuvres complètes. Ces volumes, édités entre 1928 et 1934, sont la première édition collective établie sur les textes originaux, avec des notes bibliographiques et critiques, sous la direction de L. Descaves. Ce volume contient l'article « L'Ouverture de Tannhäuser », d'abord publié dans *La Revue Wagnérienne* du 8 avril 1885. Il s'agit d'une sorte de long poème en prose à l'aspect typique de sa plume de symboliste décadent (1848 - 1907). Cette « évocation », composée à partir du morceau de musique écouté et d'après une connaissance livresque de la légende, marque une attraction réelle envers la magie wagnérienne.

L'Ouverture de Tannhaeuser. Die Tannhäuser-Ouvertüre. Edition bilingue.
Bayreuth, Edition Schultz & Stellmacher, 2001, 24 p.
Edition bilingue accompagnée d'une postface explicative.

IMBERT (Daniel)
La France et le wagnérisme (les années 1880).
In : **AGULHON (Maurice) [éd.]** : Marianne et Germania, 1789 - 1889. Un siècle de passions franco-allemandes. Musée du Petit Palais.
Paris, Musée du Petit Palais, 1997, pp. 279-280 [d'un vol. de 304 p.]

IMBERT (Hugues)
Rembrandt et Richard Wagner. Le Clair obscur dans l'art.
Paris, Fischbacher, 1897, 23 p.
Critique musical (1842 - 1905), il fonda la revue *L'Indépendance musicale* et fut l'un des directeurs du *Guide musical*. L'ouvrage est dédié à A. Lascoux. Lumière et ombre,

harmonie et dissonance : ces quatre termes marquent les limites de la faculté visuelle et de la faculté auditive. L'auteur compare le rayonnement mystérieux et vibrant du Christ des « *Pèlerins d'Emmaüs* » de Rembrandt avec les sonorités mystérieuses et voilées de Parsifal, ainsi que Kundry avec le personnage féminin de la « *Madeleine et le Christ* ».

IMBERTY (Michel)

La Musique creuse le temps. De Wagner à Boulez : musique, psychologie, psychanalyse.

Paris, Budapest et Torino, L'Harmattan, 2005, coll. « Univers musical », 494 p., index

Le thème de l'ouvrage est consacré à la transformation de la création musicale contemporaine, au travers de la continuité et de la discontinuité du temps musical. On en trouve les racines chez Wagner, Mahler ou Debussy. L'auteur montre au travers de l'histoire musicale, de la psychologie et de la philosophie comment se construit l'esthétique du XXème siècle. Dans le cas de Wagner, on lira au chapitre 8, « Utopie de comblement et crainte d'effondrement : de Tristan et Isolde de Richard Wagner à L'Adieu du Chant de la Terre de Gustav Mahler » (pp. 313-343). De lecture ardue…

INDY (Vincent d')

Richard Wagner.

Paris, Delagrave, 1930, coll. « Les Grands Musiciens par les maîtres d'aujourd'hui. », 90 p., front.

Premier numéro d'une série intitulée « Les Grands Musiciens par les maîtres d'aujourd'hui », cet opuscule entend démontrer le rôle de révélateur que Richard Wagner a joué vis-à-vis de la musique française au cours du dernier quart du XIXème siècle. Le compositeur (1851 - 1931) qui, dès ses trente-cinq ans, fut considéré comme le chef de file de la jeune école française, a 18 ans lorsqu'il se passionne pour la musique de Wagner. En août 1876, il assiste aux représentations de la Tétralogie (il assista à six des sept premiers festivals de Bayreuth de 1876 à 1889).

Introduction à l'étude de Parsifal de Wagner.

Paris, Mellottée, s.d. (1931), 112 p.

Ouvrage inachevé par la mort inopinée du compositeur. Dans cet ouvrage, le sous-titre (et son influence sur l'art musical français) est connoté positivement ; qu'on en juge par l'intitulé de ces chapitres : l'influence bienfaisante, trente années de progrès dû à l'essor wagnérien en France. Mais des phrases sulfureuses d'antisémitisme primaire dans le premier chapitre, avec la défense du pamphlet de Wagner (*Le Judaïsme dans la musique*), ne pourraient plus d'évidence être écrites aujourd'hui par un musicien ou tout autre artiste ou intellectuel confirmé...

Ma vie. Journal de jeunesse. Correspondances familiales et intimes (1851 - 1931). Choix, présentation et annotation de Marie d'Indy.

Anglet et Paris, Atlantica - Seghiers, 2001, 895 p., cahier de 8 feuillets de planches en noir h.-t., index

Magistrale édition réalisée par l'épouse de Jacques d'Indy, arrière-petit-fils du compositeur. On lira les souvenirs intitulés « Deuxième voyage en Allemagne, Bayreuth ». Le musicien assista aux représentations du troisième cycle du Ring lors de sa création en 1876 (pp. 305-313). Ses impressions sont reprises dans la lettre à son père du 15 septembre 1876 (pp. 316-319) et à Charles Legrand de novembre 1876 (pp. 320-321). On consultera également la correspondance à son épouse, Isabelle, intitulée « Le Sixième voyage en Allemagne ». Le compositeur y raconte comment il fut présenté par Liszt le 1er août 1882 à Wagner et assista à la première représentation du Parsifal de 1882 (pp. 326-365). Il assista également aux funérailles de Wagner (p. 369), au festival de 1883 (pp. 370-371) ainsi qu'à celui de 1886 pour Tristan (pp. 405-408).

INFIESTA (María), voir : MOTA (Jordi)

IVANOV (Viatcheslav)
Wagner et l'action dionysiaque (1905). Le Théâtre de l'avenir (1906).
In : **AMIARD-CHEVREL (Claudine)** : Les Symbolistes russes et le théâtre.
Lausanne, L'Âge d'homme, 1994, coll. « Théâtre années vingt - Série études », pp. 204-219 [d'un vol. de 268 p.], cahier de 6 feuillets de reproductions en noir h.-t., index
Textes « wagnériens » du symboliste russe (1866 - 1949), qui illustrent parfaitement les principes de son esthétique, à savoir : la puissance de l'indicible symbolisée par la musique, l'action dionysiaque comme essence du théâtre, et le chœur participatif comme reflet idéalisé de la communauté (Picard).

JAM (Jean-Louis) - LOUBINOUX (Gérard)
D'une Walkyrie à l'autre... Querelles de traductions.
In : **FAUSER (Annegret) - SCHWARTZ (Manuela) [éd.]** : Von Wagner zum Wagnerisme (sic). Litteratur, Kunst, Politik.
Leipzig, Leipziger Universitäts Verlag GmbH, 1999, coll. « Deutsche Französische Kultur Bibliothek, Band 12 », pp. 401-430 [d'un vol. de 642 p.]
Mise en lumière par l'exemple de la problématique de la traduction de La Walkyrie.

JAMEUX (Dominique)
Parsifal 1882 - 1982. Une documentation illustrée autour du centenaire de la création de l'œuvre de Richard Wagner.
Paris et Genève, Centre culturel allemand - Grand Théâtre de Genève, 1982, 132 p., nombreuses illustrations en noir et couleur in-t et h.-t.
Beau catalogue d'exposition (tenue aux Halles de l'île à Genève puis au Centre culturel allemand à Paris) concernant le centenaire de l'ultime œuvre de Wagner.

Politique des Maîtres-chanteurs.
In : Les Maîtres-chanteurs. L'Avant-Scène Opéra, janvier - février 1989, N °116/117, pp. 172-181 [d'un vol. de 257 p.]

Wieland Wagner et le nouveau Bayreuth.
Musical - Revue du Théâtre musical de Paris - Châtelet - L'Opéra romantique allemand, 1er trimestre 1989 ; N°8 : pp. 100-117.
Bonne étude de l'œuvre du rénovateur de la scène bayreuthienne par un connaisseur.

Le livre wagnérien.
In : **PAZDRO (Michel) [éd.]** : Guide des opéras de Wagner.
Paris, Fayard, 1988, coll. « Les Indispensables de la musique », pp. 7-18 [d'un vol. de 891 p.]

JARDILLIER (Robert)
Richard Wagner en contact avec l'esprit français.
La Revue musicale, 1er juillet 1924 ; Tome IV - N°9 : pp. 29-50.

JAY (Pierre)
Le Pessimisme wagnérien.
Paris, Fischbacher, 1896, 84 p.
En moins de 80 pages (toutes petites), justifier un tel titre par l'assertion et non par l'explication d'un Wagner schopenhauerien, le pari est tenté et... perdu.

JEAN-AUBRY (Gérard)
Villiers de l'Isle-Adam et la musique.
Le Mercure de France, 15 novembre 1938 ; Tome CCLXXXVIII : pp. 40-57.

JOLY (Charles)
Les Maîtres-chanteurs de Richard Wagner. Etude historique et analytique.
Paris, Fischbacher, 1898, IV-178 p.
Etude de bonne facture, d'une lecture agréable.

JONCIÈRES (Victorin)
Notes sans portée. Réminiscences : Le Premier concert donné à Paris par Richard Wagner.
In : Paris, Revue internationale de musique, 1er mars 1898 : pp. 9-14.
L'auteur (1839 - 1903), Félix-Ludger Rossignol, dit Victorin Joncières, compositeur et critique musical, nous dresse un tableau pittoresque de la première soirée des trois concerts parisiens de Wagner le mercredi 25 janvier 1860. Il fut l'un des premiers partisans français de Wagner à l'époque du Tannhäuser.

JOST (Peter)
« Il est la fin du monde médiéval ». Jean-Sébastien Bach vu par Richard Wagner.
In : Jean-Sébastien Bach.
Ostinato Rigore, Revue internationale d'étude musicale, juillet 2001 ; N°16 : pp. 283-293 [d'un vol. de 392 p.]
Wagner n'a pas cessé de s'intéresser à la musique de Bach. Intérêt d'abord limité puisqu'il prenait Bach pour un phénomène déjà éloigné et le reconnaissait comme « *à la fin du monde médiéval* ». Ce n'est que dans les années 1860, que son intérêt se renouvela et qu'il fut témoin d'une « *révélation* » par Liszt interprétant Bach au piano. A partir de ce moment, Bach joue pour Wagner le rôle d'un « *héros national assurant la continuation de l'esprit allemand* » à son époque et devenant un intermédiaire indispensable entre le monde médiéval et le nouveau monde, entre le passé et le présent.

Richard Wagner et la traduction de Tannhäuser pour les représentations de 1861 à Paris.
In : **MARSCHALL (Gottfried R.) [éd.]** : La Traduction des livrets. Aspects théoriques, historiques et pragmatiques.
Paris, Presses Universitaires de Paris - Sorbonne, 2004, coll. « Musique/Ecriture », pp. 479-492 [d'un vol. de 662 p.], fac-similés
Extrait des actes d'un colloque tenu en 2000. Analyse essentielle des avatars de la traduction française du Tannhäuser pour les représentations parisiennes de 1861.

I. Le Problème des versions. II. L'Histoire des représentations de Tannhäuser à Paris en 1861.
In : Tannhäuser. L'Avant-Scène Opéra. Nouvelle édition.
Paris, Premières Loges, mars 2004, pp. 100-111 [d'un vol. de 167 p.]
Par le maître d'œuvre de l'édition définitive de la partition du Tannhäuser (2004).

JULLIARD (Emile)
La Walkyrie et l'Anneau du Nibelung de Richard Wagner. Analyse détaillée du Poème et de la Musique.
Genève, C.E. Alioth, 1893, 48 p.
Analyse de l'œuvre publiée à l'occasion de la première représentation de La Walkyrie au Grand Théâtre de Genève le 1er avril 1893.

Le Vaisseau Fantôme et les débuts de Richard Wagner. Analyse détaillée du poème et de la musique du Vaisseau Fantôme.
Genève, C.E. Alioth et Ch. Eggimann, 1894, 48 p.

Tannhaeuser. Analyse du drame et de la partition.
Genève, Alioth, 1895.
Ouvrages de même facture que le premier.

JULLIEN (Adolphe)
Mozart et Richard Wagner à l'égard des français.
Bruxelles et Paris, Schott - J. Baur et Durand - Schoenewerck et Cie, 1881, 21 p.
Article, à l'origine publié par Jullien (1845 - 1932) dans le supplément du *Figaro* du 13 août 1876, pour la défense de Wagner afin de démontrer que l'expression de son dédain pour la France n'était pas de son seul fait (il cite en particulier Mozart et Weber...).

Richard Wagner, sa vie et ses œuvres. Ouvrage orné de quatorze lithographies originales par M. Fantin-Latour, de quinze portraits de Richard Wagner, de quatre eaux-fortes et de 120 gravures, scènes d'opéras, caricatures, etc.
Paris, Librairie de l'Art - L. Allison et Cie, 1886, XVI-346 p., 120 vignettes gravées sur bois in-t ou à pleine page, 15 portraits de Wagner in-t.
Livre de grand format, luxueux, enrichi d'illustrations nombreuses, d'une très grande importance bibliophilique. Il s'agit d'un récit vivant des événements de la vie de Wagner et de ses œuvres. Il contient un certain nombre de renseignements inédits dûs à

des recherches personnelles. Exempt de fanatisme exclusif, Jullien est l'exemple du partisan convaincu, mais réfléchi de Wagner. En appendice, l'auteur dresse la liste des œuvres musicales de Richard Wagner et des morceaux ou fantaisies inspirées par ses œuvres.

Fantin-Latour. Sa vie et ses amitiés. Lettres inédites et souvenirs personnels, avec cinquante-trois reproductions d'œuvres du Maître, tirées à part, six autographes et vingt-deux illustrations dans le texte.
Paris, Lucien Laveur libraire éditeur, 1909, VIII-214 p., front., 52 planches h.-t., 22 illustrations in-t., 1 feuillet de table
Belle publication abondamment illustrée de 14 lithographies évoquant Berlioz. Fantin-Latour (1836 - 1904) fut l'un des pèlerins français de Bayreuth en 1876. Il adressa à son ami Edmond Maître du 27 au 31 août 1876 une série de quatre missives chaleureuses et enthousiastes, qui sont reproduites en partie (pp. 109-119). Mais cet enthousiasme ne l'empêche pas de relever le fréquent hiatus entre la hauteur de l'inspiration wagnérienne et l'insuffisance de la réalisation scénique. Le peintre sera l'auteur d'une production de lithographies, dessins et toiles inspirés par Wagner.

[Recueils d'articles]
L'ensemble des ouvrages suivants sont composés des critique ayant paru au *Moniteur universel* ou au *Journal des débats*. A chaque fois que Jullien rend compte de l'exécution d'une œuvre, il s'efforce d'en dégager sa valeur culturelle et sa signification esthétique. Cette préoccupation sous-tend un discours critique qui s'impose par sa densité. Donc, articles d'une valeur non seulement historique mais également d'une intelligence remarquable.

Musiciens d'aujourd'hui. Ouvrage orné de douze portraits en frontispice et de trente-deux autographes de compositeurs célèbres. Première série.
Paris, Librairie de l'Art, 1892, X-459 p., planches en noir h.-t.
On lira dans la partie « Richard Wagner » (pp. 74-110) : *La Walkyrie à Bruxelles* (mars 1887) - *Lohengrin à Paris* (mai 1887) - *Siegfried à Bruxelles* (janvier 1891).

Musiciens d'aujourd'hui. Ouvrage orné de vingt portraits en frontispice et de quarante autographes de compositeurs célèbres. Deuxième série.
Paris, Librairie de l'Art, 1894, 456 p., planches en noir h.-t.
Le chapitre « Richard Wagner » (pp. 129-184) comporte des articles de 1891 et 1892 sur le festival de Bayreuth, sur Lohengrin à Paris (1892), et sur la création parisienne de La Walkyrie en 1893.

Musiciens d'hier et d'aujourd'hui. Ouvrage orné de vingt-deux autographes de compositeurs célèbres.
Paris, Fischbacher, 1910, 371 p., 22 planches en noir h.-t.
On consultera les articles : *R. Wagner à Paris en 1849* (pp. 169-177) - *Tannhäuser à Paris en 1895* (mai 1895) (pp. 178-190) - *Le Vaisseau Fantôme à Paris* (pp. 191-199) - *Les Maîtres-chanteurs de Nuremberg à Paris* (novembre 1897) (pp. 200- 208) - *Tristan et Yseult à Paris* (octobre 1899) (pp. 209-221) - *Siegfried à Paris* (janvier 1902) (pp. 221-232) - *Le Crépuscule des dieux à Paris* (Mai 1902) (pp. 232-242).

Musique. Mélange d'histoire et de critique musicale et dramatique. Ouvrage orné de cinquante illustrations.
Paris, Librairie de l'Art, s.d. (1896), front., 49 planches en noir h.-t.
Un chapitre (pp. 233-264) intitulé : « Sur Richard Wagner » est consacré aux premières représentations parisiennes de Lohengrin en 1891. On consultera également l'article (pp. 410-416) consacré à Camille Saint-Saëns et sa féroce critique de Wagner et son œuvre.

[Articles isolés]
- Un peintre mélomane : Fantin-Latour et la musique d'après des lettres inédites.
La Revue des Deux-Mondes, 1906 ; Vol. 35 - N°5 : pp. 366-380.
- Une dernière faiblesse de Wagner.
La Revue musicale, 1921 ; Tome II - N°5 : pp. 200-204.
A propos de la supposée liaison de Wagner avec Carrie Pringle, interprète d'une fille-fleur en 1882...
- L'Ouverture de Tannhäuser aux concerts populaires (1865).
In : Wagner et la France. La Revue musicale, 1er octobre 1923 : pp. 161-165.

JUNOD (Philippe)
Du wagnérisme au musicalisme.
In : **LANG (Paul) [éd.]** : Richard Wagner. Visions d'artistes. D'Auguste Renoir à Anselm Kiefer.
Paris et Genève, Somogy éditions d'art - Musée d'art et d'histoire, 2005, pp. 76-83 [d'un vol. de 287 p.]

Du wagnérisme au musicalisme.
In : **JUNOD (Philippe)** : Contrepoints. Dialogues entre musique et peinture.
Genève, Editions Contrechamps, 2006, pp. 106-123 [d'un vol. de 217 p.], une planche en couleur, illustrations en noir in-t., index
Version remaniée du texte précédent.

KAEMPF (Pierre-François)
Un mancenillier à l'ombre mortelle : Julien Gracq à l'ombre de *Parsifal*, ou la présence démoniaque dans *Au château d'Argol.*
Roman 20/50 - Revue d'étude du roman du XXème siècle, décembre 1993, N °16 : pp. 155-164.

KAHANE (Martine)
- Les Avatars de la création parisienne.
In : Tannhäuser. L'Avant-Scène Opéra, mai - juin 1984, N°63/64, pp. 154-161 [d'un vol. de 257 p.]
- Les Avatars wagnériens de la revanche, 1887 - 1891.
In : Lohengrin. L'Avant-Scène Opéra, janvier - février 1992, N°143/144, pp. 169-172 [d'un vol. de 256 p.]

KAHANE (Martine) - WILD (Nicole)
Wagner et la France. Préface de François Lesure et Bruno Lussato.
Paris, Herscher, 1983, 175 p., illustrations en noir et couleur in-t. et h.-t.
Catalogue richement illustré de l'exposition organisée du 26 octobre 1983 au 26 janvier 1984 à la Bibliothèque nationale et au Théâtre national de l'Opéra de Paris, à l'occasion du centenaire de la mort de Wagner. Quatre thèmes : les voyages de Wagner en France - wagnéromanie, wagnérophobie - l'œuvre et ses interprètes - peintures et thèmes wagnériens. In fine, l'ensemble des dates des œuvres de Wagner au programme des concerts parisiens de 1841 à 1914 et des représentations des opéras de Wagner à l'Opéra de Paris de 1861 à 1983, introuvables ailleurs bien sûr... Catalogue constituant l'une des rares études complètes sur la question, toujours soucieuse de précision.

KAPP (Julius)
Richard Wagner et les femmes d'après des documents inédits.
Paris, Perrin et Cie, 1914, VI-288 p., front., 7 planches h.-t.
Récit biographique au travers des femmes de sa vie, s'appuyant sur une correspondance à l'époque inédite (première édition allemande en 1910). Il est, au demeurant, très déséquilibré avec une partie très restreinte pour les trente dernières années de sa vie : sans doute l'auteur se voulait-il discret vis-à-vis de Cosima, encore de ce monde au moment de cette publication. Le nom du traducteur n'est pas indiqué.

KATZ (Jacob)
Wagner et la question juive. Traduit de l'allemand par Pierre Rusch.
Paris, Hachette, 1986, 217 p.
Etude qui replace l'antisémitisme du musicien dans la perspective de l'histoire des idées. Ouvrage équilibré et dépassionné sur une question difficile.

KAYAS (Lucie)
Humperdinck et Wagner. Du maître à l'élève, la difficulté d'être.
In : Hänsel et Gretel. L'Avant-Scène Opéra, N°104, décembre 1987, pp. 16-17 [d'un vol. de 129 p.]
Brève synthèse biographique, très documentée, des relations entre les deux hommes.

KEIM (Albert) - LUMET (Louis)
Les Grands Hommes : Wagner.
Paris, Pierre Lafitte & Cie, 1913, 128 p., front. 6 planches h.-t.
Biographie d'un intérêt médiocre, publiée lors du centenaire de la naissance de Wagner.

KIESSEL (Markus)
Le Séjour à Paris de Richard Wagner en 1839 - 1842. La Juive d'Halévy et la constitution du drame musical.
In : **BUSCHINGER (Danielle) - CANDONI (Jean-François) - PERLWITZ (Ronald) [éd.]** : Richard Wagner : Points de départs et aboutissements. Anfangs - und Endpunkte. Actes du colloque d'Amiens 19, 20, 21, 22 octobre 2001.
Amiens, Presse du Centre d'études médiévales, coll. « Médiévales 19 », 2002, pp. 221-234 [d'un vol. de 400 p.]

KITAEFF (Monique)
La Revue Wagnérienne et le symbolisme français.
Thèse de littérature française : Université de Paris X. 1981.

KLEMPERER (Otto)
Ecrits et entretiens. Entretiens réalisés et édités par Peter Heyworth. Souvenirs, propos et esquisses.
Paris, Hachette, 1985, coll. « Pluriel », 351 p., index
L'ouvrage comprend deux parties, les entretiens avec Peter Heyworth publiés en 1973 et un choix de textes d'Otto Klemperer (1885 - 1973). Ce disciple de Gustav Mahler, chef reconnu de l'avant-garde dans les années vingt avant de devenir un grand interprète du répertoire classique, nous livre de nombreuses informations sur sa compréhension de l'œuvre wagnérienne. On trouvera en outre tous les éléments relatifs à la production du Kroll Oper de Berlin de 1929 de la version originale du *Vaisseau Fantôme*, à partir des partitions de 1844 et à l'initiative de Richard Strauss. Cette mise en scène se heurta aux goûts du public conservateur (la production fit partie de l'exposition organisée en 1938 par les nazis à Düsseldorf sur le thème de l'art dégénéré).

KLOSS (Julius-Erich)
Vingt années de Bayreuth, 1876 à 1896. Considérations et pensées diverses. Traduit de l'allemand par Georges Korczewski.
Berlin, Schuster & Loeffler éditeurs, 1896, 88 p.
On y célèbre le festival qui a vingt ans, vu surtout par ses aspects logistiques (logement, restaurant...) et avec un ton on ne peut plus nationaliste. Mais en réalité la véritable curiosité de cet opuscule réside dans sa traduction en français, involontairement hilarante. Exemple : « *On y pense que ce n'est par exemple que Mme Materna, la première Brunehilde de Bayreuth, qui depuis 1876 a vieilli de vingt ans. Néanmoins on l'a laissé la Kundry qu'elle chantait pour la première fois en 1882 aussi longtemps que possible. Mais cela ne pas éternellement et vu le temps qui ronge et détruit aussi la chose la plus magnifique, il faut bien penser d'attirer des forces nouvelles* » (sic). Dans une critique du 13 avril 1903 au *Gil Blas*, Colette écrivait : « *Je vous conseille la lecture des Vingt années de Bayreuth de Kloss ; c'est gentiment écrit, tenez :* Il faut être une chose vraiment incompréhensible pour chacun qui est rempli de l'esprit wagnérien que l'on est pris par les adversaires de Bayreuth est cru en rudesse et en manque de piété. Si l'on désire le combat, alors l'on doit le faire par des armes distinguées ».

KLUGMANN (Narcisse) - DUMESNIL DE GRAMMONT (Michel)
De Luther à Wagner. Essai de psychologie ethnique. Préface de J.L. Breton.
Paris, Vrin, 1931, coll. « Bibliothèque d'histoire de la philosophie », 2 vol. 227 et 222 p., index
Un chapitre dans ce second tome intitulé « Wagner » (pp. 155-188). Présentation assez kaléidoscopique de la philosophie wagnérienne, mais pas inintéressante.

KNOPP (Guido)
Les Femmes d'Hitler. Traduit de l'allemand par Olivier Mannoni.
Paris, Payot, 2003, 366 p.

L'auteur, historien spécialiste du IIIème Reich, donne, dans un des chapitres de cet ouvrage intitulé « Winifred Wagner. La Muse » (pp. 131-186), consacré à la veuve de Siegfried et alors directrice du festival, une présentation assez détaillée de l'admiration qu'ont eue l'un pour l'autre les deux protagonistes de ce que Friedelind, la propre fille de Winifred, a appelé dans un livre de souvenirs, « *les années de feu* » de Bayreuth.

KNOSP (Gaston)
Parsifal, drame sacré de Richard Wagner. Guide et analyse thématique.
Bruxelles et Paris, Schott - Fischbacher, 1913, 50 p.
Analyse musico-dramatique, d'initiation à l'œuvre dans la tradition des publications de cette époque par un musicien belge (1874 - 1942), surtout à la veille de la création en 1914 hors de Bayreuth de Parsifal. La Monnaie créa Parsifal deux jours avant Paris.

KOCHNIKZKY (Léon)
Appoggiatures. Préface de Fernand Desonay.
Bruxelles, André de Rache, 1966, 101 p., front.
L'auteur (1892 - 1965), à la fois poète, musicien et critique d'art, insère, dans son avant-dernier livre posthume, un paragraphe « Transports », qui évoque Wagner. Parlant de ses traversées maritimes, il évoque le souvenir du premier acte de Tristan et reproduit un fragment de la partition. Il rappelle le seul grand voyage en mer que fit Wagner, décrit cette péripétie et l'influence qu'en tira Wagner. Le paragraphe se conclut avec un portrait moral, plutôt moqueur de Wagner.

KOFMAN (Sarah)
Nietzsche et Wagner.
In : Lausanne, Furor, 1992 ; N°23 : pp. 5-28.
L'auteur n'a pas la « *prétention d'examiner dans toutes leurs complexités les rapports de Nietzsche et de Wagner* », mais se livre à une analyse de « la troisième dissertation » de *La Généalogie de la morale*, au travers de « *l'idéal ascétique de l'artiste* », en prenant comme exemple le cas de Wagner.

KÖHLER (Harmut) : Valéry et Wagner.
In : **BARBIER (Carl Paul)** : Colloque Paul Valéry. Amitiés de jeunesse, influences, lectures. Université d'Edimbourg, novembre 1976.
Paris, Librairie A.-G. Nizet, 1978, pp. 147-170 [d'un vol. de 332 p.], index
Ouvrage posthume de l'éditeur scientifique. Ce texte consacré à Wagner est une des premières études parues sur le sujet. Il est par ailleurs suivi de la reproduction de la discussion de la communication entre tous les participants (pp. 171-182).

KOLB (Annette)
Le roi Louis II de Bavière et Richard Wagner.
Paris, Albin Michel, 1947, 113 p., 4 planches h.-t.
L'intérêt de l'ouvrage est de présenter une correspondance de Wagner et de la duchesse Sophie Charlotte, et la réponse de Wagner au projet d'abdication de Louis II.

KOPP (Robert)
Nietzsche, Baudelaire et Wagner. A propos d'une définition de la décadence. Travaux de littérature, 1988 ; N°1 : pp. 203-216.

Baudelaire et Wagner : « Une extase faite de volupté et de connaissance ».
In : **BIONDI (C.) - IMBROSCIO (C.) - LATIL (M.-J.) [éd.]** : Mélanges offerts à Corrado Rosso. La Quête du bonheur et l'expression de la douleur dans la littérature et la pensée française.
Genève, Librairie Droz, 1995, coll. « Histoire des idées et critique littéraire », pp. 125-137 [d'un vol. de 540 p.], index.

Il y a beaucoup de Wagner chez Baudelaire.
In : Magazine littéraire, janvier 2000 ; N°383 : pp. 59-62.
Le titre reprend une citation de Nietzsche qui, en trouvant confirmé l'intérêt de Baudelaire pour Wagner dans la correspondance du poète, voit justifiée sa lecture intuitive des *Fleurs du Mal*, comme « *profondément wagnérienne* ».

KOSMA-MERLIN (Marie)
Wagner raconté aux enfants. Texte de Marie Kosma-Merlin dit par Jean Piat. Illustrations de Maurice Tapiero.
Paris, Le Petit Ménestrel - Editions Lucien Adès, s.d. (1971), 19 p., illustrations en couleur in-t., un disque 33 T.
Livre-disque à destination du jeune public des années 1970.

KRAFT (Zdenko von)
Wagner. Une vie dramatique. Traduit de l'allemand par J. Boitel.
Paris, Buchet Chastel, 1957, 287 p.
Biographie détaillée, par un des meilleurs connaisseurs contemporains (1886 - 1979) de l'œuvre de Wagner et qui fut directeur pendant plus de 15 ans du Wagner-Archiv à Bayreuth. On lui doit une trentaine d'ouvrages dont seize pièces de théâtre et cinq biographies de Wagner. Pendant longtemps, la moins incomplète et la moins fantaisiste des biographies de Wagner.

Tel fut Wagner. Une vie dramatique. Traduit de l'allemand par J. Boitel.
Paris, Albin Michel - Edition du Sud, 1964, coll. « Vies et visages », 405 p., 18 planches h.-t. de reproductions en noir, fac-similés
Reprise du texte de l'édition de 1957, augmenté entre les chapitres de textes tirés des œuvres critiques et autobiographiques de Wagner, réunis par Michel-R. Hoffmann.

KREBS (Pierre)
Paul Valéry face à Richard Wagner : mesure de la proximité, étendue de la fascination, envergure [sic] du désespoir
Frankfurt am Main, Peter Lang, 2000, Coll. « Studien und Dokumente zur Geschichte der Romanischen Literaturen », 527 p., index

Publication d'une thèse de littérature intitulée : *Valéry et Wagner. Mesure de la proximité* (1992, Paris XII). Cette étude permet de mesurer la présence de Wagner dans les élaborations intellectuelles et dans les débordements passionnels de Paul Valéry et l'étendue d'une fascination exceptionnelle qui fit de Wagner l'un des maîtres les plus influents du poète. Après avoir cerné les différentes approches valéryennes de Wagner pendant la période de la « *Prose ancienne* », cette étude concentre son analyse sur trois thématiques-clés de la pensée valéryenne (le langage, l'architecture, les mathématiques), et démontre que l'influence de Wagner sur la pensée du poète n'est nullement exclusive de la musique. « *A travers Wagner on retrouve en quelque sorte toutes les ramifications qui conduisent à la problématique du langage via la figure de Mallarmé, aux passions architecturales via la figure de Léonard ou encore à la fascination pour les mathématiques et les sciences via la figure de Descartes* ».

KROP (Jean-Pierre)
Le Sillon de Gottfried.
In : Tristan et Isolde. L'Avant-Scène Opéra, juillet - août 1981, N°34/35, pp. 13-17 [d'un vol. de 287 p.]

KUFFERATH (Lucy)
La Magie des sons. Impressions d'art (1908 - 1914).
Bruxelles, Weissembruch s.a., 1933, 78 p.
Publication pour la commémoration du cinquantième anniversaire de la mort de Wagner, des souvenirs personnels de la femme de Maurice Kufferath, recueillis dans son journal intime de 1908 à 1914. Nombreux éléments sur Richard Wagner.

KUFFERATH (Maurice)
Maurice Kufferath (1852 - 1919) fut un des critiques musicaux les plus en vue en Belgique et directeur du théâtre de La Monnaie à partir de 1901. Fasciné par la personnalité et l'art de Wagner, il lui consacre la totalité de ses travaux de musicologue. Il publia de nombreux articles dans *Le Guide musical* qu'il dirigea de 1890 à 1914, et dont il fera l'une des meilleures revues musicales. Sa connaissance de l'allemand et le rapport direct aux sources offrirent à Kufferath un indéniable avantage ce qui donna à ses écrits une assise que peu d'ouvrages français de l'époque parvenaient à revendiquer.

[La bibliographie ci-dessous répertorie en premier lieu, les différents ouvrages sur Wagner et son œuvre, dans un classement chronologique]

Richard Wagner et la « Neuvième Symphonie » de Beethoven. Commentaire-programme pour cette symphonie, et observations au sujet de son exécution, par Richard Wagner, traduit par M.K. (Extrait du Guide musical).
Paris et Bruxelles, Schott, 1875, 46 p.

La Walkyrie de Richard Wagner. Esthétique. Histoire. Musique.
Bruxelles et Paris, Schott Frères - Fischbacher, 1887, 120 p.
Première version qui contient plutôt des considérations générales sur l'esthétique du maître. Edition très polémique, notamment à l'encontre de Saint-Saëns... L'analyse de la partition n'occupe que quelques pages et l'histoire de l'œuvre n'est qu'effleurée...

L'Art de diriger l'orchestre. Richard Wagner et Hans Richter (Extrait du Guide musical).
Paris, Fischbacher, 1890, 104 p.
Tiré à part du *Guide musical.*

Parsifal de Richard Wagner. Légende. Drame. Partition.
Paris, Fischbacher, 1890, 290 p.

Siegfried de Richard Wagner. Le Drame et la partition par Maurice Kufferath.
Paris et Bruxelles, Fischbacher - Schott, 1891.

Lohengrin. La Légende et le drame de Wagner.
Paris, Bruxelles et Leipzig, Fischbacher - Schott - Otto Junne, 1891, 131 p.
Premières versions également de l'ouvrage qui allait secondairement s'intégrer dans la fameuse série *Le Théâtre de Wagner.*

L'Art de diriger l'orchestre. Richard Wagner et la « Neuvième Symphonie » de Beethoven. Hans Richter et la symphonie en « ut » mineur. Deuxième édition.
Paris, Fischbacher, 1891, 180 p.
Reprise de l'ouvrage précédent augmenté de l'analyse de la première symphonie de Wagner.

Guide thématique et analyse de Tristan et Iseult.
Bruxelles et Paris, Schott - Fischbacher, 1894, 72 p.
Guide destiné au grand public, d'ambition plus pratique. Selon M. Stockhem, « *elle resta paradoxalement moins populaire que sa grande étude* ».

Les Maîtres-chanteurs de Nuremberg. Correspondance autographe de Hans von Wolzogen.
Paris, Fischbacher, 1898.
Ouvrage non consulté.

Musiciens et philosophes. Tolstoï, Schopenhauer, Nietzsche, Richard Wagner.
Paris, Félix Alcan, 1899, 376 p.
Texte qui reprend quelques uns des sophismes de l'ouvrage de Tolstoï (*Qu'est ce que l'art ?*) afin de démontrer leur caractère paradoxal et contradictoire. Il examine ensuite les idées esthétiques, peu connues à l'époque, qui sont disséminées dans les écrits de Nietzsche.

L'Art de diriger. Richard Wagner et la « Neuvième Symphonie » de Beethoven. Hans Richter et la symphonie en « ut » mineur. L'Idylle de Siegfried. Interprétation et tradition. Troisième édition.
Paris, Fischbacher, 1909, 265 p.
L'ouvrage contient la première étude musicologique française de « Siegfried Idyll ».

En commémoration de la première représentation de Parsifal au théâtre de La Monnaie de Bruxelles le 2 janvier 1914.
Bruxelles, Imprimerie J.E. Goossens, 1914, 27-V p., front., 25 planches.
Tirage numéroté limité à 500 exemplaires qui ont été vendus au profit du mémorial apposé au théâtre royal de La Monnaie

[Le Théâtre de Wagner de Tannhäuser à Parsifal. Essai de critique littéraire, esthétique et musicale]
Entreprise, à laquelle nulle n'est comparable dans la littérature wagnérienne et qui fit très longtemps autorité. Ces volumes furent les premières analyses complètes, texte et musique, des grands ouvrages de Wagner. Tous brillent des mêmes qualités de clarté et de richesse, et sont des modèles du genre qui n'ont pas été dépassés. Le plan en est généralement le même : analyse des sources légendaires et historiques, histoire de l'œuvre, conception et réalisation du poème et de la musique, analyse de la partition. Ces ouvrages, parfaitement documentés, contiennent de nombreuses citations musicales. Ces études précises et originales ont joué un rôle d'éveil fondamental au wagnérisme dans le domaine francophone et contribuèrent puissamment à la vulgarisation de l'œuvre wagnérienne dans ces pays. En dépit de leur titre général (*Le Théâtre de Wagner...*), Tannhäuser, Le Hollandais (pour une raison qui nous échappe, le premier opéra romantique de Wagner n'est pas compris dans le programme déterminé dans le sous-titre général), L'Or du Rhin et Le Crépuscule des dieux manquent à la série.

La Walkyrie.
Paris et Bruxelles, Fischbacher - Schott, 1891, 150 p.
Reprise sous une forme notablement différente de l'ouvrage de 1887. L'histoire de l'œuvre et l'analyse de la partition furent considérablement étendues. Cette brochure inaugura la série des études publiées sous le titre général *Le Théâtre de Wagner...*
- La Walkyrie. Deuxième édition.
Paris, Bruxelles et Leipzig, Fischbacher - Schott - Otto Junne, 1893, 150 p.
- La Walkyrie. Troisième édition, revue par l'auteur avec une introduction de M. Ernest Closson.
Bruxelles, Imprimerie Th. Lombaerts, 1922, XI-140 p.

L'Anneau du Nibelung. Siegfried.
Paris, Bruxelles et Leipzig, Fischbacher - Schott - Otto Junne, 1891, 118 p.
- L'Anneau du Nibelung. Siegfried. Deuxième édition.
Paris, Bruxelles et Leipzig, Fischbacher - Schott - Otto Junne, 1894, 130 p.
- Siegfried. Troisième édition, revue par l'auteur avec une introduction de M. Ernest Closson.
Bruxelles, Imprimerie Th. Lombaerts, 1922.

Lohengrin.
Paris, Bruxelles et Leipzig, Fischbacher - Schott - Otto Junne, 1891, 218 p.
- Lohengrin. Deuxième édition.
Paris, Bruxelles et Leipzig, Fischbacher - Schott - Otto Junne, 1894, 214 p.

En appendice : *I. Les Mouvements de Lohengrin. II. La Première de Lohengrin à l'Opéra de Paris. III. Les Répétitions. IV. Lohengrin et M. Goblet. V. L'Ordre du cygne.*
- Lohengrin. Edition revue et augmentée de notes sur l'exécution de Lohengrin à Bayreuth, avec les plans de la mise en scène.
Paris et Bruxelles, Fischbacher - Schott, 1895, 234 p.
Ultime édition contenant en appendice les cinq premières parties précédentes, mais également *Lohengrin à Bayreuth en 1894*, dont les principales parties sont : « Le Xème siècle substitué au XIIIème dans les décors et les costumes », « Rôle actif des chœurs », « La Plantation du deuxième tableau avec plan », « Plantation du premier tableau de l'acte III avec plan », « La scène finale ».

Parsifal.
Paris, Bruxelles et Leipzig, Fischbacher - Schott - Otto Junne, 1893, 302 p.
- Parsifal. Deuxième édition.
Paris, Bruxelles et Leipzig, Fischbacher - Schott - Otto Junne, 1894, 304 p.
Cet ouvrage connaîtra sept éditions jusqu'en 1926, dont les suivantes :
- Parsifal. Essai de critique littéraire esthétique et musicale
Paris et Bruxelles, Fischbacher - Schott, 1899, 308 p.
Réimpression en 1914.
- Parsifal. Essai de critique littéraire esthétique et musicale.
Bruxelles et Paris, Edition Maurice Lamertin - Fischbacher, 1926, 367 p.
Edition, identique par le fond, mais enrichie de nombreux détails et retouchée en plusieurs endroits.

Tristan et Iseult.
Paris, Bruxelles et Leipzig, Fischbacher - Schott - Otto Junne, 1894, II-373 p.
Cette édition connaîtra au moins trois réimpressions.

Les Maîtres-chanteurs de Nuremberg.
Paris, Bruxelles et Leipzig, Fischbacher - Schott - Otto Junne, 1898, X-310 p., un portrait

KUFFLER (Denis)
L'Influence de Richard Wagner sur la pathologie de Louis II de Bavière.
Thèse de médecine : Université de Nancy. 1986 ; 129 p.

LABIE (Jean-François)
Le Visage du Christ dans la musique des XIXème et XXème siècle. Avec la collaboration de Dominique Delesalle et Anne-Françoise Leurquin-Labie. Préface de Jean-Yves Hameline.
Paris, Fayard, 2005, 459 p., index
Ouvrage posthume de J.-F. Labie (1926 - 2004) dont la dernière partie fut achevée par Dominique Delesalle avec l'aide de la fille de l'auteur. Le nom de Wagner peut surprendre, le compositeur n'ayant quasiment pas écrit de musique religieuse ou sacrée. Mais l'auteur s'interroge sur le fait que Parsifal pourrait être « *une appropriation à*

version variable de la figure du Christ ? » (« Le Sacrilège Parsifal » (pp. 145-170) et « Mémoriaux pour Wagner » (pp. 413-417)).

LACAVALERIE (Xavier)
Richard Wagner.
Arles, Actes Sud/Classica, 2006, coll. « Classica », 193 p., index
L'auteur, journaliste à *Télérama* et collaborateur régulier de la revue *Classica -Répertoire*, ajoute une monographie de plus « *au formidable Walhalla de la bibliographie wagnérienne...* » Nécessairement court dans le cadre de cette collection. Pas véritablement une étude biographique, mais plutôt, une vue globale de l'œuvre et de la vie du compositeur, organisée à l'instar de la Tétralogie en trois journées et un prologue. Quelques erreurs néanmoins...

LACHAT (Louis) - LÉTI (Giuseppe)
L'Esotérisme à la scène. La Flûte enchantée - Parsifal - Faust. Préface par Antoine Cöen.
Annecy, Imprimerie L. Dépollier et Cie, 1935, 172 p.
Ouvrage sur le thème de la symbolique franc-maçonne dans ces trois œuvres scéniques.

LACOMBE (Louis)
Philosophie et musique. Œuvre posthume.
Paris, Fischbacher, 1896, front., 458 p.
Le chapitre VII est intitulé « Richard Wagner » (pp. 121-153). A oublier...

LACOMBE (René)
Les Représentations wagnériennes à l'Opéra de Paris, 1911 - 1933. Leur Echo dans la presse.
Thèse de littérature comparée : Université de Dijon. 1986.

LACOUE-LABARTHE (Philippe)
Baudelaire *contra* Wagner.
Etudes françaises, 1981 ; Volume XVII - N°3/4 : pp. 23-52.
Texte qui sera repris en partie dans l'ouvrage suivant qui montre que « *Baudelaire, au delà de sa soumission apparente à Wagner, ne cesse en réalité de subordonner Wagner à ses propres thèmes* » (p. 48).

Musica ficta (figures de Wagner).
Paris, Christian Bourgois, 1991, 264 p.
Réédition en 2007 chez le même éditeur dans la collection « Lettres »
Quatre scènes, comme le dit l'auteur (1940 - 2007) : Baudelaire et Mallarmé (deux poètes français), « *contemporaines du triomphe européen du wagnérisme* », les deux autres, Heidegger et Adorno (deux philosophes allemands), au XXème siècle, « *lorsque certains effets du wagnérisme, qui ne sont pas seulement idéologiques, se sont fait sentir et que la confusion du national et du social s'est comme solidifiée dans une configuration politique monstrueusement inédite* ». Philippe Lacoue-Labarthe annonce que « *Wagner n'est pas lui-même l'objet de l'ouvrage, mais bien plutôt l'effet qu'il*

produisit, et qui fut immense ». Pour les quatre auteurs étudiés, Wagner est l'objet successivement de : une reconnaissance éperdue, une rivalité réticente, une hostilité déclarée mais sur le fond d'une visée analogue, l'espoir d'une délivrance. « *Quatre scènes donc qui encadrent en quelque sorte, mais contribuent peut-être à éclairer, la vraie scène - ici laissée, elle, en retrait -, celle qui sanctionna la rupture de Nietzsche avec Wagner* ». Ces quatre parties sont la reprise de communications faites dans des séminaires internationaux.

LACRETELLE (Jacques de)
D'une colline. Quatre jours à Bayreuth. Avec un portrait de l'auteur par Ernest Hubert.
Paris, Aux éditions des Cahiers libres, 1928, 64 p., front.
Tirage limité à 1245 exemplaires.
L'auteur (1888 - 1985), romancier et essayiste qui eut son heure de gloire, académicien, décrit dans ce petit livre ses impressions du festival de Bayreuth à sa réouverture après la guerre de 1914 - 1918, époque où les festivaliers français étaient moins nombreux qu'avant le premier ou qu'après le deuxième conflit mondial.

LAFFONT (Hélène)
Nietzsche entre Wagner et Burckardt.
In : **BUSCHINGER (Danielle) - CANDONI (Jean-François) - PERLWITZ (Ronald) [éd.]** : Richard Wagner : Points de départs et aboutissements. Anfangs - und Endpunkte. Actes du colloque d'Amiens 19, 20, 21, 22 octobre 2001.
Amiens, Presse du Centre d'études médiévales, coll. « Médiévales 19 », 2002, pp. 129-145 [d'un vol. de 400 p.]

LAFON (François) - TATE (Jeffrey)
Le Ring. Théâtre du Châtelet, 1994.
Paris, Edition du Regard, 1994, 127 p., nombreuses reproductions photographiques h.-t. dont pleine page
Recueil photographique de la mise en scène du Ring par Pierre Strosser en 1994. Pour les amateurs du genre...

LALO (Charles)
L'Art et la vie. Tome II. Les Grandes Evasions esthétiques : Delacroix. Flaubert. Les Goncourt. Lamartine. Sarcey. Wagner.
Paris, Librairie Philosophique J. Vrin, 1947, 323 p.
Deuxième volume d'une série de trois ouvrages, parus de 1946 à *1947 (I. L'Art près de la vie. II. Les Grandes Evasions esthétiques. III L'Economie des passions*).
On lira le chapitre « L'Art religion de Wagner » (pp. 237-320). Cette longue étude comporte quatre parties qui démontrent que la conception et la pratique de l'art se développe chez Wagner en trois moments, c'est-à-dire en trois degrés de tensions différentes : le moment de l'art pour la société, celui de l'art pour lui-même, enfin celui de l'art pour l'au-delà, à quoi les deux premiers mouvements aboutissent.
Une ultime partie intitulée « Le Mystère de Tristan » reprend l'affaire Tristan - Mathilde Wesendonck.

LALO (Edouard)

Correspondance réunie et présentée par Joël-Marie Fauquet.

Paris, Aux Amateurs de livres, 1989, coll. « Domaine musical », 352 p., portrait en front., 7 illustrations h.-t., 3 index (noms, œuvres et table des matière)

Lalo (1823 - 1892) appartient aux wagnériens de la première heure. Il fera le pèlerinage de Bayreuth en 1882. La stature du musicien allemand s'imposera bien évidement à lui, mais il parviendra à tenir en respect l'intimidant spectre du compositeur qu'il admire. On connaît la quasi-citation du thème des pèlerins de Tannhäuser dans l'ouverture du Roi dYs élevé comme un monument à Wagner, mais il est évident que le modèle de Lalo est ailleurs. « *Alors que penser de cette citation : Réminiscence involontaire, hommage reconnaissant ou nécessaire exorcisme ?* » (Fauquet). Celle-ci montre au moins la persistance de ses convictions. Ce recueil regroupe 300 lettres. On lira en particulier, les lettres de janvier 1883 (pp. 151-153) consacrées aux représentations du Ring en allemand à Bruxelles par le Théâtre Wagner itinérant de Neumann.

LALO (Pierre)

La Musique. 1898 - 1899.

Paris, Rouart-Lerolle, s.d. (1900), 492 p., front.

A lire, « Fervaal, le wagnérisme et la musique française » (pp. 7-47).

Richard Wagner ou le Nibelung.

Paris, Ernest Flammarion, 1933, 284 p.

Fils du compositeur du Roi d'Ys, Pierre Lalo (1866 - 1943), fut un critique musical en vue à l'époque, au *Journal des débats*, à *La Revue de Paris* puis au *Temps*. Il épousa par ailleurs l'une des filles d'Henriette Fuchs, Noémi. Dans son ouvrage, il n'analyse pas - ou peu - l'œuvre, mais raconte le personnage et finalement plus le caractère de Wagner : une chronologie dans une première partie, puis une autre consacrée à Wagner et l'amour, et une troisième à Wagner et l'amitié. Alors pourquoi « *Wagner ou le Nibelung* » ? Selon lui Wagner fut un vrai solitaire : un enfant séparé de sa famille, qui se crée un monde à part, un homme sans amis (s'il en avait, ce n'est pas lui qui les avait cherchés), sans amour parfait, finalement indifférent aux autres et à tout ce qui n'était pas son art et sa création. Pour Lalo, c'est le « *Nibelung* », excessif, opiniâtre, inflexible, totalement absorbé par sa création. « *Sans penser au monde, seul avec lui-même, au plus profond de son royaume magique, le Nibelung forge l'or : son OR, maléfique ou bienfaisant, dont vivra pendant des générations, pendant des siècles peut-être, cette humanité qui lui est étrangère, et pour laquelle il n'a jamais eu ni amour ni haine* ».

Richard Wagner et l'amitié.

La Revue universelle, 15 juin 1933 ; Tome LIII - N°6 : pp. 687-716.

Publication d'extraits de l'ouvrage précédent.

Richard Wagner : Parsifal.

In : De Rameau à Ravel. Portraits et souvenirs. Avant-propos par Gustave Samazeuilh.

Paris, Albin Michel, 1947, pp. 342-349 [d'un vol. de 422 p.]

Recueil de feuilletons parus de 1898 à 1914. On y lira la critique de la création parisienne de Parsifal parue dans *Le Temps* en janvier 1914.

LAMA (André)
Hitler et la musique. Un mélomane mégalomane.
Grez-sur-Loing, Editions Pardès, 2007, 159 p.
Il s'agit plus d'un récit biographique de la jeunesse d'Hitler vue au travers de la musique qu'une étude précise sur le sujet. Nombreuses références à Wagner bien évidemment.

LAMARTINIE (Maurice)
Gobineau et Cosima Wagner.
Moulins, Crépin-Leblond, 1936, 12 p.
Première publication dans *Les Nouvelles littéraires* du 5 juillet 1930. Non consulté.

LANG (Paul) [éd.]
Richard Wagner. Visions d'artistes. D'Auguste Renoir à Anselm Kiefer.
Paris et Genève, Somogy éditions d'art - Musée d'art et d'histoire, 2005, 287 p., très nombreuses illustrations en noir et couleur, index
Catalogue de l'exposition au musée Rath de Genève, du 23 septembre 2005 au 29 janvier 2006, dévolue à la résonance de l'œuvre de Richard Wagner dans les Beaux-Arts. Le cheminement, aussi bien thématique que chronologique, nous conduit de la peinture des années 1850 à l'art contemporain, mettant clairement en évidence la persistance et l'universalité de la reproduction du caractère visuel de l'œuvre de Wagner. [L'ensemble de ces textes sont repris par leur nom d'auteur dans la présente bibliographie]

LARDIN (J.)
Un nouveau petit Saint-Jean précurseur ; grande explosion exotico-hétéroclite. Richard Wagner. Feuille volante signée : J.L. (Lardin).
Paris, Typographie E. Meyer, février 1860, une page.
Il s'agit d'une feuille volante imprimée en février 1860 dont Servières lui-même nous dit en 1886, qu'il ne lui a pas été possible de retrouver un exemplaire.

LASALLE (Albert de)
Treize salles de l'opéra.
Paris, Sartorius, 1875, 314 p.
Une page environ sur les représentations du Tannhäuser en 1861. Sans intérêt...

LASSERRE (Eugène)
Wagner et Péladan.
In : Numéro spécial de La Nouvelle Revue du Midi (N° 10, décembre 1924).
Nîmes, Chastenier, 1924, pp. 47-61 [d'un vol. de 246 p.]
Pour Joséphin Péladan, grand propagandiste de l'œuvre wagnérien, le drame musical est le confluent de tous les arts et en a la toute puissance.

LASSERRE (Pierre)
Les Idées de Nietzsche sur la musique.
Paris, Mercure de France, 1905, 213 p.

Autre édition :
Les Idées de Nietzsche sur la musique.
Paris, Calmann - Lévy, 1929, 210 p.
Autre édition sans date chez Garnier.
On lira les chapitres : « Situation intellectuelle de Nietzsche par rapport à Wagner » - « Nietzsche désenchanté de l'art wagnérien » - « L'Apologie de Wagner dans Richard Wagner à Bayreuth ». L'ouvrage aboutira à la réalisation d'une thèse en 1907 portant le même titre, mais dont le sous-titre est : *La Période wagnérienne (1871 - 1876).*

L'Esprit de la musique française (de Rameau à l'invasion wagnérienne).
Paris, Payot, 1917, 251 p.
Exemple-type du pamphlet de facture anti-wagnérienne. Deux chapitres (pp. 177-251) consacrés à Wagner poète et musicien. L'auteur (1867 - 1930) signale que les drames wagnériens sont incompréhensibles, et que cela vient probablement de la « *terrible* » langue allemande, en particulier de ses « *mots amphibies* » dont, *« pour l'honneur de notre civilisation intellectuelle et morale, nous n'avons pas les équivalents en langue française* (sic) ». Il voit dans l'idéal « *trouble* » et « *inquiétant* » de Wagner une « *idéologie du primitif* », et recommande d'y opposer un « *sain éclat de rire français* ». Des extraits furent publiés dans *Le Correspondant* la même année sous le titre « Richard Wagner poète et son influence » (25 juin 1917 ; N°1314 : pp. 1083-1107).

La Leçon de Wagner. (A propos de Tristan et Yseult).
In : Des romantiques à nous.
Paris, Edition de la Nouvelle Revue critique, 1927, coll. « Essais critiques - Artistes-philosophes-littéraires - 2 », pp. 187-195 [d'un vol. de 219 p.]
Réédition chez Calmann - Lévy en 1931.

Philosophie du goût musical. Nouvelle édition suivie de trois études sur Grétry, Rameau, Wagner.
Paris, Calmann-Lévy, 1931, II-242 p.
Reprise du *Wagner musicien* (pp. 201-239) tiré de *L'Esprit de la musique française.*

LATTY (Laurence)
Richard Wagner et ses héros transfigurés.
Paris, Edition la Mezzanine, 2001, coll. « Mélomanes », 184 p.
Texte remanié d'une thèse de doctorat en psychologie (Paris V, 1995) intitulée *Les Processus de la création artistique chez Chagall et Wagner : recherche sur le rôle de l'angoisse dans la création.* Présentation psychanalytique des personnages wagnériens (renouvelant l'approche des héros wagnériens de StéphaneValot, datant, elle, de 1903), qui loin d'être inintéressante, peut cependant paraître par moments partielle et partiale.

LAURENCIE (Lionel de La)
La Légende de Parsifal et le drame musical de Richard Wagner.
Nantes, E. Grimaud, 1888, 104 p.
Réimpression en 1894.
Ouvrage non consulté.

Le Goût musical en France.
Paris, A. Joanin et Cie, 1905, 359 p.
Réimpression en fac-similé chez Slatkine reprints en 1970.
L'auteur (1861 - 1933) traite de Wagner au dernier chapitre - « L'évolution du wagnérisme » - en quatre sections intitulées : Décadence du Romantisme - Résistances naturalistes et rationalistes - Le Symbolisme et le triomphe de Richard Wagner - Conclusion.

LAURENTI (Huguette)
Orphée et Wagner.
In : **MOUTOTE (Daniel)** : Entretiens sur Paul Valéry. Actes du colloque de Montpellier des 16 et 17 octobre 1971. Université Paul Valéry - Montpellier. Textes recueillis par Daniel Moutote.
Paris, Presses Universitaires de France, 1972, pp. 79-85 [d'un vol. de 194 p.], 6 planches en noir h.-t.

LAVIGNAC (Albert)
Le Voyage artistique à Bayreuth. Ouvrage contenant de nombreuses figures et 280 exemples de musique.
Paris, Delagrave, 1897, VI-584 p., une carte dépliante, tableaux h.-t. dont sept dépliants, nombreuses illustrations en noir in-t.
Vade-mecum des pèlerins de Bayreuth, cet ouvrage qui fut longtemps la bible du wagnérien, connut un immense succès et maintes rééditions. Un classique...
La phrase d'ouverture du chapitre premier donne le ton de l'ouvrage, en recommandant d'aller à Bayreuth « *à genoux* ». Lavignac (1846 - 1916), professeur d'harmonie au Conservatoire de Paris, annonce dans la préface ne pas avoir voulu écrire un mille et unième ouvrage sur Wagner, mais un guide pratique des français à Bayreuth. Il s'est, pour cela, servi de sa propre expérience, des archives de son ami Lascoux et des lettres de Vincent d'Indy qu'il cite abondamment. Le néophyte y découvre ainsi une foule de détails pratiques sur le voyage et le séjour à Bayreuth (comment va-t-on à Bayreuth ?, la vie à Bayreuth). Il s'agit également d'une sérieuse initiation aux œuvres du compositeur. Le style et l'idée en sont assez démodés, mais les analyses des œuvres n'ont rien perdu de leur précision musicologique. Guide analytique de l'œuvre de Wagner sous l'angle à la fois littéraire et musical, avec la systématisation du leitmotiv comme élément signalétique.
En appendice, Lavignac donne la liste des français présents aux festivals de Bayreuth de 1876 à 1902 avec mention de leur ville d'origine. Les listes étant retranscrites à partir de notes manuscrites plus ou moins lisibles, ceci n'assure pas l'exactitude des données fournies. Mais elles demeurent un document précieux pour l'étude de la pénétration wagnérienne dans les milieux artistiques français.

Autres éditions :
Rééditions successives jusqu'en 1965 (22 au total) chez Delagrave dont la 10ème édition fut révisée en 1914 par l'auteur. Les éditions augmentées sont les suivantes :
- Le Voyage artistique à Bayreuth. Nouvelle édition.

Paris, Delagrave, 1940, 602 p., tableaux h.-t. dépliants, nombreuses illustrations en noir in-t.

- Le Voyage artistique à Bayreuth. Nouvelle édition revue et complétée par l'analyse musicale de Rienzi et du Vaisseau Fantôme faite par Henri Busser.

Paris, Delagrave, 1951, 495 p., front., tableaux h.-t. dont quatre dépliants. Réimpression en 1965.

Edition publiée par la fille de l'auteur, Germaine Lavignac. Version réduite, ne comprenant que les chapitres III, IV et V des éditions précédentes, revue par Henri Busser et complétée d'une analyse musicale de Rienzi et du Vaisseau Fantôme.

- Le Voyage artistique à Bayreuth.

Genève, Minkoff - Chêne-Bourg, 1973, 495 p.

Reproduction en fac-similé de l'édition de 1951.

Réimpression en 1974 et 1978.

- Le Voyage artistique à Bayreuth. Préface de Pierre Combescot.

Paris, Stock, 1980, coll. « Stock musique », 673 p., tableaux h.-t. dépliants, nombreuses illustrations en noir in-t.

Reproduction en fac-similé de la version de 1900 (quatrième édition chez Delagrave). A noter une préface « corrosive » de Pierre Combescot. Dernière édition disponible.

LAVIGNE (Nicole)

Le Grand Rêve de madame Wagner.

Montréal et Paris, Les Quinze - Jean Picollec, 1985, 138 p.

LAXENAIRE (Michel), voir : VERDEAU-PAILLÈS (Jacqueline)

LEBLANC (Cécile)

Entre wagnérisme et symbolisme, les Parsifal français : Briséis, Fervaal et le Roi Arthus.

In : **BUSCHINGER (Danielle) - PERLWITZ (Ronald) [éd.]** : Quatre siècles de livret d'opéra. En annexe : Les Représentations des opéras de Richard Wagner en France (1945 - 2000). Actes du colloque de Saint-Riquier…

Amiens, Presse du Centre d'études médiévales, 2004, coll. « Médiévales 35 », pp. 109-116 [d'un vol. de 250 p.], index.

Ars Gallica ? Paul Poujaud, confident du renouveau musical post-wagnérien en France.

In : **BUSCHINGER (Danielle)** : Le Paris de Richard Wagner suivi de Correspondance entre musiciens et entre écrivains et musiciens. Acte du colloque international des 8, 9 et 10 décembre 2004 à Amiens.

Amiens, Presse du Centre d'études médiévales, 2005, coll. « Médiévales 39 », pp. 47-58 [d'un vol. de 142 p.]

Wagnérisme et création en France, 1883-1889.

Paris, Honoré Champion, 2005, coll. « Romantisme et Modernités - 95 », 593 p., index

Il s'agit du texte remanié d'une thèse de doctorat en littérature française, soutenue à Paris III en 2003 dont l'auteur a également de solides connaissances en germanistique et en musicologie. La période étudiée est brève - sept ans - mais riche de créations littéraires et musicales qui toutes, peu ou prou, ont été marquées par le wagnérisme ambiant. *La Revue Wagnérienne* en introduction, René Ghil, Stéphane Mallarmé, Elémir Bourges, Edouard Dujardin, Joséphin Péladan, Catulle Mendès, Vincent d'Indy, Claude Debussy. Plusieurs œuvres de ces auteurs sont examinées de près à la lunette wagnérienne. Très importante bibliographie, comme il se doit dans ce genre de travail.

LECLERC (Eric)
L'Opéra symboliste.
Paris, L'Harmattan, 2007, coll. « Univers musical », 246 p.
Le premier chapitre ce cet ouvrage traite de « Wagner symboliste » (pp. 17-75).

LECROART (Pascal)
Paul Claudel et la rénovation du drame musical. Etude de ses collaborations avec Darius Milhaud, Arthur Honegger, Paul Collaer, Germaine Tailleferre, Louise Vetch.
Sprimont, Pierre Mardaga, 2004, coll. « Musique - Musicologie », 384 p., index
Ouvrage comportant un premier chapitre intitulé « Wagner et le problème de l'opéra » (pp. 17-31) reprenant de façon assez complète l'histoire de l'amour puis du désamour de Claudel pour Wagner.

LEDDA (Sylvain)
Nerval précurseur. La Réception romantique de Wagner en France.
In : **BUSCHINGER (Danielle) - CANDONI (Jean-François) - PERLWITZ (Ronald) [éd.]** : Richard Wagner : Points de départs et aboutissements. Anfangs - und Endpunkte. Actes du colloque d'Amiens 19, 20, 21, 22 octobre 2001.
Amiens, Presse du Centre d'études médiévales, coll. « Médiévales 19 », 2002, pp. 51-60 [d'un vol. de 400 p.]

LEDUC (Alain)
Wagner, Parsifal et Mahler, de la quête de l'idéal à la parole consolatrice.
Amiens, Presse du Centre d'études médiévales, coll. « Médiévales 19 », 2002, pp. 51-60 [d'un vol. de 400 p.]
In : **BUSCHINGER (Danielle) - CANDONI (Jean-François) - PERLWITZ (Ronald) [éd.]** : Richard Wagner : Points de départs et aboutissements. Anfangs - und Endpunkte. Actes du colloque d'Amiens 19, 20, 21, 22 octobre 2001.
Amiens, Presse du Centre d'études médiévales, coll. « Médiévales 19 », 2002, pp. 259-272 [d'un vol. de 400 p.]

LEE (M. Owen)
Wagner ou les difficiles rapports entre la morale et l'art. Traduit de l'anglais par Laurette Therrien.
S.l. (Canada), Edition Bellarmin, 2001, 131 p.
Reprise de conférences prononcées en 1998 à l'Université de Toronto. Ce bref volume nous dit, ou plutôt redit des choses intéressantes, mais sur un positionnement trop manichéen (*« un homme infâme »,* le mot est écrit, *et « une œuvre céleste »*). Sa

nouveauté consiste à partir du mythe de Philoctète (Sophocle), homme malade dont l'arc (l'art...) peut faire des miracles. Ce thème de la souffrance, création, carences de l'homme - artiste / don à l'humanité d'œuvres d'origine divine, est particulièrement étudié pour Tannhäuser. Malheureusement les citations ne renvoient pas à l'œuvre elle-même mais à l'ouvrage qui les cite... L'auteur, religieux basilien américano-chinois, rédige des textes dans les programmes du Metropolitan Opera.

LEFRANCOIS (André)
La Walkyrie (Die Walküre) de Richard Wagner. Etude thématique et analyse.
Paris, Fischbacher, 1972.
Réédition : La Walkyrie (Die Walküre) de Richard Wagner. Etude thématique et analyse. Paris, Chez l'auteur et Imprimerie Lafontaine, 1975, 65 p.

Tristan et Isolde de Richard Wagner. Analyse thématique et analyse.
Paris, Fischbacher, 1973, 69 p.
Réédition : Tristan et Isolde de Richard Wagner. Edition revue et augmentée.
Paris, Chez l'auteur et Imprimerie Lafontaine, 1978, XVII-109 p.

Les Maîtres-chanteurs de Nuremberg de Richard Wagner. (Die Meistersinger von Nürnberg). Etude thématique et analyse.
Paris, Chez l'auteur, 1974, 144 p.
Réédition : Les Maîtres-chanteurs de Nuremberg de Richard Wagner. Edition revue et augmentée.
Paris, Chez l'auteur et Imprimerie Lafontaine, 1978, XIX-147 p.

L'Or du Rhin (Das Rheingold) de Richard Wagner. Etude thématique et Analyse (précédée d'un aperçu général sur la Tétralogie de l'Anneau des Nibelungen (sic)).
Paris, Chez l'auteur et Imprimerie Lafontaine, 1975, 89 p.

Siegfried de Richard Wagner. Etude thématique et analyse.
Paris, Chez l'auteur et Imprimerie Lafontaine, 1979, 111 p.

Le Crépuscule des dieux (Götterdammerung) de Richard Wagner. Etude thématique et analyse.
Paris, Chez l'auteur et Imprimerie Lafontaine, 1979, XVII-108 p.

Parsifal, drame sacré de Richard Wagner. Etude thématique et analyse.
Paris, Chez l'auteur et Imprimerie Lafontaine, 1980, XVI-95 p.

Lohengrin de Richard Wagner. Etude thématique et analyse.
Paris, Chez l'auteur et Imprimerie Lafontaine, 1980, VIII-83 p.

Tannhäuser de Richard Wagner. Etude thématique et analyse.
Paris, Chez l'auteur et Imprimerie Lafontaine, 1982, XIV-93 p.

Le Vaisseau Fantôme : Der Fliegende Holländer (Le Hollandais Volant), opéra romantique de Richard Wagner. Etude thématique et analyse.
Paris, Chez l'auteur et Imprimerie Lafontaine, 1983, XI-73 p.

Vie de Wagner en relation avec ses œuvres.
Paris, Chez L'auteur et Imprimerie Lafontaine, 1984, 119 p.

L'ensemble de ces ouvrages est une analyse de chaque œuvre, qui n'a pas la profondeur de ses devanciers, et qui se veut plutôt une introduction à l'écoute de l'œuvre de Wagner. Ils ont beaucoup été utilisés dans les conservatoires et écoles de musique.

LE FRANCOIS (Jean-Jacques), voir : BOULANGER (Marie-Hélène)

LEGARDIEN (Paul)
Symbolisme & Franc-maçonnerie dans la Tétralogie wagnérienne. Préface de Jacques Chailley.
S.l., Edition Aug. Zurfluh, 1998, 64 p.
Nouvelle variation sur la franc-maçonnerie. Analyse sous l'angle musicologique des analogies qui existeraient entre le symbolisme maçonnique et la pensée wagnérienne au sein de la Tétralogie. En fait, cet ouvrage comporte, comme son nom ne l'indique pas, une analyse musicologique fouillée.

LEIBOWITZ (René)
Richard Wagner et le dépassement du romantisme.
Les Temps modernes, juillet 1970 ; N°288 : pp.150-173
Passionnante et intelligente synthèse de l'œuvre wagnérienne publiée dans la revue dirigée par Jean-Paul Sartre.

LEMAIRE (Frans C.)
Le Destin juif et la musique. Trois mille ans d'histoire.
Paris, Fayard, 2001, coll. « Les Chemins de la musique », 763 p., index

Autre édition :
Le Destin juif et la musique. Trois mille ans d'histoire. Deuxième édition revue et augmentée.
Paris, Fayard, 2003, coll. « Les Chemins de la musique », 767 p., index
Une soixantaine de pages (pp. 217-281) sont consacrées à Wagner, l'antisémitisme, ses relations avec les musiciens juifs, la politisation de Bayreuth après la mort de Wagner. Etude plutôt partiale mais assez complète du sujet. On attend toujours la « grande étude » qui ferait référence sur cet aspect de la biographie et des idées de Wagner. Un projet d'édition intitulé *Wagner antisémite* par Jean-Jacques Nattiez, prévu au départ pour l'année 2005, a été abandonné par l'éditeur québécois Fidès.

LEMAIRE (Jacques)
L'Amour dans le drame wagnérien. Tristan et Iseult.
Paris, Imprimerie Wattier Frères, 1899, 48 p.
Honorable analyse dramatique précédée d'une brève introduction au drame wagnérien.

LENZ (Wilhelm von)
Les Grands virtuoses du piano. Liszt - Chopin - Tausig - Henselt. Traduit et présentés par Jean-Jacques Eigeldinger.
Paris, Flammarion, 1995, coll. « Harmoniques », 222 p., cahier de 4 feuillets de reproductions en noir et couleur h.-t., index.
Première publication intégrale en français du témoignage de Lenz, (1809 - 1883), paru en 1872. L'auteur, balte de naissance, conseiller d'état impérial russe, auteur polyglotte et représentant majeur de la critique musicale russe nous livre l'un des rares portraits de Carl Tausig (1841 - 1871), pianiste polonais, élève prodige de Liszt. Il rencontra Wagner en mai 1858. Il composa plusieurs transcriptions pour piano d'œuvres de Wagner. Il se chargea d'administrer le projet des certificats de patronage de Bayreuth en 1871, année où il fut victime de la fièvre typhoïde.

LEPAGNEZ (Claude)
Jules Verne et Richard Wagner. In : « Le Verne est-il encore vernal ? »
Revue Jules Verne, 2003 ; N°16 : pp. 133-137.

LE PRINCE (Gustave)
Présence de Wagner.
Paris, La Colombe, 1963, 481 p., cinq feuillets in-fine
Cet ouvrage est absolument déconcertant : le fait que, selon l'auteur, la matière de cette publication provienne de cours de culture musicale donnés dans des classes supérieures de lycée, ne rassure pas forcément ; il en reste notamment, ce qui est très désagréable pour un lecteur : l'utilisation par l'auteur et l'abus du « je » s'adressant assez souvent à «vous ». Le contenu pourrait en être celui, repris tel quel, d'une boîte d'archives renversée en désordre : à cet égard le sommaire est illustratif ! Une première partie de six chapitres au contenu et au format particulièrement irréguliers, le premier par exemple s'intitulant « Rapports de Wagner avec les Français. Portrait psychologique de Wagner » de 41 pages avec 18 pages de notes en renvoi ; le second, « Rapports de Wagner avec Nietzsche et Liszt » de 7 pages (c'est peu ...) ; dans le cinquième, on trouve entre autres 13 pages sur la peinture abstraite n'ayant strictement aucun rapport avec Wagner. Une deuxième partie d'analyse musicale de six numéros dont, par exemple « Ouverture de Tannhäuser. Principaux degrés de la gamme. Mesures et rythmes. » Et enfin une troisième partie d'appendices documentaires très brefs (exemples : La question littéraire, La cantatrice Johanna Wagner est-elle nièce de Richard Wagner ?, De l'illusion théâtrale dans le théâtre moderne. Brecht et Wagner...) On peut croire que l'on tient là avec cet ensemble de fiches une sorte d'encyclopédie wagnérienne, mais à la vérité ce n'en est qu'une tentative, complètement désordonnée et fragmentaire. Pour revenir, et en finir, avec le terme déconcertant, on a compris que l'interrogation et la critique priment devant un tel ouvrage, mais son fonds documentaire est d'une telle richesse qu'il ne peut pas non plus ne pas figurer au nombre des grands livres de référence sur Wagner.

LE RIDER (Jacques)
L'Oeuvre d'art totale comme symptôme de « dégénérescence » : Nordau, le wagnérisme français et Nietzsche.
In : **BECHTEL (Delphine) - BOUREL (Dominique) - LE RIDER (Jacques) [éd.]** : Max Nordau (1849 - 1923) : Critique de la dégénérescence, médiateur franco-allemand, père fondateur du sionisme.
Paris, Les Editions du Cerf, 1996, coll. « Bibliothèque franco-allemande », pp. 69-77 [d'un vol. de 377 p.], 8 pages de planches h.-t.

Malwida von Meysenbug (1816 - 1903). Une européenne du XIXème siècle.
Paris, Bartillat, 2005, 606 p., index
Biographie de référence par un germaniste et historien d'une figure exceptionnelle de l'histoire culturelle européenne du XIXème siècle, de celle qui fut la confidente de Nietzsche et de Romain Rolland, l'amie fidèle de Richard Wagner et de Gabriel Monod. A noter que le chapitre XII est consacré à l'œuvre littéraire de l'écrivain. On trouve en annexe une chronologie biographique et bibliographique (pp. 541-595) exhaustive. En espérant la réédition des *Mémoires d'une idéaliste...*

LEROY (Maxime)
Les Premiers amis de Richard Wagner.
In : Wagner et la France. La Revue musicale, 1er octobre 1923 : pp. 19-42.

Les Premiers amis de Richard Wagner. Avec huit illustrations hors-texte.
Paris, Albin Michel, 1925, 247 p., 8 planches h.-t., un croquis in-t.
Première étude sur les amis français de Wagner en 1860 : Gaspérini, Leroy, Baudelaire, par le fils de Léon Leroy, véritable « père » (avec Gaspérini) du wagnérisme français.

LESENS (Raoul)
Siegfried de Richard Wagner, représenté pour la première fois en France au Théâtre des arts de Rouen, le 17 février 1900. La Tétralogie. Le livret, la partition. (Extrait de « L'Echo de Rouen »).
Rouen, Aux bureaux de « L'Echo de Rouen » et « Rouen artiste », 1900, 14 p.
Notice très superficielle. La création en France de Siegfried eut effectivement lieu à Rouen, mais la première en langue française avait été présentée à Bruxelles dès 1891.

LÉTI (Giuseppe), voir : LACHAT (Louis)

LÉVI-STRAUSS (Claude)
Mythologiques I. Le Cru et le cuit.
Paris, Plon, 1964, 402 p., 4 feuillets de planches, index
Réimpressions successives.
Premier volume de la série *Mythologiques* (I. *Le Cru et le cuit.* II. *Du miel aux cendres.* III. *L'Origine des manières de table.* IV. *L'Homme nu*), publiée de 1964 à 1971.
Le célèbre ethnographe, né en 1908, a développé le structuralisme en anthropologie notamment pour les systèmes de parenté et l'étude des mythes. Très impressionné par le génie wagnérien, il lui reconnaît, par son utilisation des motifs conducteurs ou

leitmotifs, une certaine paternité sur la méthode structuraliste. Il reconnaît Wagner comme « *père irrécusable de l'analyse structurale des mythes, ainsi qu'avec Debussy comme des « musiciens du mythe* ». Ces pages furent reprises dans deux programmes du festival de Bayreuth (Wagner. Le Père irrécusable de l'analyse structurale des mythes. In : BFP, Siegfried - Götterdämmerung, 1972, pp. 7-12, 10-12 et 58-59).

De Chrétien de Troyes à Richard Wagner.
In : Parsifal. L'Avant-Scène Opéra, janvier - février 1982, N°38/39, pp. 8-15 [d'un vol. de 260 p.]
Cette étude fut publiée initialement dans un programme du festival de Bayreuth (BFP, Parsifal, 1975, pp. 1-9 et 60-67). Ce texte est repris dans la nouvelle édition de *L'Avant-Scène Opéra* de mars 2003.

Le Regard éloigné.
Paris, Plon, 1983, 398 p., une carte, trois diagrammes in-t., index
Réimpression en 1983, 1990 et 2001
Deux chapitres : « De Chrétien de Troyes à Richard Wagner » (pp. 301-324), reprise de ce texte devenu classique, et « Note sur la Tétralogie », publié initialement dans l'un des programmes du festival de Bayreuth (BFP, Rheingold, 1983, pp. 1-4).

Regarder - Ecouter - Lire.
Paris, Plon, 1993, 188 p., 4 feuillets de planches en couleur, index
Dans une partie intitulée « Les Paroles et la musique » (pp. 89-123), l'anthropologue donne plusieurs commentaires sur Wagner à la faveur de l'écrit de Michel Leiris, *Operratiques.*

LÉVY (Albert)
La Philosophie de Feuerbach et son influence sur la littérature allemande.
Paris, Félix Alcan, 1904, coll. « Bibliothèque de philosophie contemporaine », xxviii-544 p.
Solide et substantiel travail tiré d'une thèse de lettres soutenue à Paris en 1903 - 1904, qu'Albert Lévy (1844 - 1907) a consacré au philosophe allemand. Il recherche entre autre très objectivement et sans nul parti pris ce que Wagner a connu de l'œuvre de Feuerbach et ce qu'il a vu d'abord dans cette œuvre. Il définit ensuite les idées de Feuerbach que Wagner a admises dans ses œuvres théoriques et les thèmes feuerbachiens qu'il a développés dans ses drames. Enfin, il s'attache à démontrer ce qu'il subsiste de son influence dans l'œuvre wagnérienne à partir du moment où la philosophie de Schopenhauer apparaît à l'artiste comme l'expression véritable de sa conception du monde. Albert Lévy s'acquitte avec beaucoup de tact et de prudence de ce travail, évitant les erreurs de ceux qui, pour sauvegarder l'unité de la pensée de Wagner, considèrent son passage à travers la doctrine de Feuerbach comme un malentendu passager.

LHOTE (Marie-Josèphe)
Le Faust wagnérien de Paul Valéry.
Revue de littérature comparée, avril - juin 1972 ; Tome XLVI - N°2 : pp. 272-284.

Le Faust valéryen, un mythe européen : influences allemandes du Faust de Goethe, de Ainsi parlait Zarathoustra de Nietzsche et de la musique de Wagner sur Valéry dans Mon Faust.
Bern, Peter Lang, 1992, coll. « Publications universitaires européennes. Série 13, Langue et littérature françaises », 278 p., index
« L'événement de la guerre de 1939-1945, issue de conflits nationaux qui mettaient aux prises l'Allemagne et la France, fut ressenti par Paul Valéry comme une lutte fratricide et vaine qui foulait aux pieds d'authentiques affinités intellectuelles et artistiques entre ces deux peuples. Réalisant alors un projet ancien auquel il avait déjà consacré de nombreuses notes et à la maturation duquel non seulement l'œuvre faustienne de Goethe, mais encore la pensée de Nietzsche et la musique de Wagner avaient contribué, Paul Valéry, en véritable « poulpe », s'est nourri de ces trois grands génies pour créer avec Mon Faust une version originale du mythe européen » (présentation).

LICHTENBERGER (Henri)
Richard Wagner. Poète et penseur.
Paris, Félix Alcan, 1898, coll. « Bibliothèque de philosophie contemporaine », 498 p.

Autres éditions :
L'ouvrage connut des réimpressions et des rééditions successives, jusqu'en 1911 (cinquième édition), puis une nouvelle édition en 1931, et enfin en 1948 aux P.U.F.
- Richard Wagner. Poète et penseur.

Paris, Félix Alcan, 1902, 506 p.
- Richard Wagner. Poète et penseur. Troisième édition revue.

Paris, Félix Alcan, 1909.
Ouvrage comportant la fameuse introduction-synthèse.
- Richard Wagner. Poète et penseur. Nouvelle édition et définitive

Paris, Félix Alcan, 1931, 451 p.
Il s'agit ici de l'édition définitive, mais qui ne comporte pas l'introduction de 1909.
- Richard Wagner. Poète et penseur. Nouvelle édition et définitive.

Paris, Presses Universitaires de France, 1948, 451 p.
Il s'agit du retirage de l'édition de 1931 chez Alcan.
- Richard Wagner. Poète et penseur. Avant-propos de Christian Merlin et Jean-Claude Yon.

Paris, Edition Tchou - Bibliothèque des Introuvables, 2000, coll. « Opéra et art lyrique », 286 p.
Réimpression moderne mais tronquée de l'édition de 1931.
Henri Lichtenberger (1864 - 1941) fut un brillant universitaire, professeur à Nancy puis à la Sorbonne à partir de 1907, germaniste (traducteur rigoureux des deux *Faust*) et philosophe. Ce livre reste le meilleur ouvrage jamais paru en français sur les idées, la « philosophie » de Wagner, tant par la précision de l'érudition que par la justesse de son analyse. D'autant plus intéressant que la critique s'y maintient objective et que les jugements sont toujours mesurés. Cette étude peut être considérée comme une vie de Wagner, mais strictement d'un point de vue « philologique », intellectuel et créateur. Ouvrage magistral et fondamental.

La Musique allemande au XIXème siècle ; Richard Wagner.
Revue de synthèse historique, octobre 1907 ; Tome XV/2 - N°44 : pp. 211-236.
Riche synthèse bibliographique (qui concerne majoritairement cependant des publications allemandes), qui permet de donner une idée des progrès de la recherche wagnérienne depuis 1900. Les grands thèmes sont : œuvres de Wagner (on trouvera un intéressant résumé des *Mines de Falun*), correspondance, mémoires, études biographiques, le poète et le penseur et jugement d'ensemble sur Wagner et le wagnérisme.

Wagner.
Paris, Félix Alcan, 1909, coll. « Les Maîtres de la musique », 243 p.
Réimpressions successives (5ème édition en 1925) et chez P.U.F en 1948.
Ouvrage qui reprend les thèmes de l'ouvrage précédent mais à des fins de vulgarisation. Synthèse de ce magistral ouvrage, centrée exclusivement sur la biographie de Wagner.

Un procès de Wagner.
In : La Revue musicale. SIM. Numéro spécial, 15 mai 1913 ; N°5 : pp. 40-43.
Une curiosité. Texte consacré au procès entamé par Wagner à l'encontre d'un marchand de musique munichois pour récupérer la partition autographe des Noces en novembre 1880. Celle-ci avait été offerte par Wagner à l'association musicale de Würzburg en 1833. Wagner fut débouté ; le manuscrit fut finalement acheté en 1897 par l'admiratrice bien connue de Wagner, Mary Burrell ; ce qui permit la publication du livret en 1907.

Wagner et l'opinion contemporaine.
In : Wagner et la France. La Revue musicale, 1er octobre 1923 : pp. 79-87.

LIÉBERT (Georges)
Georges Liébert est maître de conférences à l'Institut d'études politiques, éditeur, producteur à France Musiques. Il est entre autre l'auteur de *Ni empereur ni roi, chef d'orchestre* (Découvertes/Gallimard, 1990). Directeur de la collection Pluriel chez Hachette de 1976 à 1989, il y a lui-même édité, préfacé et annoté *Wagner et notre temps* de Thomas Mann (1978), *Musique et verbe* de Wilhelm Furtwängler (1979), *Gustav Mahler* de Bruno Walter (1979), *Ecrits et entretiens* d'Otto Klemperer (1985).

Entretien avec Pierre Boulez.
In : L'Or du Rhin. L'Avant-Scène Opéra, novembre - décembre 1976, N°6/7, pp. 144-158 [d'un vol. de 226 p.]
Entretien datant de février 1976, portant sur les problèmes d'interprétation du Ring.

Nietzsche et la musique.
Paris, Presses Universitaires de France, 1995, coll. « Perspectives germaniques », XI-264 p.
Réédition en 2000 chez le même éditeur dans la collection « Quadrige, N°298 ».
La première version de ce texte était en fait la postface aux *Œuvres complètes* de Nietzsche, parues en deux volumes chez Robert Laffont, en 1993 {Œuvres. Edition dirigée par Jean Lacoste et Jacques Le Rider. Traduction du Pr. Peter Pütz, révisée par

Jean Lacoste et Jacques Le Rider. Postface de Georges Liébert (Tome II). Paris, Robert Laffont, 1993, coll. « Bouquins », pp. 1453-1552 [d'un vol. de XXXIV-1750 p.]}. De nombreux chapitres ont trait à la relation Nietzsche-Wagner : « De Schumann à Wagner », « La Déception de Bayreuth », « La Décadence de la tragédie », « Portrait de l'artiste en comédien », « Siegfried contre Parsifal ». Tous excellents.

Wagner : un allemand à Paris.
L'Histoire, mars 2000 ; N°241 : pp. 72-77
Article retraçant la réception de l'œuvre de Wagner à Paris des années 1860 aux années 1890, en insistant essentiellement sur les aspects politiques du wagnérisme français. On découvrira comment ces intérêts politiques ont parfois servi mais le plus souvent contrarié la diffusion des œuvres de Wagner dans notre pays.

Wagner, chef d'orchestre.
In : **BUSCHINGER (Danielle) - CANDONI (Jean-François) - PERLWITZ (Ronald) [éd.]** : Richard Wagner : Points de départs et aboutissements. Anfangs - und Endpunkte. Actes du colloque d'Amiens 19, 20, 21, 22 octobre 2001. Amiens, Presse du Centre d'études médiévales, coll. « Médiévales 19 », 2002, pp. 273-287 [d'un vol. de 400 p.]

LINDAU (Paul)
Richard Wagner. Avec le portrait de Richard Wagner. I. Tannhäuser à Paris. II. L'Anneau du Nibelung, à Bayreuth et à Berlin. III. Parsifal, à Bayreuth. IV. La Mort de Wagner. Traduit en français par Johannès Weber.
Paris, Hinrichsen & Cie, 1885, XVI-239 p., front.
Réédition chez Louis Westhauser en 1887.
Recueil d'articles de journaux écrits par ce littérateur allemand (1839 - 1919), en 1861 sur Tannhäuser, en 1876 sur la Tétralogie à Bayreuth, en 1881 à Berlin et en 1882 pour la création de Parsifal. L'auteur, d'ailleurs profane en musique, n'est pas un inconditionnel de Wagner : dans sa recension du premier Ring à Bayreuth, il cite des beautés réelles mais insiste beaucoup sur les longueurs peu supportables. A noter le fait, rare, que le traducteur critique dans son avertissement, l'auteur qu'il a traduit...

LIOCOURT (Ferdinand de)
Richard Wagner et Bayreuth au temps présent. Dessin de Otto Böhler.
Paris, Chez l'auteur, 1967, 86 p.
Synthèse sur les festivals des années 1964 à 1966 - complétée par la suite - d'articles parus dans la revue Ecrits de Paris. Enième description du festival de Bayreuth, avec une critique indignée des libertés prises vis-à-vis de l'œuvre wagnérienne par les metteurs en scène, ici les propres petits-fils du créateur (« *mises en scène faussées, mises en scène extravagantes* »...)

Le Malaise actuel de Bayreuth.
S.l.n.d. (1969), 13 p.
Reprise en plaquette des idées publiées dans l'ouvrage précédent. Rien de nouveau...

LISZT (Franz)

Lohengrin et Tannhäuser de Richard Wagner.

Leipzig, F.-A. Brockaus, 1851, 185 p., deux fac-similés dépliants in-fine

Liszt avait fait paraître deux études dans *Le Journal des débats* le 18 mai 1849 et le 22 octobre 1850. Le premier texte était une analyse de la légende de Tannhäuser telle que Wagner l'avait traitée. Dans le second article, après avoir rendu hommage au mérite littéraire du poème, Liszt exposait le système musical de Lohengrin et donnait un récit complet des fêtes de Weimar des 24, 25 et 28 août 1850 où Lohengrin avait été joué pour la première fois. Ces deux articles sont reproduits dans ce volume. Il s'agit de la première longue étude française révélant à la France le génie wagnérien. Le texte est apologétique, et écrit en français. Liszt livre du prélude de Lohengrin une analyse plus spécifiquement musicale qui décrit, avec une précision extrême du vocabulaire, les sensations nouvelles provoquées par cette musique. L'intérêt du témoignage réside, autant dans son « *impartialité que dans sa pérennité* » (Fauquet).

Autres éditions :

- Lohengrin et Tannhäuser de Richard Wagner. Préface de Jacques Bourgeois.

Paris, Adef - Albatros, 1980, 201 p., 7 feuillets in-fine d'exemples musicaux

Reproduction anastatique de l'édition précédente.

- Grand opéra romantique. Franz Liszt (1851).

In : Lohengrin. L'Avant-Scène Opéra, janvier - février 1992, N°143/144, pp. 134-154 [d'un vol. de 256 p.]

Nouvelle version abrégée du texte de 1851, qui rétablit l'orthographe moderne et dont les intertitres aident à la lecture.

Correspondance de Liszt et de sa fille Madame Emile Ollivier (1842 - 1862). Publié par Daniel Ollivier.

Paris, Grasset, 1936, 341 p., index

Correspondance entre Liszt et sa fille aînée, Blandine (1835 - 1862), épouse d'Emile Ollivier. Publication incomplète qui s'étale de 1842 jusqu'au décès prématuré de Blandine à Saint-Tropez, le 11 septembre 1862 (on peut encore voir en ce début de XXIème siècle sa tombe au cimetière municipal). Il y est question souvent de Wagner en particulier pendant les années 1859 - 1861, lors du séjour parisien de Wagner.

Correspondance de Richard Wagner et de Franz Liszt. Traduction de L. Schmidt et J. Lacant. Avant-propos de G. Samazeuilh.

Paris, N.R.F., coll. « Les Classiques allemands », 1943, 521 p.

Cette édition déjà mentionnée dans la première partie du présent ouvrage justifie sa présence ici par le fait qu'elle contient outre les lettres de Wagner à Liszt, la correspondance de Liszt à Wagner.

Correspondance. Lettres choisies, présentées et annotées par Pierre-Antoine Huré et Claude Knepper. Préface de Serge Gut.

Paris, Jean-Claude Lattès, 1987, coll. « Musiques et Musiciens, 596 p., illustrations en noir h.-t., index.

Anthologie de quelques trois cents lettres. Nombreuses références à Wagner.

Lettres à Cosima et à Daniela. Présentées et annotées par Klara Hamburger. Liège, Mardaga, 1996, coll. « Musique - Musicologie », 238 p., front., 21 illustrations en noir in-t., un fac-similé, index.
Remarquable publication, dotée d'un riche appareil critique, où Wagner est très présent.

LITVINNE (Félia)
Ma vie et mon art. Préface de Charles-Marie Widor.
Paris, Librairie Plon, 1933, VI-292 p.
Autobiographie de la soprano d'origine russe (1861 - 1936), de son vrai nom Françoise Jeanne Schütz, qui fut l'une des plus illustres interprètes wagnériennes de son temps. Elle chanta en particulier en 1899 le rôle d'Isolde à Paris et de Brünnhilde dans la première du Ring donné à l'Opéra de Paris en 1911. Germaine Lubin fut son élève.

LOCCHI (Giorgio)
Richard Wagner. 1. Nouvelle Ecole. Numéro spécial. N° 30 - Novembre 1978.
Paris, Copernic, 1978, 239 p., nombreuses illustrations en noir in-t. et h.-t.
Premier volet de la publication *Nouvelle Ecole* consacré à Wagner, plutôt orienté sur le Ring. On y trouve les chapitres suivants : « La Perspective wagnérienne sur la musique européenne », « L'Idée de la musique et le temps de l'histoire », « Le Cas Nietzsche », « Le Mythe : introduction à L'Anneau selon Richard Wagner », « L'Anneau du Nibelung, un guide-programme », « Crépuscule ou destin des dieux ? »

LOLIÉE (Frédéric)
Les Femmes du Second Empire (Papiers intimes).
Paris, Félix Juven, 1906, XI-369 p., planches en noir h.-t.
Série de deux volumes (le second s'intitule : *Les Femmes du Second Empire (la fête impériale).* Paris, Félix Juven, 1906, XI-371 p.). Ce premier volume est intéressant pour la biographie de la princesse de Metternich et de la comtesse de Pourtalès. A lire notamment les pages 179-181 pour la création parisienne du Tannhäuser de 1861.

LONCHAMPT (Jacques)
L'Opéra aujourd'hui. Journal de musique.
Paris, Seuil, 1970, coll. « Musique », 301 p.
Réédition en 1972.
L'auteur, né en 1925, a été critique musical au journal *Le Monde* de 1961 à 1990. Il a réuni dans ce volume des articles parus dans les années 1960. En ce qui concerne Wagner : articles sur Rienzi à Munich, 1967 (pp. 67-69), sur les représentations du festival de Pâques à Salzbourg (pp. 77-78), mais l'essentiel est repris dans le chapitre: « L'Oeuvre de Wieland Wagner et le Nouveau Bayreuth » (pp. 99-137).

Journal de musique, 1949 - 1995.
Paris, Montréal et Torino, L'Harmattan, 2001, 320 p., index
Recueil de textes extraits de diverses revues et publications de 1949 à 1995 : *Karajan et Klemperer : le paradoxe de l'interprétation* (pp. 80-81), *Les Quarante ans du festival de Lucerne* (pp. 166-167), *Karl Böhm : de Mozart à Wagner* (pp. 192-193), *Mort à Venise : Wagner* (pp. 212-215), *Wagner dépossédé par Glenn Gould* (pp. 218-219).

Voyage à travers l'opéra. De Cavalieri à Wagner.
Paris, Budapest et Torino, L'Harmattan, 2002, 298 p., index
Nouveau recueil d'articles parus de 1970 à 1990. Les représentations wagnériennes figurent dans le dernier chapitre, de 56 pages (pp. 225-280) intitulé « Richard Wagner ». On peut rappeler ici que les qualités de ce critique (passion pour son domaine, précision des remarques, qualité du style) ont rarement été égalées dans la presse française.

LONCKE (Joycelynne)
Baudelaire et la musique.
Paris, Edition A-G Nizet, 1975, 262 p.
Le chapitre III (pp. 60-67), intitulé « Rapports avec les musiciens », est consacré à Wagner. Il s'agit d'une reprise des textes du poète, qui témoignent de sa fascination éprouvée devant la musique de Wagner. Le chapitre VI, « Baudelaire, critique de musique » (pp. 119-137), est une analyse fouillée de l'essai *Richard Wagner et Tannhaeuser à Paris*.

LORBAC (Charles de)
Richard Wagner. Avec portrait (par Am. Rousseau) et autographe (lettre à Giacomelli).
Paris, G. Havard, 1861, 64 p.
Charles Cabrol (pseudonyme : de Lorbac) peut être considéré comme l'un des premiers biographes français de Wagner. *Le Figaro* lui ouvrit ses colonnes pour y publier la biographie du maître allemand (21 et 28 février 1861). La vie de Wagner y est racontée d'après Fétis, avec quelques anecdotes nouvelles. Il apprécie ensuite en quelques lignes les divers opéras, en rendant hommage au style littéraire de ses livrets. Il y ajoute quelques détails sur les œuvres non encore jouées.

LORE (Lucas)
Richard Wagner et sa conception du festival.
Thèse d'études germaniques : Université d'Aix-en-Provence. 1973 ; 214 p.

LOUŸS (Pierre)
Neuf lettres de Pierre Louÿs à Debussy (1894 - 1898).
In : Claude Debussy. Textes et documents inédits. Numéro spécial de la revue de musicologie édité par François Lesure.
Paris, Société française de musicologie - Heugel et Cie, 1962, pp. 61-70 [d'un vol. de 143 p.]
Il s'agit de neuf lettres inédites publiées par Edward Lockspeiser (1905 - 1973), biographe de Debussy. Pierre Louÿs ne reste guère connu du public que par *Bilitis* ou *Aphrodite*. Il a pourtant écrit presque autant d'œuvres érotiques que de travaux d'érudition. Ses rapports à la musique occupent une place importante. Il se passionne précocement pour Wagner et se rend deux fois à Bayreuth en 1891 et 1892. Il entend Tannhäuser et Tristan au festival de 1891 ainsi que Parsifal. Tristan, « *le chef d'œuvre de l'art* », et surtout Parsifal, « *le chef d'œuvre de l'esprit* » l'enthousiasment. Debussy et Louÿs échangèrent près de 200 lettres. On lira la très longue et intéressante lettre du 29 octobre 1896 (pp. 65-66), qui est un éloge de « *Wagner, musicien du mouvement* » et dans laquelle, Louÿs tente d'expliquer pourquoi « *Wagner était le plus grand homme*

qui eut existé ». Car, Debussy ne partageait pas son enthousiasme pour Wagner. Ce dernier était entre eux un grave sujet de discorde qui les amenait parfois à des excès verbaux. « *Que Wagner ait exercé la plus profonde influence sur la musique et la vie de Debussy est toujours insuffisamment reconnu. Moussorgski et les autres russes n'eurent qu'une emprise temporaire sur lui. Wagner ne le quitta jamais. On ne pourra jamais appeler Debussy l'héritier de Wagner, mais il doit être considéré, dans les limites d'une relation subtile et particulière, comme le plus profondément wagnérien de tous les compositeurs* » (Correspondance générale).

LUBAN-PLOZZA (Boris), voir : VERDEAU-PAILLÈS (Jacqueline)

LUEZ (Philippe)
Pauline de Metternich. L'Eventail brisé.
Paris, Payot, 2004, coll. « Portraits intimes », 231 p.
Biographie de l'épouse de l'ambassadeur d'Autriche auprès de Napoléon III qui s'employa à obtenir de l'Empereur la création de Tannhäuser à l'Opéra en 1861. Elle régna sur la vie mondaine officielle de 1860 à la chute du régime. On la vit intime du couple impérial aux Tuileries et aux premières loges dans tous les spectacles de la capitale. Imposant la mode de ce qui se porte et de ce qui s'écoute. C'est cette décennie de fêtes que raconte comme un agenda le livre dont elle est la vedette car elle en a les comportements. Le sous-titre de cet ouvrage (l'éventail brisé) et la description dans son premier chapitre de ce geste marquant la rage de la princesse face à l'entreprise de destruction du Jockey Club lors de la création de l'œuvre, montrent combien cette soirée fameuse aura été ce que l'Histoire a principalement retenu de cette princesse.

LUMET (Louis), voir : KEIM (Albert)

LUNDHAL (Kalle Olavi)
A la recherche de Parsifal de Richard Wagner dans l'œuvre de Marcel Proust.
Bulletin Marcel Proust (Société des amis de Marcel Proust et des amis de Combray), 2004 ; N°54 : pp. 101-113.

LUSSATO (Bruno)
- Notes sur les rapports de Parsifal et du Ring.
In : Parsifal. L'Avant-Scène Opéra, janvier - février 1982, N°38/39, pp. 144-145 [d'un vol. de 260 p.]
- Voyage au cœur du Ring.
In : L'Or du Rhin. L'Avant-Scène Opéra. Nouvelle édition.
Paris, Premières Loges, novembre 1992, pp. 24-31 [d'un vol. de 190 p.]

Voyage au cœur du *Ring*. Richard Wagner. L'Anneau du Nibelung. I. Poème commenté. Traduit de l'allemand par Françoise Ferlan. II. Encyclopédie. Avec la collaboration de Marina Niggli. Préface de Pierre Boulez.
Paris, Fayard, 2005, 2 vol. 829 et 832 p.
Edition commentée du poème du Ring qui offre une analyse des plus fouillée de la partition, dans un souci de rendre compte de manière précise de son déroulement

musical. A ces commentaires musicaux, côté gauche, s'ajoutent des commentaires théâtraux distincts, côté droit. Ce volume est complété par une *Encyclopédie*, qui se veut une « *synthèse des connaissances actuelles* » sur le Ring et se compose de plusieurs parties. La première est consacrée à la genèse du Ring, à ses sources, aux personnages et symboles, au scénario intégral qui n'omet pas « *les actes fantômes* » (vastes fragments de l'action, racontés dans le texte, mais non montrés sur scène). La deuxième partie fait le point sur les différentes interprétations du Ring, souvent influencées par les « -isme » au goût du jour : psychanalytiques, racistes, socio-économiques, politiques ou structuralistes. L'analyse musicale de l'œuvre occupe la majeure partie de l'ouvrage avec 200 pages dévolues à un « Dictionnaire des leitmotive et codons ». Cette analyse reste très détaillée et reprend thème par thème, les commentaires des plus grands musicologues. La postérité de l'œuvre est décrite, à travers une revue de presse (sélective) des diverses mises en scène de 1876 à 2005, une discographie et vidéographie et une évocation de l'œuvre au travers d'autre formes d'expressions artistiques (arts graphiques, BD, etc.. et le cinéma (très intéressant)). Une telle somme de connaissances impose le respect, mais pêche parfois par un manque d'objectivité, pourtant revendiquée par l'auteur. De même, il ne s'agit pas à proprement parler d'une encyclopédie...

LUST (Claude)
Wieland Wagner et la survie du théâtre lyrique.
Lausanne, L'Âge d'homme, 1969, 237 p., illustrations en noir

Wieland Wagner et la survie du théâtre lyrique. Illustrations de Georges Schwizgebol.
S.l., Edition de La Cité, 1970, 239 p., illustrations
On a peut-être oublié ce qu'a représenté dans les années 1950 le profond renouvellement de la mise en scène des œuvres de Wagner par son petit-fils Wieland à Bayreuth. Ce recentrage sur la dramaturgie, Wieland l'a exercé aussi sur d'autres scènes - notamment Stuttgart et Hambourg - et pour d'autres œuvres lyriques : Fidelio, Otello, Lulu, Wozzeck ... Cette « révolution » s'est ensuite élargie à d'autres metteurs en scène et à d'autres œuvres, pour arriver peu à peu au rôle de premier plan pris par le metteur en scène à l'opéra. Wieland fut le premier à « posséder » complètement le plateau scénique, par la direction d'acteurs en premier lieu, par le rôle capital de l'éclairage et par la plastique d'ensemble d'une scène vue comme un tableau. Dans son ouvrage, Lust détaille la spécificité du savoir-faire de Wieland, en prenant par exemple la scène V du premier acte de Tristan pour illustrer la construction spatiale de la progression dramatique. En fin d'ouvrage, intéressante petite bibliographie wieland-wagnérienne. Ouvrage souvent partial, malgré des analyses parfois profondes.

MABIRE (Jean)
Un héraut wagnérien : Edouard Dujardin, 1861- 1949.
In : **BENOIST (Alain de) [éd.]** : Richard Wagner 2. Nouvelle Ecole. Numéro spécial. N°31/32 - Mars 1979.
Paris, Copernic, 1979, pp. 94-117 [d'un vol. de 239 p.], nombreuses illustrations en noir in-t. et h.-t.
L'auteur (1927 - 2006) nous livre l'une des rares monographies sur Dujardin.

MACHE (François-Bernard)
Berlioz et Wagner : « deux frères ennemis issus de Beethoven. »
In : Berlioz. Paris, Hachette, 1973, coll. « Génies et Réalités », nombreuses photographies et illustrations en noir et couleur in-t et h.-t., pp. 111-135 [d'un vol. de 269 p.]
Etude biographique permettant de suivre les deux musiciens durant une vingtaine d'années où leurs vies se sont croisées, de Paris à Londres, en passant par Weimar.

MACK (Dietrich)
Bayreuther Festspiele. L'Idée initiale. La Réalisation. Les Représentations.
Bayreuth, GmbH, 1993, 38 p., illustrations en noir in-t. et h.-t.
Petite plaquette trilingue, riche d'informations, sur la genèse du festival de Bayreuth.

MACK (Dietrich) - VOSS (Egon)
Richard Wagner. Les Grands Moments de sa vie et de son œuvre illustrés par l'image.
Francfort, 1983, 127 p., cahier de 74 feuillets de reproductions en noir et fac-similés
Abrégé chronologique de la vie de Wagner, accompagné d'une iconographie en noir et blanc, assez classique et précédemment publié dans *Wagner. Une étude documentaire.*

MACKERT (Josef), voir : STORCH (Wolfgang)

MAINOR (Yves)
Athènes et Bayreuth.
Angers, Lachèse et Cie, 1900, 20 p.
Petit opuscule par Yvonne de Romain, sous le pseudonyme de Yves Mainor, sur l'influence hellénistique des conceptions dramatico-scéniques wagnériennes.

MALANDER (A. de)
La Signification révolutionnaire de la Tétralogie de Wagner.
Draveil, Maxime Mattei, 1935, 16 p.
Exemple d'instrumentalisation du texte wagnérien dans un dessein politique libertaire, à l'époque du Front populaire alors que le régime nazi en faisait un tout autre usage.

MALHERBE (Charles), voir : SOUBIES (Albert)

MALHERBE (Henry)
Richard Wagner révolutionnaire.
Paris, Grasset, 1938, 348 p., 12 planches h.-t.
Recueil presque factice et de seconde main, composé d'articles dont le premier (qui lui donne son titre) a paru naguère dans *Le Mercure de France*. Cet ouvrage, n'apportait à son époque aucune nouveauté, y compris dans le problème de la naissance du compositeur, puisqu'il reprenait la thèse des deux américains (Hurn et Root) en mal de découvertes, alléguant que Wagner fût le fils de Geyer. L'auteur, fut également l'auteur de *Flamme au poing* (1917) et bibliothécaire de l'Opéra.

MALLARMÉ (Stéphane)
Divagations.
Paris, Eugène Fasquelle - Bibliothèque Charpentier, 1897, 377 p.
Réimpressions successives.
Ce professeur d'anglais (1842 - 1898) publiait, à ses heures, des poèmes dans la revue *Le Parnasse contemporain*. *Hérodiade* (1871) et *L'Après-midi d'un faune* (1876) furent l'objet d'un éloge de Huysmans, qui propulsèrent l'amateur éclairé en chef de file, influençant de manière fondamentale la littérature du XXème siècle à venir. L'ouvrage comprend le fameux texte : *Richard Wagner. Rêverie d'un Poëte français*, publié dans *La Revue Wagnérienne* du 8 août 1885 et repris dans le recueil *Divagations* après d'assez nombreuses modifications. Il s'agit d'une prose séduisante, qui est plutôt un poème sur le théâtre, un théâtre idéal et l'œuvre d'art totale.

Rééditions modernes :
- Œuvres Complètes. Edition présentée, établie et annotée par Bertrand Marchal.

Paris, Gallimard, 1998 - 2003, coll. « Bibliothèque de la Pléiade », 2 vol. LXX-1529 et XIX-1907 p.
Richard Wagner. Rêverie d'un Poëte français se trouve au tome II, pages 153 à 159.
- Igitur. Divagations. Un coup de dé. Nouvelle édition par Bertrand Marchal.

Paris, Gallimard, 2003, coll. « Poésie/Gallimard », 522 p.
Rêverie d'un Poëte français se situe pages 177 à 185.

MAMY (Sylvie)
Balades musicales dans Venise du XVIème au XXème siècle. Photographies de Danièle Resini.
Paris, Nouveau Monde Editions, 2006, 191 p., deux cartes, nombreuses photographies en noir et couleur in-t. et h.-t.
Sept balades musicales dans Venise, permettant de raconter quatre siècles d'histoire de la musique, dont une évoquant « Les Lieux de Richard Wagner » (pp. 146-152). Très belle iconographie avec des photographies récentes.

MANN (Thomas)
Souffrance et grandeur de Richard Wagner. Traduit de l'allemand par Félix Bertaux. Avant-propos d'André Levinson.
Paris, Firmin et Didot - Fayard & Cie, 1933, coll. « Univers », 223 p.
Réimpression chez Fayard en 1975 (collection « Univers rouge »).

Autre édition :
Wagner et notre temps. Avant-propos et notes de Georges Liébert. Traductions de Félix Bertaux, Fernand Delmas, Anne Frejer, Jeanne Naujac, Louise Servicen.
Paris, Hachette - Le Livre de poche, 1977, coll. « Pluriel », XXV-255 p. Réimpression en 1978 et 1982.
Recueil des principaux essais, articles, conférences sur Wagner. Avant-propos et excellentes notes de Georges Liébert.

Noblesse de l'esprit. Goethe - Chamisso - Richard Wagner - Freud - Dostoïevski - Tolstoï - Cervantès. Traduit de l'allemand par Fernand Delmas.
Paris, Albin Michel, 1960, 306 p.
Recueil de textes que Thomas Mann (1875 - 1955), a consacré avec une passion lucide et critique à Wagner. En réponse à la conférence que Thomas Mann avait donné sur Wagner à l'université de Munich le 10 février 1933 à l'occasion du cinquantenaire de la mort de l'artiste (conférence qui fut reprise à Amsterdam, Paris et Bruxelles), Hans Knappertsbusch, alors directeur musical de l'Opéra de Bavière, incita d'éminentes personnalités de la vie artistique munichoise à signer une lettre de protestation publiée dans les *Münchner Neueste Nachrichten* du 16 avril 1933. Mann reprochait aux nazis de s'approprier Wagner et dénonçait la « *collusion du pouvoir et de la culture* » et tout en reconnaissant le génie de Wagner, Mann définissait son œuvre comme « *un amalgame de réalisation de dilettante* ». Quand il fut question de rouvrir le festival de Bayreuth après la guerre, une solution consistant à écarter la famille du compositeur envisageait la mise en place d'une fondation, et pour sa présidence, le nom de Thomas Mann (en tant que wagnérien et exilé du IIIème Reich) fut sérieusement envisagé. Loin d'éluder les contradictions dont sont tissés l'œuvre et les idées de Wagner, ce recueil les fait ressortir avec l'équité d'un « esprit non prévenu », tandis que l'homme est serré de près par le plus subtil des psychologues. Survol d'une grande richesse de perspective avec des analyses souvent pénétrantes, mais aux développements assez succincts.

MARCEL (Odile)
Thomas Mann et Wagner. Pour une histoire culturelle du goût musical.
In : Le Crépuscule des dieux. L'Avant-Scène Opéra. Nouvelle édition.
Paris, Premières Loges, juin 1993, pp. 130-137 [d'un vol. de 191 p.]

MARCHAL (Bertrand)
La Religion de Mallarmé. Poésie, mythologie et religion.
Paris, José Corti, 1988, 600 p., index
L'ouvrage, tiré d'une thèse de littérature française (1987), comporte un important chapitre sur Wagner.

MARGOTTON (Jean-Charles)
Littérature et arts dans la culture de langue allemande. Sur les rapports entre la littérature et les arts (musique et peinture) : théorie et choix de textes avec commentaires par Jean-Charles Margotton.
Lyon, Presses Universitaires de Lyon, 1995, coll. « IUFM », 269 p, index
Textes en français et en allemand sur les rapports entre la littérature et les arts (musique et peinture). Richard Wagner est cité sur 20 pages de l'ouvrage.

Le Thème de la curiosité chez Richard Wagner.
In : **BUSCHINGER (Danielle) - CANDONI (Jean-François) - PERLWITZ (Ronald) [éd.]** : Richard Wagner : Points de départs et aboutissements. Anfangs - und Endpunkte. Actes du colloque d'Amiens 19, 20, 21, 22 octobre 2001.
Amiens, Presse du Centre d'études médiévales, coll. « Médiévales 19 », 2002, pp. 331-342 [d'un vol. de 400 p.]

MARIDORT (P.)
Drames cérébraux. Siegfried. Réflexions sur Haensel et Gretel.
Rouen, Imprimerie du Nouvelliste, 1900, 283 p.
Ouvrage non consulté.

Etude sur La Walkyrie. La Légende, le livret, la partition.
Rouen, L'Echo de Rouen, 1906, front., 16 p.
Petit opuscule publié à l'occasion de la première représentation de La Walkyrie à Rouen en 1906. Le Théâtre des arts de Rouen avait accueilli le 17 février 1900 la première française de Siegfried.

MARION (H.)
Rienzi, Le Vaisseau Fantôme, Tannhäuser, Lohengrin.
Gand, Hoste, 1881.
Ouvrage non consulté.

MARNAT (Marcel)
Wagnérolithes, wagnérolâtres...
In : **DUTEURTRE (Benoît) [éd.]** : Un siècle d'opéra. De la mort de Verdi à nos jours. Actes d'un colloque de la Fondation Singer-Polignac organisé à Paris le 17 mai 2001.
Paris, Fondation Singer-Polignac, 2001, pp. 17-37 [d'un vol. de 103 p.]
Partant du postulat bien connu qu'il y a eu pour l'opéra un « *avant Wagner* » et un « *après Wagner* », l'auteur dresse un panorama rapide de ce que va être l'opéra après Wagner. Ce genre concernait, avant, essentiellement l'Italie et la France, et connaît, après, une dissémination dans un grand nombre de pays, devient national, et individuel en ce sens qu'il n'est plus l'œuvre d'un compositeur spécialisé, mais une œuvre plus mûrement réfléchie et souvent plus exceptionnelle pour son auteur. Et là, il distingue les non-wagnériens (Tchaïkovski, Saint-Saëns...), les wagnérolâtres qui ont en général produit des œuvres éphémères, et ce que l'auteur appelle les wagnérolithes (néologisme, après wagnériste, wagnérien, wagnérophile...), « *par analogie astrale avec ces fragments de matière qui se promènent, indépendants, dans l'univers, après l'explosion de quelque big-bang qui aurait été Wagner* » [...] « *Des œuvres qui n'auraient pas existé sans Wagner, bien que n'ayant plus grand rapport avec lui* ».

MARNOLD (Jean)
Le Cas Wagner. La Musique pendant la guerre.
Paris, E. Demets, 1918, 279 p., index
Jean Marnold (1859 - 1935), anagramme de Morland qui, avec son frère Jacques traduisit *La Naissance de la tragédie* de Nietzsche, fut un critique musical très réputé, notamment pour son caractère incisif. Très admiratif de Debussy et de Ravel, Marnold n'en défendit pas moins l'œuvre wagnérienne pendant le regain de nationalisme exacerbé dû à la première guerre mondiale, alors qu'une célébrité comme Saint-Saëns la vouait aux gémonies. La lecture de ce brillant essai, réponse à l'auteur de *Germanophilie,* réunissant les articles publiés à partir de mai 1915 dans *Le Mercure de France* est, dans plusieurs passages, extrêmement drôle, comme par exemple sa « critique » du critique M. Poueig (pp. 152-160).

MARSCHALL (Gottfried R.)
La Spécificité du livret wagnérien saisie à travers les difficultés de la traduction française.
In : Le Livret malgré lui. Actes du colloque du groupe de recherche sur les rapports musique-texte (G.R.M.T.). Paris-Sorbonne, le 23 novembre 1991.
Paris, Editions Publimuses, 1992, pp. 79-93 [d'un vol. de 132 p.]
Article sur la complexité de la traduction du vers wagnérien : vers allitérant, imitation libre de son modèle médiéval, qui emprunte également des mots vieillis tombés en désuétude, des formes dialectales, surtout saxonne, des mots inventés et ce que l'auteur appelle des « *topoï wagnériens* » (thèmes devenus des notions-clefs dans l'édifice idéologique de Wagner, Wahn par exemple). L'auteur en arrive à cette conclusion désarmante : « *Si le critère de traduction peut éclairer la spécificité du livret wagnérien, il mène à l'absurde légitimité même de la traduction des livrets wagnériens. Qui pourrait sérieusement vouloir sacrifier le lien étroit entre langue et musique dans Pelléas et Mélisande de Claude Debussy en recommandant de le chanter en traduction allemande ?* »

Peut-on traduire Wagner ?
In : **BUSCHINGER (Danielle) - CANDONI (Jean-François) - PERLWITZ (Ronald) [éd.]** : Richard Wagner : Points de départs et aboutissements. Anfangs - und Endpunkte. Actes du colloque d'Amiens 19, 20, 21, 22 octobre 2001.
Amiens, Presse du Centre d'études médiévales, coll. « Médiévales 19 », 2002, pp. 61-70 [d'un vol. de 400 p.]

La Traduction des livrets. Aspects théoriques, historiques et pragmatiques.
Paris, Presses de l'Université de Paris - Sorbonne, 2004, coll. « Musique / Ecriture », 662 p., fac-similés
Actes du colloque international tenu en Sorbonne les 30 novembre, 1er et 2 décembre 2000. Trois chapitres majeurs pour Wagner, par Anne-Marie Gouiffès, Christian Merlin et Peter Jost (voir les articles concernés au nom de leur auteur).

L'Evolution du vers dans les opéras de Richard Wagner, de Rienzi au Ring. Approche linguistique de la versification.
In : **BANOUN (Bernard) - CANDONI (Jean-François) [éd.]** : Le Monde germanique et l'opéra. Le livret en question.
Paris, Klincksieck, 2005, coll. « Germanistique », pp. 249-275 [d'un vol. de 490 p.], index
Le volume réunit les exposés prononcés lors des journées parisiennes des 18, 19 et 20 mars 2004 en Sorbonne et à l'Institut universitaire de France, consacrés aux rapports entre musique et livret d'opéra. L'article est une brillante et complexe synthèse à propos du vers allitérant wagnérien et de son ancrage dans les propriétés de la langue allemande.

MASSENET (Jules)
Mes Souvenirs. Préface de Xavier Leroux.
Paris, Lafitte, 1912, 352 p., un portrait

Autres éditions :

- Mes souvenirs. Nouvelle édition commentée par Gérard Condé.

Paris, Edition Plume, 1992, 345 p., index

- Mes souvenirs. Préface de l'édition originale par Xavier Leroux.

Paris, Editions du Sandre, 2006, 257 p.

Réédition critique des *Souvenirs* de Massenet (1842 - 1912) dont la première édition, avait paru en feuilleton en 1912 dans *L'Echo de Paris*. Quelques lignes sur ses voyages à Bayreuth, en août 1886 où il assiste à Parsifal, « *ce miracle unique* » (p. 173), ainsi qu'en 1889 pour applaudir Les Maîtres-chanteurs. Il est surprenant de ne retrouver aucune autre évocation de la « *musique de son dieu* » (p. 41). Par contre, on peut trouver quelques lignes sur sa rencontre avec Wagner en septembre ou octobre 1859 chez le ténor Roger. Massenet avait habité pendant 10 jours une chambre voisine de celle de Wagner dans le château de Plessis-Trévise, propriété de Roger. Il était accompagnateur des élèves du chanteur. De son côté, Wagner y était venu s'installer pour mettre au point la traduction de Tannhäuser.

MASSIP (Catherine) - VILATTE (Elisabeth)

Wagner. Le Ring en images, autour de la collection Bruno Lussato. Avant-propos de Jean Favier, président de la BNF.

Paris, Bibliothèque nationale de France, 1994, 102 p., 14 gravures en noir in-t., 3 fac-similés, deux cahiers de 4 feuillets de reproductions en couleur

Catalogue de l'exposition organisée à la Bibliothèque nationale de France du 13 octobre 1994 au 4 janvier 1995, autour de la collection de Bruno Lussato. Plusieurs articles très intéressants sur « Les Sources légendaires du Ring », « La Naissance de l'œuvre », « Un Théâtre pour le Ring, Bayreuth », « Les Principaux illustrateurs du Ring ». Très belle qualité des reproductions en couleur.

MATTER (Anne-Marie)

Richard Wagner éducateur. Une méditation pédagogique sur les rapports de la poésie et de l'éducation.

Lausanne, Imprimeries réunies, 1959, 230 p.

Ouvrage tiré d'une thèse de doctorat ès sciences pédagogiques (Lausanne, Faculté des sciences sociales et politiques, 1959), dénué de toute référence musicale mais plein d'idées ... Les cinq parties en sont : 1. Education de Richard Wagner - 2. Panorama de la pensée wagnérienne - 3. Wagner et les idéologies - 4. Wagner psychologue (où l'auteur estime qu'il est un des précurseurs de la psychologie des profondeurs) - 5. Wagner pédagogue (où l'auteur voit en Hans Sachs le portrait de l'éducateur idéal). Et la conclusion : Wagner poète éducateur.

MATTER (Jean)

Wagner l'enchanteur.

Neuchâtel, A la Baconnière, 1968, coll. « Langage », 281 p.

Solide synthèse du génie wagnérien. L'auteur, né en 1915, wagnérien impénitent, et acceptant et même revendiquant une « *critique subjective* », a voulu faire comprendre à l'honnête homme du XXème siècle ce que ce créateur a eu et a encore d'unique. En appendice, une excellente critique de l'*Essai sur Wagner* d'Adorno.

Tristan et Isolde. Texte allemand avec traduction française en regard, introduction et commentaires par Jean Matter.
Lausanne, Edition l'Âge d'homme, 1977, 291 p.
Le très érudit commentaire littéraire et musical (60 p.) qui accompagne cette excellente traduction vaut à cet ouvrage d'être finalement celui de référence sur l'œuvre.

Wagner et Hitler. Essai.
Lausanne, L'Âge d'homme, 1977, 183 p.
Jean Matter a osé aborder la question de front. Il y est parvenu honorablement. On ne peut nier que Hitler a aimé Wagner, que ce fut une référence culturelle pour lui, qu'il a été un proche des héritiers Wagner : ce sont des faits. On ne peut pas prouver par contre que Wagner aurait apprécié le national-socialisme. Son antisémitisme ? Il fut réel, mais il a fréquenté de nombreux juifs dans sa vie, et refusa de signer des pétitions antisémites. Son nationalisme ? Mais s'il voulait que l'art allemand s'impose, il ne fut pas un thuriféraire de Bismarck ou de Guillaume Ier. Son allégeance hypothétique à un dictateur ? Complètement improbable, étant donné son individualisme pour ne pas dire son égocentrisme. Ses flatteries vis-à-vis de Louis Il de Bavière ne trompent personne, il avait trouvé un soutien qui pouvait le servir et c'est tout. Quoi de commun entre le néo-paganisme hitlérien et le christianisme qui, fondamentalement fut une référence constante de Wagner ; entre le mépris et la cruauté des chefs nazis et la rédemption par l'amour, et la compassion, chemin de la sagesse dans Parsifal... Matter a examiné par beaucoup d'approches ce qui a pu et peut encore accréditer la filiation Wagner-Hitler. Son travail est très fouillé mais malheureusement mal structuré : quarante cinq chapitres indépendants les uns des autres...

De Gottfried à Schopenhauer : influences.
In : Tristan et Isolde. L'Avant-Scène Opéra, juillet - août 1981, N°34/35, pp. 8-10 [d'un vol. de 287 p.]

Parsifal et la doctrine de la régénération.
In : Parsifal. L'Avant-Scène Opéra, janvier - février 1982, N°38/39, pp. 147-149 [d'un vol. de 260 p.]

MAUBEL (Henry)
Préfaces pour des musiciens.
Paris, Fischbacher, s.d., 197 p.
L'auteur (1862 - 1917) fut l'un des plus enthousiastes collaborateurs de *La Jeune Belgique* après Iwan Gilkin. Les articles qu'il donnait à cette revue sont de véritables monographies et le compte rendu qu'il présenta du volume d'Eugène Evenepoel, nous livre déjà son credo musical, qu'il développera ensuite dans des conférences faites successivement à Bruxelles et à Mons. Rarement un critique à l'époque n'était allé aussi loin dans l'étude des caractères des héros wagnériens. Ce volume est un recueil de textes qui proposent de sobres synthèses ou des fragments de pensées inspirées par les œuvres sans préoccupation d'explication de leur sens. On lira la série de « préfaces » consacrées à Wagner et son œuvre (pp. 93-164) (*Préface à un livre sur le wagnérisme en Belgique*, *Préface au Vaisseau Fantôme*, *Préface à Siegfried*, *Préface à Tristan et Yseult, (avril 1894)*, *Préface à une représentation de l'Anneau du Nibelung*).

MAUCLAIR (Camille)
De son vrai nom Séverin Faust, Mauclair (1872 - 1945) collabora à la plupart des revues littéraires (*La Conque*, *La Revue indépendante*, *La Revue de Paris*, *La Revue blanche*, *Le Mercure de France*, *Le Coq rouge*...). Il soutint Zola dans *L'Aurore*, en tenant toujours à marquer, en bon symboliste, sa totale désapprobation de l'esthétique naturaliste. Dans cette idée, il ouvre la voie au « Théâtre de l'Œuvre » (1893 - 1899) dirigé par Lugné-Poe, haut lieu du symbolisme dramatique qu'il théorise avec Mallarmé. Camille Mauclair passa d'un souffle à côté d'une gloire littéraire qui l'eut sans aucun doute servi : il rate le premier Goncourt de l'histoire, celui de 1900. Il sera l'un des plus féroces critiques d'art et de littérature du début du XXème, mais gardera toujours une sincère amitié pour Gide, dont sa première critique date de juillet 1895 au *Mercure de France*.

Essais sur l'émotion musicale. I. La Religion de la musique. II. Les Héros de l'orchestre.
Paris, Fischbacher, 1909 et 1919, IX-282 et VIII-230 p.
Voir dans *La Religion de la musique* : « La Fin du wagnérisme » (pp. 237-252) - « Wagner vu d'ici » (pp. 253-260).
Voir dans *Les Héros de l'orchestre* : « De Werther à Tristan » (pp. 202-211) - « Wagner après la guerre » (pp. 212-219).

La Religion de la musique et les héros de l'orchestre. Edition définitive.
Paris, Fischbacher, 1928, VII-350 p.
Réimpressions successives.
Première réédition en un volume de *La Religion de la musique* et *Les Héros de l'orchestre*. Trois chapitres seulement dans cette édition sur : « De Werther à Tristan » - « Wagner vu d'ici » - « Wagner après la guerre ».

MAURIN (Mario) : Le *Wagner* de Suarès.
In : Suarès. Cahier N°2 : André Suarès et l'Allemagne. Textes réunis et présentés par Yves-Alain Favre.
Revue des Lettres modernes, 1976 (8) ; N°484/490 : pp. 133-147.
La bibliographie de Timothée Picard (*Wagner, une question européenne*. 2006) mentionne par erreur cet article dans le Cahier N°1 de 1973.

MAUS (Madeleine Octave)
L'animateur du Cercle des XX (1856 - 1919), fut un élève de Louis Brassin et joua un rôle majeur dans la vie artistique belge. Il organisa d'ailleurs en 1883 et 1884 une série de conférences qui se conclut par une causerie sur Wagner par Catulle Mendès. L'essentiel de ses activités se porta sur la promotion des arts plastiques. Mais il était également un parfait connaisseur de musique. Directeur de la revue *L'Art moderne*, il est sans doute l'auteur des plus importantes études sur Wagner publiées dans cette revue qui prônait l'art social. Il manifeste à vingt ans son enthousiasme pour l'œuvre du compositeur et fit à cet âge le pèlerinage de Bayreuth en 1876. Il deviendra l'un des commentateurs les plus avisés du théâtre wagnérien. En effet, il y fait montre, à côté d'une indiscutable compétence, d'une objectivité, d'une indépendance d'esprit assez remarquable. Nous ne citons ci-dessous qu'un nombre très restreint de ses articles.

Trente années de lutte pour l'Art. Les XX. La Libre Esthétique, 1884 - 1914.
Bruxelles, Librairie L'Oiseau bleu, 1926, 508 p., 40 planches h.-t., index
Edition originale limitée à 520 exemplaires numérotés.

Autre édition :
Trente années de lutte pour l'Art. Les XX, 1884 - 1893. La Libre Esthétique, 1894 - 1914.
Bruxelles, Editions Lebeer Hossmann, 1980, 508 p., 40 planches h.-t., index
Reproduction photomécanique de l'édition précédente.
L'ouvrage reprend le mémorial établi entre les années 1920-1925 par Maus sous le titre *Trente années de lutte pour l'Art*. L'ouvrage est dédié à Vincent d'Indy et à Théo Van Rysselberghe, amis intimes du vingtiste. Peu de choses sur Wagner, mais une phrase : « *Seul, le ciel de la Musique n'était habité par nul dieu nouveau. Nous n'en connaissions qu'un. Il suffisait à nous combler. Mais du Walhall, jamais il ne descendrait personne vers nous, coiffée du béret légendaire. Wagner régnait sur le monde avec la tyrannie vertigineuse des prophètes qui viennent d'atteindre au zénith* ».

Souvenirs d'un wagnériste. Le Théâtre de Bayreuth.
Bruxelles, Veuve Monnon, 1888.
Maus nous livre ses impressions de la répétition générale du Götterdammerung, évoquant Richard Wagner extrêmement affairé, n'épargnant que le seul Richter, mais « *houspillant les machinistes, les metteurs en scènes, le chef des figurants* ». Ces souvenirs furent publiés initialement dans un article : *Le Théâtre de Bayreuth*. (*La Wallonie*, N°2, 15 juillet 1886, pp. 54-58). Il consacre aux représentations de Parsifal à Bayreuth de 1882, trois essais importants. Le titre général des articles est *Les représentations de Bayreuth*. Le premier, assez critique, fut publié dans la revue *L'Art moderne*, et est consacré au poème ; le second étudie Parsifal « *du point de vue du drame lyrique* » (*L'Art moderne*, II-35, 27 août 1882). La troisième étude est consacrée à « *Parsifal au point de vue musical* » (*L'Art moderne*, II-36, 3 septembre 1882). Il conclut : « *Jamais, croyons-nous, des fragments de Parsifal ne pourront être joués hors du théâtre* ».

MAYER (Hans)
Sur Richard Wagner. Essai. Traduit de l'allemand par Chantal Simoin.
Paris, L'Arche, 1972, coll. « Travaux », 108 p.
Traduction de l'essai paru en 1966 par d'un des critiques et historiens de la littérature germanique les plus connus (1907 - 2001). Il s'agit d'un recueil de courts articles publiés dans les années 1950 et 1960, dans les programmes du festival de Bayreuth, qui propose une vision éminemment politique de la dramaturgie wagnérienne, influencée notamment par le marxisme. L'univers wagnérien y est examiné sous l'angle d'un conflit entre l'ancien et le nouveau monde. L'ouvrage est dédié à Wieland Wagner qu'il a beaucoup admiré.

Extraits :
Une parabole bourgeoise. A propos de la mise en scène de Wieland Wagner.
In : La Walkyrie. L'Avant-Scène Opéra. Nouvelle édition.
Paris, Premières Loges, janvier 1993, pp. 130-134 [d'un vol. de 192 p.]

Richard Wagner à Bayreuth, 1876 - 1976. Traduction de l'allemand par Eliane Bouvier et Anne-Michèle Etienne.
Genève, Belser, 1976, 247 p., nombreuses reproductions photographiques et illustrations en noir in-t et h.-t., index
Synthèse des raisons artistiques et culturelles, économiques et politiques de la création du festival de Bayreuth, suivie d'une histoire culturelle et politique du festival jusqu'en 1976. Plus qu'un ouvrage sur Wagner, il s'agit d'un ensemble de documents sur la famille Wagner de 1876 à nos jours On y trouve un grand nombre de photographies d'excellente qualité (documentation fournie par Gottfried Wagner...). Sans doute le meilleur historique du festival de Bayreuth existant en français.

La Femme politique. Ortrud et Lohengrin.
In : Les Marginaux. Femmes, juifs et homosexuels dans la littérature européenne. Traduit de l'allemand par Laurent Muhleisen, Maurice Jacob et Pierre Fanchini.
Paris, Albin Michel, 1994, coll. « Bibliothèques des idées », pp. 88-93 [d'un vol. de 535 p.], index
Réédition en 1996 chez U.G.E dans la collection « Bibliothèques 10/18 ».
Court chapitre sur Ortrud et Lohengrin, repris dans le programme de la production de Lohengrin à Paris-Bastille en novembre 1996.

MEITINGER (Serge)
Baudelaire et Mallarmé devant Richard Wagner.
Romantisme, 1981 ; vol. XI - N°35 : pp. 75-90.

MENDÈS (Catulle)
Emblématique du style « fin de siècle », Catulle Mendès (1841 - 1909) est un des dignes héritiers du courant romantique. Il fut un auteur très productif dont les œuvres furent très bien reçues tant par le public que par les critiques. Poèmes, romans érotiques, pièces de théâtre constituent notamment l'œuvre du fondateur de *La Revue fantaisiste* (1860). La revue, co-fondée avec Leconte de Lisle, permit en effet la promotion des parnassiens. Le Parnasse à l'époque était un mouvement d'avant-garde, très contesté dans les milieux les plus conservateurs, qui érigeait la perfection formelle en absolu et vouait un culte « *à l'art pour l'art* » (directement inspiré de la préface de *Mademoiselle de Maupin* de Gautier), et dont le cercle comprenait entre autres José-Maria de Hérédia, Théodore de Banville et François Coppée. La revue a été aussi un des premiers périodiques français à défendre la musique de Wagner. Il fondera également en 1867, *La Revue des lettres et des arts*, point de ralliement pour la nouvelle école. Celle-ci a été une des premières et une des plus importantes à défendre la cause parnassienne et aussi wagnérienne. Mendès reçut la révélation wagnérienne aux concerts parisiens de Richard Wagner en 1861. Il projette de lancer sa *Revue fantaisiste* et lui rend visite pour lui demander sa collaboration. Le compositeur, en pleine répétition du Tannhäuser déclina la proposition. Mendès épousera Judith Gautier. C'est ensemble qu'ils rendront visite au compositeur à Tribschen en 1869. Il nouera une amitié respectueuse avec Wagner. La guerre de 1870 rompra ces liens. Si Mendès s'éloigne de l'homme, il est toujours enthousiasmé par l'artiste. Par ces articles et ses ouvrages, il restera un grand propagateur du drame wagnérien. A l'instar de sa première épouse, Mendès a collaboré

à de nombreux journaux, pendant de longues années. Nous nous abstenons de citer l'ensemble de ces contributions. Mendès est l'auteur en particulier de l'ouvrage *Le Roi-vierge. Roman contemporain* (Paris, Dentu, 1881), roman à clés, dans lequel il y est parlé, avec des pseudonymes transparents et des allusions très apparentes de la passion du roi de Bavière pour la musique de Wagner et des représentations de Lohengrin données pour lui seul. Louis II fit saisir l'ouvrage chez les libraires du royaume.

La Légende du Parnasse Contemporain
Bruxelles, August E. Brancart Editeur, 1884, 303 p.
Réimpression en fac-similé chez Slatkine reprints en 1983.
A lire, les pages 95 à 100 dans lesquelles Mendès se justifie d'avoir renié l'homme Wagner (en raison de la farce, *Une capitulation*) sans cesser d'être l'apôtre de son art. Les souvenirs qui suivent sur le séjour à Lucerne seront repris dans l'ouvrage suivant.

Richard Wagner.
Paris, Bibliothèque Charpentier - Fasquelle éditeur, 1886, VII-294 p.
Réimpressions successives jusqu'en 1909.
L'ouvrage est une brillante évocation littéraire de chacun des drames du compositeur. Les 17 premières pages, très vivantes relatent le séjour à Tribschen de Catulle Mendès en 1869 que suit un exposé des théories wagnériennes, intitulé « Notes sur la théorie et l'œuvre wagnérienne », (publié initialement dans *La Revue Wagnérienne* du 14 mars 1885) et l'analyse dramatique des œuvres de Wagner du Hollandais à Parsifal. En appendice, figure le bref texte « Le Jeune prix de Rome et le vieux wagnériste », dans lequel l'auteur appelle de ses vœux le compositeur français qui réalisera un drame musical « *où l'inspiration française [...] se développerait selon les bases empruntées au drame wagnérien* » (Première publication dans *La Revue Wagnérienne* du 8 juin 1885). Plusieurs spécialistes n'ont pas hésité à identifier Claude Debussy comme le jeune prix de Rome en question (*Debussy, biographie critique* par Lesure, Klincksieck, 1994, p. 100). Or, on sait que cet article n'était qu'une réimpression à peine modifiée d'un texte confié au journal *Le Gaulois* en 1876. Figure également « L'Epître au roi de Thuringe », réponse de l'auteur au roi Louis II, qui fit saisir la traduction allemande du *Roi-vierge*. On lira également les correspondances adressées au *Gaulois* à l'occasion de l'inauguration du théâtre de Bayreuth, qui sont réimprimées dans ce volume.

L'Oeuvre wagnérienne en France (pages nouvelles). Tristan et Iseult.
Paris, Fasquelle, 1899, 35 p.
Courte brochure réclamant la représentation à l'Opéra de Paris du drame d'amour appelé, « *entre tous les ouvrages du poète-musicien, à s'imposer à l'admiration française* ». Elle reproduit le texte qui avait paru dans *La Revue de Paris* en date du 1er avril 1894. Article non sans intérêt ni pertinence.

MERCIER (Alain)
J. K. Huysmans et l'attrait du wagnérisme.
In : Mélanges Pierre Lambert consacrés à Huysmans
Paris, A.G. Nizet, 1975, pp. 225-229 [d'un vol. de 334 p.], front.
L'auteur démontre, que même si Huysmans n'est pas considéré comme un de ceux que Wagner a le plus inspiré, il succomba à sa magie sonore, au caractère légendaire de son

œuvre. Toutefois, Mercier ne manque pas de remarquer qu'après 1885, Huysmans ne cultiva pas son goût dans le domaine wagnérien où régnait à son sens trop de confusion et trop de « *wagnéreries* » bruyantes. Ainsi, en 1888, pendant son séjour en Allemagne, l'écrivain ne se soucia pas d'entendre de la musique de Wagner...

Edouard Schuré et le renouveau idéaliste en Europe.
Paris, Honoré Champion, 1980, 748 p., illustrations en noir in-t et h.-t., index
D'après une thèse de doctorat soutenue devant l'Université de Paris X, en 1971. Ouvrage d'une grande ampleur et approfondi sur l'auteur des *Grands Initiés*, à partir de documents inédits, manuscrits et correspondances. On trouvera en annexe la liste de l'ensemble des ouvrages publiés par Schuré, ainsi que l'index des principaux articles et textes publiés en revue (pp. 720-723). Nombreux développements sur Wagner.

MERLIN (Christian) [éd.]
Opéra et mise en scène.
L'Avant-Scène Opéra, 2007, N°241, 119 p.
Pour ce numéro, la revue s'attaque à un serpent de mer... Elle nous livre une étude passionnante, très bien documentée, où tous les points de vue sont respectés et les opinions analysées. Comme toujours, magnifiquement iconographiée et écrite dans un style clair, concis et pédagogique. « *Dans le grand laboratoire qu'est devenue la mise en scène d'opéra aujourd'hui, Wagner est le cobaye le plus attractif* » (C. Merlin).

MERLIN (Christian)
Le Temps dans la dramaturgie wagnérienne. Contribution à une étude dramaturgique des opéras de Richard Wagner.
Bern, Peter Lang, 2001, coll. « Contact », XI-448 p., index
Ouvrage universitaire tiré d'une thèse de doctorat (études germaniques : Paris IV, 1994), fondamental sur l'ensemble de l'œuvre dramatique de Wagner vue à travers la notion de temps dans tous ses états. Clair et très riche. Remarquable approfondissement moderne de la critique wagnérienne par un maître de conférences à l'Université Charles de Gaulle Lille III, « wagnérologue » de la jeune génération, également critique musical au *Figaro*. D'une intelligence remarquable, cet ouvrage réunit des qualités rarement conjointes, à la fois bien écrit, fourmillant de renseignements, et d'une lecture attractive.

Wagner, mode d'emploi.
Paris, L'Avant-Scène Opéra - Premières Loges, 2002, 199 p., nombreuses illustrations et photographies en noir in-t., index
Ouvrage de vulgarisation complet et synthétique, écrit dans un langage clair et direct, s'avérant un véritable guide de l'œuvre de Wagner et de sa représentation (interprètes, metteurs en scène »...). Il semble difficile de faire aussi complet en si peu de pages...

[Articles divers]
Wagner et le concept de Gesamtkunstwerk.
In : **CAULLIER (Joëlle) [éd.]**: Le Mélange des arts, études réunies par Joëlle Caullier.
Lille, Cahiers de la Maison de la recherche de l'Université Charles de Gaulle Lille III, « Ateliers », N°20, 1999, 110 p., illustrations en couleur

Wagner romancier.
Revue de la Bibliothèque nationale de France, octobre 1999 ; N°3 : pp. 49-55.

La Place de Wagner dans l'utopie de l'œuvre d'art totale selon Kandinsky.
In : **BUSCHINGER (Danielle) - CANDONI (Jean-François) - PERLWITZ (Ronald) [éd.]** : Richard Wagner : Points de départs et aboutissements. Anfangs - und Endpunkte. Actes du colloque d'Amiens 19, 20, 21, 22 octobre 2001.
Amiens, Presse du Centre d'études médiévales, coll. « Médiévales 19 », 2002, pp. 179-188 [d'un vol. de 400 p.]

Amnésie et anamnèse des personnages wagnériens.
In : **MARGOTTON (Jean-Charles) - PÉRENNEC (Marie-Hélène) [éd.]** : La Mémoire. Actes du 35ème congrès annuel de l'AGES (Association des germanistes de l'enseignement supérieur).
Lyon, Presses Universitaires de Lyon, 2003, pp. 103-110 [d'un vol. de 360 p.]

Avatars du Ring de Wagner : l'histoire de ses traductions françaises.
In : **MARSCHALL (Gottfried R.) [éd.]** : La Traduction des livrets. Aspects théoriques, historiques et pragmatiques.
Paris, Presses Universitaires de Paris - Sorbonne, 2004, coll. « Musique / Ecriture », pp. 467-478 [d'un vol. de 662 p.], fac-similés
L'article, extrait des actes du colloque international tenu en Sorbonne les 30 novembre, 1er et 2 décembre 2000, est une synthèse claire et complète, bien documentée sur les traductions françaises du Ring du XIXème siècle à nos jours.

Wagner et le spectaculaire, ou la critique de l'effet sans cause.
In : **MOINDROT (Isabelle) [éd.]**: Le Spectaculaire dans les arts de la scène du Romantisme à la Belle Epoque.
Paris, CNRS Editions, 2006, coll. « Arts du spectacle », pp. 78-83 [d'un vol. de 325 p.], 105 illustrations en noir et couleur in-t. et h.-t., index

[Articles de l'Avant-Scène Opéra]
- Dramaturgie du temps dans la Tétralogie.
In : La Walkyrie. L'Avant-Scène Opéra. Nouvelle édition.
Paris, Premières Loges, janvier 1993, pp. 122-128 [d'un vol. de 192 p.]
- Qu'est-ce que la mélodie infinie ?
In : Tristan et Isolde. L'Avant-Scène Opéra. Nouvelle édition.
Paris, Première Loges, mars 2002, pp. 122-125 [d'un vol. de 207 p.]
- Interpréter Parsifal.
In : Parsifal. L'Avant-Scène Opéra. Nouvelle édition.
Paris, Premières Loges, mars 2003, pp. 134-143 [d'un vol. de 223 p.]
- Les 35 personnages du Ring. Profils vocaux et psychologiques.
In : L'Or du Rhin. L'Avant-Scène Opéra. Nouvelle édition.
Paris, Premières Loges, juillet - août 2005, N°227, pp. 104-114 [d'un vol. de 171 p.]

- Diriger le Ring.
In : La Walkyrie. L'Avant-Scène Opéra. Nouvelle édition.
Paris, Premières Loges, septembre - octobre 2005, N°228, pp. 112-121 [d'un vol. de 183 p.]
- Chanter le Ring.
In : Siegfried. L'Avant-Scène Opéra. Nouvelle édition.
Paris, Premières Loges, novembre - décembre 2005, N°229, pp. 106-117 [d'un vol. de 166 p.]
- Les 50 mots clés du Ring.
In : Le Crépuscule des dieux. L'Avant-Scène Opéra. Nouvelle édition.
Paris, Premières Loges, janvier - février 2006, N°230, pp. 104-111 [d'un vol. de 165 p.]

MERTENS (Volker)
Un conte dans le style médiéval.
In : Lohengrin. L'Avant-Scène Opéra, janvier - février 1992, N°143/144, pp. 10-13 [d'un vol. de 256 p .]

MESNARD (Léonce)
Essais de critique musicale.
Paris, Fischbacher, 1892, 671 p.
Un chapitre « Richard Wagner », favorable à la réforme wagnérienne (pp. 123-264).

METTERNICH (Pauline - Princesse de)
Souvenirs d'enfance et de jeunesse (Geschehenes, Gesehenes, Erlebtes) (1845 - 1863). Traduit de l'allemand par Mme H. Pernot. Préface de Marcel Dunan. Avec deux portraits.
Paris, Plon, 1924, LIII-270 p., deux gravures h.-t.
Il s'agit de la traduction française de l'ouvrage paru en allemand (*Ce qui m'est arrivé, ce que j'ai vu, ce que j'ai vécu*) en 1920 au profit d'une œuvre de charité. Cet ouvrage est le second volume des souvenirs de Pauline de Metternich (*Souvenirs de la Princesse Pauline de Metternich (1859 - 1871)*, Plon, 1922). Ces souvenirs avaient été publiés partiellement dans l'article de Henri de Curzon : « Les Souvenirs de la Princesse de Metternich et Richard Wagner à Paris », *Le Ménestrel*, LXXXIX, pp. 297-299.
Petite-fille - et belle-fille - du fameux chancelier d'Autriche, Clément de Metternich, elle épousa l'un de ses fils, Richard, qui fut nommé ambassadeur d'Autriche à Paris en novembre 1859. Le couple sut gagner l'amitié et la confiance de Napoléon III et de l'Impératrice Eugénie. Il fit ainsi partie de leur cercle d'amis intimes. Elle consacre à Wagner l'un des chapitres de ce livre (pp. 173-204). Sans respecter la chronologie, elle évoque le récit de sa première rencontre avec le compositeur et l'audition de fragments des Nibelungen, le bal des Tuileries pendant lequel Napoléon III ouvrit au compositeur l'accès de l'Opéra, la première du Tannhäuser de mars 1861 ainsi que l'audition d'une répétition de Tristan à Vienne en novembre 1861. Si elle admire le musicien, elle se montre volontiers critique envers l'homme. Nombreuses sont les allusions à sa vanité, son intolérance des critiques et son manque de reconnaissance. L'intérêt est également lié à de fréquents commentaires sur l'interprétation par Wagner de ses propres œuvres.

« *Soit dit en passant, la véracité absolue du témoignage de la princesse [...] n'exclut pas de petites inadvertances de mémoire où se trahit parfois un amusant recoin secret de psychologie féminine* » (Marcel Dunan, préface, pp. V-VI).

MEYERHOLD (Vsevolod Emilievitch)
Ecrits sur le théâtre. Traduction, préface et notes de Béatrice Picon-Vallin. Tome 1 : 1891 - 1917. Tome 2 : 1917 - 1929. Tome 3 : 1930 - 1936. Tome 4 : 1936 - 1940.
Lausanne, La Cité - L'Âge d'Homme, 1973 - 1992, coll. « Théâtre des années vingt - Série Ecrits théoriques », 4 vol. 337, 329, 271 et 461 p., 20 (Tome 2), 8 et 8 pages de planches, index
Nouvelle édition revue et augmentée en 2001.
Le grand metteur en scène russe (1874 - 1942) a rédigé deux textes sur sa mise en scène de Tristan au Théâtre Marinski de Saint-Pétersbourg en 1909 : « Tristan et Yseult de Wagner » (pp. 73-80) et « La Mise en scène de Tristan et Isolde au Théâtre Marinski, 30 octobre 1909 » (pp. 125-142 et 173-176). Il s'agissait de la création en russe de l'œuvre sous la direction d'Edouard Napravnik. Meyerhold en donna une représentation très influencée par les travaux d'Appia et le théâtre de nô japonais.

MEYER-ZUNDEL (Suzanne)
Quinze ans auprès de Judith Gautier.
S.l. (Porto, Tipografia Nunes), n.d. (1969), 255 p.
Edition originale numérotée tirée à compte d'auteur.
L'auteur retrace les quinze années d'une amitié avec la fille de Théophile Gautier. Ces souvenirs évoquent les amitiés de Judith avec les célébrités des milieux artistiques et littéraires de l'époque et sa relation amoureuse avec Richard Wagner dont une partie de la correspondance est publiée dans cet ouvrage (« Odyssée des lettres wagnériennes », pp. 219-228).

MEYSENBUG (Malwida von)
Mémoires d'une idéaliste. Préface de Gabriel Monod.
Paris, Fischbacher, 1900, 2 vol. XX-436 et 316 p., 4 et 5 planches h.-t., index

Le soir de ma vie. Suite des mémoires d'une idéaliste. Précédée de la fin de la vie d'une idéaliste. Ornée de huit portraits
Paris, Fischbacher, 1908, XVI-400 p.
Malwida von Meysenbug (1816 - 1903) fut une figure marquante de l'histoire culturelle européenne du XIXème siècle. Essayiste, romancière, épistolière inlassable, elle quitta rapidement sa famille aristocratique de Westphalie et l'Allemagne pour vivre une existence errante. D'abord profondément chrétienne, elle évoluera ensuite vers un socialisme utopique, en nouant à Londres une amitié avec Mazzini, Garibaldi, et surtout Herzen, le nihiliste russe. Ce dernier sera amené à lui confier entièrement sa fille Olga dont elle devient la mère adoptive. Olga épousera par la suite Gabriel Monod, futur grand historien français et ami de Wagner. En 1855, Malwida fait la connaissance de Wagner, séjournant à Londres à l'occasion d'une série de concerts. En 1859-60 et en 1860-1861, à l'occasion de séjours à Paris, Malwida noue avec le compositeur une amitié solide, qui sera durable jusqu'à la mort de Richard. En mars 1861, elle assiste à la

répétition, générale, puis à la fameuse première de Tannhäuser. Les années 1870 et 1880 sont dominées, dans l'existence de Malwida, par des contacts étroits avec la famille Wagner, qui lui donneront l'occasion de faire connaissance avec Nietzsche, en mai 1872, lors de la pose de la première pierre du théâtre de Bayreuth. Elle sera sa grande amie, et aussi celle du jeune Romain Rolland. La lecture de son autobiographie ne peut donc être qu'intéressante. Ces deux volumes sont également « *des monuments de la littérature autobiographique de la fin du XIX*ème *siècle, sources importantes de l'histoire culturelle européenne contemporaine* » (Le Rider). Le premier volume des *Mémoires*, fut publié à Genève, en français en 1869. Les *Mémoires* furent ensuite publiées en trois volumes et en allemand en 1876. Elles furent traduites de l'allemand (sans nom de traducteur) en 1900 et 1908. Gabriel Monod indique dans sa préface qu'il s'agit « *du texte légèrement retouché du volume publié en 1869 et de la traduction des deux autres volumes, due à la plume élégante et fidèle de Mlle Adèle Fanta, la directrice de l'enseignement de l'allemand à l'Ecole Normale de Sèvres et à la Maison de la Légion d'honneur de Saint-Denis* ».

MICHAUD (Eric)
Œuvre d'art totale et totalitarisme.
In : **GALARD (Jean) - ZUGAZAGOITIA (Julian) [éd.]** : L'Oeuvre d'art totale.
Paris, Editions Gallimard - Musée du Louvre, 2003, coll. « Art et artistes », pp. 35-65 [d'un vol. de 207 p.], nombreuses reproductions en noir in-t., index

MICHAUD (Guy)
Message poétique du symbolisme. I. L'Aventure poétique. II. La Révolution poétique. III. L'Univers poétique. IV. La Doctrine symboliste (documents).
Paris, Nizet, 1947, 4 vol. 236, 189 (numérotés de 231 à 420), 283 (numérotées de 421 à 704) et 122 p.
Réimpressions en 1954 - 1955. Réédition des 4 tomes en un fort volume en 1966 chez Nizet.
Publication d'une thèse, qui est la première étude à considérer le mouvement symboliste dans son ensemble, sans le réduire à l'espace franco-belge, ni au seul temps de la génération qui lui a donné son nom. Somme sur le sujet. Pour notre propos, il est préférable de lire la version abrégée suivante.

Le Symbolisme tel qu'en lui-même. Avec la collaboration de Bertrand Marchal et d'Alain Mercier.
Paris, Nizet 1995, 498 p., index
Version abrégée (de moitié) et destinée à un public plus large qui reprend trois parties des ouvrages précédents : l'aventure poétique, la révélation poétique, l'univers poétique, suivies d'une anthologie de textes. Cette édition est augmentée d'un chapitre inédit consacré à la dimension européenne et internationale du mouvement symboliste. On lira le chapitre « Wagner et le mysticisme » (pp. 105-110), ainsi que les pages 147-150, 184-186, 192-198, 224-226 et 266-269 qui sont consacrées à celui que ce mouvement prit pour chef et maître incontesté et qui s'est fidèlement inspiré de son esthétique.

MICHEL (André)
Psychanalyse de la musique. Préface générale à la « Bibliothèque internationale de musicologie » par Gisèle Brelet.
Paris, P.U.F., 1951, coll. « Bibliothèque internationale de musicologie », XII-244 p.
Réédition en 1984 chez le même éditeur dans la collection « Dito ».
Le chapitre V s'intitule « Les Guerres péniques chez Wagner » ! En vingt pages, et dans d'autres passages du livre, on a un éclairage psychanalytique un peu rapide sur le créateur et sur son œuvre (spécialement Le Vaisseau, Tannhäuser et le Ring) « *qui montre que le thème œdipien est assurément le plus fidèle des leitmotivs wagnériens* ».

MICHOT (Pierre)
- Maîtres-chanteurs et maîtres poètes (le texte des chants).
In : Les Maîtres-chanteurs. L'Avant-Scène Opéra, janvier - février 1989, N °116/117, pp. 194-197 [d'un vol. de 257 p.]
- Le Tarnhelm, cette arme secrète.
In : L'Or du Rhin. L'Avant-Scène Opéra. Nouvelle édition.
Paris, Premières Loges, novembre 1992, pp. 120-127 [d'un vol. de 190 p.]
Ce texte est repris dans la nouvelle édition de juillet août 2005.
- L'Image sonore du désir.
In : Tristan et Isolde. L'Avant-Scène Opéra. Nouvelle édition.
Paris, Première Loges, mars 2002, pp. 118-121[d'un vol. de 207 p.]
- Siegfried dans la forêt profonde.
In : Siegfried. L'Avant-Scène Opéra. Nouvelle édition.
Paris, Premières Loges, novembre - décembre 2005, N°229, pp. 118-120 [d'un vol. de 166 p.]
- Wagnérisme et musique.
In : **LANG (Paul) [éd.]** : Richard Wagner. Visions d'artistes. D'Auguste Renoir à Anselm Kiefer.
Paris et Genève, Somogy éditions d'art - Musée d'art et d'histoire, 2005, pp. 260-269 [d'un vol. de 287 p.]
Série d'articles érudits par un professeur d'histoire de la musique au Conservatoire de Genève.

MICHOTTE (Edmond)
Souvenirs personnels. La Visite de Richard Wagner à Rossini (Paris, 1860). Détails inédits et commentaires (avec portraits).
Paris, Fischbacher, 1906, 53 p., 2 portraits h.-t.
Savoureux souvenirs sur la seule et unique rencontre à Paris, entre l'auteur de La Pie Voleuse et Wagner en mars 1860. Il s'agit en fait de la publication, 46 ans après, des notes d'Eugène Michotte, ami intime de Rossini et qui assista à l'entrevue. Cette dernière eut lieu chez le compositeur italien, en présence de Michotte qui nota soigneusement les termes de l'entretien, non sans avoir précisé préalablement à Wagner que ces notes n'étaient nullement destinées à la presse mais uniquement pour ses souvenirs personnels. Ce n'est qu'en 1906, à la demande expresse des amis de Rossini mais aussi de la famille Wagner qu'il exhuma ces documents et les publia.

MIGNATY (Marguerite-Albana)

Le Théâtre de Bayreuth et la réforme musicale de Richard Wagner.

Florence, Imprimerie Galiléenne de M. Cellini et Cie, 1873, 42 p.

La date de publication de cette étude - un an après la pose de la première pierre du Festspielhaus - rend le titre trompeur : en 1873, il n'y avait ni théâtre, ni festival, ni Tétralogie achevée, et cet ouvrage ne livre que quelques réflexions sur Rienzi, Le Vaisseau, Tannhäuser et surtout Lohengrin qui a visiblement beaucoup marqué l'auteur.

MILLINGTON (Barry) [éd.]

Wagner. Guide raisonné. Traduit de l'anglais par Dennis Collins.

Paris, Fayard, 1996, 620 p., 4 feuillets de reproductions en noir h.-t., index

Ce guide, dont la première édition anglaise parut en 1992, en s'appuyant sur les recherches les plus récentes réalisées par une équipe anglo-saxonne, présente une vue d'ensemble tant sur l'homme et sa production que sur son époque. Sont ainsi dépeints les univers musicaux et intellectuels, le contexte historique. Une partie est consacrée à l'homme, à ses opinions religieuses ou politiques, ses goûts musicaux et littéraires. Une large part est également faite à l'œuvre musicale (orchestrale, dramatique, pianistique...) et littéraire, ainsi qu'aux sources d'inspiration... Essentiel, mais inégal par la qualité des articles ; certaines parties sont traitées de manière insuffisante et auraient mérité d'être plus précises. Ce guide s'apparente à une petite encyclopédie sur Wagner.

MIQUEL (André)

Deux histoires d'amour - De Majnûn à Tristan.

Paris, Odile Jacob, 1995, coll. « Travaux du Collège de France », 190 p.

L'auteur, professeur au Collège de France, spécialiste de langue et littérature arabes, compare deux légendes emblématiques, en Orient et en Occident, de la passion absolue : la première, Majnûn et Laylâ, chantée dès le VIIème siècle en Arabie, et Tristan et Iseult, surtout dans sa version wagnérienne.

MIRBEAU (Octave)

Chroniques musicales. Edition établie, présentée et annotée par Pierre Michel et Jean-François Nivet.

Paris, Nivet - Seghier - Archambaud, 2001, 255 p.

Recueil d'articles parus de 1876 à 1907 de ce romancier, défenseur de la peinture impressionniste, auteur du fameux *Journal d'une femme de chambre*, et journaliste à l'esprit corrosif (1850 - 1917), qui participa aux combats de l'époque en faveur de Wagner. Il fut notamment l'organisateur d'un banquet en l'honneur de Lamoureux quelques jours après la quasi-émeute, qui suivit dans la rue, la première de Lohengrin à l'Eden-Théâtre en mai 1887. Il pourfendit sans relâche en musique, comme dans les arts plastiques, les cultes officiels. Force est de reconnaître qu'il ne s'est guère trompé.

MISTLER (Jean)

A Bayreuth avec Richard Wagner.

Paris, Hachette, 1960, coll. « Bibliothèque des Guides bleus », 251 p., front., nombreuses photographies et illustrations en noir in-t et h.-t.

Ouvrage de vulgarisation dont la première partie retrace l'historique du festival de Bayreuth et de la ville. La seconde partie est une analyse dramatico-musicale des principales œuvres du compositeur. Excellente introduction au monde artistique et intellectuel de Wagner par un académicien de renom (1897 - 1988). Ce guide français de Bayreuth se situe chronologiquement entre « le » Lavignac et « le » Flinois.

Richard Wagner et Bayreuth.
Paris, Hachette, 1980, 277 p., cahier de 4 feuillets de reproductions en noir h.-t.
Ouvrage de même inspiration que le précédent. Texte différent et moins développé en de nombreux chapitres.

La Mort à Venise.
In : Richard Wagner.
Paris, Hachette, 1962, coll. « Génies et Réalités », pp. 213-232 [d'un vol. de 302 p.], nombreuses photographies et illustrations en noir in-t et h.-t., 8 planches en couleur contrecollées h.-t.
Récit des derniers jours de Wagner à Venise contenant de nombreuses anecdotes provenant de la grande biographie non traduite en français de Carl-Friedrich Glasenapp.

Notre ami Wagner. Trois lettres inédites présentées par Jean Mistler.
Les Nouvelles littéraires, 24 octobre 1963 ; N°1886 : p. 10.
Reproduction des lettres inédites adressées à Wagner par Schuré le 19 juin 1865, par Villiers de l'Isle-Adam le 15 juillet 1870 et par Mendès le 23 août 1870.

Hugo et Wagner face à leur destin.
Paris, Grasset, 1977, 244 p.
Sous ce titre un peu emphatique, l'académicien, homme politique et écrivain, spécialiste du romantisme allemand, n'a pas écrit une fiction mettant en présence ces deux titans. Il s'agit seulement de la reprise dans une seule publication de deux œuvres différentes : une pièce théâtrale intitulée *Hugo et l'exil* et le scénario d'un film tourné pour la télévision, *Richard Wagner et la mort*. Mélange d'histoire et d'imagination comme il sied à ce genre d'exercice.

MONOD (Gabriel)
Portraits et souvenirs.
Paris, Calmann-Lévy, 1897, VIII-360 p.
Souvenirs de Gabriel Monod (1844 - 1912), qui sera le maître de Romain Rolland et qui dirigeait depuis 1876 *La Revue historique*. Ce grand historien épousa Olga Herzen, fille du philosophe et écrivain russe et fille adoptive de Malwida von Meysenbug. Ces souvenirs sont pleins d'enthousiasme pour la personne de Wagner, lui-même appréciant beaucoup Monod. Voir en particulier : « Richard Wagner et Bayreuth en 1876 » (pp. 269-308) et « Le Jubilé des Nibelungen en 1896 » (pp. 309-344). C'est à lui que Wagner écrira le 25 octobre 1876 la fameuse lettre-réponse à *Une capitulation* (publiée en fac-similé et traduite en français dans l'ouvrage de Grand-Carteret).

MONTEIL MARQUETOUX (Madeleine)
Du drame wagnérien à la mythologie nazie.
Thèse de littérature : Université de Paris X. 1991 ; 2 vol. de 381 p.

MONTINARI (Mazzino)
Nietzsche *contra* Wagner : été 1878.
In : **CREPON (Marc) [éd.]** : Nietzsche.
Paris, Cahiers de l'Herne, 2000, pp. 237-243 [d'un vol. de 478 p.], cahier de 4 feuillets de reproductions photographiques en noir
Réimpression en 2006.
Dans cet article, le savant éditeur, avec Giorgio Colli, des *Œuvres philosophiques complètes*, estime que cet été 1878 est une date pivot dans la relation entre Wagner et Nietzsche. Ce dernier avait le projet d'un nouvel écrit sur Wagner, un bilan du passé et une perspective pour l'avenir, une sorte de « Communication à mes amis » pour reprendre le texte d'un écrit wagnérien. Il ne fut pas rédigé mais on en trouve des traces dans les *Fragments posthumes*, ainsi que dans *Opinions et sentences mêlées* publiées en 1879. De son côté, Wagner rédigea *Public et popularité* dans les *Bayreuther Blätter* qui recèle une attaque contre Nietzsche, sans le nommer. Pour Montinari, la racine de leur antagonisme est dans la pensée anti-mythique, anti-métaphysique, anti-chrétienne de Nietzsche. Pour lui, une étude approfondie de cet antagonisme devrait, à côté des œuvres majeures, *Richard Wagner à Bayreuth*, *Le Cas Wagner*, *Nietzsche contre Wagner*, prendre en compte tous les autres passages des œuvres et des fragments posthumes (très nombreux) qui, entre 1868 et 1888, concernent Wagner ainsi que d'autres sources, par exemple le *Journal* de Cosima.

MORLAND (Jacques)
Enquête sur l'influence allemande.
Paris, Société du Mercure de France, 1903, 303 p., index.
Le chapitre VI est consacré à la musique (pp. 199-230). Etant donné la question étudiée et la date de publication, il n'est pas étonnant que Wagner y soit omniprésent. Comme il s'agit d'une enquête, ce sont des réponses qui sont retranscrites, celles de : P. de Bréville, A. Bruneau, C. Chevillard, C. Debussy, E. Dujardin, E. d'Harcourt, H. Imbert, V. d'Indy, M. Kufferath, J. Marnold et R. Rolland.

MORIN-LABRÈCQUE (Albertine)
La Vie de Richard Wagner, 1813 - 1883.
Montréal, Edition de l'étoile, 1944, 49 p.
Brève synthèse biographique comme il s'en est fait tant, sans intérêt.

MORSEL (Ru)
Wagner m'a dit. Préface de Pierre Richard.
Valence, Editions Rhodaniennes, 1944, 16 p.
Ouvrage non consulté.

MORSIER (Emilie de)
Parsifal de Richard Wagner ou l'idée de la rédemption. Suivi d'une Etude sur la genèse de Parsifal. Préface d'Edouard Schuré.
Paris, Fischbacher, 1914, XLI-77 p.
Essai « *sorti de l'impression foudroyante* » que produisit sur l'auteur (1843 - 1896), à la fois artiste, théosophe et féministe, une représentation de Parsifal à Bayreuth en 1892, qui montre sa profonde pénétration de l'esprit de l'œuvre.

MOSCOVICI (Jacques)
Paul Claudel et Richard Wagner.
Nouvelle Revue française, 1969 : pp. 323-334.

MOST (Glenn W.)
Nietzsche, Wagner et la nostalgie de l'œuvre d'art totale. Traduit de l'anglais par Jeanne Bouniort.
In : **GALARD (Jean) - ZUGAZAGOITIA (Julian) [éd.]** : L'Oeuvre d'art totale.
Paris, Editions Gallimard - Musée du Louvre, 2003, coll. « Art et artistes », pp. 11-34 [d'un vol. de 207 p.], nombreuses reproductions en noir in-t., index

MOTA (Jordi) - INFIESTA (María)
Das Werk Richard Wagners im Spiegel der Kunst.
Tübingen, Grabert-Verlag, 1995, 306 p., nombreuses planches et illustrations en couleur et en noir in-t.
Ouvrage trilingue, recueil d'iconographie wagnérienne à travers l'inspiration créée par l'œuvre de Wagner. Très bel album (reproductions pour beaucoup rares ou inconnues) dû au « couple » pionnier de l'Associacio Wagneriana de Barcelone, dont María Infiesta est actuellement (2008) la présidente.

Richard Wagner et la littérature espagnole. Le Wagnérisme en Catalogne.
Barcelone, Infiesta editor, 2007, 111 p., illustrations en noir in-t.
La seule étude en français consacrée à ce thème, en particulier à Wagner et Calderón.

MOUREN (Gaston)
Wagneriana. Pièce en trois actes.
Marseille, Cahiers du Théâtre - Editions des Cahiers du sud, 1951, 30 p.
« *Pièce de théâtre médiocre qui met en scène Wagner en train de composer Tristan et Isolde* » (Picard).

MUCHANOFF-KALERGIS (Marie von)
Marie von Mouchanoff-Kalergis.
Leipzig, Breitkopf & Härtel, 1907, XIX-330 p., front. en couleur, index
Ce recueil est la publication de la correspondance écrite en français de Marie Kalergis (1822 - 1874) de 1853 à 1874, précédée d'une introduction en allemand.
Allemande de naissance, polonaise par sa mère, mais ayant grandi en Russie, cette comtesse de Nesselrode (1822 - 1874) épousa en premières noces un grec du nom de Kalergis. Avec lui, elle fit son entrée dans l'aristocratie européenne et parisienne en particulier. Amie de Liszt, Berlioz, Delacroix, elle épousa en 1863, un aristocrate russe, le comte Sergei von Muchanoff qui fut, directeur de 1868 à 1880 du Théâtre Impérial de Varsovie. Elle aida financièrement Wagner en 1860 suite aux déficits de ses concerts parisiens et fut longtemps l'une de ses riches mécènes. Elle se lia d'amitié avec Cosima et fut une habituée de Tribschen. C'est à elle que Wagner adressa en janvier 1869 son essai d'explication et de justification, intitulé *Eclaircissements sur le judaïsme dans la musique*, à propos de la réédition de 1869 du trop célèbre pamphlet.

MUGNIER (Arthur)
A propos d'un livre récent sur Richard Wagner.
Paris, Pillu-Vuillaume, s.d. (1894).
L'abbé Mugnier (1853 - 1944), ecclésiastique mondain, rencontra plusieurs fois Cosima Wagner. Il correspondit avec Edouard Schuré, malgré l'hostilité habituelle de ce dernier au clergé. La princesse Bibesco a écrit de longues pages convaincantes sur le wagnérisme du « *Confesseur* ».

Journal : 1879 - 1939 de l'abbé Mugnier. Texte établi par Marcel Billot. Préface de Ghislain de Diesbach, notes de Jean d'Hendecourt
Paris, Mercure de France, 1985, coll. « Le Temps retrouvé », 639 p.
Réédition en 2003 chez le même éditeur.
On retrouve plusieurs allusions à Richard et Cosima Wagner. En juillet 1901, il consacre quelques pages dans son *Journal* au festival de Bayreuth (pp. 126-127).

MULLER (Philippe)
Wagner par ses rêves.
Bruxelles, Pierre Mardaga, 1981, coll. « Psychologie et sciences humaines », 234 p., index
Comme son titre l'indique, analyse de l'homme Wagner par l'interprétation psychologique (étude psychanalytique et épreuves projectives) de l'ensemble de ses rêves (421 !) recueillis dans le *Journal* de Cosima, qui permet de comprendre certains problèmes controversés de la biographie du compositeur. Deux annexes très techniques.

NANQUETTE (Claude)
Wagner et Villiers de l'Isle-Adam.
In : Le Vaisseau Fantôme. L'Avant-Scène Opéra, novembre - décembre 1980, N°30, pp. 150-154 [d'un vol. de 170 p.]

Les Grands Interprètes romantiques.
Paris, Fayard, 1982, 372 p.
Quelques pages sur Wilhelmine Schröder-Devrient (p. 53), Lili Lehmann (p. 111), sur les chefs d'orchestres, Bülow, Muck, Mottl et Wagner lui-même (pp. 180-186).

NATTIEZ (Jean-Jacques)
Tétralogies. Wagner, Boulez, Chéreau. Essai sur l'infidélité.
Paris, Christian Bourgois, 1983, coll. « Musique/Passé/Présent », 286 p.
Etude détaillée, effectuée avec toute la rigueur scientifique requise, de la mise en scène de Chéreau et de ses intentions. L'originalité de l'ouvrage est qu'il accorde à la musicologie et à l'analyse littéraire une place sans égale, sans jamais perdre de vue les liens entre les deux. En outre, Nattiez (1945 - ...) reconstitue avec précision l'évolution de la conception wagnérienne du rapport entre la musique et la poésie de 1848 à 1883. L'ouvrage est également intéressant pour l'analyse de la genèse du texte du Ring. « *Comment une mise en scène peut renouveler notre regard sur une œuvre : processus admirablement reconstitué dans cette étude passionnante, avec force témoignages d'artistes* » (Merlin).

Proust musicien
Paris, Christian Bourgois, 1984, 179 p.

Nouvelle édition :
Proust musicien. Deuxième édition revue et corrigée.
Paris, Christian Bourgois, 1999, coll. « Musiques », 187 p.
Une première partie de 38 pages est consacrée à « Proust et Wagner : Parsifal comme modèle rédempteur de l'œuvre rédemptrice », qui rappelle que c'est entre autres chez Wagner que Proust a trouvé le modèle du sujet fondamental de la *Recherche* : la quête de l'absolu par l'œuvre d'art. Avec les profondes connaissances musicales de l'auteur, cet ouvrage est d'un grand intérêt pour l'étude du rapport de Proust à la musique.

Wagner androgyne. Essai sur l'interprétation.
Paris, Christian Bourgois, 1990, coll. « Musique/Passé/Présent », 415 p., index
Que veut-on encore fouiller dans la vie de ce pauvre Wagner, dira-t-on ? En fait, malgré le titre apparemment provoquant, l'auteur, professeur de musicologie à la Faculté de musique de l'Université de Montréal et pionnier de la sémiologie musicale, tente d'analyser, à travers une lecture chronologique des écrits et des compositions de Wagner, comment celui-ci a recherché avec constance l'unité originelle avec l'œuvre d'art totale. D'où l'emploi du mot androgynie pour : la fusion de la parole et la musique, fécondation de la musique, comme femme, par le poète, comme homme, retour à l'âge d'or de la tragédie grecque. L'analyse est approfondie, intelligente et novatrice. Nattiez distingue trois périodes dans la création wagnérienne : 1834 - 1848, l'androgynie romantique, le poème doit dominer ; 1851 - 1873, la musique triomphe (ce qu'il dit dans son *Beethoven*, ce qu'il exprime dans son Tristan) ; 1878 - 1883, le retour de l'androgynie (écrits de 1879 notamment sur le « *masculin et le féminin dans la civilisation et l'Art* »). L'auteur se livre ensuite à une analyse de l'androgynie wagnérienne, successivement par la psychanalyse (le roman familial de Wagner), le structuralisme, les utopies sociales (marxisme, féminisme) : intéressant, mais assez complexe. A noter un chapitre très intéressant où est représenté le scénario du Ring comme illustration des trois mouvements, l'unité originelle, l'unité perdue et l'unité retrouvée : prélude de L'Or du Rhin et la naissance de la musique pure, les filles du Rhin et les trois sœurs de *L'Oeuvre d'art de l'avenir*, Alberich (et Meyerbeer) et l'unité brisée, le poète Siegfried détruit les obstacles à l'unité de l'œuvre d'art, Siegfried et Brünnhilde, le poète et la musique, Gutrune, la musique prostituée. En outre, en appendice, publication inédite en français de la première esquisse de Wieland le forgeron (inédit en allemand et en français), traduite par Lucie Touzin-Bauer et d'un catalogue simplifié des écrits de Wagner avec classement chronologique et références bibliographiques.

Le Combat de Chronos et d'Orphée. Essais.
Paris, Christian Bourgois, 1993, coll. « Musique/Passé/Présent », 242 p., index
Recueil d'articles et de conférences en relation avec la problématique du Temps. On lira ces trois études :
« La Mémoire et l'oubli (Wagner/Proust/Boulez) » (pp. 115-128) : version remaniée d'un article paru en 1988.
« Les Trois nornes et la petite madeleine (1. La Nébuleuse originelle de Proust. 2. De Siegfried's Tod au Götterdämmerung. 3. Le Temps retrouvé) » (pp. 129-148) : textes

inédits, tirés d'un séminaire présenté à la faculté de musique de l'Université de Montréal en 1979 - 1980.
« Tristan-Orphée » (pp. 149-159) : texte inédit en français, développement d'une adjonction rédigée pour l'édition américaine de *Wagner androgyne.*

Les Trois Nornes et « la petite madeleine ». Les Esquisses de Richard Wagner pour la Mort de Siegfried (1850).
Revue de musicologie, 1995 - 1996, Tome 81 et 82 - N°2 et 1 : pp. 191-213 et 39-122.
Première publication en deux livraisons.

Les Esquisses de Richard Wagner pour Siegfried's Tod (1850). Essai de poïétique. Post-scriptum d'Hervé Lacombe.
S.l., Société française de musicologie, 2004, 159 p., nombreux fac-similés
Initialement sujet d'un séminaire tenu en 1979/1980, cette étude est la version révisée des deux articles précédents, incluant de nombreux développements. Il s'agit de l'édition critique des deux esquisses musicales écrites par Wagner le 27 juillet et le 12 août 1850, pour ce qui n'était pas encore le Götterdämmerung, à partir des manuscrits dits de Washington et de Paris, du nom du lieu de leur conservation. Cette étude musicologique est précédée d'une première partie présentant les raisons pour lesquelles Wagner a décidé de remonter du Crépuscule des dieux à L'Or du Rhin, en tentant aussi de démontrer la similitude des processus créateurs de Wagner et Proust.

I. Modernité de Tannhäuser. Wagner dans le miroir de Baudelaire. II. Comment peut-on être wagnérien ?
In : **NATTIEZ (Jean-Jacques)** : La Musique, la recherche et la vie. Un dialogue et quelques dérives.
Montréal, Leméac éditeur, 1999, pp. 133-153 et 154-166 [d'un vol. de 256 p.]
Deux parties dans cet ouvrage. La première (pp. 11-129), « Itinéraire », est une « *autobiographie intellectuelle par le biais d'un dialogue imaginaire* ». La seconde partie comporte un ensemble de textes, pour la plupart inédits en français. Ouvrage savant, qui en dépit de la teneur élevée de ces textes, évite le jargon musicologique.

L'Univers wagnérien et les wagnérismes.
In : **NATTIEZ (Jean-Jacques) [éd.]** : Musiques. Une encyclopédie pour le XXIème siècle. IV. Histoires des musiques européennes sous la direction de Jean-Jacques Nattiez avec la collaboration de Margaret Bent, Rossana Dalmonte et Mario Baroni.
Arles et Paris, Actes Sud - Cité de la musique, 2006, pp. 1221-1257 [d'un vol. de 1514 p.], index
Quatrième tome d'une considérable encyclopédie, traduction de *Enciclopedia della musica. Musica e culture,* qui en comprend cinq, dirigée par Jean-Jacques Nattiez, et publiée initialement en italien (Einaudi, 2001).
On y retrouve ce qui était déjà présent dans les volumes précédents : honnêteté intellectuelle, rigueur scientifique, évocation des recherches les plus récentes ; le tout présenté dans des articles jamais fastidieux et enrichi d'une bibliographie récente.

Nattiez a rédigé dans ce chapitre une excellente synthèse de l'art wagnérien, de sa spécificité et de son influence. Important développement sur le wagnérisme. L'article est précédé d'une étude de Carolyn Abbate et Roger Parker consacré à « La Présence du grand opéra chez Verdi et Wagner » (pp. 1205-1220).

NECTOUX (Jean-Michel)
Miroirs de Vinteuil. Portrait de l'artiste en mélomane
In : **TADIÉ (Jean-Yves) [éd.]** : Marcel Proust, l'écriture et les arts.
Paris, Gallimard - B.N.F. - R.M.N., 1999, pp. 42-53 [d'un vol. de 311 p.]
On y trouve plusieurs références à Wagner.

« Le Dieu Richard Wagner irradiant un sacre. » Réflexions sur la notion d'art wagnérien.
In: **LANG (Paul) [éd.]** : Richard Wagner. Visions d'artistes. D'Auguste Renoir à Anselm Kiefer.
Paris et Genève, Somogy éditions d'art - Musée d'art et d'histoire, 2005, pp. 14-26 [d'un vol. de 287 p.]

Wagner, visions d'artistes. Quelques réflexions sur la notion d'art wagnérien.
In : Le Crépuscule des dieux. L'Avant-Scène Opéra. Nouvelle édition.
Paris, Premières Loges, janvier - février 2006, N°230, pp. 124-132 [d'un vol. de 165 p.]
Texte abrégé de la version précédente.

NERTHAL
Tristan et Yseult. La Passion dans un drame wagnérien.
Paris, Firmin-Didot et Cie, 1893, 200 p.

Tannhaeuser. La Conscience dans un drame wagnérien.
Paris, Fischbacher, 1895, 280 p.

L'Anneau du Nibelung. L'Or dans un drame wagnérien.
Paris, A. Charles, 1897, 110 p.
Récits interprétatifs des drames de Wagner. Le style bien que portant les stigmates de l'époque est particulièrement digne et resserré. On notera la pertinence de certaines analyses, bien que l'auteur suive les héros pas à pas et se noie comme à plaisir dans son commentaire.

NERVAL (Gérard de)
Lorely. Souvenirs d'Allemagne.
Paris, Michel Lévy, 1852, xvj-356 p., frontispice gravé par Veyrassat de La Loreleï, une lithographie par D. Giraud et J. Dagneau.
Réimpression en 1860 chez le même éditeur.
On lira le chapitre V des *Souvenirs de Thuringe* (pp. 86-90) contenant le récit de la création de Lohengrin à Weimar en 1850.

Œuvres complètes. Tome III. Edition publiée sous la direction de Jean Guillaume et de Claude Pichois.

Paris, Gallimard, 1993, coll. « Bibliothèque de la Pléiade », XXII-1692 p., index

Lorely. Texte présenté, établi et annoté par Lieven D'hulst et Jacques Bory. Chapitre V : « Lohengrin » (pp. 62-65) avec des notes (pp. 1008-1009).

Nerval (1808 - 1855) publia dans *La Presse* des 18 et 19 septembre 1850 deux articles, relatant la création du Lohengrin à Weimar en 1850. Ces articles ne sont pas ceux d'un néophyte bouleversé par la révélation d'un art nouveau. Ils furent suggérés et en partie dictés à Nerval par Liszt. De fait, il est maintenant prouvé que Nerval n'a pu assister à Lohengrin, ayant été retardé par un accident de chemin de fer. Mais, à la vérité, Nerval semble n'avoir compris ni le sujet, ni le symbole du drame, ni le caractère du héros. L'auteur retrace avec une exactitude sommaire l'évolution poétique et musicale de Wagner depuis sa jeunesse. (« *C'est un talent original et hardi qui se révèle à l'Allemagne et qui n'a dit encore que ses premiers mots* »). Kufferath est d'ailleurs fort dur pour « *l'incompétence musicale* » et « *l'inconcevable légèreté* » du poète. Ces feuilletons ont pris place dans ses *Souvenirs de Thuringe*, réminiscences des différents voyages rhénans effectués par Nerval en 1838, 1840 et 1850, publiés dans le volume intitulé *Lorely*. A noter que l'article du 19 septembre n'est pas recueilli dans *Lorely*.

NEUMANN (Angelo)

Souvenirs sur Richard Wagner. Traduits de l'allemand par Maurice Rémon et Wilhelm Bauer.

Paris, Calmann-Lévy, s.d. (1908), 338 p.

Quand Wagner mettait en scène son Lohengrin.

In : Bayreuther Festspiele Programm, Lohengrin, 1967, pp. 61-64.

Angelo Neumann (1838 - 1910) fut de 1876 à 1880 le directeur de l'Opéra de Leipzig, où il organisa de bonnes représentations du Ring et de Tristan. Il envisagea de créer un théâtre wagnérien à Berlin, auquel Wagner était disposé à prêter son nom. Finalement, en août 1882, un contrat fut conclu permettant à Neumann d'emmener le Ring en tournée avec sa compagnie itinérante (Wagner-Theater) à travers toute l'Europe. Cette gigantesque troupe transporta le Ring de la Belgique jusqu'à Saint-Pétersbourg et Moscou en 1889, mais ne passa pas en France. Il s'agit d'importants souvenirs augmentés de la correspondance échangée entre les deux hommes. Neumann sait conter avec beaucoup de bonne humeur ses « *campagnes* » wagnériennes, ses relations parfois épineuses avec le Maître et ses laborieuses négociations avec les directeurs de théâtre. Il narre d'une façon amusante les grandes satisfactions et les mille petites misères d'un manager qui promène à travers toute l'Europe une véritable armée d'artistes, de techniciens et machinistes. De nombreuses lettres de Wagner donnent à ce volume un très réel intérêt documentaire. Elles nous initient dans le détail à la politique de Wagner vis-à-vis des imprésarios et des directeurs, à ses discutions d'affaires, à ses efforts pour assurer partout une exécution convenable de ses œuvres. Et s'il apparaît très visiblement que Wagner n'était pas un « client » commode, que ses exigences, ses susceptibilités, ses incartades ne rendaient pas toujours la tâche facile à ses collaborateurs artistiques, on voit aussi quel respect, quelle sympathie, quel enthousiasme il savait inspirer non seulement en raison de son immense génie, mais aussi par sa spontanéité, ses prévenances et sa réelle bonté, à tous ceux qui l'approchaient.

NIETZSCHE (Friedrich)

Le chantre de « *la volonté de puissance* » et auteur d'une œuvre philosophique qui donna lieu aux récupérations idéologiques le plus diverses, voua au compositeur une amitié admirative. L'art de Wagner a été la grande passion du philosophe, avant que le dithyrambe le cède à l'invective. D'abord intimes (de 1869 à 1872), ils se sépareront lors du premier festival de Bayreuth, le philosophe accusant alors le musicien de se faire le Prince décadent d'une Allemagne impériale et morbide.
Avec *La Naissance de la tragédie*, parue en 1872, Nietzsche avait commencé par un coup d'éclat. Ce premier livre était dédié à Wagner qui, à vrai dire, n'y apparaissait encore que peu. Mais le second, *Richard Wagner à Bayreuth*, conçu en 1874, était un écrit militant précisément conçu pour la défense de Bayreuth. Que cette « *folie* » (un théâtre au service d'une seule œuvre) apparût comme légitime et nécessaire : voilà ce à quoi Nietzsche voulait contribuer. *« Wagner démonte en pensée l'édifice de notre civilisation et rien de vermoulu ni de bringuebalant ne lui échappe »*. Nietzsche voyait en Wagner l'artiste dionysien idéal qui incarnait contre l'esprit latin, la régénération de la culture allemande et la fondation possible d'un hellénisme germanique. Cet essai montre que rien n'a été pensé de plus profond sur Richard Wagner. La publication du *Cas Wagner* et *Nietzsche contre Wagner* (1888 - 1889) signe l'émancipation du philosophe par rapport à la tutelle wagnérienne. Dans ces pamphlets, très brillants et très partiaux, premiers essais d'une critique wagnérienne acerbe, restée unique en son genre, Nietzsche règle ses comptes, une fois pour toutes, avec l'idéalisme décadent de la musique wagnérienne. Cette officialisation du divorce avec Wagner, prélude déjà dans *Humain trop humain* (1878), ouvrage inaugurant son entreprise solitaire de destruction des valeurs morales et de leurs racines chrétiennes.

[Correspondance]

Lettres à Peter Gast. I. Introduction et notes d'André Schaeffner. II. Lettres, Traduction de Louise Servicen.
Monaco, Editions du Rocher, 1957, coll. « Domaine musical », 2 vol. 354 et 360 p., illustrations h.-t.

Autre édition :
Lettres à Peter Gast. Traduit de l'allemand par Louise Servicen ; introduction et notes par André Schaeffner
Paris, Christian Bourgois, 1981, 2 tomes en un vol., 711 p., 8 feuillets de planches
Reproduction en fac-similé de l'édition précédente.

Correspondance. I. Juin 1850 - Avril 1869. II. Avril 1869 - Décembre 1874. Textes établis par Giorgio Colli et Mazzino Montinari. Traduction de Henri-Alexis Baatsch, Jean Bréjoux et Maurice de Gandillac, placée sous la responsabilité de Maurice de Gandillac.
Paris, Gallimard, 1986, 2 vol. 814 et 702 p., index des lettres
Magistrale publication pourvue d'un très riche appareil critique. Seuls ces deux premiers volumes ont paru.

Correspondance avec Malwida von Meysenbug. Traduit de l'allemand, annoté et présenté par Ludovic Frère.
Paris, Editions Allia, 2005, 33 p., index.
Publication dans une traduction inédite des lettres échangées entre le 24 juillet 1872 et le 4 janvier 1889. Celles-ci sont des documents essentiels, contenant de nombreuses références à Wagner, dans lesquels le philosophe se livre à cœur ouvert. Nietzsche, à l'instar de Romain Rolland, fut le « fils adoptif » de Malwida. Elle fit la connaissance du philosophe en mai 1872, lors de la répétition de la 9ème Symphonie de Beethoven au théâtre des Margraves. Elle fut une des amies et correspondantes les plus importantes du philosophe. Elle assista, impuissante, à l'évolution intellectuelle anti-germanique de Nietzsche et au reniement de leur amitié scellée dans une commune admiration pour la musique wagnérienne. La publication du *Cas Wagner* en 1888 entérina leur rupture.

[Editions originales]
Nous nous bornerons ici à donner l'édition originale des textes en relation avec Wagner, puis, les éditions récentes les plus facilement accessibles de nos jours.

Richard Wagner à Bayreuth. Traduit par Marie Baumgartner.
Schloss-Chemnitz, E. Schmeitzner, 1877, 197 p.
La quatrième *Considération inactuelle* parut au début de juillet 1876 chez Schmeitzner à Schloss-Chemnitz. La traduction française parut l'année suivante. Elle est due à Marie Baumgartner, qui habitait près de Bâle et qui était la mère d'un étudiant de Nietzsche. Celle-ci avait déjà traduit *Schopenhauer éducateur*. Mais en dépit des efforts de Schmeitzner et de Malwida, elle ne trouvera preneur chez aucun éditeur français.

Le Cas Wagner. Un problème musical. Traduit par Daniel Halévy et Robert Dreyfus.
Paris, Albert Schultz, 1893, 79 p.
La première traduction française parue initialement dans la *Société nouvelle, revue cosmopolite bruxelloise* en 1892.

Œuvres complètes de Friedrich Nietzsche, publiées sous la direction d'Henri Albert. Considérations inactuelles. Deuxième série. Schopenhauer éducateur. Richard Wagner à Bayreuth. Traduit par Henri Albert.
Paris, Mercure de France, 1922, Coll. « d'auteurs étrangers », 288 p.
Il fallut attendre 1922 pour que soit publiés pour la première fois en France aux éditions du Mercure de France, les deux essais réunis sous la même couverture portant en surtitre : *Considérations inactuelles, 2ème série.* La traduction fut signée d'Henri Albert. Cet alsacien, de son vrai nom Henri-Albert Haug (1868 - 1921), découvrit l'œuvre de Nietzsche à Heidelberg en 1893 et s'employa dès lors à la révéler au public français par un ensemble de traductions, parues, à partir de 1896 au Mercure de France.

Œuvres complètes de Friedrich Nietzsche, publiées sous la direction d'Henri Albert. Le Crépuscule des idoles. Nietzsche contre Wagner. L'Antéchrist. Le Cas Wagner. Traduction par Henri Albert.
Paris, Mercure de France, 1899, Coll. « d'auteurs étrangers », 358 p.
Réimpressions successives.

[Œuvres complètes en édition moderne]
Nouvelle édition des œuvres philosophiques complètes. Textes et variantes établis par Giorgio Colli et Mazzino Montinari. Introduction générale par Gilles Deleuze et Michel Foucault.

- I. La Naissance de la tragédie. Fragments posthumes : automne 1869 -printemps 1872. Traduit de l'allemand par Michel Haar, Philippe Lacoue-Labarthe et Jean-Luc Nancy.

Paris, Gallimard, 1977, 566 p., index

- II. Considérations inactuelles III et IV. Traduits de l'allemand par Henri-Alexis Baatsch, Pascal David, Cornelius Heim, Philippe Lacoue-Labarthe et Jean-Luc Nancy.

Paris, Gallimard, 1988, 584 p., index

- VIII.1. Le Cas Wagner. Le Crépuscule des idoles. L'Antéchrist. Ecce homo. Nietzsche contre Wagner. Traduit de l'allemand par Jean-Claude Hémery, sous la direction de Gilles Deleuze et Maurice de Gandillac.

Paris, Gallimard, 1990, 596 p.
Nouvelle édition critique des œuvres complètes en 14 volumes (1977 - 1992).

Œuvres. Edition dirigée par Jean Lacoste et Jacques Le Rider. Traduction du Pr. Peter Pütz, révisée par Jean Lacoste et Jacques Le Rider. Postface de Jean Lacoste (Tome I) et de Georges Liébert. (Tome II).
Paris, Robert Laffont, 1993, coll. « Bouquins », 2 vol. CLXXIV-1369 et XXXIV-1750 p., index
Lire : *Préface à Richard Wagner pour La Naissance de la tragédie* (I., pp. 34-35), *Richard Wagner à Bayreuth* (I., pp. 359-416), *Le Cas Wagner* (II., pp. 893-930), *Nietzsche contre Wagner* (I., pp. 1201-1232), Postface intitulée *Nietzsche et la musique* (pp. 1453-1552).

Œuvres. I. Edition publiée sous la direction de Marc de Launay.
Paris, Gallimard, 2000, coll. « La Pléiade », LIV-1158 p., index.
Lire : *Richard Wagner à Bayreuth* (pp. 657-725). Le second volume est à paraître.

Œuvres. Préface par Patrick Wotling
Paris, Flammarion, 2000, coll. « Mille et une pages », 1338 p.

[Principaux extraits en édition moderne]
Considérations inactuelles III et IV. Unzeitgemässe Betrachtungen. Traduction et préface de Geneviève Bianquis.
Paris, Aubier-Montaigne, 1954, coll. « bilingue des classiques étrangers », 304 p.
Réimpressions successives.

Le Cas Wagner et Nietzsche contre Wagner. Traduction par Paul Lebeer, présentation de Clément Rosset.
Paris, Jean Jacques Pauvert, 1968, coll. « Libertés nouvelles » 1968, 158 p.

Le Cas Wagner suivi de Nietzsche contre Wagner. Traduit de l'allemand par Jean-Claude Hémery.
Paris, Gallimard, 1974, coll. « Folio/Essais », 163 p.

Le Crépuscule des idoles suivi de Le Cas Wagner. Traduction de l'allemand par Henri Albert. Introduction, chronologie, bibliographie par Christian Jambet.
Paris, Garnier-Flammarion, 1985, coll. « G.F. », 250 p.

Considération inactuelles III et IV.
Paris, Gallimard, 1990, coll. « Folio/Essais », 204 p.

Ecce Homo. Nietzsche contre Wagner. Traduction, introduction, bibliographie, notes et index par Eric Blondel.
Paris, Garnier-Flammarion, 1992, coll. « G.F. », 304 p.

NOLLÉE DE NODUWEZ (Jules-Gabriel-Jean)
Chevauchées poétiques, avec une préface sur le wagnérisme dans les arts, et principalement dans la poésie.
Paris, Edition Plon Nourrit et Cie, 1882, XI-179 p.
Ouvrage non consulté.

NORDAU (Max)
Dégénérescence. I. Fin de siècle. Le Mysticisme. II. L'Egotisme. Le Réalisme. Le Vingtième siècle. Traduit de l'allemand par Auguste Dietrich.
Paris, Félix Alcan 1894, 2 vol.VIII-429 et 575 p., index
Réimpressions successives.
Le médecin-philosophe (1849 - 1923) charge, dans un chapitre intitulé « Le Culte de Richard Wagner » (pp. 304-380), Wagner (comme beaucoup d'autres créateurs...) de tous les péchés : faux poète, érotisme de ses personnages féminins, leitmotifs assimilés à de la musique à programme - condamnée par Wagner -, la mélodie sans fin ramenant au récitatif vague des sauvages etc... Ainsi, Wagner serait le plus dégénéré des dégénérés et serait responsable de « *la chute de l'élément littéraire* ». Et de conclure : « *De tous les égarements du temps présent, le wagnérisme, le plus répandu, est aussi le plus sérieux. Le théâtre de Bayreuth, les Bayreuther Blaetter, La Revue Wagnérienne de Paris, sont des monuments durables qui permettront à l'avenir étonné de mesurer toute l'étendue et toute la profondeur de la dégénérescence et de l'hystérie de notre temps* ».

Autres éditions :

- Dégénérescence. I. Fin de siècle. Le Mysticisme. II. L'Egotisme. Le Réalisme. Le Vingtième siècle. Traduit de l'allemand par Auguste Dietrich.

Genève, Slatkine reprint, 1998, 2 vol. viii-429 et 575 p., index
Reproduction photomécanique de l'édition de 1896.

- Dégénérescence. Traduit de l'allemand par Auguste Dietrich.

Paris, M. Milo, 2006, coll. « Condition humaine (Paris) », 182 p.
Extraits de l'édition originale.

NOUFFLARD (Georges)

Richard Wagner d'après lui-même. I. Développement de l'homme et de l'artiste. II. L'Elaboration du grand œuvre d'art.

Paris, Fischbacher, 1885 - 1893, 2 vol. 298 et 324 p.

Importante biographie qui utilise de nombreux écrits de Wagner, ainsi que la biographie de Glasenapp pour déterminer les phases du développement de son idéal artistique, suivie de l'analyse des œuvres théoriques. Certains textes omis par d'autres ont été traduits par Noufflard de manière heureuse. L'ouvrage est malheureusement inachevé ; l'auteur est mort sans avoir terminé son troisième volume.

Lohengrin à Florence.

Paris et Florence, Fischbacher - Loescher & Seeber, 1888, 31 p.

Compte rendu élogieux d'une représentation du drame de Wagner à Florence (sans précision de date) et de la façon dont le public italien a perçu l'œuvre.

NUSSAC (Sylvie de)

Histoire d'un Ring, Bayreuth, 1976 - 1980.

Paris, Robert Laffont, 1980, coll. « Diapason », 256 p.

Ouvrage « anecdotique » consacré à la mise en scène de 1976, qui a l'avantage de présenter des témoignages de première main, que ce soit de Pierre Boulez, de Patrice Chéreau ou de leurs collaborateurs, concernant l'élaboration du spectacle retentissant et de son scandale historique qui marqua le centenaire de l'œuvre au festival de Bayreuth. L'ouvrage est constitué par ailleurs pour plus de la moitié de photographies de cette *« production de légende »*.

Histoire d'un Ring. Avec la collaboration de Sylvie de Nussac et des textes de François Regnault.

Paris, Robert Laffont, 1981, coll. « Pluriel », 253 p., 8 feuillets de photos en noir h.-t.

Réimpression en 1982.

Ce volume reprend intégralement les textes parus dans l'ouvrage précédent, mais sans son abondante iconographie.

OETTINGER (Edouard-Marie)

Billet doux à un ennemi des Juifs ou réponse à M. Richard Wagner. Traduit de l'allemand par le Dr J.-M.-R., avec un avant-propos par G.S.

Dresde, Imprimerie de G. Kugelmann, 1869, 14 p.

L'auteur (1808 - 1872) fut un journaliste incisif à la plume redoutée et auteur en 1858, d'un ouvrage consacré à *Rossini, l'homme et l'artiste.*

OFFNER (Raymond)

Richard Wagner.

Paris, Grande édition de Paris, 1938, 89 p.

Texte imprimé d'une conférence donnée dans 117 villes françaises comme le précise « modestement » une page de garde de l'ouvrage. Du genre « biographie sentimentale »..., aujourd'hui impensable. Rien n'est dit sur l'œuvre.

OLIVIER (Alain-Patrick)
Nietzsche Bayreuth, 1876. L'Adieu au *Gesamtkunstwerk.*
In : **MOINDROT (Isabelle)** : Le Spectaculaire dans les arts de la scène du Romantisme à la Belle Epoque.
Paris, CNRS Editions, 2006, coll. « Arts du spectacle », pp. 94-99 [d'un vol. de 325 p.], 105 illustrations en noir et couleur in-t. et h.-t., index
L'auteur livre une réponse à la question : « *En quoi les représentations de Bayreuth ont-elles pu contribuer à la déception de Nietzsche en 1876* » et « *dans quelle mesure la dimension du spectaculaire a-t-elle pu discréditer l'idéal du Gesamtkunstwerk ?* »

OLIVIER (Philippe)
L'Equivoque nazie.
In : Parsifal. L'Avant-Scène Opéra, janvier - février 1982, N°38/39, pp. 151-153 [d'un vol. de 260 p.]

Pierre Boulez. Le Maître et son marteau.
Paris, Hermann, 2005, coll. « Points d'orgue », 311 p.
Ouvrage qui n'est ni une biographie hagiographique du compositeur et chef d'orchestre, ni un pamphlet. L'auteur tente d'expliquer, à partir du contexte d'après-guerre et de l'étude de nombreux articles de presse comment Boulez s'est imposé outre-Rhin, et les incompréhensions d'un certain nombre de ses compatriotes à l'égard de sa germanophilie. Quelques pages éclairantes sur « Le Cas Wagner » (pp. 33-36) et « Bayreuth » (pp. 211-238). Travail bien documenté ; on peut regretter le caractère parfois superficiel de l'ouvrage, qui est dépourvu de conclusion, et son ton polémique.

Wagner. Manuel pratique à l'usage des mélomanes.
Paris, Hermann, 2007, coll. « Points d'orgue », 313 p.
Un véritable OVNI dans les derniers titres parus de cette bibliographie... Un titre, *Wagner*, bien trop général, et un sous-titre, *Manuel pratique à l'usage des mélomanes*, se donnant comme une précision mais ne correspondant en rien à son contenu : en effet, on ne trouve pratiquement aucune trace de musicologie, et la présentation de base du sujet (biographie, œuvre) est réduite à sa plus simple expression. En fait, il s'agit d'une série d'entrées classées par ordre alphabétique, du type dictionnaire ou encyclopédie, mais on ne peut plus inégale dans leur importance. Certaines, inhabituelles, comme « Liebig », « Longueurs », « Radio », ne sont pas inintéressantes, mais cependant secondaires pour un ouvrage de taille modeste. Les entrées plus classiques, comme par exemple celles traitant les ouvrages de Wagner, n'ont pas du tout la consistance de ce que l'on peut s'attendre à trouver dans un guide. Par ailleurs, la part de l'ouvrage consacrée à l'antisémitisme et au nazisme est, de manière incompréhensible pour un guide musical, presque prépondérante : ne s'agirait-il pas là d'une concession à ce qui semble un angle d'attaque du sujet « Wagner » très vendable depuis quelques années... En réalité, ce livre aurait dû s'appeler : « Quelques approches personnelles de Wagner ». Ce livre parti-pris comporte de plus des inexactitudes, des approximations et de béantes omissions. Enfin, le style de l'auteur, pourtant conférencier officiel francophone au festival de Bayreuth, est très médiocre, avec l'utilisation systématique du découpage d'une phrase normale en trois, voire quatre, phrases successives (ce qui est curieux pour un germaniste) : ce procédé tourne peu à peu au ridicule.

OLLIVIER (Emile)

Avocat (1825 - 1913), orateur très recherché du barreau de Paris, ami de Lamartine, Thiers, Lamennais et Michelet, il fut ministre de Napoléon III et faillit réussir à fonder un empire constitutionnel. Mais c'est surtout l'époux de Blandine Liszt, le passionné de la musique et des arts qui lui vaut cette place dans le présent ouvrage.

L'Empire libéral. Etudes, récits, souvenirs. Tome Cinquième. L'Inauguration de l'Empire libéral. Le Roi Guillaume.
Paris, Garnier, 1900, 641 p.

On y trouve une excellente analyse des causes de la chute de Tannhäuser, des positions de Scudo et Berlioz, ainsi que le récit plus circonstancié des première et seconde représentations. En fin d'ouvrage, un chapitre intitulé « Mes relations avec Wagner » (pp. 594-604) reprend une très intéressante relation du procès que Richard Lindau intenta à Wagner (Ollivier plaida pour l'artiste) pour l'obtention de droits de traduction du Tannhäuser.

Journal. Texte choisi et annoté par Théodore Zeldin et Anne Troisier de Diaz. Préface de Raymond Dumay. Tome I. 1846 - 1860. Tome II. 1861 - 1869.
Paris, Julliard, 1961, 2 vol. XLI-474 et 488 p., front., index

Première publication du *Journal*, cent ans après... Des extraits avaient paru dans *La Revue des Deux-Mondes* en 1925. Emile Olivier commença à tenir son journal dès l'âge de 21 ans. Il fut rédigé au jour le jour, de 1846 à 1869. « *L'ensemble forme un document intéressant sur la période, malgré une tendance continuelle à l'autosatisfaction [...]* » (Bourachot). Il complète les 18 volumes de récits et souvenirs, intitulés *L'Empire Libéral. Etude, récits, souvenirs*, parus entre 1895 et 1916. Ollivier fournit quelques anecdotes sur Wagner. Il évoque le récit de sa première rencontre du 7 mars 1858. On y trouve quelques renseignements sur le séjour parisien de 1859, un bon récit des concerts parisiens de 1860 et la première de Tannhäuser. Il évoque également l'exécution de la « Faust-Symphonie » de Liszt à Weimar en présence de Wagner. On notera le ton volontiers critique d'Ollivier sur le comportement de Wagner au fil des pages.

ONFRAY (Michel)

Dans les plis de la voile noire. Tristan et Isolde, Richard Wagner.
In : 26 lectures d'opéra.
Paris, Christian Bourgois, 2006, coll. « Titres », pp. 101-120 [d'un vol. de 223 p.]

Plongée dans l'univers tristanien du très médiatique philosophe, auteur d'un *Traité d'athéologie* en 2005 et créateur en 2002 de l'Université populaire de Caen.

ORDINAIRE (Raoul)

Marius et les Teutons. Fantaisie musicale.
Paris, Achille Faure, 1866, III-83 p.

Fantaisie musicale qui est conçue sous la forme d'un dialogue entre un pianiste romantique, défenseur des musiciens modernes, de Schumann et de Wagner, et un vieux flûtiste allemand, adorateur fanatique de Mozart. Le nom de Wagner revient à plusieurs reprises et Fétis y est conspué pour avoir écrit son article injuste et partial.

ORLANDO (Francesco)
Propositions pour une sémantique du leitmotiv dans l'Anneau du Nibelung.
Musique en jeu, janvier 1975 ; N° 17.

Le Mythe et l'histoire dans le *Ring* de Wagner
In : **BERTHIER (Philippe) - RINGGER (Kurt) [éd.]** : Littérature et opéra. Colloque de Cerisy - Centre culturel international de Cerisy-la-Salle (Manche), 2-12 juillet 1985. Textes recueillis par Philippe Berthier et Kurt Ringger.
Grenoble, Presses Universitaires de Grenoble, 1987, pp. 99-108 [d'un vol. de 183 p.]
L'auteur tente de démontrer que le Ring met en évidence la transition du pouvoir (la domination du monde) et le conflit autour de ce même pouvoir, au travers de deux antagonistes du conflit, Wotan et Alberich, en le situant dans la lutte des classes telle qu'elle est présente en Europe en 1848.

OSMOND (Rainulphe-Eustache - Comte d')
Reliques et Impressions. Etudes, silhouettes et croquis. Préface d'A. Dumas.
Paris, Librairie illustrée Kolb, 1888, XVI-388 p.
Ouvrage fréquemment cité dans les bibliographies wagnériennes, mais non consulté.

OTT (Jacqueline)
Le Wagnérisme de Thomas Mann.
Thèse d'études germaniques : Université de Paris X, 1975.

OVERHOFF (Kurt)
Le Mythe germano-chrétien de Richard Wagner. Introductions dans (sic) « L'Anneau du Nibelungs » (sic) et « Parcival » (sic).
S.l., Kronos Verlag - E.C. Frohloff, s.d. (1950), 83 p.
L'auteur, chef d'orchestre et maître de musique du jeune Wieland Wagner, donne ici une introduction, paraît-il schopenhauerienne, assez obscure, laborieuse, rendue pénible à lire par une traduction (anonyme) détestable.

PAGNON (Francis)
En évoquant Wagner. La Musique comme mensonge et comme vérité.
Paris, Edition Champ libre, 1981, 177 p.
Essai assez abscons qui semble tout critiquer : la musique de masse (surtout, c'est un leitmotiv !) et, derrière, la bourgeoisie, le fascisme, le marxisme, en un mot le totalitarisme. Wagner (c'est le sujet ?) est apparemment apprécié pour son anarchisme et sa... musique, quand même. Il s'oppose violemment à la critique de Wagner par Adorno. Au pinacle : la Nouvelle Ecole de Vienne...

PANOFSKY (Walter)
L'Apothéose du Festival. Traduit de l'allemand par Simone Hutin.
In : Richard Wagner.
Paris, Hachette, 1962, coll. « Génies et Réalités », pp. 251-269 [d'un vol. de 302 p.], nombreuses photographies et illustrations en noir in-t et h.-t.

PAPETTI (François)
Le Désir chez Wagner.
Thèse de médecine : Université de Sophia-Antipolis, 2003.
Approche psychopathologique de l'œuvre de Wagner à l'aide de la psychanalyse d'une part et de la théorie du désir mimétique de René Girard d'autre part.

PASQUIÉ (Elisabeth)
Siegfried/Tristan, correspondances.
In : Tristan et Isolde. L'Avant-Scène Opéra, juillet - août 1981, N°34/35, pp. 182-185 [d'un vol. de 287 p.]

PASTRE (Jean-Marc)
Le Vaisseau Fantôme : le mythe et le livret de Wagner.
In : **BUSCHINGER (Danielle) - CANDONI (Jean-François) - PERLWITZ (Ronald) [éd.]** : Richard Wagner : Points de départs et aboutissements. Anfangs - und Endpunkte. Actes du colloque d'Amiens 19, 20, 21, 22 octobre 2001.
Amiens, Presse du Centre d'études médiévales, coll. « Médiévales 19 », 2002, pp. 359-370 [d'un vol. de 400 p.]

PATIER (Marie-Claude)
Fauré et le wagnérisme
Bulletin de l'Association des amis de Gabriel Fauré, janvier 1976 ; N° 13 : pp. 5-9.

PATTY (James S.)
Théophile Gautier et Tannhäuser : une lecture baudelairienne.
In : Bulletin baudelairien, avril - décembre 2001 ; Tome 36 - N°12 : pp. 71-79.
Revue publiée par W. T. Bandy Center for Baudelaire Studies, Nashville (Tennessee).
A partir du texte intégral de l'article sur « Tannhäuser à Wiesbaden » publié dans *Le Moniteur universel* du 29 septembre 1857, Patty note que, moins perspicace que celui de Baudelaire, l'article de Gautier préfigure celui-ci à certains égards.

PAUSET (Eva-Norah)
Marcel Proust et Gustav Mahler : créateurs parallèles. L'expression du moi et du temps dans la littérature et la musique au début du XXème siècle.
Paris, L'Harmattan, 2007, coll. « Ouverture philosophique », 297 p.
Un chapitre : « Dostoïevski, Wagner ou l'ambiguïté des maîtres » (pp. 193-200).

PAZDRO (Michel) [éd.]
Guide des opéras de Wagner. Livrets - Analyses - Discographie. Introduction de Dominique Jameux. Traduction des livrets par Dennis Collins, Françoise Ferlan, Philippe Godefroid, Georges Pucher, Dominique Sila.
Paris, Fayard, 1988, coll. « Les Indispensables de la musique », 891 p.
Les livrets des dix grands opéras de Wagner, traduits et commentés avec relevé des leitmotivs et discographie. Les commentateurs sont : Jean Cabourg, Christophe Capacci,

Michel Debrocq, Pierre Flinois, Philippe Godefroid, Stéphane Goldet, François Grandsir, Piotr Kaminski, Lucie Kayas, Fernand Leclercq, Alain Poirier, Pascale Saint-André. A lire en introduction : « Le Livre wagnérien par Dominique Jameux ».

PÉLADAN (Joséphin)

Joséphin Péladan (1858 - 1918), autoproclamé Sâr, du nom d'un roi babylonien, se distingua dans les cercles artistiques et littéraires du tournant du siècle dernier par ses excentricités verbales et aussi vestimentaires. Fondateur d'une obédience Rose Croix catholique, il fut conquis par Wagner après un séjour à Bayreuth en 1888, où on donnait Les Maîtres-chanteurs et Parsifal. Mais plus encore que le goût de la légende, ce que Péladan trouvera chez Wagner, c'est la révélation d'un monde occulte. Plusieurs œuvres en ont été influencées, notamment son roman *La Victoire du mari,* opposant les livrets de Tristan et Parsifal. Son œuvre est abondante. On ne dénombre pas moins de 25 romans, qui fustigent la décadence latine et font de l'art une religion. Il est pourtant difficile de se faire une idée complète et précise de l'œuvre de Péladan tant elle est confuse et abondante. De même, Péladan eut une importante activité journalistique dans *La Grande Revue de Paris et de Saint-Pétersbourg*, *La Critique moderne* et d'autres revues, où les textes sur la musique se multiplient ; Péladan tentant d'expliquer Wagner au public français (exemple : « De l'interprétation wagnérienne à Bayreuth et à Paris », paru dans *La Grande Revue de Paris et de Saint-Pétersbourg* le 1er août 1902. Parsifal donnera également lieu à une série d'articles comme « La Pâque de Parsifal » ou bien « Parsifal et le Moyen Age ». Il serait oiseux de citer l'ensemble des articles parus...

Le Théâtre complet de Wagner. Les XI opéras scène par scène avec notes biographiques et critiques.
Paris, Chamuel, 1894, XXXVI-215 p.
L'ouvrage est dédié à Judith Gautier. Guide d'écoute qui propose une analyse, scène par scène des opéras, et la traduction de scènes clés. Il est accompagné d'une chronologie détaillée de la vie du musicien. Malgré le caractère dithyrambique de l'ouvrage et le style littéraire qui se caractérise par une grande affectation, les analyses sont sobres, économes en épithètes habituelles à l'auteur, soucieux de précision. Préface intéressante qui peut servir à préciser l'idée que Péladan se faisait de Wagner.

Autre édition :
Le Théâtre complet de Wagner. Les XI opéras scène par scène avec notes biographiques et critiques. Présentation de Jean-Pierre Bonnerot, président de la Société Joséphin Péladan.
Paris et Genève, Slatkine reprints, 1981, coll. « Ressources », 218 p.
Réimpression en fac-similé de l'édition de 1894, enrichie d'une introduction inédite.

La Victoire du mari. La Décadence Latine. Éthopée-VI. Texte avec commémoration de Jules Barbey d'Aurevilly et son médaillon inédit par la comtesse Antoinette de Guerre.
Paris, Dentu, 1889, XXXVI-249 p.
Réimpression en fac-similé chez Slatkine reprints en 1979.
Cet ouvrage (tome VI de l'*Éthopée* intitulée *La Décadence Latine)* est le premier témoignage de l'importance de la découverte de Wagner par Péladan en 1888. C'est à

proprement parler un souvenir de Bayreuth (d'où sa présence dans ce travail), qui mêle des impressions vécues et un texte destiné à commenter l'œuvre de Wagner. Ainsi, l'auteur alterne-t-il un récit au passé et un discours au présent qui évoque les lieux et les œuvres C'est dans ce roman que Péladan va faire l'utilisation la plus intéressante du livret de Parsifal, en l'opposant à celui de Tristan, en soulignant particulièrement la dichotomie entre l'amour et la connaissance.
Pour une étude approfondie du texte, il convient de se reporter au chapitre 3 de l'ouvrage de Cécile Leblanc, *Wagnérisme et création en France* : « Joséphin Péladan : La Victoire du mari » (pp. 323-352), ainsi qu'au chapitre IV du livre de Timothée Picard, *L'Art total* : « Péladan ou l'outrance ésotérique » (pp. 192-198).

PÉRALTE (Louis)
L'Esotérisme de Parsifal.
Paris, Librairie Académique Perrin, 1914, 218 p.
Cet ouvrage développe les aspects ésotériques de la dernière œuvre de Wagner et comprend ensuite une traduction littérale (par l'auteur lui-même ?). « *Par le génie de Wagner, cette vieille légende moyenâgeuse, intensément occulte, qui porte en elle le mystère des mondes sidéraux, le mystère de notre Etre, revit, évoquant l'âme grandiose et créatrice du Mystère ancien* ». Pour les amateurs ou les convaincus !

PEREYRA (M.L.)
Les Arrangements faits par Richard Wagner à Paris.
In : La Revue musicale. SIM. Numéro spécial, 15 mai 1913 ; N°5 : pp. 12-24.

PERLWITZ (Ronald)
« A l'ombre des jeunes filles en fleurs ». Le Parsifal de Richard Wagner dans « A la recherche du temps perdu » de Marcel Proust.
In : **BUSCHINGER (Danielle) - CANDONI (Jean-François) - PERLWITZ (Ronald) [éd.]** : Richard Wagner : Points de départs et aboutissements. Anfangs - und Endpunkte. Actes du colloque d'Amiens 19, 20, 21, 22 octobre 2001.
Amiens, Presse du Centre d'études médiévales, coll. « Médiévales 19 », 2002, pp. 71-84 [d'un vol. de 400 p.]

PERREAULT (Jean)
Le Poème dans le drame wagnérien.
Thèse : Université de Bordeaux, 1968.

PERRIER (Henri)
Les Rendez-vous wagnériens. Préface de Wolfgang Wagner.
Lausanne, La Tramontane, s.d. (1981), 278 p.
Géobiographie séduisante décrivant la vie de Wagner à travers les différents lieux européens où il séjourna. L'intérêt réside dans la description précise de l'état dans lequel les lieux se présentent aujourd'hui, de ce qui a été sauvegardé ou de ce qui a disparu, proposant ainsi au lecteur une sorte d'itinéraire de pèlerinage. Ouvrage d'une profonde érudition écrit dans un style alerte et plein d'humour.

En Bohème avec Richard Wagner.
S.l.n.d., 48 p., front., quatre illustrations en noir h.-t., une carte
Publication du Cercle Richard Wagner de Lyon de 1981. Ultérieurement, l'auteur ajouta cet opuscule à l'ouvrage précédent.

Les Chiens de Wagner.
S.l.n.d. (1982), 24 p.
Publication du Cercle Richard Wagner de Lyon.
Réédition d'un texte paru dans le *Bulletin de la Société des sciences vétérinaires et de médecine comparée de Lyon.* Amusante synthèse sur Robber, Peps, Fips, Pohl et les autres...

Les Chiens de Wagner. Nouvelle édition revue et augmentée.
S.l.n.d. (1992), 25 p., illustrations en noir in-t et h.-t.
Version augmentée de la précédente.

Rires et sourires wagnériens
S.l.n.d. (1985), 51 p., illustrations en noir in-t et h.-t.
Publication du Cercle Richard Wagner de Lyon.
Ce wagnérien, très sérieux dans ses recherches et dans son engagement pour cette cause - ce peut en être une, en effet... -, fondateur avec sa femme - qui en est la présidente (2008) - du Cercle Richard Wagner à Lyon, livre ici, avec un plaisir évident, histoires drôles personnelles, histoires drôles « historiques » et imaginées. Il publia également en 1984, *Quatre nouvelles wagnériennes* (fictions, à consonance autobiographique, intitulées simplement *Le Vaisseau Fantôme, Tannhäuser, Tristan et Isolde* et *Les Maîtres-chanteurs*, à la fois les idées reçues sur Wagner et des témoignages de foi en son créateur et en ses œuvres).

Richard Wagner en décors naturels.
S.l.n.d. (1995), 114 p., front., nombreuses illustrations en noir in-t et h.-t.
Publication du Cercle Richard Wagner de Lyon.
Série de textes consacrés à chaque œuvre du compositeur, qui mentionnent outre un rappel biographique de la genèse de l'œuvre, les demeures où Wagner l'a écrite mais surtout les paysages ou monuments correspondant à un décor naturel (soit historiquement véridiques, soit plausibles pour une mise en scène fictive).

Wagner et le vin.
S.l.n.d. (2002), 38 p.
Publication du Cercle Richard Wagner de Lyon.

PERROUX (Alain) [éd.]
Tristan et Isolde à l'aube du XXIème siècle. Trois visions pour une œuvre mythique.
Genève, Labor et Fidès, 2005, 119 p., très nombreuses reproductions photographiques noir et couleur
Plusieurs contributions autour de trois mise en scènes - celle d'Olivier Py (Genève), de Peter Sellars (Paris) et Christoph Marthaler (Bayreuth) - de l'œuvre en cette année

2005. Il s'agit de trois visions du drame que les metteurs en scènes expliquent au fil de ce volume largement illustré. Il reprend des entretiens qu'encadrent des essais plus généraux, autour de la mise en scène de l'œuvre d'une part, et des productions en question d'autre part.

PESNEL (Stéphane)
Les Parodies d'opéras de Richard Wagner par Johann Nestroy : la rencontre entre l'opéra romantique allemand et le théâtre populaire viennois.
In : **BUSCHINGER (Danielle) - CANDONI (Jean-François) - PERLWITZ (Ronald) [éd.]** : Richard Wagner : Points de départs et aboutissements. Anfangs - und Endpunkte. Actes du colloque d'Amiens 19, 20, 21, 22 octobre 2001.
Amiens, Presse du Centre d'études médiévales, coll. « Médiévales 19 », 2002, pp. 189-203 [d'un vol. de 400 p.]

PETITJEAN (Martial)
- L'Extase tristanienne, une initiation métaphysique.
In : Tristan et Isolde. L'Avant-Scène Opéra, juillet - août 1981, N°34/35, pp. 155-162 [d'un vol. de 287 p.]
- Filiations et sacrifices : l'entre-deux monde de Parsifal.
In : Parsifal. L'Avant-Scène Opéra, janvier - février 1982, N°38/39, pp. 135-142 [d'un vol. de 260 p.]

PICARD (Timothée)
Faire un livret d'opéra après Wagner.
In : **BUSCHINGER (Danielle) - PERLWITZ (Ronald) [éd.]** : Quatre siècles de livret d'opéra. En annexe : Les Représentations des opéras de Richard Wagner en France (1945 - 2000). Actes du Colloque de Saint-Riquier.
Amiens, Presse du Centre d'études médiévales, 2004, coll. « Médiévales 35 », pp. 185-192 [d'un vol. de 250 p.], index

La Relation progrès-mémoire dans le théâtre d'inspiration wagnérienne.
Germanica, 2003 ; vol. XXXIII : pp. 185-200.

Portrait de l'artiste en dilettante wagnérien.
Histoires littéraires, 2004 ; vol. V - N°19 : pp. 115-140.
L'auteur, normalien, agrégé, est maître de conférences en littérature comparée à l'Université de Rennes II et également critique musical. Il aborde ici « *l'angoisse que représente pour les auteurs littéraires* [fin XIXème - début XXème siècle] *cette œuvre wagnérienne dont la supposée perfection les stérilise dans leur activité créatrice* » en distinguant quatre catégories de dilettantisme wagnérien.

Wagner ou le procès du XIXème siècle.
Romantisme. Revue du dix-neuvième siècle, 2004 ; N°123 : pp. 105-118.
Wagner, bien que théoricien de « *l'œuvre d'art de l'avenir* », devient à l'aube du XXème siècle, « *synthèse du passé* » et pose le défi à ce siècle « *de faire sort à cet héritage*

embarrassant ». Mais alors que la littérature se pense pour la première fois comme absolue, que la musique du XIXème est à la fois admirée et détestée (parce que plus douée pour dire l'ineffable), faire le procès du XIXème siècle à travers Wagner revient en littérature à décrire plutôt celui de la littérature du XXème à l'égard de la musique du XIXème siècle.

Pourquoi récrire la tétralogie ?
In : La Walkyrie. L'Avant-Scène Opéra. Nouvelle édition.
Paris, Premières Loges, septembre - octobre 2005, N°228, pp. 106-110 [d'un vol. de 183 p.]

Mendès librettiste à la lumière de son wagnérisme.
In : **BESNIER (Patrick) - LUCET (Sophie) - PRINCE (Nathalie) [éd.]** : Catulle Mendès, l'énigme d'une disparition.
La Licorne, 2005 ; N°7 : pp. 89-103 [d'un vol. de 169 p.]
L'ouvrage réunit les contributions à la journée d'études organisée au Mans le 26 septembre 2003 par l'UFR de lettres de l'Université du Maine. Celles-ci tentent d'expliquer pourquoi Mendès qui eut en son temps un grand succès de romancier et de dramaturge est tombé ensuite dans l'oubli le plus complet. En ce qui le concerne, Picard aborde le wagnérisme de Mendès, ses emprunts ou tentatives d'emprunts pour des thèmes, des types de personnages, pour l'écriture dramatique. Mendès écrivit des livrets d'opéras, d'opéras-comiques et ballets pour des compositeurs qui restent, eux, encore connus : Chabrier, Messager, Debussy, Pierné, Lecocq, Hahn, Massenet.

La Crise de l'opéra à travers les correspondances entre artistes de la première partie du XXème siècle.
In : **BUSCHINGER (Danielle)** : Le Paris de Richard Wagner suivi de Correspondance entre musiciens et entre écrivains et musiciens. Actes du Colloque international des 8, 9 et 10 décembre 2004 à Amiens.
Amiens, Presse du Centre d'études médiévales, 2005, coll. « Médiévales 39 », pp. 91-100 [d'un vol. de 142 p.]

Relation mythe/histoire dans la littérature d'inspiration wagnérienne
In : **SEGINGER (Gisèle) [éd.]** : Ecriture(s) de l'histoire. Textes réunis par Gisèle Séginger.
Strasbourg, Presses Universitaires de Strasbourg, 2005, pp. 249-262 [d'un vol. de 357 p.]
Analyse de la « *tentative de reconstituer une culture du mythe capable d'apporter une solution rédemptrice au nihilisme historique* ».

Peintures wagnériennes en littérature. La Mise en abyme d'une crise de la représentation.
In : **LANG (Paul) [éd.]** : Richard Wagner. Visions d'artistes. D'Auguste Renoir à Anselm Kiefer.
Paris et Genève, Somogy éditions d'art - Musée d'art et d'histoire, 2005, pp. 252-259 [d'un vol. de 287 p.]

L'Art total. Grandeur et misère d'une utopie (autour de Wagner).
Rennes, Presses universitaires de Rennes, 2006, coll. « Aesthetica », 464 p., index

Wagner, une question européenne. Contribution à une étude du wagnérisme (1860 - 2004).
Rennes, Presses Universitaires de Rennes, 2006 coll. « Interférences », 550 p., index
Deux forts volumes issus d'une thèse de littérature générale et comparée, intitulée *La Littérature face au défi wagnérien.* (Université de Strasbourg II, 2004 ; 908 p.). Le premier est une présentation de ce que l'œuvre d'art total, en prenant en compte principalement l'œuvre wagnérien, a pu être pour les littérateurs et les artistes une tentation, une fascination et finalement un fantasme à dépasser. Le second ouvrage est un panorama du wagnérisme dans les littératures européennes. L'ensemble de ce travail est considérable : une recension (à peu près exhaustive semble-t-il) des écrivains influencés d'une façon ou d'une autre par l'œuvre de Wagner ou son système. Un véritable moteur de recherche... intelligent ! L'ouvrage de Léon Guichard avait fort bien exploré le champ des œuvres littéraires (françaises seulement, il est vrai) en relation avec Wagner, mais il s'agissait d'une approche d'historien littéraire. Avec « les » Picard, nous sommes face à un océan de références et de citations. Les méthodes de la critique littéraire s'ouvrent à l'histoire, à la philosophie, à la psychologie, et l'analyse est sans limites dans le temps et dans les domaines de la culture. Le découpage des thèmes annoncés et traités est, à notre goût, un peu rapide, voire haché par moments. Par ailleurs la quantité incroyable de citations rend parfois fatigante la lecture. Mais ceci ne doit pas gâcher le plaisir de disposer avec eux d'une ouverture exceptionnelle sur le wagnérisme. L'auteur est le maître d'œuvre d'un ouvrage majeur devant paraître chez Actes Sud à l'automne 2008, une *Encyclopédie sur Wagner et le wagnérisme français.*

PICHARD DU PAGE (René-Hippolyte)
Une musicienne versaillaise. Augusta Holmès.
Versailles et Paris, Librairie Dubois - Fischbacher, 1921, 52 p., deux planches en noir h.-t. (portrait et fac-similé)
Reprise d'un texte paru initialement dans *La Revue de Versailles et de Seine-et-Oise* en 1920. Un des premiers ouvrages sérieux qui ait été consacré à la compositrice Augusta Holmès (1847 - 1903) et à l'admiration passionnée qu'elle voua à Wagner et son œuvre. Surnommée par Willy, « *la fiancée du cymbalier* » à cause de ses intempérances sonores dans son « Ode Triomphale », elle était la filleule d'Alfred de Vigny et fut la compagne de Catulle Mendès. L'auteur cite des extraits de l'article de Croze, paru dans *La Revue hebdomadaire* du 21 février 1903, qui reprend le récit fait par la musicienne de son voyage avec son père à Munich en 1869 où ils furent reçus par Wagner (pp. 25-28). A. Holmès avait fait paraître dans *La Revue libérale et démocratique de Seine-et-Oise* du 19 septembre 1869 un article enthousiaste sur la création de L'Or du Rhin.

PICHOIS (Claude) - AVICE (Jean-Paul) [éd.]
Dictionnaire Baudelaire.
Tusson, Edition du Lérot, 2002, 502 p., front., illustrations en noir in-t., index
Un article bien évidement sur Wagner (p. 487), mais bien trop bref...

PISTONE (Danièle)
Wagner et la France.
In : La Musique en France de la Révolution à 1900.
Paris, Honoré Champion, 1979, pp. 171-174 [d'un vol. de 243 p.], illustrations en noir h.-t., index
Trop courte synthèse par une spécialiste de la question.

Wagner et Paris (1839 - 1900).
In : Revue internationale de musique française (Rimf), N°1, Février 1980, pp. 7-84 [d'un vol. de 146 p.]
L'auteur, née en 1946, est professeur à l'Université de Paris-Sorbonne depuis 1981. Excellent dossier et important travail bibliographique sur Wagner et Paris. Pages sur les œuvres de Wagner représentées à Paris (au travers des associations de concerts, les théâtres d'opéra), les réactions françaises et l'évolution du wagnérisme, les articles publiés dans *Le Ménestrel* de 1860 à 1900 relatifs à Richard Wagner.

Le Symbolisme et la musique française à la fin du XIXème siècle.
In : Symbolisme et musique en France, 1870 - 1914.
Paris, Honoré Champion - Revue internationale de musique française, N°32, 1995, pp. 9-51 [d'un vol. de 353 p.], index
Synthèse approfondie sur les rapports entre le mouvement symboliste et la musique. Bien évidement, beaucoup à apprendre sur Wagner. On trouvera une bibliographie très importante sur le Symbolisme à la fin de l'article.

Richard Wagner.
In : **TULARD (Jean) [éd.]**
Dictionnaire du Second Empire, sous la direction de Jean Tulard.
Paris, Fayard, 1995, pp. 1327-1328 [d'un vol. de 1347 p.], cahier de 12 feuillets de reproductions en couleur h.-t., illustrations in-t., index
Imposante contribution collective sous la direction du spécialiste incontesté des deux empires napoléoniens, qui démontre que l'audience de Wagner débordait du cercle des mélomanes, fût-il aussi large qu'à Paris, sous le Second Empire. En effet, contrairement aux autres compositeurs de l'époque, un long article dû à la plume de Danièle Pistone lui est consacré (pp. 1327-1328).

Images wagnériennes dans les correspondances françaises de la seconde moitié du XIXème siècle.
In : **MICHEL (Arlette) - CHOTARD (Loïc)** : L'Esthétique dans les correspondances d'écrivains et de musiciens. XIXème-XXème siècles. Actes du colloque de la Sorbonne des 29 et 30 mars 1996 organisé par Arlette Michel et Loïc Chotard. Avant-propos par Arlette Michel.
Paris, Presses de l'Université de Paris-Sorbonne, 2001, coll. « Colloques de la Sorbonne », pp. 135-143 [d'un vol. de 200 p.], 7 feuillets de fac-similés h.-t.
Ce volume réunit les communications présentées lors d'un colloque organisé par le Centre de recherche « correspondances, mémoires et journaux intimes (XIXème-XXème siècles) », tenu à la Sorbonne les 29 et 30 mars 1996. Etude des correspondances

d'auditeurs de l'œuvre de Wagner (« *dont 70% émanent de musiciens* »), articulée en trois parties : « Puissance et effet », « Rencontres », « Thèmes conducteurs et métaphores ». Celle-ci permet de dessiner un imaginaire collectif et musical fin de siècle, dont les thèmes du vocabulaire se regroupent autour du gigantisme, de l'excès, de la démesure et où l'insulte demeure plus rare que l'admiration ou l'envoûtement.

PITROU (Robert)
Musiciens romantiques. Beethoven, Weber, Schubert, Mendelssohn, Schumann, Berlioz, Liszt, Wagner.
Paris, Albin Michel, 1946, 195 p.
Un chapitre sur Richard Wagner (pp. 174-195) qui n'est qu'une analyse biographique et dramatique très superficielle, très inspirée de l'ouvrage de Lalo, *Wagner ou le Nibelung.*

PIZON (Paul) [éd.]
Richard Wagner. Bibliothèque de la ville de Paris, décembre 1977 - février 1979. Biographie établie par le Dr Paul Pizon ; la bibliographie par Geneviève Delvaux et la discographie par Marie Noëlle Garre.
Paris, Imprimerie du service technique des bibliothèques de la ville de Paris, 1977, 59 p., 5 planches h.-t.
Petit catalogue d'exposition d'une grande pauvreté iconographique.

POCHHAMMER (A.)
L'Anneau du Nibelung de Richard Wagner. Analyse dramatique et musicale. Traduction de Jean Chantavoine.
Paris, Félix Alcan, 1911, 168 p.
Traduction de *Der Ring des Nibelungen,* paru à Leipzig chez H. Seemann. Analyse musico-dramatique de la Tétralogie.

POIRÉE (Élie)
L'Evolution de la musique. La musique en 1884 : les bases de l'évolution.
Paris, Fischbacher, 1884, 240 p.
Premier ouvrage important publié par ce musicologue (1850 - 1925). La préface renferme quelques considérations sur l'œuvre de Wagner.

Essais de Technique et d'Esthétique musicales. Première série.
I. Les Maîtres-chanteurs de Richard Wagner. II. Etude sur le discours musical faite principalement d'après la partition des Maîtres.
Paris, E. Fromont, 1898, 114 p.
Cent pages d'étude sur Les Maîtres-chanteurs : « *Il s'agit d'un véritable modèle d'analyse musicale et d'analyse psychologique appliquée à la musique* » (Dauriac).

Richard Wagner. L'Homme, le poète, le musicien.
Paris, Henri Laurens, 1921, 234 p., 16 planches en noir h.-t.
Poirée dirigera pour l'éditeur Laurens la collection « Musiciens célèbres », pour laquelle il écrira lui-même ce Wagner.

POIROT (Thierry)
Méthodes récentes dans l'analyse du processus de signification chez Richard Wagner (Abbate, Cooke, Monelle, Nattiez, Tarasti).
In : **GRABOCZ (M.) [éd.]** : Méthodes nouvelles. Musiques nouvelles. Musicologie et création.
Strasbourg, Presses Universitaires de Strasbourg, 1999, pp. 137-156 [d'un vol. de VIII-320 p.]

POIZAT (Michel)
L'Opéra ou le cri de l'ange. Essai sur la jouissance de l'amateur d'opéra.
Paris, Edition A. M. Métailié, 1986, 292 p., index
Réédition chez le même éditeur en 2001 dans la coll. « Sciences humaines ».
Socio-psychanalyste (1947 - 2003), l'auteur a écrit plusieurs ouvrages sur la voix. Celui-ci contient des passages savoureux avec des propos de wagnériens sur les marches de Garnier, pendant la nuit précédant l'ouverture des guichets à la location... et d'autres plus sérieux sur « La Folie Tristan et la mélodie continue » et « Parsifal ou la quête de l'illusion ».

Parsifal ou l'illusion tragique
Musical - Revue du Théâtre musical de Paris - Châtelet - L'Opéra romantique allemand, 1er trimestre 1988 ; N°6 : pp. 82-99.
Approche analytique du personnage de Parsifal face à la figure fantasmatique de Kundry, dont le matériau vocal est de l'ordre de l'inarticulé, le rire, le cri et pour finir le silence, en la rapprochant de la Lulu de Berg.

Vox populi, vox Dei. Voix et pouvoir.
Paris, Edition Métailié, 2001, coll. « Sciences humaines », 320 p.
Ouvrage original sur « la voix et le pouvoir ». L'auteur aborde ici, entre autres, la question de la récupération de Wagner par le nazisme, « Richard Wagner ou l'illusion tragique » (pp. 201-213) ainsi que « Wagner : cri et silence » (pp. 213-221).

Richard Wagner et les enjeux de la musique. Aspects du rapport du nazisme à la musique de Wagner.
In : **BUSCHINGER (Danielle) - CANDONI (Jean-François) - PERLWITZ (Ronald) [éd.]** : Richard Wagner : Points de départs et aboutissements. Anfangs - und Endpunkte. Actes du colloque d'Amiens 19, 20, 21, 22 octobre 2001.
Amiens, Presse du Centre d'études médiévales, coll. « Médiévales 19 », 2002, pp. 371-380 [d'un vol. de 400 p.]

POLIAKOV (Léon)
Histoire de l'antisémitisme. Tome III. De Voltaire à Wagner.
Paris, Calmann-Lévy, 1968, coll. « Liberté de l'esprit », 511 p.
Réimpression en 1976.
Première édition, en quatre volumes, publiée entre 1955 et 1968.
Léon Poliakov (1910 - 1997), un des pionniers de l'histoire des mentalités en France, avait été expert au tribunal de Nuremberg. Il a réalisé les premières études d'importance

sur la Shoah. Dans cette somme en quatre volumes sur l'antisémitisme, il développe « Le Cas de Richard Wagner » avec évidemment peu d'aménité mais aussi des arguments quelque peu risqués semble-t-il. Par exemple, Wagner aurait souffert d'une névrose provenant de sa double et incertaine parenté : l'image de Geyer, le deuxième époux de sa mère (était-il son vrai père ?) aurait été pour lui scindée en deux : père aimant et bon, père menaçant, castrateur, l'intrus, le juif qu'il haïssait mais auquel il continuait de s'identifier. D'autre part, dire que *Le Judaïsme dans la musique « fut le plus retentissant et aussi le plus influent de ses écrits »* n'est une vérité que pour celui qui aborde Wagner avec une attitude a priori hostile.

Autres éditions :

- Histoire de l'antisémitisme. 2. L'Âge de la science.

Paris, Librairie générale d'édition - Hachette, 1981, coll. « Pluriel », 527 p.
Reprise de façon condensée, révisée et complétée des deux derniers volumes de l'*Histoire de l'antisémitisme.*

- Histoire de l'antisémitisme. 2. L'Âge de la science.

Paris, Seuil, coll. « Points-Histoire », 1994, 542 p., index.
Cette édition reprend, augmentée d'un index, la publication précédente. Lire : « Le Cas de Richard Wagner » (pp. 237-257).

PONNIER (Jacques)
Le Temps et moi. Psychanalyse et ontologie. Préface de Paul-Laurent Assoun.
Paris, Edition Economica - Anthropos, 2006, coll. « Psychanalyse et pratiques sociales », XIV-266 p.
Ouvrage très technique et d'une lecture assez ardue sur les philosophies du temps avec un chapitre sur Richard Wagner, intitulé « Wagner ou le temps mis en œuvre » (pp. 131-181) et un autre équivalent sur Nietzsche, « Nietzsche : le temps retourné » (pp.183-240).

PONTMARTIN (Armand de)
Nouveaux samedis de M. de Pontmartin (Septième série).
Paris, 1870, Michel Lévy Frères, 343 p.
Un « samedi », intitulé « Richard Wagner, avril 1869 » (pp. 62-73) consacré à Rienzi avait été publié dans la *Gazette de France* en avril 1869. L'auteur (1811 - 1890), fait un résumé de l'action et se concentre ensuite sur le poète qu'est Wagner, sans porter de jugement musical. En conclusion, « *Le fait est assez nouveau, assez singulier, pour qu'on le recommande à l'attention et au respect. C'est peut-être, dans l'histoire de l'art, la première fois qu'avant de savoir si la musique d'un compositeur est bonne ou mauvaise, on se sent irrésistiblement amené à le saluer comme un poète et un artiste* ».

POTTECHER (Maurice)
Jean Jaurès et Richard Wagner.
La Grande Revue, juillet 1932 ; N°7 : pp. 35-45.
Article dédié à Edouard Herriot, et relatant les conversations de l'auteur avec le célèbre homme politique : c'est visiblement Les Maîtres-chanteurs que ce dernier préférait. Ces entretiens datent du printemps de l'année 1914, dont, comme on le sait, l'été fut fatal à la fois pour Jaurès, pour son pacifisme et… pour Wagner en France.

POURTALÈS (Guy de)
Wagner. Histoire d'un artiste.
Paris, Gallimard, 1932, IX-446 p., portrait
Biographie écrite dans un style romanesque, d'une lecture agréable par le descendant (1881 - 1941) de la comtesse de Pourtalès (épouse de l'ambassadeur de Prusse à Paris, à l'époque du Tannhäuser parisien, dédicataire du feuillet d'album « Arrivée parmi les cygnes noirs »), romancier et essayiste suisse naturalisé français. On lui doit des romans, dont *La Pêche miraculeuse* (1937), peinture de la grande bourgeoisie suisse romande durant la période 1900 - 1914, et des essais, consacrés principalement à la musique (biographies de Liszt, de Chopin (1927) et de Berlioz (1939). Très souvent réédité (on citera pour les bibliophiles, une édition hors-commerce, tirée à 1000 exemplaires numérotés en 1960 du Cercle des lecteurs de Liège). L'ouvrage est un grand classique de la littérature wagnérienne.

Autres éditions :
- Wagner. Histoire d'un artiste. Edition revue et augmentée.
Paris, Gallimard, 1948, IX-446 p., portrait
112ème édition...
- Wagner. Histoire d'un artiste. Edition revue et augmentée.
Paris, Gallimard, 1976, coll. « Leurs figures - Domaine musical », III-429 p.
- Wagner. Histoire d'un artiste.
Paris, Gallimard, 1980, 470 p., 106 illustrations en noir et couleur in-t.
Edition reliée, d'une présentation séduisante et agréable, enrichie d'une iconographie.

Les Affinités instinctives. Récits. La Canne de Nietzsche et l'épée de Mauriac. Goethe en musique. Wagner et Gobineau. Wagner à Tribschen. La Correspondance de Liszt et de Marie d'Agoult. Brève histoire de Schumann. Chopin à Paris.
Paris, Editions de France, 1934, 266 p.
Le chapitre « Wagner et Gobineau » est la reprise d'un discours prononcé dans le grand amphithéâtre de la Sorbonne pour la commémoration du cinquantenaire de la mort de Gobineau. Ce texte est inintéressant et parfois suspect. Il sera reproduit dans le recueil de Prod'homme, *Vues sur la France* (pp. 222 à 230).

PRÉVOST (Hippolyte)
Etude sur Richard Wagner à l'occasion de Rienzi. Au profit de l'Association des artistes musiciens.
Paris, Chez les libraires et éditeurs de musique, 1869, 16 p.
Hippolyte Prévost (1808 - 1873) était critique musical à la revue *La France*. Cet ouvrage est la réunion de ses articles des 18 avril et 19 mai 1869, vendu au profit de l'Association des artistes musiciens. Brochure acerbe, écrite dans un esprit très hostile à Wagner qui débute par ces mots : « *Richard Wagner est un fou, un fou d'orgueil* » et s'achève sur l'idée que la musique de l'avenir est une monstruosité. L'auteur attaque surtout en Wagner l'ennemi du judaïsme.

PRIEUR (R.), voir : ALVIN (H.)

PROD'HOMME (Jacques-Gabriel)
Richard Wagner.
Portraits d'hier, 1er mars 1910 ; N°24 : pp. 163-190.
Article biographique d'un faible intérêt.

Richard Wagner et la France. I. Le Wagnérisme en France avant la guerre. II. Le Wagnérisme depuis la guerre.
Paris, Edition Maurice Sénart, 1921, 91 p.
Le traducteur des *Œuvres en prose* est un peu décevant dans ce court ouvrage : de bonnes sources, mais trop court pour un parcours général de la réception de Wagner en France. La première guerre mondiale et l'absence totale d'audition publique de musique de ce « *prussien* » en France qu'elle a entraînée, semble justifier deux parties chronologiques. Or, il n'en est rien : la première parcourt vite et inégalement (on s'étend longuement sur la question Lohengrin de 1887 et on ne dit rien sur la création du Ring complet ou de Parsifal) les manifestations wagnériennes en France de 1850 à 1914, et dans la seconde, il n'est pratiquement question que des positions de Wagner sur la France.

Les Maisons de Wagner à Paris.
In : Wagner et la France. La Revue musicale, 1er octobre 1923 ; pp. 166-174.

Une source française de « l'Anneau du Nibelung » de Wagner
Série spéciale de la Société française de musicologie, janvier 1942 ; Tome XX - N°1 : pp. 2-7.
Unique numéro pour la période 1940 - 1945… Ce texte avait paru initialement dans *Le Mercure de France* du 15 octobre 1937. L'article évoque l'hypothèse d'une lecture probable par Wagner lors de son premier séjour parisien d'un ouvrage intitulé *Histoire de la poésie scandinave. Prolégomènes*, publié en 1839 par la librairie Brockhaus et Avenarius (beaux-frères de Wagner). L'auteur, Edélestand du Méril (1801 - 1871), relate nombre d'événements qui nous rappellent les poèmes de Wagner du Ring mais aussi de Wieland le forgeron.

PUCHER (Georges)
La Réalité historique et littéraire des personnages.
In : Tannhäuser. L'Avant-Scène Opéra, mai - juin 1984, N°63/64, pp. 4-10 [d'un vol. de 257 p.]
Le texte est repris dans la nouvelle édition de mars 2004.

QUASNIK (Dominique)
La Voix dans l'orchestre de Wagner, Verdi, Puccini et Richard Strauss.
Thèse de musicologie : Université de Paris IV. 1978 ; 2 vol. 296 et 80 p.

RAIN (Henriette)
Les Enfants du génie. Blandine, Cosima et Daniel Liszt.
Paris, Presses de la Renaissance, 1986, 337 p.
Biographie romanesque des trois enfants de Liszt.

RAÏTT (Alan William)
Villiers de l'Isle-Adam et le mouvement symboliste.
Paris, Librairie José Corti, 1965, 418 p., index
Le chapitre : « Villiers de l'Isle-Adam et Richard Wagner » (pp. 101-142) est une synthèse exhaustive montrant l'admiration de Villiers pour Wagner et les effets profonds qu'elle eut pour son œuvre et comment elle annonce le symbolisme.

RANCIÈRE (Jacques)
Mallarmé : la politique de la sirène.
Paris, Hachette, 1996, coll. « Coup double », 139 p.
Deux chapitres : « Le Dieu Wagner : poème, musique et politique » (pp. 73-88) et « Musique, danse, poème : le cercle de la *Nimésis* » (pp. 88-97), sur notre sujet.

RANK (Otto)
Le Mythe de la naissance du héros. Suivi de La Légende de Lohengrin. Edition critique, avec une introduction et des notes par Elliot Klein
Paris, Payot, 1983, coll. « Science de l'homme », 343 p.
Réimpression en 2000 chez le même éditeur.
Disciple de Freud, Otto Rank (1884 - 1939) est l'auteur d'une œuvre fondatrice sur le traumatisme de la naissance, première expérience vécue de l'angoisse. Dans *Le Mythe de la naissance du héros* (1922), il retrace les similitudes existant dans des époques et des cultures très différentes. Dans *La Légende de Lohengrin* (1911) (pp. 151-302), il voit dans la dissimulation du nom et la non consommation du mariage la signification de l'occultation de l'inceste mère-fils.

RAVEL (Maurice)
Lettres, écrits et entretiens. Présentés et annotés par Arabie Orenstein.
Paris, Flammarion, 1989, coll. « Harmoniques », cahier de 8 feuillets de reproductions en noir, index
« Wagner et nos musiciens d'aujourd'hui. Opinions de MM. Florent Schmitt et Maurice Ravel. Conclusions » (p. 291) et quelques pages sur « Parsifal » (pp. 317-319). « *Pour Ravel* (1875 - 1937), *les défauts de Wagner sont les défauts allemands, il les condamne en particulier dans son orchestration, et accorde au surplus à sa personnalité un rôle pernicieux dans notre littérature* » (Geneviève Perreau).

RAYBOIS (Jean-Pierre)
Des symphonies lumineuses. Réflexions sur Monet et Wagner.
S.l.n.d., 15 p., cahier de 10 feuillets de reproductions en couleur
Réflexion originale par l'actuel (2008) président du Cercle Richard Wagner de Toulouse sur la parenté existante entre l'œuvre du peintre et celle de Wagner.

REBOIS (Henri)
La Renaissance de Bayreuth. De Richard Wagner à son fils Siegfried.
Paris, Fischbacher, 1933, 74 p., portrait et fac-similés
Le titre de cette brochure fait allusion aux festivals de l'après première guerre mondiale qui ont repris en 1924. Il s'agit en fait des articles que l'auteur (1884 - 1939) adressa au

Figaro en 1927 (avec un an de retard - pas de représentation en 1926 - on y fêtait les cinquante ans du festival) pour l'Anneau, Tristan et Parsifal, et en 1930 pour les mêmes œuvres et Tannhäuser, ce dernier repris cette année-là sous la direction de Toscanini. Elle comporte également le texte d'une conférence prononcée à Rome en 1929 sur « Wagner et l'Italie », un ensemble de lettres de Siegfried - de 1927 à 1930 - à l'auteur, et un autre article sur « Les Cérémonies funèbres en l'honneur de Siegfried Wagner » auxquelles il assista en août 1930. L'ensemble, publié, en 1933, est accompagné d'une lettre dédicatoire à Blandine Gravina de Bülow, fille de Cosima et Hans von Bülow et épouse du comte Biagio Gravina.

RÉGNIER (Henri de)

Henri de Régnier (1864 - 1936), disciple de Mallarmé, élu à l'Académie française en 1911, est l'auteur d'une œuvre littéraire qui fit de lui un des maîtres du symbolisme. Il évolua ensuite vers une poésie plus classique. Il fut bien sûr, au moins dans sa jeunesse, « wagnériste », comme on disait alors.

Proses datées.
Paris, Mercure de France, 1925, 263 p.
Recueil d'articles extraits de diverses revues de l'époque. Un chapitre daté de juin 1914 est intitulé « Souvenirs wagnériens » (pp. 40-50). Il est consacré aux salons que tenait le juge Antoine Lascoux, ou encore au « *Petit Théâtre* » de Judith Gautier que Wagner appela le « *Bayreuth de poche* » et qu'Henri de Régnier qualifia de « *Bayreuth lilliputien* ». Ce cercle de passionnés de la musique de Wagner se constitua à Paris pour exécuter des œuvres de Wagner dans un cadre intime, soit avec accompagnement au piano, soit avec un orchestre réduit. Parmi les exécutants, on retrouvait : Vincent d'Indy, Charles Lamoureux, Gabriel Fauré, Paul Dukas, Emmanuel Chabrier et André Messager.

Faces et profils.
Paris, Les Nouvelles littéraires, 16 août 1939.
Article sur le « Petit Bayreuth », où on jouait La Walkyrie et Parsifal à une époque où ils n'étaient pas encore apparus sur la scène de l'Opéra de Paris.

Les Cahiers inédits. 1887 - 1936. Edition établie par David J. Niederauer et François Broche. Présentation, chronologie et notes de François Broche.
Paris, Pygmalion - Gérard Watelet, 2002, 1004 p., index
Première publication de ses *Cahiers* restés jusqu'à ce jour inédits.
Il s'agit d'un témoignage important sur le monde littéraire des années 1887-1936. Le texte est souvent un recueil d'anecdotes, de réflexions ou d'aphorismes (exemple pour Wagner : « *Certains rythmes larges et abondants de Wagner ont la beauté d'un navire qui prend bien le vent et qui enfle de toutes ses voiles sur la haute mer* », « *Parsifal est un des grands efforts qu'un être ait faits pour se diviniser* »). On lira quelques souvenirs sur Judith Gautier (pp. 294 et 332-333), sur la création française de Parsifal en 1914 (p. 699) ou encore sur Villiers de l'Isle-Adam (p. 335). Il y est peu question de Mendès, auquel Régnier vouait une antipathie viscérale.

RENARD (Daniel), voir : BREQUET (Jean-Michel)

RENOIR (Jean)
Pierre-Auguste Renoir, mon père.
Paris, Gallimard, 1981, coll. « Folio », 506 p.
L'auteur (1894 – 1979), célèbre cinéaste, fils d'Auguste Renoir, rapporte quelques réflexions faites par Wagner à son père sur les français et la musique lors de la fameuse séance de pose à Palerme en 1882 (pp. 201-202).

(LA) REVUE WAGNÉRIENNE

Tome I, 1885 - 1886. Tome II, 1886 - 1887. Tome III, 1887 - 1888.
Paris, Imprimerie de Morellet, 1885 - 1888, 3 vol. 361, 389 et 300 p.
Réimpression en fac-similé et trois volumes chez Slatkine reprints en 1968.
La Revue Wagnérienne fut créée, avec l'aide de Houston-Stewart Chamberlain, et dirigée par Edouard Dujardin (1861 - 1949), écrivain français, un des actifs fondateurs du mouvement symboliste. Elle s'était assignée comme but de faire connaître en France l'oeuvre de Wagner et sa signification profonde, et de provoquer une régénération de la production dramatique et musicale dans le sens des idées de Bayreuth. Publiée entre 1885 (le premier numéro parut le 8 février à la porte des concerts du Château d'Eau à l'issue d'une interprétation du premier acte de Tristan et Isolde dirigé par Lamoureux) et 1888, à raison de livraisons à peu près mensuelles, elle comptera parmi ses collaborateurs des noms prestigieux. Les articles biens pensés et bien écrits (Ernst, Fourcaud, Mendès, Schuré, Soubies...) voisinent avec quelques dissertations hybrides au style hyperbolique et démodé (Bonnier, Huysmans). « *Elle symbolise de par ses proses alambiquées et son esprit de chapelle, le paroxysme du wagnérisme français* » (Jean Matter). Le premier numéro de 1886, sous-titré « Hommage à Wagner », comprenait des sonnets de Mallarmé, Verlaine, Ghil, Stuart, Morice, de Wyzewa. Dujardin invita aussi des artistes plasticiens à illustrer la revue : Fantin-Latour, Redon, Blanche... Mais les riches commanditaires de la revue, Boissier, Bovet, de Balaschoff finirent par constater que le lancement de jeunes écrivains prenait le pas sur la défense et illustration de Wagner. L'index des articles publiés figure dans l'ouvrage de Cécile Leblanc, *Wagnérisme et création en France* (pp. 556-558).

[REVUE : MUSIQUE EN JEU]

Plusieurs articles consacrés à Wagner ont été publiés dans certains numéros spéciaux de l'avant-gardiste mais néanmoins défunte revue trimestrielle, dirigée par Dominique Jameux (trente-trois numéros ont été publiés par les éditions du Seuil de 1970 à 1978).

- **Mai 1974, Numéro 14.**
Paris, Seuil, 1974, 120 p.
Trois articles sur le scénographe suisse Adolphe Appia.
Villégier (J.-M.) : « Scènes pour Adolphe Appia ».
Cheyrezy (Christian) : « Notes sur Wagner, Appia et la représentation ».
Appia (Adolphe) : « La Mise en scène du drame wagnérien » (extraits, 1895).
- **Janvier 1976, Numéro 22 : Spectacle Musique II : Repartir de Wagner.**
Paris, Seuil, 1976, 142 p.
Boulez (Pierre) : « Divergences : de l'être à l'œuvre ».
Cheyrezy (Christian) : « Wieland Wagner et la mise en scène des drames wagnériens » (première partie).

Reynaud (Bérénice) : « L'Anneau du Nibelung, du mythe à l'intention musicale. Pour une analyse structurale... »
Schnebel (Dieter) : « Composition de l'espace ».
Miereanu (Costin) : « Décomposons Wagner ».
Adorno (Theodor) : « L'Actualité de Wagner ».

- **Avril 1976, Numéro 23 : Wagner II.**

Paris, Seuil, 1976, 125 p.
André (Anne) - Lust (Claude) : « A propos d'une exposition : comment se documenter sur Wieland Wagner ? »
Willnauer (Franz) - Wagner (Wieland) : « Le Chant à Bayreuth, un entretien de Wieland Wagner avec Franz Willnauer (1963) ».
Sollers (Philippe) : « Une lettre, une lecture : lettre d'Adolf Hitler à Siegfried Wagner ; 'le fils Hitler' ».
Minière (Claude) : « Un entretien avec Vinko Globokar : une 'explication dramatique' avec Wagner ».

- **Novembre 1976, Numéro 25 : Wagner III - Chronique.**

Paris, Seuil, 124 p.
Regnault (François) : « L'Allégorie scénique. Propos d'un dramaturge (le Ring 1976 à Bayreuth) ».
Sollers (Philippe) : « D'un albhomme (sic) de photos. Entretien radiophonique avec Dominique Jameux ».
Lust (Claude) : « A propos d'un enregistrement de Lohengrin ».

- **Mai 1978, Numéro 31 : Musique Spectacle IV : Claude Debussy - Richard Wagner.**

Paris, Seuil, 1978, 110 p.
Nattiez (Jean-Jacques) : « Un séminaire Wagner à Montréal. La Trahison de Chéreau ».
Leclerc-Bonenfant (Charlotte) : « La Noce d'Iphigénie n'aura pas lieu ».
Mac Kay-Stein (Christiane) : « Les Motifs de la femme et de l'amour dans la Tétralogie ».
Wagner (Richard) : « La Révolution (1849) ».
Gomila (Jacques) : « Richard Wagner : grand intellectuel ou intellectuel organique de la bourgeoisie pangermanique ? »
Del Giudice (Martine) : « De Bakounine à la Tétralogie ».
Bégin (Marc) : « Kundry, l'anti-diva ».
Guertin-Bélanger (Ghislaine) : « Gould contre Wagner ».

[REVUES DES CERCLES FRANCOPHONES RICHARD WAGNER]

Le Cygne. Revue du Cercle national Richard Wagner.
Le premier numéro du *Cygne* est paru en avril 1978 et le dernier en mai 1996.
58 numéros sont parus : 22 numéros de parution trimestrielle d'avril 1978 à janvier 1984 (rédacteur en chef : Jean-Luc Treilhou - 36 à 48 pages selon les numéros) et 36 numéros de parution quadrimestrielle d'octobre 1984 à mai 1996 (rédacteur en chef : Henry-Pierre Blottier - 16 pages).

Wagneriana Acta.
Publication du Cercle Richard Wagner de Lyon. Il s'agit en fait des actes du séminaire organisé chaque année depuis sa fondation en 1982. Dans leur intégralité, les

communications qui sont toutes réalisées par des membres de ce cercle, ce qui est, semble-t-il, unique au monde... Le séminaire traite en général d'un ouvrage de Wagner, mais il y a aussi des thèmes transversaux (Wagner et la médecine, Wagner et la religion, Wagner et la France, Wagner et l'Italie, Histoire et légendes, érotisme et sexualité, comique et l'humour) ou enfin des séminaires à thèmes libres - mais wagnériens bien sûr. La diffusion est relativement restreinte, ce qui peut éventuellement faire de la collection complète - encore disponible - un bon placement pour l'avenir...

Les Cahiers Wagnériens. Revue des Associations wagnériennes de langue française.
Revue trimestrielle défunte (directeur de la publication : Jean-Pierre Raybois et rédacteur en chef : Stéphane Rayssac). 24 numéros parus (automne 1996 - été 2002 ; 41 à 44 pages).

Revue du Cercle belge francophone Richard Wagner.
Revue trimestrielle richement illustrée (éditeur responsable : Georges Roodthooft) éditée depuis 1999 par le Cercle belge francophone Richard Wagner, créé officiellement en 1999. En même temps - bilinguisme oblige - les flamands créaient la « Vlaams Wagner Genootschap » (Association Wagner néerlandophone).
Une précédente association « Belgian Wagner Association (ASBL) éditait une petite revue bilingue franco-néerlandaise, appelée ***Les Amis de Wagner***, parue de 1995 à 1999. De manière plus ancienne, nous retrouvons également la publication des ***Feuilles wagnériennes.*** *Bulletin d'information de l'Association wagnérienne de Belgique (A.S.B.L.)*, dont le N°1 est paru en octobre 1960.

Nous citerons également la parution de la revue par l'Associacio Wagneriana et le Cercle Richard Wagner de Toulouse en 1999, ***Regards sur Wagner.***

REWBEL (H.)
Wagneriana. Conversations avec S.M. l'Impératrice Eugénie, Mme Judith Gautier, MM. Emile Ollivier, J. Troubat, Edouard Drumont, F. Schuré et Renoir.
In : La Revue musicale. SIM. Numéro spécial, 15 mai 1913 ; N°5 : pp. 25-39.

REYDELLET (Bernard)
Approche symbolique de la Tétralogie de l'Anneau du Nibelung.
S.l.n.d. (1995), 23 p.
Publication du Cercle Richard Wagner de Lyon.

Parsifal ou l'Alchimie sacerdotale.
In : Légendes & Sagesse, 1995 ; N°2 : pp. 41-58.

REYER (Ernest)
Compositeur français (1823 - 1909) surtout d'opéras dont les plus célèbres sont Salammbô et Sigurd. Ce dernier, souvent qualifié de « *Tétralogie du pauvre* », écrit en 1884 en plein essor du wagnérisme en France, tiré des *Eddas* scandinaves et utilisant un système de leitmotive, devait sans doute être conçu pour être un succès, ce qu'il fut un

temps, hexagonalement, mais ne revêt de wagnérien que des éléments extérieurs... Reyer fut aussi critique musical, bibliothécaire de l'Opéra de Paris, et assez lié, dans sa jeunesse, avec Berlioz. Les deux ouvrages suivants sont la réunion d'un choix d'articles parus dans *Le Courrier de Paris*, au *Moniteur*, au *Journal des débats* et à *La Revue française*, où Reyer rédigeait alors la critique musicale. Grand nombre d'articles sont consacrés à l'œuvre wagnérienne, choisis parmi les quelques 500 feuilletons de Reyer.

Notes de Musique.
Paris, Charpentier, 1875, 438 p.
Réimpressions successives.
On lira les « Souvenirs d'Allemagne » (pp. 21-160 et en particulier les pages 80 et suivantes), qui contiennent une critique du Vaisseau Fantôme. Le nom de Wagner revient souvent dans ces souvenirs et particulièrement au sujet du poème de l'Anneau où il évoque les conditions spéciales de mise en scène et d'exécution réclamées par le compositeur. Le volume contient également la critique de Lohengrin (représentation théâtrale de Bade) (pp. 228-256), qui avait paru dans *Le Journal des débats* du 30 septembre et du 7 octobre 1868. Il s'agit d'une étude approfondie du poème de Lohengrin en citant de nombreux passages de l'ouvrage de Liszt, avec une comparaison du système wagnérien aux tentatives de réformes proposées par Gluck. Reyer se montre indulgent pour Le Vaisseau Fantôme, se déclare admirateur de Lohengrin, mais avoue que le style musical dans lequel est conçu Tristan lui est antipathique.

Quarante ans de musique. Publiés avec une préface et des notes par Emile Henriot.
Paris, Calmann-Lévy, s.d. (1914), XIX-433 p.
Les pages 47 à 151 sont consacrées à Wagner. On trouvera en appendice la table chronologique de tous les articles publiés par Reyer de 1857 à 1898. Pour Wagner, il s'agit de : « Tannhäuser, 30 septembre 1857 » - « Rienzi, 1869 » - « Le Prélude de Parsifal, 12 novembre 1882 » - « Tristan et Isolde (premier acte), 22 mars 1884 » - « Siegfried (La Monnaie), 18 janvier 1890 » - « La Walkyrie (Opéra), 13 mai 1893 » - « Les Maîtres-chanteurs (Opéra), 21 novembre 1897 » - « Le Vaisseau Fantôme (Opéra), 23 mai 1897 ».

REYNAL (Philippe)
Richard Wagner (1813 - 1883) et Eugène Scribe (1791 - 1861) : regard du compositeur allemand sur le librettiste français.
Les Cahiers de l'OMG - Université Paris-Sorbonne, 1997 ; N°2 : pp. 7-24.

Wagner sur Berlioz : « Harold en Allemagne. »
In : Hector Berlioz.
Ostinato Rigore. Revue internationale d'étude musicale, Mars 2004 ; N°21 : pp. 157-172.
« *Une remarque de Franz Liszt ouvre la voie à un rapport entre l'ouverture de Tannhäuser et la musique de Berlioz. Il est ensuite possible de faire le point sur la connaissance qu'avait Wagner de Harold avant de dresser un parallèle entre une scène du même opéra et Harold* » (Abstract).

REYNAUD (Louis)
L'Influence allemande en France au XVIIIème et au XIXème siècle.
Paris, Hachette, 1922, 316 p.
Le chapitre IV, « Lendemain de défaite », étudie le wagnérisme, les causes de l'engouement des intellectuels français pour Wagner. Tableau incomplet, partial, mais « *vigoureux* » (Guichard), nettement orienté contre l'influence allemande (pp. 272-278).

RICHARD (Jean-Vincent)
L'Homme qui n'existait pas.
In : Parsifal. L'Avant-Scène Opéra, janvier - février 1982, N°38/39, pp. 117-119 [d'un vol. de 260 p.]

RICHARDSON (Joanna)
Judith Gautier. Traduction de l'anglais par Sara Oudin.
Paris, Seghers, 1989, coll. « Biographie », 320 p., cahier de 8 feuillets de reproductions en noir h.-t.
Traduction de l'édition anglaise publiée en 1986. Universitaire britannique, spécialiste du XIXème siècle français, Richardson nous donne une solide et attachante biographie, enrichie de nombreuses notes critiques et références bibliographiques, qui s'articule autour des trois grandes étapes de sa vie : « Mademoiselle Gautier - Madame Mendès - Madame Gautier ». Etude exhaustive en la matière.

RIEL (Léo van)
Parsifal. Petit manuel pratique pour bien comprendre et suivre facilement les représentations du drame lyrique de Wagner, « Parsifal », à l'usage des non initiés. Traduction de Maurice Gauchez.
Paris, E. Figuière, 1913, 48 p.
Ouvrage non consulté.

RITSCHARD (Claude)
Peindre Wagner aujourd'hui.
In : **LANG (Paul) [éd.]** : Richard Wagner. Visions d'artistes. D'Auguste Renoir à Anselm Kiefer.
Paris et Genève, Somogy éditions d'art - Musée d'art et d'histoire, 2005, pp. 56-65 [d'un vol. de 287 p.]

RIVIÈRE (Jacques)
Etudes : Baudelaire, Paul Claudel, André Gide, Rameau, Bach, Franck, Wagner, Moussorgski, Debussy, Ingres, Cézanne, Gauguin.
Paris, Nouvelle Revue française, 1911, 264 p.

Nouvelles études (Stravinsky, Bach, Fauré, Wagner, Ballets russes).
Paris, Gallimard, 1947, 328 p.
Ecrivain et critique (1886 - 1925), un des fondateurs de la *NRF*, beau-frère d'Alain Fournier avec lequel il entretint une importante correspondance, ainsi qu'avec Claudel

et Gide. Très sensible à la musique, sans en être un technicien, il écrivit un certain nombre de critiques musicales, notamment dans la *NRF*. Comme pour ses critiques littéraires et artistiques, Rivière aura inauguré une nouvelle manière de relation avec l'œuvre : elle est empathique, elle a le don de s'identifier avec autrui. Ses grandes passions musicales furent Tristan (« *Les dernières mesures de Tristan expriment le déploiement immense du désespoir. Jamais, il n'y eut avènement plus sombre, plus triomphale entrée dans le néant* »), Pelléas et Le Sacre du Printemps.

ROBERT (Gustave)

La Musique à Paris. Etudes sur les concerts - programmes - bibliographie des ouvrages musicaux parus pendant l'année - index des noms cités. Tome I, 1894 - 1895, première année. Tome II, 1895 - 1896, deuxième année. Tome III, 1896 - 1897, troisième année. Tome IV, 1897 - 1898, quatrième année. Tome V, 1899 - 1900, cinquième année.

Paris, Fischbacher, 1895 - 1896 et Librairie Charles Delagrave, 1898 - 1901, 268-300-266-360 et 431 p., index

Recueil de critiques et commentaires concernant l'ensemble des concerts et opéras représentés pendant les années 1894 à 1900 à Paris. A ceci s'ajoute le calendrier complet des programmes des concerts d'orchestre. In fine, on retrouve une bibliographie critique des ouvrages parus sur la musique pendant la saison concernée.

Il s'agit d'une véritable mine d'informations et d'un outil important de documentation pour la période concernée. Pour notre sujet, on retiendra de nombreux articles consacrés à Wagner, à l'occasion des concerts populaires ou des représentations à l'Opéra, mais également quelques articles de synthèse sur Wagner, ses théories ou son œuvre. Il aurait été laborieux dans ce travail de citer l'ensemble de ces textes…

Philosophie et Drame. Essai d'une explication des drames wagnériens.

Paris, Plon, 1907, 262 p.

Deux parties très inégales dans cet ouvrage : la première, très courte (42 p.), consacrée aux « Drames d'avant 1848 et Les Maîtres-chanteurs » pour lesquels « *il n'est besoin pour les comprendre de faire appel à aucune spéciale conception du monde* », la seconde (214 p.) traitant de l'Anneau du Nibelung, Tristan et Isolde et Parsifal, dont « *il est impossible d'avoir une véritable compréhension sans connaître quel fut l'état d'esprit, quelle fut la vision du monde de Wagner au moment où il les composa* ». L'idée maîtresse de ce livre est que l'influence de Feuerbach sur Richard Wagner pourrait avoir tenu en échec l'influence de Schopenhauer en particulier dans Tristan. Thèse paradoxale... et fausse... Dans l'ensemble, l'interprétation est fine mais d'une subtilité parfois un peu forcée.

ROCHEBLAVE (Samuel)

Louis de Fourcaud et le mouvement artistique en France de 1875 à 1914. Avec un portrait d'Emile Friant.

Paris, Presses Universitaire de Strasbourg - Les Belles Lettres, 1926, 410 p., portraits. h.-t.

Quelques lignes sur Louis de Fourcaud sous-titrées « Son livre sur Richard Wagner, capital. La Bataille wagnérienne » (p. 266 et suiv.), par l'éditeur en 1897 de la correspondance entre George Sand et Alfred de Musset.

ROD (Edouard)
Etude sur le XIXème siècle. Giacomo Leopardi. Les Préraphaélites anglais. Richard Wagner et l'esthétique allemande. Victor Hugo. Garibaldi. Les Véristes italiens. M.E. de Amicis. La Jeunesse de Cavour.
Paris, Perrin et Cie, 1888, 249 p.
L'article consacré à Wagner avait été publié le 25 juillet 1885 dans *La Revue contemporaine*. L'auteur veut démontrer que « *l'esthétique de Wagner, très consciente et très réfléchie, est la résultante logique de l'esthétique allemande et est liée par tous ses points essentiels avec les principales théories de l'art que l'Allemagne a produites depuis le siècle dernier* ».

RODRIGUES (Jean-Marc)
Genèse du wagnérisme proustien.
Romantisme. Revue du dix-neuvième siècle (Revue de la Société des études romantiques), 1987 ; N°57 : pp. 75-88.

ROGER (Gustave)
Le Carnet d'un ténor. Avec une préface de Philippe Gille et notice biographique par Charles Chincholle.
Paris, Ollendorf, 1880, xxviij-X-348 p.
Lé ténor Roger (1815 - 1879), fut le créateur de Faust de la Damnation en 1846 et de Jean (Le Prophète) en 1849. Il fut amputé d'un bras à la suite d'un accident de chasse, et ne put plus jouer à l'Opéra. Wagner fit sa connaissance en 1859 par l'intermédiaire de Léon Leroy. Comprenant l'allemand, il s'était proposé pour faire la traduction française de Tannhäuser. Mais la collaboration se limita à la traduction de quelques fragments. Ces souvenirs s'achèvent en 1859. Le chapitre « Après la chasse » n'évoque donc pas cette collaboration. Le ténor fit entendre des extraits du troisième acte de l'œuvre dans une soirée à son bénéfice à l'Opéra Comique quelque temps après la chute de l'ouvrage. « *Cela lui valut les attaques furieuses de la presse, mais un fort bon accueil du public* » (Ma vie. Tome III, p. 306).

ROHAN-CSERMAK (Henri de)
Manifeste wagnérien ou symphonie dramatique : l'ouverture de Gwendoline.
In: Emmanuel Chabrier.
Ostinato Rigore. Revue internationale d'étude musicale, Juillet 1994 ; N°3 : pp. 167-186.
Etude musicologique approfondie de l'inspiration wagnérienne de l'œuvre de Chabrier.

ROLLAND (Romain)
L'écrivain (1866 - 1940) a été, jeune, un auditeur passionné, avec ses camarades Claudel et Suarès, de la musique wagnérienne aux concerts Lamoureux. Il rencontra Malwida von Meysenbug à Versailles en 1889 chez Gabriel Monod ; elle devint une grande amie qu'il vit souvent à Rome où il séjourna assez longtemps au palais Farnèse. Ensemble ils iront au festival de Bayreuth en été 1891 pour Tristan, Parsifal, Tannhäuser. Il y retournera en 1896 pour le Ring et Parsifal. Cette passion absolue fera place à un détachement progressif, et même à une critique de plus en plus acerbe, mais jamais au

rejet. Rolland sera le chantre des idéaux humanistes ; il obtint le prix Nobel en 1915. La musique occupe une place centrale dans son œuvre. Le héros de son roman *Jean-Christophe* est un compositeur rêvant d'éveiller la conscience citoyenne par l'idéal musical.

Musiciens d'aujourd'hui
Paris, Hachette, 1909, 278 p.
Réimpressions successives.
Rolland publia vers 1900 dans *La Revue d'art dramatique* un article sur Tristan, un autre, en 1901, sur Siegfried, qui lui donnent l'occasion de faire le point sur le compositeur à qui il doit tant. Ces deux articles ont été repris en volume, qui comprend également des chapitres sur Hector Berlioz, Camille Saint-Saëns, Richard Strauss... Ces deux articles n'ont rien de technique, de dogmatique, ne comportent pas d'analyse musicale ou dramatique, mais ils restituent essentiellement des émotions.

[Cahiers Romain Rolland]
Il existe au total 30 *Cahiers Romain Rolland* parus jusqu'en 1998. Nous nous limitons aux premiers (jusqu'au N°8) qui offrent le plus matière à notre sujet.

Choix de lettres à Malwida von Meysenbug. Avant-propos d'Edouard Monod-Herzen. Numéro spécial des Cahiers Romain Rolland N° 1.
Paris, Albin Michel, « Cahiers Romain Rolland », 1948, 327 p., front., fac-similés h.-t.
Tout comme Nietzsche, Romain Rolland fut le « fils adoptif » de Malwida, qui inspira le personnage de Schulz, septuagénaire au cœur d'adolescent dans *Jean-Christophe*. Ce recueil de correspondance fait très souvent allusion à Wagner. On lira également le témoignage vivant du voyage qu'il fit du 8 au 13 août 1896 à Bayreuth (pp. 177-180).

Correspondance entre Louis Gillet et Romain Rolland. Choix de lettres établi par Mme Louis Gillet et Mme Romain Roland. Préface de Paul Claudel. Numéro spécial des Cahiers Romain Rolland N° 2.
Paris, Albin Michel, « Cahiers Romain Rolland », 375 p., front., portrait et fac-similés h.-t., index
Ecrivain d'art, Louis Gillet (1876 - 1943) fut aussi le conservateur du musée Jacquemart-André. C'est en 1896 que Louis Gillet devint l'élève de Romain Rolland à l'Ecole normale supérieure où celui-ci enseignait l'histoire de la musique. Il existe de nombreuses références à Wagner, mais on lira particulièrement les lettres adressées de Bayreuth en août 1897 (pp. 18-23).

Richard Strauss et Romain Rolland. Correspondance. Fragments de journal. Avant-propos de Gustave Samazeuilh. Numéro spécial des Cahiers Romain Rolland N°3.
Paris, Albin Michel, « Cahiers Romain Rolland », 1951, 243 p., front., deux portraits et fac-similés h.-t., index
Richard Strauss rencontra Romain Rolland à Bayreuth le 1er juillet 1891. Ils firent plus ample connaissance à Berlin en 1899. Une correspondance nourrie s'établira jusqu'en

1926, cessant alors pour des raisons demeurées mystérieuses. Romain Rolland, sorte « *d'antenne parisienne du compositeur allemand* » (Jameux), l'aida pour l'adaptation allemande du texte de Salomé. Ces lettres sont capitales pour cette œuvre de Strauss. Leur correspondance contient bien évidemment de nombreuses références à l'œuvre de Wagner.

Le Cloître de la rue d'Ulm. Journal de Romain Rolland à l'Ecole normale (1886 - 1889) suivi de quelques lettres à sa mère et de « Credo quia verum ». Préface d'André George. Numéro spécial des Cahiers Romain Rolland N° 4.
Paris, Albin Michel, « Cahiers Romain Rolland », 1952, XVI-392 p., front., portraits et fac-similés h.-t., index

« Cette âme ardente ». Choix de Lettres d'André Suarès à Romain Rolland (1887 - 1891). Préface de Maurice Pottecher. Avant-propos et Notes de Pierre Sipriot. Numéro spécial des Cahiers Roman Rolland N°5.
Paris, Albin Michel, « Cahiers Romain Rolland », 1954, 401 p., front., portraits et fac-similés h.-t., index
Suarès était le camarade de promotion de Rolland. Une amitié de 50 ans les unira.

Printemps romain. Choix de lettres de Romain Rolland à sa mère (1889 - 1890). Numéro spécial des Cahiers Roman Rolland N°6.
Paris, Albin Michel, « Cahiers Romain Rolland », 1954, 356 p., front, portraits et fac-similés h.-t., index

Retour au Palais Farnèse. Choix de lettres de Romain Roland à sa mère (1890 -1891). Numéro spécial des Cahiers Romain Rolland N° 8.
Paris, Albin Michel, « Cahiers Romain Rolland », 1956, 366 p., front., portraits et fac-similés h.-t., index
Ensemble de lettres et dépêches adressées à sa « *chère petite maman* » lors de son séjour au Palais Farnèse, où était logée l'Ecole française d'archéologie. De très nombreuses lettres font mention des conversations passionnantes qu'il a avec la vieille demoiselle Meysenbug au sujet du compositeur de Leipzig. Une seule souligne le profit qu'en tire Rolland : « *A juger par elle de la société de Wagner, on a une grande idée de ce monde d'élite, et Wagner lui-même en est encore grandi. Ce devait être quelque chose d'admirable [...]. Le cercle de Weimar lui-même, le monde de Goethe ne devait pas approcher de la plénitude de celui-ci* » (Lettre du 27 - 28 février 1890). On lira également les missives relatives au voyage à Bayreuth à l'été 1891.

ROMAIN (Louis de)
Médecin-philosophe et Musicien-poète. Etude sur Richard Wagner et Max Nordau.
Paris, Fischbacher, 1895, 55 p.
Le comte de Romain (1844 - 1912) fut un critique musical, organisateur de concerts dans son Anjou natal et aussi compositeur. Dans cette brochure dédiée à Etienne Destranges, il s'emploie à tirer à boulets rouges contre l'ouvrage, *Dégénérescence*, de

Max Nordau. Ce dernier, en effet, charge, dans son épais ouvrage, Wagner de tous les péchés. Il ne faut que cinquante pages au nobliau angevin pour prouver le contraire...

Parsifal et le théâtre de Bayreuth.
Angers, Imprimerie Lachèse et Dolbeau, 1887, 16 p.
Reprise d'une étude parue dans le *Journal de l'Anjou* en août 1886, concernant la représentation du Parsifal à Bayreuth en 1886. A la fois récit du séjour bayreuthien, compte rendu de représentation et synopsis de l'œuvre.

ROPARTZ (Joseph-Guy)
Notations artistiques. Stockholm en hiver. A Bayreuth. Vers l'Adriatique. En Savoie. Jeu de Massacre. A propos de quelques symphonies modernes.
Paris, Alphonse Lemerre, 1891, 214 p.
Ce compositeur (1864 - 1955), ami intime d'Albéric Magnard (1865 - 1914) très breton dans l'âme, mais qui fit sa carrière en Lorraine et en Alsace, livre dans ce volume un chapitre de souvenirs, intitulé « A Bayreuth » (pp. 80-126), au festival de 1889.

ROSNY AINÉ (J.-H.)
L'Influence de Wagner sur notre littérature.
In : La Revue musicale. SIM. Numéro spécial, 15 mai 1913 ; N°5 : pp. 2-11.

ROUBERTOUX (Pierre)
Wagner dramaturge. Recherche sur les éléments lyriques dans la dramaturgie de Wagner. 260ème numéro des cahiers de la tour de Babel.
Bruxelles, Aux éditions du C.E.L.F., 1965, 230 p.
Très intéressant ouvrage d'un connaisseur sur les aspects dramatiques de la scène wagnérienne : filiation avec le théâtre grec, conceptions de Wagner lui-même, spécificité de l'interprétation wagnérienne, les grands innovateurs de la scène (Appia, Craig et évidemment Wieland Wagner). Cet ouvrage est la reprise d'un mémoire universitaire conduit par le grand spécialiste d'esthétique que fut Etienne Souriau.

ROUCHÉ (Jacques)
L'Art théâtral moderne. Illustrations et dessins de A Dunoyer de Segonzac.
Paris, Edouard Cornély et Cie éditeurs, 1910, 79 p., nombreuses illustrations dont planches en couleurs hors-texte
Tirage à 1500 exemplaires numérotés.
Réimpression en 1924.
Livre de référence sur la scénographie et le décor de théâtre qui retrace l'irruption de l'art déco sur la scène au moment même ou de nouveaux metteurs en scènes comme Gordon Craig, Appia ou la nouvelle école russe se faisaient connaître. Un chapitre sur « Les Idées de M. Adolphe Appia » (pp. 57-66).

ROUGEMONT (Denis de)
L'Amour et l'Occident.
Paris, Plon, 1939, coll. « Présences », vi-356 p., index
Réimpressions successives.

Autres éditions :

- L'Amour et l'Occident. Edition définitive.

Paris, Plon, 1972, 316 p., index

- L'Amour et l'Occident Edition définitive.

Paris, Christian Bourgois, 1991, coll. « 10/18 », 445 p., index
Réimpressions successives (dont en 2002)

Ce livre écrit en 1939 par l'écrivain suisse (1906 - 1985) sur une conception de l'amour fondatrice de l'Occident, est devenu lui-même une sorte de mythe. Le mythe de Tristan, comme il l'écrit, agit partout où la passion est rêvée comme un « idéal ». Et, selon lui, Wagner a utilisé au mieux et confirmé la puissance de ce mythe. Dans cette somme indépassable, Wagner est présent du début à la fin de l'ouvrage, mais plus particulièrement dans les chapitres : « Le Mythe de Tristan » (p. 11-40), « Du roman breton à Wagner en passant par Gottfried » (p. 101-105), et « Wagner ou l'achèvement » (p. 171-174).

ROUJON (Henri)

Fantin-Latour. Sa jeunesse. La Suite wagnérienne. Son Œuvre.
Paris, s.d., coll. « Les Peintres illustres », 80 p.
Succincte biographie du peintre.

ROUSSEL (Albert)

Lettres et écrits présentés et annotés par Nicole Labelle.
Paris, Flammarion, 1987, coll. « Harmoniques », 361 p., cahier de 4 feuillets de reproductions

Recueils d'articles et de la correspondance du compositeur français (1869 - 1937). A lire : « Wagner et nos musiciens. Opinion d'Albert Roussel (10 avril 1909) » (pp. 230-231), qui reprend le texte publié le 13 avril 1909 dans *La Grande Revue* : « *Son irrésistible puissance d'attraction a détourné bien des compositeurs de leur vraie voie, en les égarant dans des développements sans fin, dans d'inextricables enchevêtrements de thèmes et de leitmotivs, et leur faisant perdre le goût de la clarté et de la mesure qui sont les caractéristiques de notre génie national* ».

ROUSSELOT (Jean)

La Vie passionnée de Wagner.
Paris, Seghers, 1963, 332 p.
Biographie « romancée » intégrant de nombreux dialogues, réels ou imaginaires, sans intérêt particulier.

Autre édition :

Wagner. Passion et violence.
Paris, Tallandier, 1977, coll. « Génies du monde », 64-XVI p., illustrations en couleur

ROUX (Alphonse)

Wagner et Schuré. Une amitié de la deuxième heure.
La Revue musicale, 1er avril 1930 ; N°103 : pp. 317-326.

Une rupture entre Schuré et Wagner, en 1870 (d'après des lettres et des pages inédites).
La Revue mondiale, 15 mai 1932 : pp. 103-111.

Les Relations de Wagner et d'Edouard Schuré.
L'Alsace française (Numéro spécial : Le Cinquantenaire de la mort de Richard Wagner), 12 février 1933 ; Tome XXV - N°7 : pp. 135-138
Excellents articles, très détaillés, qui s'intéressent davantage au point de vue de Schuré qu'à celui de Wagner lui-même.

ROVAN (Joseph)
Le Bourgeois Wagner et le pangermanisme.
In: Richard Wagner.
Paris, Hachette, 1962, coll. « Génies et Réalités », pp. 99-111 [d'un vol. de 302 p.], nombreuses photographies et illustrations en noir in-t et h.-t., 8 planches en couleur contrecollées h.-t.

ROYER (Alphonse)
Histoire de l'Opéra. Avec douze eaux-fortes.
Paris, Bachelin-Deflorenne éditeur, 1875, VI-228 p., douze eaux-fortes sur Chine appliquée h.-t.
A consulter pour le commentaire très partial sur la bataille de Tannhäuser (p. 193 et pp. 202-204). Alphonse Royer (1803 - 1875) fut le directeur de l'Académie impériale de musique de 1856 à 1862.

ROYER (Joseph)
Léon Bloy et Richard Wagner : figure bloyenne et motif wagnérien.
In : **GLAUDES (Pierre)** : Léon Bloy au tournant du siècle. Publié avec le concours du Centre de recherches Léon Bloy, de l'équipe « crise de la représentation » et du Centre de recherches révolutionnaires et romantiques
Toulouse, Presses du Mirail, 1992, coll. « Cribles », pp. 43-55 [d'un vol. de 350 p.]
Léon Bloy fut l'un des plus grands polémistes de son temps. Catholique passionné, il laisse des romans au lyrisme prophétique, des nouvelles et un monumental *Journal*, qui s'étend de1892 à 1917. Bloy est l'auteur de *La femme pauvre. Episode contemporain* (1897). Les chapitres XXX à XXXII de la première partie *L'Epave des ténèbres* (« La Soirée chez Gacougnol ») peuvent être considérés comme une synthèse de l'opinion de Bloy (1846 - 1917) sur Wagner. Il s'agit de la transposition de l'inoubliable soirée du 14 au 15 juillet 1886 où l'on vit Villiers de l'Islo-Adam s'exalter en jouant la musique de Wagner, en présence de Léon Bloy, d'Huysmans, Péladan...

RULLAUD (Norbert)
Wagner, Mallarmé et La Revue Wagnérienne.
A Rebours, 1979 ; N° 11 : pp. 35-40.

SABATIER (François)
Miroirs de la musique. La Musique et ses correspondances avec la littérature et les Beaux-Arts. XIX-XXème siècles. Tome II.
Paris, Fayard, 1995, 728 p., index
Etude riche et très intéressante des correspondances de la musique avec la littérature et les Beaux-Arts entre 1800 et 1950. La présentation étant chronologique, les correspondances de Wagner avec les autres arts sont étudiées dans plusieurs chapitres, et assez abondamment, compte tenu d'une part de son projet d'art total, et d'autre part de l'influence particulière qu'il a exercée sur les artistes et les écrivains en dehors même du champ de la musique.

La Musique dans la prose française des Lumières à Marcel Proust. Evocations musicales dans la littérature d'idée, la nouvelle, le conte ou le roman français.
Paris, Fayard, 2004, 737 p., index
Le thème de l'ouvrage est fondé sur la recherche des évocations musicales à travers différentes formes littéraires d'une quarantaine d'écrivains majeurs. Cette étude débute dans la France des Lumières pour s'achever à la mort de Marcel Proust, dont *A la recherche du temps perdu* constitue un « *monument, également sous l'aspect des relations qui unissent musique et littérature* ». Trois chapitres importants comportent de nombreuses références à Wagner : « Symbolistes, catholiques et idéalistes », « Romain Rolland et Jean-Christophe », « La Musique dans *A la recherche du temps perdu.* » Le chapitre proustien est évidemment le plus fourni en références wagnériennes.

SADOUL (Numa)
I. Wagner redécouvert à travers les nouvelles approches scéniques du Ring. II. Le Ring ou la perpétuation d'une mythologie.
In : **FLINOIS (Pierre) [éd.]** : Bayreuth. Richard Wagner. Centenaire du Ring.
Paris, Revue Opéra, 1976, pp. 81-85 et 135-185 [d'un vol. de 208 p.]

SAGAVE (Pierre-Paul)
La Métaphysique de l'amour dans Tristan et Isolde.
In : **BAILBÉ (Joseph-Marc) [éd.]** : Bayreuth à Rouen. Images de R. Wagner.
S.l.n.d., (1983), pp. 91-97 [d'un vol. de 149 p.]
Ce texte du plus grand intérêt avait paru initialement en 1966 dans la brochure - programme de Tristan et Isolde du festival de Bayreuth (BFP, Tristan und Isolde, 1966, pp. 29-38).

SAÏD (Edward-W.), voir : BARENBOÏM (Daniel)

SAINT-SAËNS (Charles-Camille)
Ardent wagnérien dans sa jeunesse, Saint-Saëns (1835 - 1921) s'est lancé après 1876 pour des motifs obscurs dans une polémique contre Wagner qui durera encore en 1920. Saint-Saëns professe après 1870 un nationalisme ardent qui se nourrit moins d'une haine de l'Allemagne - où il continuera souvent à jouer - et de la musique de Wagner, que d'une lutte contre la « *wagnéromanie* » (le mot est de lui) qui envahit la France à la fin du siècle. A ce propos, on oublie souvent qu'il fut l'un des premiers en France à connaître et à répandre Wagner, qu'il rencontra en 1861.

Harmonie et Mélodie.
Paris, Calmann - Lévy, 1885, coll. « Bibliothèque contemporaine », xxxi-318 p., 3 planches h.-t.
Réimpressions successives (4ème édition en 1890).
Recueils d'articles de critiques. On lira avec intérêt les correspondances dithyrambiques adressées à *L'Estafette* en 1876, où Saint-Saëns était rédacteur musical (numéros des 19, 20, 21, 26, et 28 août 1876). Ces lettres enthousiastes sur la création de la Tétralogie (Saint-Saëns assista au second cycle), sont réimprimées dans ce volume aux pages 36 à 98 : « L'Anneau du Nibelung et les représentations de Bayreuth ». Il s'agit d'une véritable profession de foi sur la musique de Wagner, dont le ton jure avec les commentaires ultérieurs.

Portraits et Souvenirs.
Paris, Calmann-Lévy, s.d. (vers 1899), VIII-246 p.
Réimpressions successives.

Autre édition :
Portraits et Souvenirs.
Paris, Société d'édition artistique, 1900, coll. « L'Art et les artistes », 243 p.
Ouvrage contenant des anecdotes, des souvenirs sur quelques musiciens (portraits de Berlioz, Liszt, Rubinstein et Gounod, auxquels l'unissaient les liens de l'amitié) et de la critique musicale. A consulter les chapitres intitulés : « Drame lyrique et musical » (pp. 177-190) et « L'Illusion wagnérienne » (pp. 206-220), publiée initialement dans *La Revue de Paris* du 1er Avril 1899 (N°7 : pp. 449-458).

Germanophilie.
Paris, Dorbon ainé, 1916, 96 p.
Seule et unique publication française en volume durant la première guerre mondiale, consacrée à Wagner... Nouvel exemple-type du pamphlet de facture anti-wagnérienne. Le texte reprend la matière d'une série d'articles parus dans *L'Echo de Paris* à partir du 19 septembre 1914.

Regards sur mes contemporains. Ecrits et articles rassemblés par Yves Gérard.
Arles, Edition Bernard Coutaz, 1990, 247 p.
Anthologie de textes puisés dans les recueils précédents. L'éditeur a sélectionné des pages qu'il qualifie de *« regards sur les géants »*. L'ouvrage reprend ainsi les textes d'*Harmonie et mélodie* (« Wagner. L'Anneau du Nibelung et les représentions de Bayreuth (août 1876). *L'Estafette*, 19-28 août 1876 », pp. 63-83) et de *Portraits et souvenirs* (« L'Illusion wagnérienne. *La Revue de Paris*, 1er avril 1899 », pp. 85-95).

SAINT-AUBAN (Emile de)
Un pèlerinage à Bayreuth.
Paris, Albert Savine, 1892, 338 p.
Beaucoup de fantaisie, d'enthousiasme, d'esprit dans cet ouvrage dû à un avocat français et où il est question de Bayreuth (« *la ville sainte* ») et de ses habitants, de ses pèlerins, de Parsifal et de ses héros (partie occupant les deux-tiers du livre), du rire wagnérien (à propos des Maîtres-chanteurs) pendant l'été 1888. D'une lecture très agréable et facile.

SALA-SANAHUJA (Joaquim)
Verne, Wagner, Nietzsche : étude d'un réseau ludique.
Thèse de littérature : Université de Paris VIII. 1981 ; 235 p.

SALAZAR (Philippe-Joseph)
Nietzsche et Wagner : ridendo dicere severum.
In : Parsifal. L'Avant-Scène Opéra, janvier - février 1982, N°38/39, pp. 132-134 [d'un vol. de 260 p.]

SAMAZEUILH (Gustave)
Richard Wagner. Vues sur la France. Suivies d'hommages à Richard Wagner. Avant-propos et commentaires par Gustave Samazeuilh.
Paris, Mercure de France, 1943, 272 p., front.
La première partie, intitulée « Vues sur la France par Richard Wagner » est un choix de textes du compositeur ayant trait à la France. La seconde partie comporte un florilège de fragments de textes consacrés à Wagner par une quarantaine d'auteurs (de Nerval à Schuré, en passant par Adolphe Jullien). Il s'agit de textes déjà publiés antérieurement. Parmi ceux qui ne le furent pas, on peut trouver : la reproduction intégrale de l'entretien capital que Wagner eut avec Louis de Fourcaud en 1879 (qui avait paru dans les *Bayreuther Blätter* du 17 juin 1884 (pp. 54-61) et reproduit fragmentairement par *Le Ménestrel*) ; l'article prophétique d'Agénor de Gasparin publié dans *L'Illustration française* du 27 juin 1857 et reproduit également dans l'album, *Bayreuther Festspielblaetter in Wort und Bild* de 1884 (pp. 65-68) ; les fragments de la chronique musicale du *Temps* du 27 juillet 1861 par Johannès Weber (pp. 111-114) ; le récit d'une ironie savoureuse et vengeresse d'Anatole France dans « Lohengrin à Paris », suivie de « Les Confidences d'un manifestant à l'Eden », publié par *Le Temps* du 17 avril et du 8 mai 1887 (pp. 178-182). L'ouvrage contient en appendice le texte de deux conférences inédites sur « Richard Wagner et la France » par H.-S. Chamberlain, publiées dans les *Bayreuther Blätter* de 1892.

Musiciens de mon temps. Chronique et souvenirs.
Paris, La Renaissance du livre, 1947, 430 p.
Quatre-vingts portraits de compositeurs et d'interprètes célèbres par un musicien français (1877 - 1967). C'est en 1894 au retour de Bayreuth que Samazeuilh choisit de devenir musicien. Il fut l'élève de Chausson et de Vincent d'Indy. Il poursuivit une double carrière de compositeur et de critique musical. Il fit beaucoup pour introduire la musique de son temps par la diffusion de 125 transcriptions d'œuvres majeures, et en particulier, celles de Richard Strauss dont il fut l'ami. Bien que saluée élogieusement en son temps, sa musique reste de nos jours totalement oubliée. L'ouvrage est intéressant pour les aspects wagnériens de certains d'entre-eux. On pourra lire en particulier la séance d'audition wagnérienne avec Debussy à laquelle participait Chausson (p. 118).

De Vichy à Bayreuth (1960).
Vichy, Imprimerie Wallon, 1960, 29 p., 5 planches en noir h.-t.
Recueil d'extraits du *Journal de Vichy*. Deux articles à lire : « Wagneriana, *Journal de Vichy* du 27 août 1960 », simple critique de la publication de la correspondance entre Wagner et Louis II par Blandine Ollivier. Le second article, « La Signification et le

prestige de Bayreuth. Le Respect de la volonté du génie », est plus intéressant à lire. Il s'agit d'une étude publiée dans *Le Figaro littéraire* du 23 juillet 1960. « *En continuant de respecter* la volonté du génie (le mot est de Richard Strauss - c'est nous qui soulignons*), en allant vers l'avenir sans méconnaître les leçons du passé, Bayreuth sera toujours assuré de ne pas faillir à son rôle et de justifier son prestige et sa raison d'être* ».

SANS (Edouard)
Richard Wagner et la pensée schopenhauerienne.
Paris, C. Klincksieck, 1969, 479 p.
Somme issue d'une thèse sur les rapports étroits entre l'œuvre de Wagner et la doctrine dont il se sentait le plus proche, qui permet de replacer Wagner dans son contexte philosophique. Dans une première partie, l'auteur reconstitue avec minutie l'historique de la fréquentation wagnérienne de la pensée schopenhauerienne. Il illustre ensuite comment cette vision dominée par l'idée de la mort influença la musique et les livrets d'opéra, en particulier de l'Anneau, de Tristan et de Parsifal. Il rappelle notamment les étapes qui ont présidé à l'évolution de l'écriture de la Tétralogie, en s'appuyant sur une comparaison des versions successives de la scène finale du Crépuscule des dieux. Ouvrage de référence, tant par la précision de l'analyse que par la richesse et l'ampleur de l'érudition, mais nécessitant une solide culture philosophique.

Autre édition :
Richard Wagner et Schopenhauer.
Toulouse, Edition Universitaire du Sud, 1999, 478 p., index
Seconde édition revue par J. Guyader.

[Articles de l'Avant-Scène-Opéra]
Longue série d'articles érudits par l'un des spécialistes français de Wagner.

- Wagner, Schopenhauer et L'Anneau.
In : La Walkyrie. L'Avant-Scène Opéra, janvier - février 1977, N°8, pp. 4-12 [d'un vol. de 162 p.]
- Comment finit l'Anneau du Nibelung. Des Wibelungen au Crépuscule des dieux ou un quart de siècle de réflexions.
In : Le Crépuscule des dieux. L'Avant-Scène Opéra, janvier - février 1978, N °13/14, pp. 11-17 [d'un vol. de 210 p.]
- Le Vaisseau Fantôme, premier drame wagnérien.
In : Le Vaisseau Fantôme. L'Avant-Scène Opéra, novembre - décembre 1980, N°30, pp. 12-18 [d'un vol. de 170 p.]
- L'Amour dans Tristan, ou le romantisme surdimensionné.
In : Tristan et Isolde. L'Avant-Scène Opéra, juillet - août 1981, N°34/35, pp. 18-27 [d'un vol. de 287 p.]
Le texte est repris dans la nouvelle édition de mars 2002.
- Les Vainqueurs. Un sujet de transition.
In : Tristan et Isolde. L'Avant-Scène Opéra, juillet - août 1981, N°34/35, pp. 243-245 [d'un vol. de 287 p.]

- La Leçon de Parsifal ou de la rédemption à la régénération.
In : Parsifal. L'Avant-Scène Opéra, janvier - février 1982, N°38/39, pp. 16-27 [d'un vol. de 260 p.]
- Tannhäuser, drame de l'artiste et drame de l'homme.
In : Tannhäuser. L'Avant-Scène Opéra, mai - juin 1984, N°63/64, pp. 28-37 [d'un vol. de 257 p.]
- Richard Wagner, premier admirateur de Weber et du Freischütz.
In : Le Freischütz. L'Avant-Scène Opéra, janvier - février 1998, N°105-106, pp. 135-145 [d'un vol. de 202 p.]
Synthèse exhaustive sur le sujet.

SASSE (Marie-Constance SAX, dite)
Souvenirs d'une artiste.
Paris, Librairie Molière, 1902, 233 p., un portrait
Evocation, par la créatrice (1838 - 1907) du rôle d'Elisabeth, des représentations parisiennes de 1861 et de la personnalité de Wagner (pp. 148-153). Chanteuse, d'origine belge, elle créa également le rôle de Selika dans L'Africaine (1865) et celui d'Elisabeth de Don Carlos (1867). Elle dut modifier son nom à la demande expresse d'Adolphe Sax, le célèbre facteur d'instrument, dont aucun lien de parenté ne l'unit à elle.

SATGÉ (Alain)
La Diffusion de l'esthétique wagnérienne dans les revues françaises (1850 - 1914).
Thèse de littérature française : Université de Rouen. 1982.

Les Opéras imaginaires de Richard Wagner : esquisses et projets.
In : **BAILBÉ (Joseph-Marc) [éd.]** : Bayreuth à Rouen. Images de Richard Wagner.
S.l.n.d., (1983), pp. 115-124 [d'un vol. de 149 p.]
Cette communication fera l'objet en 1989 de l'introduction à l'ouvrage de Philippe Godefroid, *Les Opéras imaginaires.*

Les Circuits du savoir.
In : Siegfried. L'Avant-Scène Opéra, novembre - décembre 1977, N°12, pp. 11-18 [d'un vol. de 162 p.]
Le texte est repris dans la nouvelle édition d'avril 1993.

Opéra et « cruauté ». Notes sur la production de Patrice Chéreau pour l'Anneau du Nibelung, Bayreuth 1977.
In : Le Crépuscule des dieux. L'Avant-Scène Opéra, janvier - février 1978, N °13/14, pp. 117-137 [d'un vol. de 210 p.]

Wagner rêvé par Mallarmé : « Le Chanteur et la danseuse ».
Romantisme. Revue du dix-neuvième siècle (Revue de la société des études romantiques), 1987 ; N°57 : pp. 65-73.

SATIE (Erik)
Correspondance presque complète réunie, établie et présentée par Ornella Volta. Paris, Fayard - IMEC, 2000, 1234 p, fac-similés
Très peu d'éléments sur Wagner dans cette correspondance de Satie (1866 - 1925), qui rappelait à Reynaldo Hahn, en 1937, préférer Reyer au compositeur allemand... On rappellera que « *Satie réalisa pour Péladan une composition intitulée « Un leitmotive »* (sic) *pour accompagner la lecture d'un ouvrage du Sâr, Le Panthée, le 28 octobre 1891. Bien qu'ayant emprunté le titre au vocabulaire wagnérien, il l'en a toutefois débarrassé de toute implication psychologique et dramatique. Il parvint ainsi à faire semblant de partager la vénération du Sâr pour Wagner tout en lui fournissant une musique aussi anti-wagnérienne que possible* » (Volta).

SAUTET (Marc)
Les Femmes de Nietzsche
In : Cosima Wagner - Friedrich Nietzsche. Lettres traduites de l'allemand par Stefan Kämpfer et précédées d'un essai de Marc Sautet « Les Femmes de Nietzsche ».
Paris, Le Cherche Midi, 1995, coll. « Amor Fati », pp. 11-51 [d'un vol. de 167 p.]
Sautet a eu le mérite d'éditer les lettres de Cosima Wagner à Nietzsche avec un appareil de notes convenable, sans plus. Etait-ce bien nécessaire de tenter un essai sur Nietzsche et les femmes ? Celui-ci est à la fois indicatif (cf. la « collection » présentée chronologiquement en annexe) et un peu risqué, notamment à propos de la pédérastie supposée du philosophe. Sinon les deux vrais amours - possibles - sont connus par de nombreux autres livres : Cosima - l'Ariane du délire final - et Lou Salomé - le fameux baiser sur le Monte-Sacro en 1882. L'auteur a bien précisé qu'il s'agit d'un « *essai* »...

SAY (Anne)
A travers le drame wagnérien.
Gand, Société coopérative « Volksdrukkerij », 1904, 87 p.
Petite plaquette d'introduction sans prétention parcourant l'œuvre wagnérienne.

SCHAEFFNER (André)
Richard Wagner et l'opéra Français du début du XIXème siècle.
In : Wagner et la France. La Revue musicale, 1er octobre 1923 : pp. 111-131.

SCHALLE (Edouard)
Le Tannhaeuser à Paris et la troisième guerre musicale. Traduit de l'allemand par Albert Heuzay.
Sans lieu, ni nom d'éditeur, 1861.
Ouvrage cité dans la bibliographie de Silège et non consulté.

SCHNEIDER (Corinne)
La Symphonie nocturne de Tristan et Isolde.
In : Musique et Nuit.
Paris, Editions de la Cité de la musique, 2004, pp. 55-63 [d'un vol. de 154 p.]

SCHNEIDER (Edouard), voir : CHAMPION (Pierre)

SCHNEIDER (Marcel)
Wagner.
Paris, Seuil, 1960, coll. « Solfèges », 183 p., illustrations en noir in-t.
Réédition en 1963 et 1989.
Ouvrage « classique » et intelligent. Etude soignée pour une initiation générale. Chaque réédition est enrichie d'une nouvelle iconographie, discographie et d'une bibliographie.

Wagner. Nouvelle édition. Avec la collaboration d'Elisabeth Bernard.
Paris, Seuil, coll. «Solfèges », 1992, 222 p., illustrations en noir in-t.
Cette édition est complétée par un choix de textes de Wagner établi par Elisabeth Bernard.

SCHORSKE (Carl.-E.)
La Quête du Graal. Wagner et Morris.
In : De Vienne et d'ailleurs. Figures culturelles de la modernité. Traduit de l'anglais (Etats-Unis) par Sylvette Gleize.
Paris, Fayard, 2000, pp. 123-142 [d'un vol. de 316 p.], 4 illustrations h.-t.
L'auteur, historien américain, est célèbre pour ses études sur la société et la culture de la Vienne du tournant XIXème et XXème siècles. Dans ce chapitre, Schorske opère un rapprochement qui peut paraître étrange entre l'écrivain et peintre anglais (1832 - 1896) et Richard Wagner. Ce qui leur est commun, c'est la quête du Graal, mais dans une progression inversée. Le premier, partageant dans un premier temps, l'enthousiasme du mouvement d'Oxford pour le christianisme médiéval pour évoluer ensuite vers un idéal socialiste. Le second, passant au contraire de l'appel au peuple libérateur (sa période feuerbachienne), à l'invocation de la mystique chrétienne. Chassé-croisé inattendu…

SCHÜRCH (Georges)
La Revue Wagnérienne.
In : **LANG (Paul) [éd.]** : Richard Wagner. Visions d'artistes. D'Auguste Renoir à Anselm Kiefer.
Paris et Genève, Somogy éditions d'art - Musée d'art et d'histoire, 2005, pp. 40-46 [d'un vol. de 287 p.]
Par l'actuel président (2008) du Cercle romand Richard Wagner.

SCHURÉ (Edouard)
L'auteur (1841 - 1929), alsacien, auteur des *Grands Initiés* fut en relation et entretint une correspondance avec Richard et Cosima Wagner ainsi qu'avec Nietzsche, Malwida von Meysenbug, Gabriel Monod et Edouard Dujardin, toutes figures du panthéon wagnérien. Il fit le voyage de Munich pour la première de Tristan en 1865 et écrivit sur le champ au créateur en lui faisant part de son enthousiasme. Wagner le reçut dans sa résidence de la Briennerstrasse. Il assista en 1868 à la première - plus exactement à la seconde - des Maîtres-chanteurs, également à Munich. Après un voyage à Tribschen en 1869, les événements de 1870 et la parution de la trop fameuse *Capitulation* amenèrent une rupture de la part de Schuré : « *Plus que jamais je suis français* ». Mais il renoua en

visitant le chantier du Festspielhaus à Bayreuth en 1873 et assista à la première du Ring en 1876 et à Parsifal en 1882. Il réentendra Parsifal en 1883, 1891, 1894, 1899 et 1901. L'écrivain publia nombre d'ouvrages et d'articles consacrés à Wagner et à son œuvre. Ceux-ci font de Schuré, avant Dujardin et Wyzewa, le véritable annonciateur du culte wagnérien et qui demeurent après tant d'écrits sur le compositeur, une excellente initiation à l'œuvre wagnérienne. « *Livre de prophète qui fait date, nourri d'une connaissance solide des théories comme des œuvres et animé d'une sympathie profonde.* » dira Léon Guichard. André Coeuroy le qualifie de « *type très rare du wagnérien, clairvoyant et digne* ». On devra à Edouard Schuré par la suite bien d'autres ouvrages, témoignant de son intérêt pour le légendaire populaire et l'ésotérisme...

[Principaux articles de presse]

- Le Drame musical et l'œuvre de Richard Wagner.

La Revue des Deux-Mondes, 15 avril 1869 : pp. 948-991.

Copieux article, solide et documenté de 43 pages qui prélude au grand ouvrage que Schuré publiera en 1875. Il s'applique à bien mettre en lumière et sous son véritable jour l'idée révolutionnaire à laquelle Wagner a consacré sa vie, c'est-à-dire la lutte soutenue pour remplacer l'ancien opéra par le drame musical. Cette mise au point, inspirée par une admiration raisonnée pour l'œuvre et la pensée wagnérienne, vraiment comprise et jugée, n'a rien de commun avec les articles dithyrambiques et vagues des admirateurs fanatiques. « *C'est sans doute, après celui de Baudelaire, l'article le plus important qui ait paru sur Wagner, le mieux informé et le plus juste de ton* » (Léon Guichard). Dans le contexte de l'époque, de peur de déchaîner un nouvel orage à la publication d'un article qui défendait Wagner, Buloz, le rédacteur en chef, fit précéder l'article d'une note rappelant que : « *En bien des circonstances..., la critique n'a point ménagé ici les avertissements et même le blâme au musicien allemand...* », mais que, cependant la rédaction a accepté de publier cette étude, « *fidèle aux traditions de la revue de ne jamais écarter une opinion sincère et bien présentée* ». Et de conclure, « *La critique pourra reprendre sa place un autre jour* ». L'article est cité par Cosima dans son *Journal* en date du 16 avril 1869 (Tome I, p. 99) : « *Journaux. La Revue des Deux-Mondes publie un grand article sur R. Wagner* ».

- Le Rheingold de Wagner.

Le Temps, 9 septembre 1869.

Article sur la création du Rheingold. Non pas simple dithyrambe en l'honneur de Wagner, mais plutôt bon jugement du prologue du Ring.

- Les Fêtes de Bayreuth.

La Revue politique et littéraire, 23 septembre 1876.

- Une visite chez Wagner. Wagner, son portrait psychologique et moral. Sa conception du théâtre.

La Lumière, 7 janvier 1900 ; N°4.

Cet article est la reprise en revue du troisième chapitre de l'ouvrage *Souvenirs sur Richard Wagner*, paru la même année.

- La Genèse de Tristan. Richard Wagner et Mathilde Wesendonck d'après leur correspondance.

La Revue des Deux-Mondes, 1er décembre 1904 : pp. 510-544.

Genèse vue au travers de la correspondance entre Richard et Mathilde, non traduite à l'époque en français et qui sera publiée intégralement l'année suivante.

- L'Idée mystique dans l'œuvre de Richard Wagner.
La Revue des Deux-Mondes, 15 octobre 1908 : pp. 867-890.

[Volumes]
Le Drame Musical. I. La Musique et la poésie dans leur développement historique. II. Richard Wagner. Son œuvre et son idée.
Paris, Sandoz et Fischbacher, 1875, 2 vol. XIII-368 et 426 p., deux front., deux gravures h.-t.
L'ouvrage se livre à une analyse des sources de l'art total (poésie, musique, danse) et sur la manière de le ressusciter au temps présent. Il contient un panorama de l'histoire de la poésie (de Dante à Goethe) et de la musique (de Palestrina à Beethoven) ainsi que diverses considérations sur l'opéra moderne. Le deuxième tome est tout entier consacré à Richard Wagner et passe en revue les grands drames wagnériens. Paru du vivant de Wagner, il s'agit d'un des premiers en date des essais d'exégèse wagnérienne. Ouvrage qui n'a que très peu vieilli.

Autres éditions :

- Le Drame musical. I. La Musique et la poésie dans leur développement historique. II. Richard Wagner, son œuvre et son idée. Nouvelle édition augmentée d'une étude sur Parsifal (1er octobre 1885).

Paris, Perrin & Cie, 1885, 2 vol. 294 et 368 p., deux front.
Cette deuxième édition contient un ultime chapitre sur Parsifal.

- Le Drame musical. I. La Musique et la poésie dans leur développement historique. II. Richard Wagner, son œuvre et son idée. Nouvelle édition. Paris, Perrin & Cie, 1895, 2 vol. 276 et XII-316 p., deux front.

Troisième édition contenant l'étude sur Parsifal (parue pour la première fois dans la seconde édition) complètement remaniée. Cette dernière édition connaîtra plusieurs réimpressions (4ème en 1900) jusqu'à la sixième édition du deuxième volume augmentée des *Souvenirs sur Richard Wagner* en 1910.

- Le Drame musical. Richard Wagner, son œuvre et son idée. Edition augmentée des « Souvenirs sur Richard Wagner ».

Cet ouvrage connaîtra à nouveau de multiples réimpressions (17ème édition en 1928). On note également une réédition moderne (voir ci-dessous).

- Richard Wagner, son œuvre et son idée.

Paris, Triades Edition, 2003, 315 p., illustrations
Réédition du *Richard Wagner, son œuvre, son idée augmentée des Souvenirs sur Richard Wagner*, mais sans intérêt compte tenu de l'absence de toute note critique et de la multiplicité de rééditions, qui fait que contrairement à d'autres ouvrages de cette époque devenus aujourd'hui introuvables, celui-ci se trouve régulièrement et facilement sur les rayons des bouquinistes.

Tannhaeuser. Lettre à M. de Wolzogen sur l'exécution de ce drame, à Bayreuth, en 1891. Extrait du Guide musical.
Paris, Fischbacher, 1892, 15 p.
Compte rendu élogieux sous forme épistolaire des représentations bayreuthiennes du Tannhäuser en 1891.

Souvenirs sur Richard Wagner. La Première de Tristan et Iseult.
Paris, Perrin et Cie, 1900, 78 p.
Les souvenirs, qui portent sur la première de Tristan en 1865, avaient paru en 1892 dans *La Vie parfaite*, puis en 1899, en cinq livraisons, dans *Le Guide musical*, à la prière de Maurice Kufferath, avant d'être édité en brochure la même année, sous le titre *Souvenirs sur Richard Wagner. La première de Tristan et Iseult* chez Perrin. Ils furent ensuite annexés à la sixième édition du *Drame musical* en 1910. Ce livre est dédié à Kufferath, « *à l'éminent défenseur du grand art dans la jeune Belgique* ». Quatre parties : « Le Roi Louis II et Richard Wagner à Munich », « La Première de Tristan et Iseult », « Une visite chez Wagner, son portrait physique et moral, sa conception du théâtre », « Le Concert du roi et la mort de Schnorr ». En conclusion : « *Pourtant, jamais il ne me parut plus grand qu'en ces jours de Munich, à la première de Tristan et Iseult, où, seul avec son interprète génial et son roi fidèle, il semblait défier le monde au nom de son idéal* ».

Femmes inspiratrices et poètes annonciateurs. Mathilde Wesendonck-Cosima Liszt. Marguerite Alba Mignaty-Charles de Pomairols. Mme Ackermann-Louis le Cardonnel. Alexandre Saint-Yves.
Paris, Perrin & Cie, 1908, X-366 p.
Réimpressions successives (20ème édition en 1930)
Parmi ces trois « femmes inspiratrices » les deux femmes qui ont le plus compté dans la vie de Wagner : Mathilde Wesendonck est portraiturée dans sa relation avec Richard Wagner ; Cosima est présentée, elle, seule, dans son engagement pour l'œuvre de Bayreuth. Malgré les chapitres annoncés sur la page de couverture, il y a aussi trois sections plus ou moins relatives à Wagner et non aux « inspiratrices » : « Le Jubilé de Bayreuth de 1901 », « Le Théâtre du Prince Régent à Munich », « Wagner intime » (d'après les *Souvenirs sur Richard Wagner* de Ludwig Schemann), et une qui n'a trait ni à l'un ni aux autres : « L'Avenir du théâtre de l'élite en France ».

Autre édition :
Femmes inspiratrices et poètes annonciateurs.
Paris, Triades Edition, 2003, 180 p., illustrations

Le Théâtre initiateur. La genèse de la tragédie. Le drame d'Eleusis.
Paris, Perrin et Cie, 1926, VI-321 p.
Autre ouvrage « wagnérien » de Schuré, moins connu, qui est également une vaste synthèse de l'histoire du genre, en remontant à son essence supposée, c'est-à-dire grecque. A lire une section « L'Occulte dans la vie et dans l'œuvre de Richard Wagner » (pp. 83-113).

Le Rêve d'une vie. Confession d'un poète. Ouvrage orné d'un portrait.
Paris, Perrin, 1928, 331 p., front.
Réimpressions successives.
A lire le chapitre intitulé « Deux années d'études en Allemagne, Richard Wagner » (pp. 71-84), qui complète les « Souvenirs personnels sur Richard Wagner ». Ces pages sont plus ici le récit des impressions générées par la musique de Wagner et de l'influence de « *ce puissant génie* » sur l'œuvre et la pensée de Schuré.

SCHWARTZ (Manuela) [éd.]
Vincent d'Indy et son temps. Sous la direction de Manuela Schwartz avec la collaboration de Myriam Chimènes.
Sprimont, Pierre Mardaga, 2006, coll. « Musique-Musicologie », 391 p., index
Ce volume constitue les actes du colloque international « Vincent d'Indy et son temps », organisé à la B.N.F. à l'occasion du 150ème anniversaire de la naissance du compositeur (septembre 2002). Il contient les textes remaniés et mis à jour de la plupart des communications. La partie « Aspect de l'antisémitisme de Wagner » (pp. 42-46) de l'article de Manuela Schwartz (professeur de musicologie à l'Université des sciences pratiques de Magdebourg et auteur d'une thèse consacrée à d'Indy (Berlin, 1995)), intitulée « Nature et évolution de la pensée antisémite chez d'Indy » (pp. 37-63) est à lire, car puisant aux meilleures sources (*Wagner und der Antisemitismus* de Borchmeyer). On regrette que l'article de Katherine Ellis consacré à d'Indy et Wagner, intitulée « En route to Wagner » soit non traduit. Beaucoup de références à Wagner.

SCHWEITZER (Albert)
Mes souvenirs sur Cosima Wagner.
L'Alsace française (Numéro spécial : Le Cinquantenaire de la mort de Richard Wagner), 12 février 1933 ; Tome XXV - N°7 : pp. 124-125
Ce témoignage du célèbre pasteur, médecin et musicien, a été reproduit à deux reprises en 1955 et 1969 (plus complètement) dans les brochures - programmes du festival de Bayreuth sous le titre : « Mes souvenirs sur Madame Cosima et Siegfried Wagner ».

SCUDO (Paul)
Revue musicale. Les Ecrits et la musique de M. Wagner.
La Revue des Deux-Mondes, 1er mars 1860 : pp. 227-238.
L'auteur est le célèbre critique musical (1806 - 1864) et moins célèbre compositeur... Fameux article d'une tonalité corrosive de critique de « *la musique de l'avenir* » paru à l'occasion des concerts parisiens de Wagner. Il formula le même type de jugement hâtif contre Schumann et Berlioz.

Revue musicale. Le Tannhäuser de M. Richard Wagner.
Paris, La Revue des Deux-Mondes, 1er avril 1861 : pp. 759-770.
Scudo continue à exterminer Wagner comme librettiste, comme théoricien et comme compositeur.

L'Année musicale ou revue annuelle des théâtres lyriques et des concerts, des publications littéraires relatives à la musique et des événements remarquables appartenant à l'histoire de l'art musical. Année 1861. Troisième année.
Paris, Hachette, 1862, pp. 1-30 [d'un vol. de 361 p.]
Réédition en volume des deux articles précédents.

SEMPAYO (Oscar de)
Paris - Munich et retour. Le Cycle wagnérien en 1893 (12 juillet 1894).
Paris, Jules Lievens, 1894, III-185 p.
Ouvrage non consulté.

SÉDOUY (Hélène)
Les Femmes et l'opéra.
Paris, Ramsay, 2004, 281 p., index
Réédition sous un nouveau titre du livre paru en 1984 sous le titre *Laisser couler mes larmes*. Les pages 95 à 110 sont consacrées aux héroïnes wagnériennes. Intérêt limité...

SERVIÈRE (Michel)
Wagner dans le texte de Nietzsche.
In : **LESURE (François) [éd.]** : Regards sur l'opéra. Du ballet comique de la Reine à l'Opéra de Pékin. Quatrième Journée d'études de la Société française de musicologie, 5 - 7 septembre 1975, Rouen. Université de Rouen, Centre d'art, esthétique et littérature.
Paris, Presses universitaires de France, 1976, coll. « Publications de l'Université de Rouen ; 35. Série littéraire », pp. 225-239 [d'un vol. de 259 p.]
Extrait des quatrièmes journées d'études de la Société française de musicologie sur l'opéra au XIXème siècle. L'auteur se livre ici à une analyse stylistique comparée de la *Quatrième Considération inactuelle,* du *Cas Wagner,* et de *Nietzsche contre Wagner.*

SERVIÈRES (Georges)
Richard Wagner jugé en France.
Paris, Hachette, s.d. (1887), XXVIII-330 p., index
L'auteur (1858 - 1937) a rédigé une excellente analyse, pleine de faits et de documents, allègrement écrite, qui regroupe et résume les écrits publiés en France sur Wagner, et expose d'après une revue actuelle ou rétrospective des journaux et des livres, les variations de la critique et la versatilité de l'opinion face aux œuvres de Wagner de 1839 à 1886. Remarquable par la qualité de sa documentation, souvent de première main. Première véritable étude d'une bibliographie wagnérienne française.

Tannhaeuser à l'Opéra en 1861.
Paris, Fischbacher, 1895, 133 p.
Version remaniée et enrichie du chapitre correspondant dans *Richard Wagner jugé en France*. Intéressant par les références aux souvenirs des contemporains des premières représentations de 1861, publiés en 1895 par Fierens-Gavaert dans *Le Journal des débats*, ainsi qu'aux archives de l'Opéra. Ouvrage le plus complet sur la question.

Freischütz. Traduction du poème de Friedrich Kind. Précédée d'un historique de l'œuvre et de ses adaptations françaises, illustrée de deux portraits.
Paris, Fischbacher, 1913, 187 p., 2 planches h.-t.
Ouvrage rédigé à l'occasion de la représentation d'avril 1913 au Théâtre des Champs-Elysées. Importante préface de 110 pages sur l'historique de l'ouvrage et ses diverses adaptations françaises. Une large part est consacrée aux commentaires de Wagner à propos de l'œuvre et de sa représentation parisienne en 1841.

La Représentation en français des drames de Richard Wagner. (Extrait de la « Revue d'art dramatique »).
Paris, s.d. (1902), 26 p.

Episodes d'histoire musicale.
Paris, Fischbacher, 1914, 308 p.
A lire : « Les Deux Vaisseaux Fantômes » et « L'Orchestre invisible » (pp. 257-286).

Les Visées de Richard Wagner sur Paris.
In : Wagner et la France. La Revue musicale, 1er octobre 1923 : pp. 88-110.

SHAW (George-Bernard)
Le Parfait wagnérien. Traduction originale par Augustin et Henriette Hamon.
Paris, Editions Montaigne, 1933, 188 p.

Autre édition :
Le Parfait wagnérien. Traduction originale par Augustin et Henriette Hamon.
Paris, Edition d'Aujourd'hui, 1975, coll. « Les Introuvables », 188 p.
Réédition en fac-similé de l'édition d'Aubier, 1933.
Ce classique de la littérature wagnérienne se présente sous la forme originale d'un guide à l'usage du spectateur du Ring, qui donne à l'humoriste irlandais (1856 - 1950) l'occasion d'exposer à sa manière, fort ingénieuse et pétillante d'intelligence, le point de vue du sociologue sur la Tétralogie (la lutte des classes). Shaw fut le premier à associer étroitement les noms de Wagner et de Marx.

Ecrits sur la musique, 1876 - 1950. Choix de textes effectué par Georges Liébert, d'après l'édition établie par Dan H. Laurence. Traduit de l'anglais par Béatrice Vierne, Anne Chattaway et Georges Liébert. Présentation et notes par Georges Liébert. Index établi par John Tyler Tuttle.
Paris, Robert Laffont, 1994, coll. « Bouquins », XXXI-1466 p., index
Anthologie des textes de critique musicale rédigés par Shaw entre 1876 et 1920. Articles pleins de brio d'une lecture très agréable. Wagnérien, il porte cependant un jugement lucide et souvent désopilant, sur la façon dont sont interprétées les œuvres de Wagner à l'époque, en traitant en particulier des festivals de Bayreuth de 1889, 1894, 1896 et des fameux concerts de Hans Richter à Londres. Edition complétée par un index détaillé, ce qui rend la consultation de l'ouvrage très aisée.

SHIOMI (Hara)
Esthétique musicale de Proust.
Thèse de littérature française : Université de Paris III. 1996 ; 409 p.
Ce travail replace l'esthétique musicale de Proust dans son contexte socioculturel et en recherche les « *sources textuelles* ». Ainsi, le roman proustien peut être considéré comme le dernier roman wagnérien, comme une dissidence avec l'anti-wagnérisme.

SKELTON (Geoffrey)
Richard et Cosima Wagner. Radioscopie d'un couple. Traduit de l'anglais par Nicole Tisserand et Edith Ochs.
Paris, Buchet/Chastel, 1986, 265 p., index
Le traducteur en langue anglaise du *Journal* de Cosima apporte un nouvel éclairage sur la vie de Wagner et l'élaboration de son œuvre. Ouvrage très complet sur la question.

SOUBIES (Albert)

Soixante-sept ans à l'Opéra en une page. Du « Siège de Corinthe » à « La Walkyrie », 1826 - 1893.

Paris, Fischbacher, 1893, VIII-24 p., une planche dépliante in fine

Tirage limité à 550 exemplaires.

Ouvrage qui n'a sa place ici que par son titre. Il s'agit simplement d'un tableau récapitulatif de toutes les représentations aux dates mentionnées à l'Opéra de Paris, précédé d'un exposé sommaire qui s'achève par la question d'un éventuel succès de la création française de La Walkyrie en 1893 sur la scène du Palais Garnier.

SOUBIES (Albert) - MALHERBE (Charles)

L'Oeuvre dramatique de Richard Wagner.

Paris, Fischbacher, 1885, 303 p.

Réimpression l'année suivante.

Livre de vulgarisation conçu dans un esprit modéré et pratique (langue facile dans les détails techniques) comprenant l'analyse des poèmes mais aussi une critique musicale plus sérieuse que celles qui l'ont devancée des onze principaux drames de Wagner. On note trois chapitres sur le musicien, le poète dramatique et le metteur en scène. Il est regrettable que l'ouvrage élude l'aspect philosophique des drames wagnériens.

Mélanges sur Richard Wagner : un opéra de jeunesse, une origine possible des Maîtres-chanteurs, Wagner et Meyerbeer, un projet d'établissement en France.

Paris, Fischbacher, 1892, V-164 p., front.

L'ouvrage contient une étude étendue des Fées, un article sur « Une origine possible des Maîtres-chanteurs », à partir de l'analyse de l'Elève de Presbourg, représenté en 1840 à l'Opéra-Comique et qui aurait pu inspirer Wagner..., et sur « Richard Wagner et Meyerbeer », reprenant un texte louangeur de Wagner à propos de l'auteur du Prophète, et resté inédit (probablement *Uber Meyerbeers Hugenotten* (1837 ou 1840)).

Histoire du Théâtre-Lyrique, 1851-1870. Etude historique sur le théâtre musical à Paris. La Salle du boulevard du Temple, la salle de la place du Châtelet.

Paris, Fischbacher, 1899, 59 p.

Quelques lignes évoquent la création parisienne de Rienzi en 1869.

SOUTHON (Nicolas)

Richard Wagner à Bayreuth : la villa « Wahnfried », ou le sacre de l'artiste.

In : La Maison de l'artiste : construction d'un espace de représentations entre réalité et imaginaire (XVIIe-XXe siècles).

Rennes, Presses Universitaires de Rennes, 2007, pp. 63-73 [d'un vol. de 311 p.]

La Villa Wahnfried : un wagnérisme entre collection et « muséification ».

In : Les Collections d'instruments de musique. Deuxième partie. Musique-Image-Instruments. Revue française d'organologie et d'iconographie musicale.

Paris, CNRS éditions, 2007 ; N°9 : pp. 194-212 [d'un vol. de 287 p.]

Deux articles se recoupant l'un et l'autre sur Wagner à Wahnfried, n'apportant rien vraiment de nouveau.

SPIGL (Friedrich)
Wagner et Debussy.
La Revue blanche, 1er décembre 1902 : pp. 517-533.
L'auteur voit en Debussy le véritable disciple de Wagner. En composant Pelléas, le musicien, non seulement ferait appel aux leitmotifs, mais la musique sortirait « *directement des entrailles du poème* ». En élisant le drame de Maeterlinck, Debussy aurait « *eu la main wagnérienne* ».

STAROBINSKI (Jean)
Les enchanteresses. Dessins de Karl-Ernst Hermann.
Paris, Edition du Seuil, 2005, coll. « La Librairie du XXIème siècle », 271 p., cahier de 4 planches en couleur h.-t., index
L'ouvrage est constitué par la réédition, revue et augmentée, d'un certain nombre de textes, parus dans diverses publications, mais est également enrichi de nombreuses pages inédites. L'auteur analyse le statut « d'enchanteresses » des grandes héroïnes lyriques. Il y est question de Wagner dans plusieurs chapitres (pp. 35-50) : « Le Dualisme gnostique de Wagner », « La Défaite des enchanteresses », « Nietzsche contre le vieil enchanteur » et « Pourquoi Nietzsche préfère Carmen ».

STEINER (Rudolf)
Mythes et Légendes et leurs vérités occultes. Seize conférences faites à Berlin, Cologne et Nuremberg en 1905, 1906 et 1907. Traduction de Claudine Villetet.
Genève, Edition anthroposophiques romandes, 2004, coll. « Science de l'esprit », 263 p.
Ouvrage du célèbre philosophe-pédagogue autrichien qui traite dans sa seconde partie de « Richard Wagner à la lumière de la science de l'esprit » (pp. 141-237). Extrait du sommaire : « *L'humanité est guidée par les grands initiés. Wagner veut sauver l'homme du matérialisme. Amour et amour christique chez Wagner. Conception d'une musique comme révélation d'un autre monde...* »

STIMPSON (Brian)
Wagner. « Le plus grand homme possible ».
In : **LAWLER (James) - GUYAUX (André)** : Paul Valéry. Cahier dirigé par James Lawler et André Guyaux.
Paris et Genève, Honoré Champion et Slatkine, 1991, coll. « Littérature moderne ; 2 », pp. 63-78 [d'un vol. de XII-223 p.], 12 planches en noir, index.
Nouvelle synthèse érudite et actuelle sur la question des rapports de Valéry à Wagner.

STOCKELIN (Hubert), voir : VERDEAU-PAILLÈS (Jacqueline)

STOCKHELM (Michel)
Maurice Kufferath : un archétype de « guide musical ».
In : **FAUSER (Annegret) - SCHWARTZ (Manuela) [éd.]** : Von Wagner zum Wagnerisme (sic). Litteratur, Kunst, Politik.
Leipzig, Leipziger Universitäts Verlag, 1999, coll. « Deutsche Französische Kultur Bibliothek, Band 12 », pp. 547-573 [d'un vol. de 642 p.], index.

STORCH (Wolfgang) - MACKERT (Josef) [éd.]
Les Symbolistes et Richard Wagner - Die Symbolisten und Richard Wagner. Herausgegeben von Wolfgang Storch. Mitarbeit Josef Mackert
Berlin, Édition Hentrich, 216 p., 20 planches d'illustrations en couleur, illustrations en noir in-t et h.-t.
Catalogue de l'exposition, tenue respectivement à Berlin, Bruxelles et Paris d'août à octobre 1991, qui s'articule autour de trois thèmes : « Der Ring der Nibelungen : L'Eau, l'air, la terre et le feu » - « Tristan und Isolde : L'Amour, la mer et la mort » et « Parsifal : Jésus Christ ». Les textes sont multilingues. On y retrouve plusieurs contributions en langue française : Boulez (Pierre) : *Le regard français ?* ; Renoir (Auguste) : *Lettre à un ami* ; Bachelard (Gaston) : *L'Eau et les rêves. La Psychanalyse du feu* ; Michaux (Henri) : *Les Fées du Rhin* ; Clément (Catherine) : *La Forêt, l'Inde et le sommeil* ; Firnari (Bruno) : *L'Androgyne perverti. Wagner et la fin de siècle en France et en Belgique* ; Kufferath (Maurice) : *Parsifal* ; Gracq (Julien) : *Au château d'Argol* ; Backès (Jean-Louis) : *Revenu à des primitives épellations* ; Lacoue-Labarthe (Philippe) : *Le Wagner de Baudelaire* ; Fauser (Annegret), Mackert (Josef) et Waschek (Matthias) : *Correspondances. Les Tendances esthétiques à Paris et à Bruxelles, 1860 - 1917.*

STRAUSS (H.) [éd.]
Richard Wagner et le wagnérisme. Centenaire du festival de Bayreuth, 1876-1976. Catalogue rédigé par H. Strauss pour la partie musicologique, avec la collaboration de Lily Greiner, François Zehnacker. Exposition Bibliothèque nationale et universitaire de Strasbourg du 8 au 29 juin 1976.
Strasbourg, Bibliothèque nationale et universitaire de Strasbourg, 1976, 73 p.
Catalogue dactylographié, dont les numéros reprennent l'ensemble des pièces exposés, et sont enrichis d'un bref commentaire. Une partie intéressante, inédite de la bibliographie wagnérienne : Wagner, Strasbourg et la France (pp. 35-40). Aucune iconographie.

STRAUSS (Richard)
Anecdotes et souvenirs. Version française de Pierre Meylan et Jean Schneider. Textes réunis par Willi Schuh.
Lausanne, Editions du Cervin, 1951, coll. « Les Documents célèbres - 1 », 121 p.
Strauss avait demandé à Willi Schuh, grand musicologue suisse (1900 - 1985), d'être son biographe et lui avait donné carte blanche pour la publication de divers textes et propos. Ces documents furent publiés en 1949, peu après sa mort, sous le titre *Betrachtungen und Erinnerungen.* Il tint dans sa jeunesse, sous l'influence de son père, des « *jugements désinvoltes et impudents* » sur Wagner. Mais, rapidement, il devint un wagnérien fervent et militant, assistant à Bayreuth à la générale de la première de Parsifal en 1882, puis en y revenant en 1888. Après avoir rencontré Cosima et grâce à la recommandation de Bülow à Julius Kniese, conseiller musical de la directrice du festival, il fut invité en 1889 et en 1891 comme assistant musical (solorepetitor) pour la scène à Bayreuth, puis au pupitre de « *l'abîme mystique* » pour diriger Tannhäuser en 1894. Ses premiers opéras, Guntram (dont il écrivit le livret), Salomé et Elektra se ressentent beaucoup de l'influence wagnérienne. Quand il va ensuite se convertir à un

certain classicisme, il conservera toujours son admiration sans limite pour Wagner (il plaçait Tristan et Parsifal au-dessus de tout). Mais pas pour le « *cercle de Bayreuth* » dont, dès 1896, il supportait mal la flagornerie ambiante. Il fit néanmoins front commun avec Cosima dans son combat pour garder l'exclusivité de Parsifal pour le Festspielhaus, inquiet de voir « *livrer à la dissémination d'un tel ouvrage sur les plus petites scènes de province, où il sera écouté le dimanche après-midi par les bourgeois allemands, entre le repas de midi et la chope du soir* ». Il revint à Bayreuth en 1933 remplacer Toscanini (qui refusait désormais de se produire en Allemagne depuis la prise de pouvoir d'Hitler) pour diriger Parsifal et à nouveau pour quelques représentations en 1934. Il ne revint jamais plus à Bayreuth par la suite.

[Articles]

Les textes de Strauss sont peu nombreux et de faible intérêt historique, théorique ou analytique. On peut cependant regretter que les articles suivants publiés dans un recueil de textes du compositeur ne soient pas traduits en français (*Richard Strauss. Dokumente, Aufsätze, Aufzeichnungen, Vorworte, Reden, Briefe*. Leipzig, Reklam, 1980, 357 p.) :

- « Tannhäuser à Bayreuth. Résonances après Tannhäuser. Lettre d'un Kappellmeister allemand sur l'orchestre de Bayreuth », paru dans les *Bayreuther Blätter* de 1892 dans lequel Strauss énonce les conditions d'une représentation lyrique idéale (réunies à Bayreuth).
- « A propos de la protection du Parsifal (Zur Frage des Parsifal-Schutzes) », paru dans les *Hamburger Fremdeblatt* d'août 1912 : cet article, paru à deux ans de la fin du privilège bayreuthien de Parsifal, soutient la position de Cosima et s'oppose à la diffusion de Parsifal hors de Bayreuth.

En français, on pourra lire :

- Impressions de Richard Strauss sur la première mise en scène de Tannhäuser à Bayreuth 1891.

In : Bayreuther Festspiele Programm, Tannhäuser, 1964, pp. 60-68.

Lettre publiée sans nom de destinataire, ni de date, qui rend compte de la création bayreuthienne de Tannhäuser.

- Après la direction de Parsifal, été 1893.

In : Bayreuther Festspiele Programm, Parsifal, 1976, p. 66.

[Correspondance]

Maigre écrivain, mais grand épistolier, Strauss a laissé une nombreuse correspondance, pour partie traduite en français. Malheureusement, la correspondance entre Cosima Wagner et l'auteur d'Elektra n'est pas traduite (*Cosima Wagner - Richard Strauss : Ein Briefwechsel*. Tutzing, 1978). Pour les éditions francophones, il conviendra de se reporter à :

Richard Strauss et Romain Rolland. Correspondance. Fragments de journal. Avant-propos de Gustave Samazeuilh. Numéro spécial des Cahiers Romain Rolland N°3.

Paris, Albin Michel, « Cahiers Romain Rolland », 1951, 243 p., front., deux portraits, fac-similé h.-t., index.

C'est à Bayreuth le 1er juillet 1891 que Richard Strauss rencontra à Wahnfried, Romain Rolland. Ils firent réellement connaissance à Berlin en 1899. Une correspondance nourrie s'établira jusqu'en 1926, cessant alors pour des raisons demeurées mystérieuses. Romain Rolland, sorte « *d'antenne parisienne du compositeur allemand* » (D. Jameux), l'aida pour l'adaptation allemande du texte de Salomé. Ces lettres sont capitales pour cette œuvre de Strauss. Bien évidemment, de nombreuses références à Richard Wagner.

Mahler - Strauss : Correspondance, 1888 - 1911. Rassemblée et commentée par Herta Blaukopf. Nouvelle édition revue et augmentée. Traduite de l'allemand par Martin Kaltenecker.
Arles, Bernard Coutaz, 1989, coll. « Musicales », 219 p., index
L'ouvrage rassemble la correspondance échangée entre août 1888 et le 20 mai 1911 (lettre de condoléances à Alma Mahler). Ces lettres fournissent une contribution à la compréhension de la musique et de la vie musicale de leur temps ainsi que l'image d'une amitié et d'une rivalité, que retrace l'essai qui suit la correspondance intitulé « Rivalité et amitié : la relation passionnelle entre Gustav Mahler et Richard Strauss » (pp. 137-207). Le lecteur notera de nombreuses références à Wagner également.

Strauss - Hofmannsthal : Correspondance, 1900 - 1929. Préface et traduction de Bernard Banoun.
Paris, Fayard, 1992, 690 p., index
Première édition quasi-complète de cette correspondance entre Strauss et son librettiste préféré, le poète et dramaturge autrichien Hugo von Hofmannsthal (1874 - 1929). Elle ne fut publiée qu'en 1952 après la mort du compositeur par Willi Schuh. L'édition publiée en français est semblable à la dernière édition allemande, qui date de 1978, et est augmentée de très nombreuses lettres retrouvées depuis 1952. Elle comporte quelques six cents lettres de novembre 1900 au 14 juillet 1929. Ouvrage d'une lecture extrêmement vivante, qui permet, outre de reconstituer dans le détail la genèse du Chevalier à la Rose ou de La Femme sans ombre, d'éclairer sous un jour nouveau le problème des rapports entre le texte et la musique à l'opéra en mettant en évidence le rapport à la fois conflictuel et admirateur à Wagner. Ainsi le nom des Maîtres-chanteurs est souvent évoqué durant la genèse du Chevalier à la Rose.

Richard Strauss - Stefan Zweig. Correspondance 1931 - 1936. Edition française établie, présentée et annotée par Bernard Banoun. Traduction de l'allemand par Nicole Casanova et Bernard Banoun.
Paris, Harmoniques - Flammarion, 1994, 254 p., illustrations en noir h.-t.
Essentiel pour la genèse de la Femme silencieuse, mais très peu de choses sur Wagner.

STRAETEN (Edmond Van der)
Lohengrin. Instrumentation et philosophie.
Paris, J. Baur, 1879, 37 p.
Brochure hyperbolique, dédiée à Cosima Wagner, écrite souvent en « un *galimatias flamand* » inintelligible d'un musicographe belge. Il étudie l'orchestration de l'opéra au point de vue de la caractéristique des personnages, et livre quelques aperçus philosophiques de valeur discutable.

Turin musical, pages détachées : Chansons populaires, concerts, théâtres lyriques, critique musicale, wagnérisme.
Audenarde, Imprimerie de Bevernaege - van Eechaute, 1880, IV-55 p.
L'auteur publia également à Paris une série d'articles dont l'un, intitulé « Wagnérisme », reproduit dans cette brochure, établissait un parallèle entre Voltaire et Wagner..., qui fut grandement apprécié à Wahnfried (nous dit-on...).

STRAVINSKI (Igor Fedorovitch)
Chronique de ma vie. Ecrit en collaboration avec Walter Nouvel. Avec six dessins hors texte.
Paris, Denoël et Steel, 1935 - 1936, 2 vol. 187 et 190 p., 6 feuillets de planches au Tome I avec front.

Autre édition :
Chronique de ma vie. Suivi d'une discographie critique par Jacques Lory.
Paris, Denoël - Gonthier, 1962, coll. « Bibliothèque Médiations », 208 p.
Réimpression en 1971.
On y trouvera le récit par Igor Stravinski (1882 - 1971) de son bref séjour à Bayreuth en 1912 où il assista, sur l'invitation de Diaghilev, à Parsifal. Il use et abuse dans ces deux pages de l'humour à propos du Festspielhaus. L'ambiance de Bayreuth lui parut « *lugubre* », la salle semblable à un « *crématoire* ». Il ironise sur le silence absolu dans la salle (un petit craquement de sa stalle lui vaut le regard courroucé de centaines de paires d'yeux), du ridicule d'un culte religieux sur une scène... Si la musique de Wagner est « *trop loin de (lui) aujourd'hui* », l'auteur du Sacre est surtout révolté par la « *singerie inconsciente du rite sacré* » qu'est à ses yeux « *cette comédie de Bayreuth avec son risible protocole* ». L'allergie à Wagner ira croissant au fil des années...

Poétique musicale. Avec un portrait de l'auteur par Picasso.
Paris et Dijon, J.B. Janin, 1945, coll. « La Flûte de Pan », 166 p., front.

Autres éditions :
- Poétique musicale, avec un portrait de l'auteur par Picasso. Nouvelle édition revue et complétée.

Paris, Plon - Edition Le Bon Plaisir, 1952, coll. « Amour de la musique », 101 p., front.
- Poétique musicale sous forme de six leçons. Edition établie, présentée et annotée par Myriam Soumagnac.

Paris, Flammarion, 1997, coll. « Harmoniques », 189 p., cahier de fac-similés in fine, index
Réimpression en 2000.
La musique de Wagner avait été pour Stravinsky un amour de jeunesse et il s'était familiarisé avec la plupart des drames musicaux à partir des réductions pour piano, les défendant contre la réprobation de son professeur. Après son séjour à Bayreuth en 1912, sa méfiance vis-à-vis de la conception wagnérienne du drame et sa haine de cette musique sont restées dans l'ombre pendant quelques années avant d'éclater de manière d'autant plus incisive dans les conférences de la *Poétique musicale* (1939 - 1940).

SUARÈS (André)
Wagner.
Paris, Editions de la Revue d'art dramatique, 1899, 208 p.
Une autre édition aurait été publiée chez Ollendorf la même année.
Dauriac juge sévèrement cet ouvrage en le qualifiant « *d'une fantaisie excessive* voire « *détestable* ». Toutefois, il nous semble que dans une troisième partie « Wagner et le drame », l'auteur (1868 - 1948) nous livre nombres d'idées et réflexions pénétrantes (pp. 99-183).

Sur Wagner.
In : Wagner et la France. La Revue musicale, 1er octobre 1923 : pp. 10-18.
Texte inédit, dont les idées s'inspirent de l'ouvrage précédent.

Baudelaire et Wagner.
In : Musique et Poésie.
Paris, Edition Claude Aveline, 1928, coll. « Musique moderne, V », pp. 145-160 [d'un vol. de 119 p.]
Edition tirée à 1625 exemplaires.

Wagner-Amfortas.
In : Musiciens.
Paris, Edition du Pavois, 1945, pp. 141-154 [d'un vol. de 245 p.]
« *Voilà pourquoi la plainte d'Amfortas est bien le cri le plus déchirant, peut-être, qu'un homme ait fait entendre à la nature* ».

Autre édition :
Musiciens. Naissance de la musique. Beethoven Wagner-Amfortas Baudelaire Liszt, le magnanime l'homme qui improvise.
Paris, Granit, 1986, coll. « du crible - 1 », 262 p.
Contient : *Wagner-Amfortas*, *Amfortas et l'oiseau*, *Baudelaire*. On trouvera en annexe la bibliographie des œuvres d'André Suarès (pp. 256-261).

Pour une édition moderne complète, il convient de se reporter à :
Tome I. Idées et Visions, 1897 - 1923. Tome II. Valeurs et autres écrits artistiques, politiques et critiques, 1923-1948. Edition établie par Robert Parienté.
Paris, Robert Laffont, 2002, coll. « Bouquins », 2 vol. 1002 et 981 p.
On trouvera au Tome I : *Autour de Baudelaire. Baudelaire et Wagner, la première lettre de Baudelaire à Wagner (1922)* (pp. 363-370). Au Tome II : *Vues sur la musique et les musiciens : Grandeur de Wagner (1931)* (pp. 196-198).

TADIÉ (Jean-Yves) [éd.]
Marcel Proust, l'écriture et les arts. Exposition organisée par la Bibliothèque nationale de France en collaboration avec le musée d'Orsay et présentée dans la galerie d'exposition de la Bibliothèque nationale du 9 novembre 1999 au 6

février 2000. Sous la direction de Jean-Yves Tadié avec la collaboration de Florence Callu.
Paris, Gallimard - B.N.F. - R.M.N., 1999, 311 p.
On y trouve plusieurs références à Wagner, notamment dans les sections : « Miroirs de Vinteuil. Portrait de l'artiste en mélomane » par J.M. Nectoux (pp. 42-53) et « De la culture de la création » par J.Y Tadié (pp. 123-127).

TARASTI (Erero)
Mythe et musique. Wagner, Sibelius, Stravinski. Traduction de l'anglais par Damien Pousset.
Paris, Edition Michel de Maule, 2003, 490 p.
Traduit du finnois, cet ouvrage de Tarasti, compositeur et professeur de musicologie à Helsinki, comporte un chapitre sur Wagner détaillant sur ces thèmes (mythe et musique) la deuxième journée du Ring, Siegfried. Musicologique et philosophique, donc complexe...

TARDIEU (Charles)
Lettres de Bayreuth. L'Anneau du Nibelung par Richard Wagner. Représentations données en août 1876 (extrait de « L'Indépendance belge »).
Bruxelles, Schott, 1883, 175 p.
Le présent « reportage » se situe dans la moyenne, sans plus, de ce que peut attendre un lecteur de journal : description consciencieuse de ce que l'on pouvait voir sur scène et « off » dirait-on maintenant, mais par contre, pratiquement inexistante de ce que l'on pouvait entendre... Quatre « papiers » adressés à *L'Indépendance belge*, comme il se doit pour les quatre « journées », suivis d'articles intitulés « Le Banquet », « Une soirée chez Richard Wagner », « Le Théâtre Wagner », « L'Anneau du Nibelung », synthèse des impressions du journaliste qui conclut : « *Je ne crois pas que l'Anneau du Nibelung ait chance de devenir, dans l'intégrité de ses quatre journées, ce qu'on appelle une œuvre de répertoire* ». Tardieu (1838 - 1909), fut l'une des figures marquantes de la critique belge. D'origine française, apparenté à Gounod, il fut un des wagnériens de la première heure et rencontra Wagner grâce à Hans Richter. Presque toute sa carrière se déroula à *L'Indépendance belge*. Il fut le premier journaliste élu à l'Académie royale de Belgique où, moins d'un an après son décès, Kufferath lui succéda.

TARDY (Joseph)
Causerie-audition sur les Maîtres-chanteurs (29 mars 1897).
Mâcon, Protat Frères, 1897, 16 p.
Plaquette d'introduction à l'œuvre de Wagner sans autre intérêt qu'historique. A noter cependant que cette causerie prit place à l'époque dans 32 (!) représentations qui suivirent la première française à Lyon du 30 décembre 1896. Joseph Tardy, surnommé « Jot » fut un pèlerin très assidu du festival de Bayreuth.

TCHAÏKOVSKI (Piotr-Ilitch)
Piotr Tchaïkovski, écrits, critiques, souvenirs. Traduction de Dora Sanadzé. Présentation de V. Kharlamov, choix et notes d'Olga Kharlamov.
Moscou, Radouga, 1985, 382 p., 33 pages d'illustrations, index
Extraits de lettres, de journaux, plusieurs articles de critique musicale. Non consulté.

Tchaïkovski au miroir de ses écrits. Textes choisis, traduits et présentés par André Lischke.
Paris, Fayard, 1996, coll. « Ecrits de musiciens », 434 p., index
En août 1876, Tchaïkovski assiste en qualité de reporter des *Rousskié Viedomosti* (*Les Nouvelles Russes*) à l'inauguration du théâtre de Bayreuth. Une série de cinq articles est publiée dans le journal russe sous le titre général : « Le Festival musical de Bayreuth ». Le premier, en date du 13 mai 1876, informe les lecteurs sur les généralités du projet wagnérien. Les suivants, publiés les 3 et 4 août, sont entièrement consacrés au synopsis détaillé des quatre ouvrages. L'avant-dernier, du 14 août, décrit l'ambiance du festival et la ville. Enfin, l'ultime article, daté du 28 août, est une réflexion critique sur l'œuvre et son style et sur les principes wagnériens. Cet ouvrage donne la traduction des articles I, IV et V (pp. 243-256). Ces pages sont complétées par la correspondance (à son frère, à Mme von Meck) dans laquelle le compositeur donne libre cours à sa réaction épidermique envers l'œuvre de Wagner (pp. 256-263). On lira enfin les pages 273 à 274 : « Wagner et sa musique. Interview de Tchaïkovski » publiée dans le journal new yorkais, *Morning Journal*, du 3 mai 1891, dans le cadre de l'inauguration du Carnegie Hall et de la tournée qui a suivi aux Etats-Unis. Ce texte montre que l'opinion du compositeur russe sur Richard Wagner n'avait pas changé.

Voyage à l'étranger. Edition présentée par Svetlana Haillot. Traductions de Dora Sanadzé et Svetlana Haillot
Paris, Le Castor astral, 1992, coll. « Les Inattendus », 137 p., front.
Reprise abrégée et partiellement différenciée du volume précédent.
Recueil d'articles publiés en Russie, consacrés en particulier à Hans von Bülow (20 mars 1874), à l'œuvre symphonique de Wagner (29 novembre 1872), au premier festival de Bayreuth [Publication partielle ne concernant que les deux derniers articles]. En appendice figure le texte cité précédemment, publié le 3 mai 1891 dans le *Morning Journal.*

TCHERNIAK (Olivier)
Le Leitmotiv wagnérien.
In : L'Or du Rhin. L'Avant-Scène Opéra, novembre - décembre 1976, N°6/7, pp. 138-142 [d'un vol. de 226 p.]
Le texte est repris dans la nouvelle édition de novembre 1992.

TEXIER (Marc)
Le Crépuscule des poètes.
In : Le Crépuscule des dieux. L'Avant-Scène Opéra. Nouvelle édition.
Paris, Premières Loges, juin 1993, pp. 122-129 [d'un vol. de 191 p.]

TIERSOT (Julien)
Etude sur les Maîtres-chanteurs de Richard Wagner.
Paris, Fischbacher, 1899, 194 p., front., fac-similés et illustrations en noir in-t.
L'auteur (1857 - 1936), musicologue, bibliothécaire du conservatoire de Paris, fut un spécialiste de la chanson populaire française et fit également revivre dans des concerts des œuvres anciennes souvent oubliées à l'époque. Il nous livre une étude solide, consciencieuse et vigoureuse et qui embrasse toutes les questions littéraires, musicales

ou esthétiques que soulève ce chef-d'œuvre (voir : « Le Hans Sachs de l'Histoire »). Production d'un haut niveau de qualité.

Hector Berlioz et la société de son temps.
Paris, Hachette, 1904, III-371 p.
On lira les deux chapitres « Berlioz, Liszt, Wagner : l'histoire » et « Berlioz, Liszt, Wagner : le génie » pour l'étude des rapports de Berlioz et de Wagner (pp. 249-321).

Lettres françaises de Richard Wagner. Recueillies et présentées par J. Tiersot.
Paris, Grasset, 1935, 414 p., front., un fac-similé, index
Recueil des lettres écrites en français par Wagner ou adressées à des français sur environ quarante-cinq années. L'auteur relie ces récits épistolaires par des explications ou des résumés de faits, ce qui lui permet de tracer un tableau complet de l'activité du compositeur dans ses rapports avec la France.

TISSOT (Victor)
Les Prussiens en Allemagne. Suite du voyage au pays des milliards.
Paris, Dentu, 1875, 510 p.
L'ouvrage connut 54 rééditions jusqu'en 1892.
Les pages 180 à 210 sont consacrées à Wagner. On y trouve une présentation du théâtre de Bayreuth, le récit du poème de l'Anneau sous forme d'une critique acerbe non sans égratigner en particulier Edouard Schuré. Suit une description germanophobe de la vie de Wagner à Munich en 1865, et surtout la première publication française d'extraits de la *Capitulation*. Victor Tissot, publiera le texte ensuite en traduction anonyme dans *L'Eclipse* de 1876.

TOLSTOÏ (Léon)
La Musique de Wagner. Traduit du russe par E. Halpérine-Kaminsky
La Revue de Paris, 1er Mai 1898 ; N°9 : pp. 129-140.
Publications d'extraits de l'ouvrage suivant.

Qu'est-ce que l'art ? Traduit du manuscrit original russe par E. Halpérine-Kaminsky
Paris, Ollendorff, 1898, 322 p.
Essai d'esthétique générale, dont les « *idées ne sont rien moins que neuves, et singulièrement incohérentes ou contradictoires* » (Kufferath). C'est ainsi qu'il reprend à son compte personnel, croyant les avoir inventées, certaines thèses que l'on peut trouver dans les écrits de Wagner. Le chapitre XII s'intitule : « L'Œuvre de Wagner, modèle parfait de contrefaçon de l'art ». « *De la musique, c'est-à-dire d'un art nous transmettant un sentiment éprouvé par l'auteur* », il n'a pas trouvé dans tout cela la moindre trace. Il avoue cependant, quitte à se contredire par cet aveu, que « *les sons eux-mêmes sont beaux. Car Wagner, qui était loin de manquer de talent, a inventé, - vraiment inventé - pour accompagner son texte, des combinaisons de sons aussi belles d'harmonie que de timbre* ». Et « *les décors sont beaux, et les costumes, et les nymphes (sic) et la Walkyrie. Mais toute cette beauté est d'un ordre inférieur, d'un goût fâcheux, comme les belles femmes qu'on voit peintes sur les affiches, ou comme de beaux officiers en grande tenue. Et l'œuvre de Wagner, grossière, basse, vide de sens, ne nous*

offre en résumé qu'un modèle parfait de contrefaçon de l'art ». On pourra toujours lire pour se divertir les pages que Tolstoï (1828 - 1910) consacre au récit ironique, parodique et burlesque d'une représentation des deux premiers actes de Siegfried (pp. 210-234), le poète n'ayant pas eu le courage d'entendre le dernier...

Autres éditions :

- Qu'est-ce que l'Art. Traduit du russe et précédé d'une introduction par Teodor de Wyzewa.

Paris, Librairie Académique Perrin, 1898, XII-270 p.
Réimpression en 1911.
Cette édition est précédée d'un avertissement du wagnériste, Wyzewa. Ce dernier met le lecteur en garde contre la critique de Tolstoï, qui reposerait en fait sur « *une erreur de fait, excusable* ». Le seul tort de l'écrivain russe serait « *de n'avoir pas su présenter sa doctrine sous une forme claire et précise* ». « *Si le comte de Tolstoï, au lieu d'entendre massacrer à Moscou deux actes de Siegfried, avait pu entendre jouer Parsifal au théâtre de Bayreuth, peut-être se serait-il trouvé forcé de citer Wagner dans sa liste des quelques drames qui ont tenté un art chrétien supérieur* ». Le chapitre XII est situé pages 161 à 184.

- Ecrits sur l'art. Textes rassemblés, présentés et annotés par Lubomir Radoyce. Traduit du russe par Maya Minoustchine. Postface d'Alain Jouffroy.

Paris, Gallimard, 1971, coll. « Les Classiques russes », 496 p., 8 feuillets de planches, index
Réunit « *Qu'est-ce que l'art ?* » et d'autres textes.

TONNELAT (Ernest)
Richard Wagner et Wolfram von Eschenbach.
In : Mélanges. Henri Lichtenberger. Hommage de ses élèves et de ses amis, juin 1934. Goethe et son temps, Wagner et son temps, L'Allemagne contemporaine.
Paris, Stock, 1934, pp. 257-266 [d'un vol. de 446 p.]
Exemplaires numérotés sur alpha vergé, tiré à 500 exemplaires.
Etude des esquisses de Parsifal à la lumière du Parzival.

La Légende des Nibelungen en Allemagne au XIXème siècle. Avant-propos de Jean Fourquet. Publications de la faculté des lettres de l'Université de Strasbourg, fascicule 119.
Paris, Société d'édition Les Belles Lettres, 1952, IV-155 p., front.
Cet ouvrage est la publication d'un cours au Collège de France, pour l'année 1938-1939, dû à ce professeur au Collège de France et à la faculté de lettres de Strasbourg, (1877 - 1948), spécialiste des poèmes haut-allemands (Il publia un volume intitulé *La Chanson des Nibelungen, étude sur la composition et la formation du poème épique*). Il traite des « *meilleurs remaniements modernes de la légende des Nibelungen* » de la Motte-Fouqué à Hebbel, en passant par Raupach et Wagner, bien évidement (« *le plus hardi de tous les remanieurs* »). Le chapitre III (pp. 48-91) est entièrement consacré à la Tétralogie, mettant en relief les éléments d'inspiration légendaire dans le poème wagnérien.

TOUYA DE MARENNE (Eric)
Musique et poétique à l'âge du symbolisme. Variations sur Wagner : Baudelaire, Mallarmé, Claudel, Valéry.
Paris, L'Harmattan, 2005, coll. « Littératures comparées », 286 p.
L'ouvrage explore la mise en question wagnérienne du sens et de la destinée de la création littéraire, artistique et musicale à travers la réflexion des poètes français, Baudelaire, Mallarmé, Claudel et Valéry. De 1860 à 1945, chacun à sa manière va mesurer d'un regard plus critique qu'enthousiaste, le sens et les ramifications de l'avènement de l'art wagnérien, et « *tenter de résoudre l'impasse musicale, donner un sens nouveau à la littérature, et recouvrer ce que le compositeur s'était approprié, en un mot : reprendre à la musique son bien* ».

TRÈVES (Richard)
Une interview imaginaire avec Richard Wagner.
Paris, Editions S.d.E., 2004, 101 p.
L'idée était séduisante : faire parler Wagner lui-même sur ses œuvres, sa méthode, les femmes, l'antisémitisme... Malheureusement, l'imagination et les compétences de l'auteur font défaut...

TRIBOUT DE MOREMBERT (Henri)
Richard Wagner était-il d'origine Messine ?
Mémoires de l'Académie nationale de Metz, 1965-66 ; Vème série - Tome XI : pp. 127-133.
Tiré à part des mémoires de l'Académie nationale de Metz.
Ouvrage non consulté.

TUBEUF (André)
Bayreuth et Wagner. Cent ans d'images. 1876 - 1976. Réalisation et maquette de Sylvain Canaux.
Paris, Jean-Claude Lattès, 1981, 24 p. et 60 feuillets d'illustrations non paginé, très nombreuses reproductions en noir et couleur, photographiques h.-t.
Plus de 350 illustrations : des photos de grands interprètes à celles de mises en scène successives du Ring, de vieilles cartes postales aux portraits de la dynastie Wagner. Toutes les productions suscitées depuis plus d'un siècle par le génie de Wagner, avec les commentaires autorisés et les images de la collection du célèbre critique musical.

Wagner. L'opéra des images.
Paris, Chêne, 1993, 199 p., très nombreuses planches et illustrations en couleur et en noir in-t.
Biographie de Wagner à travers une iconographie très riche et variée, autour de ses œuvres et de ses interprètes.

L'Offrande musicale. Compositeurs et interprètes.
Paris, Robert Laffont, 2007, coll. « Bouquins », vii-1047 p.
En mille pages, recueil d'articles semés au fil du temps. On y retrouvera le goût de l'auteur pour les chanteurs du passé. Un chapitre sur Wagner (pp. 534-602).

[Articles de l'Avant-Scène Opéra]
- Encore Weber, déjà Wagner.
In : Le Vaisseau Fantôme. L'Avant-Scène Opéra, novembre - décembre 1980, N°30, pp. 94-95 [d'un vol. de 170 p.]
- Bayreuth, une œuvre.
In : Tristan et Isolde. L'Avant-Scène Opéra, juillet - août 1981, N°34/35, pp. 268-273 [d'un vol. de 287 p.]
- Parsifal : celui qui trouvait le chemin, et le perdait.
In : Parsifal. L'Avant-Scène Opéra, janvier - février 1982, N°38/39, pp. 115-116 [d'un vol. de 260 p.]
- Aveugle l'Italie.
In : Tannhäuser. L'Avant-Scène Opéra, mai - juin 1984, N°63/64, pp. 16-184 [d'un vol. de 257 p.]
Le texte est repris dans l'édition de 2004.
- Quels maîtres doivent être ces chanteurs ?
In : Les Maîtres-chanteurs. L'Avant-Scène Opéra, janvier - février 1989, N ° 116/117, pp. 209-213 [d'un vol. de 257 p.]

TULARD (Jean) [éd.]
Dictionnaire du Second Empire, sous la direction de Jean Tulard.
Paris, Fayard, 1995, 1347 p., cahier de 12 feuillets de reproductions en couleur h.-t., illustrations in-t., index
Imposante contribution collective sous la direction du spécialiste incontesté des deux empires napoléoniens, qui démontre que l'audience de Wagner débordait du cercle des mélomanes, fut-il aussi large qu'à Paris, sous le Second Empire. En effet, contrairement aux autres compositeurs de l'époque, un long article dû à la plume de Danièle Pistone lui est consacré (pp. 1327-1328). On trouvera également de nombreuses informations sur l'époque, plusieurs notices biographiques de ceux qui croisèrent le chemin de Wagner, d'Emile Ollivier à Champfleury, en passant par les Metternich, Pourtalès... Véritable ouvrage de référence de l'histoire du Second Empire.

VAISSÉ (Pierre)
Wagner, Semper, Sitte. Du drame lyrique aux plans de villes.
In : **LANG (Paul) [éd.]** : Richard Wagner. Visions d'artistes. D'Auguste Renoir à Anselm Kiefer.
Paris et Genève, Somogy éditions d'art - Musée d'art et d'histoire, 2005, pp. 270-275 [d'un vol. de 287 p.]

VALENTIN (Jean-Marie)
Richard Wagner, un sujet pour germanistes ?
In : **BUSCHINGER (Danielle) - CANDONI (Jean-François) - PERLWITZ (Ronald) [éd.]** : Richard Wagner : Points de départs et aboutissements. Anfangs - und Endpunkte. Actes du colloque d'Amiens 19, 20, 21, 22 octobre 2001.
Amiens, Presse du Centre d'études médiévales, coll. « Médiévales 19 », 2002, pp. 9-23 [d'un vol. de 400 p.]

VALÈRE (Gilles)
Les Tombeaux. (André Chénier, Chateaubriand, Edgar Poe, Musset, Vigny, Delacroix, Baudelaire, Lamartine, Théophile Gautier, Corot, Flaubert, Richard Wagner, Victor Hugo, Barbey d'Aurevilly, Villiers de l'Isle-Adam, Banville, Leconte de Lisle, Paul Verlaine, Burne-Jones)
Bruxelles, Veuve Ferdinand Lancier, 1900, 42 p.
Ouvrage rarissime non consulté.

VALÉRY (Paul)
Cahiers. 1894 - 1914. Tome II. Edition intégrale établie présentée et annotée par Judith Robinson.
Paris, Gallimard, 1974, coll. « Bibliothèque de la Pléiade », 1974, X-1757 p., index des noms propres et des titres d'ouvrage, index analytique
Réimpressions successives.
La vénération de Paul Valéry (1871 - 1945) pour Wagner est moins apparente, moins connue, que celle de poètes de la génération précédente (Baudelaire, Verlaine, Mallarmé et les symbolistes) : « *opposition du caractère nocturne du magicien nordique des sons à la froide raison du virtuose méditerranéen de la forme* » (Hartmut Köhler). Elle n'en est pas moins très réelle. L'écrivain a passionnément aimé Wagner dont les théories sur l'art le ravirent. De la « *magnificence créatrice* » du compositeur, Valéry avoua ne jamais se lasser. Tout comme Mallarmé, Valéry trouva en Wagner une confirmation de ses théories sur l'art. Le poète se considérait comme « *désespéré* » par Wagner. Il confiait à Gustave Samazeuilh : *« Rien ne m'a plus influencé que l'œuvre de ce Wagner* ». Il ne s'agit pas d'une influence musicale, mais d'une présence gigantesque du personnage. On peut rapprocher les figures de *La Jeune Parque*, fille du soleil, à la Brünnhilde de la scène finale de Siegfried appelée à la lumière, et celles de *La Pythie* et de Kundry. Point de véritable essai consacré à Wagner, mais de multiples notules dans la section *Art et esthétique* de ce second volume de la publication intégrale posthume de ces *Cahiers*. La question est approfondie, bien sûr, s'agissant d'une thèse, par Pierre Krebs (voir à ce nom) dans *Paul Valéry face à Richard Wagner*.

1894. Carnet inédit dit « carnet de Londres. » Edition de Florence de Luny.
Paris, N.R.F. - Gallimard - Bibliothèque nationale, 2005, coll. « Blanche », 147 p., fac-similés
Ce carnet correspond au premier voyage de Paul Valéry à Londres à l'âge de 22 ans, là où la même année il écrivit *La Soirée avec M. Teste* puis *L'Introduction à la méthode de Léonard de Vinci*. Les textes rassemblent des extraits des écrits de Léonard de Vinci ainsi que des hommages à Degas, Mallarmé et Wagner.

VALLAS (Léon)
Les Idées de Claude Debussy, musicien français.
Paris, Edition musicale de la Librairie de France, 1927, 250 p., 3 feuillets de planches en noir
Léon Vallas (1879 - 1956) musicologue et critique musical, fonda avec Vincent d'Indy et G.-M. Witkowski en 1902 la Schola Cantorum de Lyon, et en 1903 la *Revue musicale de Lyon* qui devient en 1912 la *Revue française de musique*, puis de 1920 à 1925 la *Nouvelle Revue musicale*. Vallas fut beaucoup plus « debussyste » que

« wagnériste ». Il était allé au festival de Bayreuth en 1911 et en avait conclu que l'on avait là-bas une approche beaucoup plus théâtrale de Wagner et ici (en France) une meilleure exécution musicale. Mais il faut préciser que Vallas, comme les autres Français à l'époque, n'avait aucune habitude d'entendre du Wagner dans sa langue originale et qu'en 1911 l'impérieuse marque de Cosima, privilégiant la déclamation au chant, était encore vivace sur la « *Colline verte* ». Dans le présent ouvrage sur Debussy, le chapitre traitant du jugement de ce dernier sur Wagner reprend essentiellement les articles les plus chauvins de « *Claude de France* ».

Vincent d'Indy. La Jeunesse (1851 - 1886).
Paris, Albin Michel, 1946, 301 p., 16 illustrations en noir h.-t.
Réimpressions successives.
Premier tome d'une biographie suivi d'un deuxième en 1949. La passion de jeunesse du fondateur de la Schola pour Wagner, fait que l'on a ici une recension assez précise de ses pèlerinages initiatiques à Bayreuth et de leurs conséquences.

VALOT (Stéphane)
Les Héros de Richard Wagner. Etudes sur les origines indo-européennes des légendes wagnériennes. Préface de M. Paul Regnaud.
Paris, Fischbacher, 1903, XIV-131 p.
Cet ouvrage, par son angle d'attaque, concerne principalement le Ring, mais également Parsifal, Lohengrin et Tannhäuser. Tentative, il faut le reconnaître, un peu laborieuse. Le pluriel « Etudes » du sous-titre est justement choisi en ce qu'il ne s'agit pas d'une approche d'ensemble et synthétique de la question, mais de « coups de sonde » successifs et quelque peu aléatoires et désordonnés.

VAN NUFFEL (Robert-O.-J.)
Les Ecrivains belges et Wagner;
Bulletin de l'Académie royale de langue et littérature françaises, 1984 ; vol. XLII - N°1 : pp. 70-113.
Seule synthèse récente, très documentée, consacrée à l'influence de Wagner sur les écrivains belges (Octave Maus, Gilkin Iwan, Max Waller, Georges Ekhoud ou Henry Maubel). Cet article complète utilement l'ouvrage d'Evenepoel à propos du wagnérisme en Belgique.

VARILLON (François)
Journal d'une passion. Edition établie et présentée par Robert Belot. Postface de Charles Ehlinger
Paris, Le Centurion, 1994, 236 p.
L'auteur (1905 - 1978), père jésuite très connu à Lyon, où il passa une partie de sa vie, fut un prédicateur et critique littéraire (spécialiste de Fénelon et de Claudel). Dans ce journal posthume, tenu par l'auteur de 1924 à 1925, ce jeune homme de vingt ans s'épanche sur un amour, chaste et passionné, qu'il avait pour une jeune fille. Il y consigne aussi ses découvertes artistiques, et notamment les œuvres de Wagner, créateur qui restera pour lui une passion jusqu'à la fin de sa vie. On y lit des analyses très fines de l'œuvre wagnérien. Dans ses ultimes entretiens *(Beauté du monde et souffrance des hommes*, Le Centurion, 1980), il reviendra sur sa passion pour Wagner.

VAUCAIRE (Maurice)
Le Vrai roman de Parsifal.
Paris, Ollendorf, 1914.
Ouvrage contemporain de la création hors de Bayreuth et non consulté.

VAUZANGES (Louis M.)
L'Ecriture des musiciens célèbres. Essai de graphologie musicale.
Paris, Félix Alcan, 1913, 240 p., fac-similés.
Etude graphologique (pp. 195-200) sans grand intérêt, qui reprend les idées reçues sur le caractère de l'homme-Wagner (orgueil, mégalomanie...)

VELLY (Jean-Jacques) [éd.]
Le Dessous des notes. Voies vers l'ésothétique. Hommage au Professeur Manfred Kelkel. Textes réunis et édités par Jean-Jacques Velly.
Paris, Presses de l'Université de Paris - Sorbonne, 2001, coll. « Musiques / Ecritures », 442 p., front., quatre pages de photographies noir et couleur h.-t.
Ouvrage conçu comme un hommage à Manfred Kelkel (1929 - 1999), musicologue spécialisé dans les rapports entre la musique à l'ésotérisme ou l'alchimie, et dont les travaux sur Scriabine font autorité. Parmi ces vingt textes, « Le Chevalier au cygne ou les chemins du merveilleux. Lohengrin de Richard Wagner » (pp. 59-66).

VENDEUVRE (Philippe de)
Lettres de Bayreuth.
Lyon, Edition Sun, 1958, 85 p.
Recueil de six lettres « *écrites le soir pour être remises le matin comme à une absente* », afin de « *rapporter une part de bonheur qui fut le mien* », pendant ce festival de Bayreuth 1958. A mi-chemin, entre souvenirs, commentaires critiques et fiction.

VERDEAU-PAILLÈS (Jacqueline)
Morts vivants et Vaisseaux fantômes : des légendes de la mer à l'expression d'un mythe dans le Vaisseau Fantôme de Richard Wagner.
In : **CHEMAMA-STEINER (Béatrice) - FRITSCHY (Françoise). [éd.]** : Mort et création : de la pulsion de mort à l'expression. Préface de M. Gagnebin.
Paris et Montréal, L'Harmattan, 1996, coll. « Psychanalyse et civilisations », pp. 77-103 [d'un vol. de 256 p.]

VERDEAU-PAILLÈS (Jacqueline) - LAXENAIRE (Michel) - STOCKELIN (Hubert)
La Folie à l'opéra. Préface de James Conlon.
Paris, Buchet Chastel, 2005, coll. « Les essais », 496 p.
Un article par une équipe de psychiatres : « De la Ballade onirique de Senta à l'irruption de l'irréel dans le drame : Le Vaisseau Fantôme, de Richard Wagner » (pp. 290-296). Sans être novatrice sur le choix du sujet, ces pages n'en sont pas moins éclairantes sur nombre d'interrogations, notamment sur la frontière entre le réel et l'imaginaire. Ecrit dans un langage simple et aucunement réservé aux spécialistes, cet exposé clarifie le thème choisi, avec érudition, et un soin d'exactitude musicologique.

VERDEAU-PAILLÈS (Jacqueline) - LUBAN-PLOZZA (Boris) - DELLI-PONTI (Mario)
La Troisième oreille et la pensée musicale. Préface de Sir John C. Ecclés.
Courlay, J.M. Fuzeau, 1995, coll. « Consonance », 245 p.
On s'attardera sur le chapitre IV consacré aux mécanismes psychologiques de la création chez Richard Wagner aboutissant à ce langage très particulier, « *cette articulation de la pensée musicale à la pensée verbale* ». Ouvrage très clairement conçu, d'un style agréable et intelligible.

VERDUN (Paul)
Les Ennemis de Wagner (A propos des représentations de Lohengrin à l'Eden Théâtre). Le Public des trois concerts du dimanche. La Ligue des patriotes. Révélations sur Mozart. Un paletot wagnérien. Les Vocalises des chanteuses à l'Opéra-comique. Ce qu'un ancien directeur de théâtre pense du public français.
Paris, A. Dupret, 1887, 35 p.
L'auteur souhaitait que Lamoureux renonçât à Lohengrin afin de laisser l'œuvre prendre plus tard sa place à l'Opéra entre les Huguenots et la Muette...

VERMEIL (Edmond)
Le Génie constructif de Richard Wagner.
In : Mélanges. Henri Lichtenberger. Hommage de ses élèves et de ses amis, juin 1934. Goethe et son temps, Wagner et son temps, L'Allemagne contemporaine.
Paris, Stock, 1934, pp. 267-293 [d'un vol. de 446 p.]
Exemplaires numérotés sur alpha vergé, tiré à 500 exemplaires.
« *L'art est une ivresse ordonnée* » (Goethe). Tel pourrait être le sous-titre de cet article dans lequel l'auteur (1878 - 1964) met en relief, à travers quelques exemples isolés parmi les plus représentatifs, la précision constructive de l'œuvre wagnérienne, en reprenant les idées exposées dans *Opéra et Drame*. Il conclut fort justement que Wagner ne procède pas de la théorie à la pratique.

VERMOREL (Madeleine)
Freud et Wagner.
Annales du Centre de recherches et d'applications psychologiques et sociologiques [publication de l'Université de Savoie], 1987 ; N°4 : pp. 93-109.
Développement intéressant d'un thème inédit au sein de cette bibliographie.

VIEUILLE (Marie-Françoise)
- Tristan : de l'exil au royaume.
In : Tristan et Isolde. L'Avant-Scène Opéra, juillet - août 1981, N°34/35, pp. 29-34 [d'un vol. de 287 p.]
- Du Venusberg au jardin de Klingsor ou l'enchanteur pourrissant.
In : Parsifal. L'Avant-Scène Opéra, janvier - février 1982, N°38/39, pp. 125-131 [d'un vol. de 260 p.]
- Vénus/Elisabeth : deux voix pour une seule absente.
In : Tannhäuser. L'Avant-Scène Opéra, mai - juin 1984, N°63/64, pp. 128-135 [d'un vol. de 257 p.]

VILATTE (Elisabeth), voir : MASSIP (Catherine)

VILLÉGAS (Marc)
Réflexions sur le sens de la souffrance pour le malade et le médecin inspirées par Parsifal de Richard Wagner.
Thèse de médecine : Université de Dijon. 1987 ; 158 p.

VILLIERS DE L'ISLE ADAM (Jean-Marie-Mathias-Philippe-Auguste de)
A la croisée du romantisme, du dandysme et de la science-fiction, ce poète, écrivain et dramaturge (1838 - 1889), exprime une vision du monde sombre et tourmentée, fondée sur le dégoût de l'homme et de la vulgarité quotidienne. Ses romans exaltent la recherche de l'absolu. Il voua une grande admiration pour Wagner, à qui il dédia son poème en prose *Azraël* (1869).

[Correspondance]
Villiers de l'Isle-Adam et Richard Wagner. Lettres inédites à Jean Marras.
La Revue de Paris, juillet 1949 : pp. 20-35.
Lettres extraites d'une large correspondance inédite échangée entre Villiers et Jean Marras, relatives aux deux voyages que fit le poète en Suisse et en Allemagne. Il s'agit du seul témoignage contemporain et fidèle qu'on ait des deux séjours que Villiers fit avec Catulle Mendès et sa femme (Judith Gautier) chez Wagner à Tribschen en 1869 et pour la création du Rheingold à Munich et en 1870, pour la première munichoise de la Walkyrie. Témoignage exalté et enthousiaste, riche en anecdotes.

Correspondance générale de Villiers de l'Isle-Adam et documents inédits. Edition recueillie, classée et présentée par J. Bollery. Tome I. 1846 - 1880, et Tome II. 1881 - 1889.
Paris, Mercure de France, 1962, 2 vol. 288 et 332 p., index
Passionnante correspondance où l'on retrouve tous les aspects fantasques et humoristiques de l'auteur, aux côtés de ses incertitudes et de ses détresses les plus intimes. Les pages 129 à 142 et 155 à 158 sont la reprise des lettres publiées dans l'édition précédente.

[Articles de presse]
Munich pendant l'exposition : Le Rappel, 1er août 1869.
Commentaire plein de verve dans lequel l'écrivain laisse libre cours à son admiration pour Wagner et pour la vie artistique munichoise, ville qui avait rendu possible la production de ses drames musicaux. Il y oppose l'Allemagne, patrie de l'art et de la pensée, à la France, où l'on ne s'intéresse qu'à des frivolités. Il s'agit du second article publié sur l'exposition des Beaux-Arts dans *Le Rappel*. Longtemps cet article n'a été connu que grâce au témoignage de Judith Gautier. Dans son *Troisième Rang du collier*, celle-ci a cité des extraits de cet article, affirmant, à tort, que Villiers avait négligé de l'envoyer à Paris. Sans doute, avait-il conservé un brouillon qui est venu entre les mains de Judith. En réalité, il avait paru dans *Le Rappel* du 1er août 1869. Il a été retrouvé par E. Drougard et publié in extenso dans « L'Or du Rhin et l'exposition universelle des Beaux-Arts à Munich », *Les Nouvelles littéraires* du 29 juillet et du 5 août 1939.

L'Or du Rhin : L'Universel, 22 septembre 1869.

Article sur L'Or du Rhin après que Villiers ait assisté aux répétitions (la première avait été remise au 21 septembre et il ne put séjourner à Munich jusque-là). L'article parut précédé d'un « chapeau » de la rédaction dégageant prudemment la responsabilité du journal des opinions exprimées. Ni analyse de l'œuvre, ni simple récit, mais tentative originale pour recréer verbalement toutes les émotions que Villiers avait éprouvées en assistant à la représentation, tout en racontant sobrement l'action de l'œuvre, non sans quelques envolées de lyrisme. Cet article, comme le précédent, fut publié par Drougard, dans le même numéro des *Nouvelles littéraires* de 1939.

Lohengrin à Bruxelles : Le Citoyen, 6 avril 1870.

Cet article fut écrit à l'occasion de la création bruxelloise sous la direction de Hans Richter. Il ne fut retrouvé qu'en 1956 et publié par A. W. Raitt : « Lohengrin raconté par Villiers de l'Isle-Adam », *Revue des sciences humaines*, juillet 1956, pp. 301-310. Il s'agit d'un long article dithyrambique avec un résumé de l'action de l'opéra et une évocation lyrique de la musique, dans un style fortement travaillé et littéraire.

[Œuvres littéraires - Editions originales]

De nombreuses œuvres renferment des exemples brefs et allusifs de l'admiration de Villiers pour Wagner, voire des louanges extatiques (*Le Convive des dernières fêtes - La Machine à Gloire - L'Eve nouvelle*). *Azraël* est dédié à « *Richard Wagner, Prince de la profonde musique* ». *Claire Lenoir* (In : *Tribulat Bonhomet*, 1887) renferme un éloge vibrant des opéras de Wagner en particulier au chapitre VII « On cause musique et littérature ». Pour les écrits plus spécifiques sur Wagner, on peut citer :

Chez les passants (fantaisies, pamphlets et souvenirs). Frontispice de Félicien Rops.

Paris, Comptoir d'édition, 1890, 312 p., front.

Recueil de divers articles publiés à diverses époques paru peu après la mort de Villiers (1890), qui contient : « Souvenirs » (Parution dans *Les Ecrits pour l'art* le 7 juin 1887, revue de René Ghil, puis le 15 juin dans *La Revue Wagnérienne*. Transcription d'une conversation avec Wagner qui reprend des idées communes aux deux artistes, où Wagner lui aurait expliqué que son art était avant tout un « *art chrétien* ») et « Augusta Holmès » (souvenirs très erronés sur Wagner et Holmès).

Histoires insolites.

Paris, Librairie moderne, 1888, 314 p.

A consulter pour : *La Légende moderne.* Villiers publia en 1876 une fantaisie, intitulée *A propos des fêtes de Bayreuth* à l'occasion de l'inauguration du théâtre des festivals, auquel Villiers n'avait pu participer faute d'argent, dans *Paris à l'eau-forte*, revue dirigée par Lesclide. L'auteur imagine un récit se déroulant durant les années de misère parisienne où Wagner apparaît en artiste famélique, maudit mais prophétique, et qui prédit en termes hyperboliques, contre toute vraisemblance, son apothéose et les futures splendeurs de Bayreuth à un de ses créanciers, un épicier philistin et incrédule. Ce témoignage de ferveur wagnérienne est aussi une mordante satire de l'égoïsme bourgeois. Villiers re-publia dans *La Revue Wagnérienne* du 8 mai 1885 ce texte sous le titre *La Légende de Bayreuth*. Il s'agit en fait de la réécriture du même article d'après le souvenir que l'auteur en avait gardé, ce qui explique que la substance de l'article se soit enrichie. En effet, lorsque Villiers voulut retrouver le texte pour le donner à Dujardin, il ne put se souvenir du premier éditeur. De sorte qu'il dut le refaire entièrement de mémoire, sous le nouveau titre *La Légende de Bayreuth* (voir Correspondance générale, II, pp. 84-85). En dernier lieu, ce texte fut repris dans le volume *Histoires Insolites* sous le titre *La Légende moderne.*

Pour une édition moderne des œuvres complètes :
Œuvres complètes. Edition établie par Alan Raitt et Pierre-Georges Castex avec la collaboration de Jean-Marie Belle froid.
Paris, Gallimard, 1986, Coll. « Bibliothèque de la Pléiade », 2 vol. LXXIX-1657 et 1780 p.
Nouvelle édition plus substantielle que celle parue au Mercure de France en onze volumes de 1914 à 1931. Pour les références à Wagner : *Munich pendant l'exposition* (Tome II, pp. 787-790), *L'Or du Rhin* (II, pp. 792-797) et *Lohengrin à Bruxelles* (II, pp. 797-804). Quant à l'œuvre littéraire, on retrouvera : *Le Tsar et les Grands-ducs* (II, pp. 86-94), *Souvenirs* (II, pp. 423-425), *Augusta Holmès* (II, pp. 432-438), *La Légende moderne* (In : *Histoire Insolites* II, pp. 295-300) et *A propos des fêtes de Bayreuth* (II, pp. 1250-1252).

VINCENS (Charles)
Wagner et le wagnérisme au point de vue français.
Marseille et Paris, Librairie P. Ruat - Fischbacher, 1902, 33 p.
Il s'agit d'une communication prononcée à l'Académie des sciences, lettres et beaux-arts de Marseille en décembre 1901 (*Mémoires de l'Académie...*, 1901 - 1903 ; Tome XXIII : pp. 255-276), une de ces académies de province dont le formalisme et la longévité sont touchantes mais où pointe rarement le génie. En 1901, cet académicien (1833 - ?) qui estime que le climat, le goût et l'esprit français sont les meilleurs du monde, n'ose malgré tout pas trop enfoncer Wagner. Mais dit - puisqu'il s'agit d'un discours - quand même : « *Il n'y a qu'à comparer le prélude de Tristan et Yseult, dont le sentiment est passionné, mais un peu hystérique après tout, avec la scène d'amour de Roméo et Juliette, ou la « fête chez Capulet » et la tristesse de Roméo, pour se rendre compte de la différence qu'il y a entre la lourde exagération allemande, et la vérité du sentiment rendu par le génie français* »...

VIRET (Jacques)
Wagner.
Grez-sur-Loing, Pardès, 2006, coll. « Qui suis-je ? », 127 p., illustrations in-t.
Jacques Viret, également auteur d'ouvrages consacrés au chant grégorien et à la musique médiévale, nous livre une excellente synthèse de la vie et l'œuvre du compositeur en une centaine de pages, en donnant une foule de détails. En sus, l'analyse est pondérée et instructive pour le néophyte.

VLASSELAER (Jean-Jacques van)
Les Festivals de musique classique et d'opéra.
In : **NATTIEZ (Jean-Jacques) [éd.]** : Musiques. Une encyclopédie pour le XXIème siècle. Sous la direction de Jean-Jacques Nattiez, avec la collaboration

de Margaret Bent, Rossana Dalmonto et Mario Baroni. Tome I. Musique du XXème siècle.
Arles et Paris, Actes Sud, Actes Sud/Cité de la Musique, 2003, pp. 1009-1031 [d'un vol. de 1492 p.], index.
Dans ce premier tome d'une considérable encyclopédie, traduction de *Enciclopedia della musica. Musica e culture,* qui en comprend cinq, dirigée par Jean-Jacques Nattiez, et publiée initialement en italien (Einaudi, 2001), l'auteur a rédigé un résumé bien fait des caractères spécifiques et de l'histoire du festival de Bayreuth. Voir notamment : « Genèse d'un archétype : Bayreuth » (pp. 1010-1012), et « Première escale : Bayreuth, l'alpha et l'oméga » (pp. 1018-1022). Le tome 2 de cette encyclopédie (Savoirs musicaux, même éditeur, 2004, 1241 p.) comporte quelques développements sur Wagner, notamment sur la problématique de la mise en scène de ses œuvres, par M. Deshoulières (pp. 1111-1114).

VOSS (Egon), voir: BARTH (Herbert) et MACK (Dietrich)

WAGNER (Friedelind) - COOPER (Page)
Héritage de feu. Souvenirs de Bayreuth (1923-1940). Traduit de l'anglais par Gilberte Audouin-Dubreuil.
Paris, Plon, 1947, V-258 p.
Réimpressions successives.
Traduction française de l'ouvrage écrit avec Page Cooper et paru aux Etats-Unis en 1945 sous le titre *Heritage of Fire*. Il s'agit de souvenirs de la petite-fille du compositeur, sœur de Wieland, Wolfgang et Verena, consacrés aux années de Bayreuth entre 1923 et 1940 avant son exil aux Etats-Unis. Le livre est dédié « *A mes deux pères, Siegfried Wagner et Arturo Toscanini* ». Très intéressant témoignage sur la renaissance de la vie musicale à Bayreuth après la guerre de 1914-1918 (à l'initiative de son père) et sur l'ascension politique d'Hitler. Des extraits avaient paru également dans les *Nouvelles littéraires*, N°1013 du 2 janvier 1947, sous le titre : « Les Souvenirs de la petite-fille de Richard Wagner ».

Autre édition :
Nuit sur Bayreuth. Traduction de Gilberte Audouin-Dubreuil. Préface de Pierre Flinois. Postface d'Eva Weissweiler.
Paris, Mémoire du livre, 2001, 351 p.
Réédition de l'ouvrage précédent dans la même traduction, mais revue et corrigée de toutes ses erreurs flagrantes par Pierre Flinois, avec un nouveau titre (traduction du titre original allemand : *Nacht über Bayreuth*), une préface et une postface « Bayreuth sous Hitler » qui donne des éléments biographiques sur l'auteur jusqu'à son décès en 1991.

WAGNER (Gottfried)
L'héritage Wagner. Une autobiographie. Traduit de l'allemand par Nicole Casanova.
Paris, Nil, 1998, 425 p., 4 feuillets de reproductions en noir h.-t., index
Autobiographie d'un arrière-petit-fils de Wagner (né en 1947), fils de Wolfgang, l'actuel (jusqu'à août 2008) directeur du festival de Bayreuth. Elle pourrait s'appeler « J'accuse » : j'accuse Richard Wagner et son antisémitisme, directement responsable de

la Shoah, j'accuse les héritiers Wieland et Wolfgang qui ont pactisé avec le diable - Hitler - et ont tout fait pour le dissimuler. Il prétend faire des révélations (et la presse s'en est fait avec délectation l'écho comme si la question Wagner n'était intéressante que reliée à Hitler !) mais en fait il n'en est rien. Il ne s'agit que d'un homme (bien qu'il s'agisse davantage d'une personnalité d'adolescent) complètement obsédé par l'idée de l'abandon par son père. Un « paranoïaque » qui rejette Wagner, le grand-père, source de tous ses maux, et en même temps, est fier de son nom (seul ce nom a pu lui ouvrir quelques portes, notamment pour des mises en scène qu'il recherche désespérément). Cette souffrance psychologique qui s'étale à longueur de pages est quelque chose d'attristant et de navrant et on ne comprend pas la large couverture médiatique que la traduction de cet ouvrage a obtenue en France. Sur le plan de l'écriture, ce pamphlet est écrit dans un style médiocre : Nicole Casanova étant une excellente traductrice, il faut croire que l'écriture originale n'est pas fameuse...

WAGNER (Nike)

Les Wagner. Une histoire de famille. Traduit de l'allemand par Jean Launay.
Paris, Gallimard, 2000, 179 p., un arbre généalogique, 2 cahiers de 12 feuillets de reproductions photographiques h.-t.

Il s'agit en fait de la traduction partielle de l'ouvrage d'une arrière-petite-fille de Wagner (née en 1945), fille de Wieland, et édité en Allemagne en 1998 sous le titre *Wagner Theater*. Le thème en est la lutte de pouvoir dans cette famille à travers les générations, et surtout, depuis les années 1990, pour la direction du festival, traitée comme un remake de l'Anneau du Nibelung, si ce n'est des tragédies des Atrides... L'auteur, à la différence de son cousin Gottfried, fait preuve de sérieux comme historienne, d'un bon style et d'un humour de bon aloi. Cet intelligent travail doit peut-être quelque chose à l'excellent ouvrage de Marianne Krüll : *Les Magiciens* paru en 1991, remarquable analyse historico-socio-psychanalytique de la famille Mann.

« L'Union bienheureuse. » Père et fille : Wotan et Brünnhilde. Traduit de l'allemand par Dominique Rosset.
In : Le Crépuscule des dieux. L'Avant-Scène Opéra. Nouvelle édition.
Paris, Premières Loges, juin 1993, pp. 4-9 [d'un vol. de 191 p.]

Ce texte inédit est repris dans la nouvelle édition de septembre-octobre 2005.

WAGNER (Wolf Siegfried)

La Famille Wagner et Bayreuth, 1876 - 1976.
Paris, Chêne, 1976, 159 p., reproductions photographiques in-t et h.-t.

Un autre arrière-petit-fils (né en 1943), fils de Wieland, présente et met en pages un très intéressant album de photographies de quatre générations de Wagner à Bayreuth. Un des ouvrages parus en ces années 1975 - 1977 à l'occasion du centenaire du festival.

WALDECK-ROUSSEAU (Pierre)

Affaire Wilder-Wagner-Schott. Plaidoyer de Maître Waldeck-Rousseau. Lettres et documents.
Châteauroux, Imprimerie de A. Mellotée, 1897, VIII-125 p., fac-similés

Un accord fut passé entre Victor Wilder et Cosima Wagner en 1885, qui lui donna le statut de traducteur quasi-officiel des livrets de Richard Wagner. Mais Wilder fut critiqué par nombre de wagnéristes de l'époque, lui reprochant sa trahison de la poésie de Wagner, et les aises prises avec le texte original et la musique. Wilder fut dépossédé de son droit par la famille de Wagner en faveur d'Ernst. Ce dernier, qui était soutenu par nombre de wagnériens français, avait su convaincre Cosima de le soutenir. Ernst optait pour une traduction en prose rythmée adaptée à la musique, qui n'était ni en vers, ni dans le style d'un livret d'opéra. Il faut dire qu'outre son discours esthétique, il pouvait faire valoir quelques arguments plus terre à terre : tandis que Wilder percevait par contrat des droits d'auteurs, Ernst se déclarait totalement désintéressé. Wilder n'eut pas le temps de protester contre cette éviction accomplie avec la complicité de son éditeur qui, tout en le conservant, entreprit d'éditer Ernst : il disparut quelques mois plus tard. Les héritiers se réclamant du contrat passé entre Schott et Wilder en 1884 intentèrent un procès qui, d'août 1895 à août 1896, défraya la chronique musicale et indigna bon nombre de partisans de Wagner, dont Kufferath. Les héritiers de Wilder furent déboutés et dépossédés de leurs droits de traduction donnés par la famille Wagner en faveur d'Ernst. Cette brochure rarissime, non commercialisée, tirée à très petit nombre reprend l'ensemble des éléments du procès (plaidoiries et documents divers).

Plaidoyers. Deuxième série.
Paris, Bibliothèque Charpentier - Eugène Fasquelle éditeur, 1906, 521 p.
L'ouvrage du célèbre avocat et homme politique (1846 - 1904) reproduit dans le chapitre intitulé « Affaire Wilder-Wagner-Schott. La Traduction des opéras de Wagner. Cour d'appel de Paris, audience des 23 et 24 juin 1897 », la plaidoirie prononcée à l'occasion de ce procès (pp. 401-521) ; Waldeck-Rousseau était l'avocat de Cosima.

WALKER (Alan)
La Mort de Franz Liszt. D'après le journal inédit de son élève, Lina Schmalhausen. Préfacé, annoté et édité par Alan Walker. Traduit de l'anglais et de l'allemand par Odile Demange.
Paris, Buchet/Chastel, 2007, 194 p., cahier de trois pages de reproductions h.-t.
Edition critique par le spécialiste de Liszt, du journal de Lina Schmalhausen. Cette édition est complétée par un épilogue, intitulé : « Les Obsèques de Liszt », qui retrace l'incroyable imbroglio qui se noua autour des revendications rivales à propos de la sépulture de Liszt, et comment ceci aboutit à la conserver « *dans l'ombre de Wagner* ».

WARD (William)
L'Anneau du Nibelung. Etude sur la signification intérieure du drame musical de Wagner. Traduit de l'anglais par M. Léna.
Paris, Heugel, 1922.
Ouvrage non consulté.

WEIL (Félix)
Victor Hugo et Richard Wagner. Leurs conceptions dramatiques.
Zofingue, Ringer & Co, 1926, 139 p.
Publication d'une thèse présentée à la faculté de lettres de l'université de Berne.

WESTERNHAGEN (Curt von)
Entretiens sur Wagner.
Bayreuth, Edition Musica, 1961, 89 p.
Ouvrage trilingue.
Entretien avec un des grands « wagnérologues » (1893 - 1982) des années soixante, sur Wagner et son œuvre. Il est l'auteur d'une monographie importante parue en 1956 sur la vie et la pensée de Wagner, traduite en anglais mais inédite en français...

WESTERWELLE (Karin)
Baudelaire, critique de Wagner. Les problèmes des Correspondances.
In : L'Année Baudelaire N°8 : Baudelaire et l'Allemagne - L'Allemagne et Baudelaire.
Paris, Honoré Champion, 2004, pp. 117-147 [d'un vol. de 192 p.]
Dans cette excellente revue, l'auteur propose une lecture parallèle des commentaires de Baudelaire sur le prélude de Lohengrin (dans son *Richard Wagner et Tannhäuser*) avec ceux de Wagner lui-même et ceux de Liszt. Fine étude sur les raisons de l'introduction des deux quatrains du sonnet « Correspondances » dans cet écrit.

WILD (Frédéric)
Manuel pour les visiteurs de Bayreuth.
Baden-Baden et Paris, Constantin Wild - Fischbacher, 1894 à 1899.
Petits guides à l'usage des pèlerins de Bayreuth, qui comprend tous les renseignements nécessaires au visiteur et qui existera pendant plusieurs années. L'édition de 1897 comprend un essai littéraire sur Parsifal par Robert West, une analyse de l'Anneau par Max Chop.

WILD (Nicole)
Décors et costumes du XIXème siècle. I. Opéra de Paris. II. Théâtre et décorateurs.
Paris, Bibliothèque nationale, 1993, 2 vol. 308 et 380 p., très nombreuses illustrations et planches en noir et couleur h.-t. et in-t., index
Deuxième volet de la collection de dessins du XIXème siècle conservés par la bibliothèque et musée de l'Opéra. Le premier volume présente les décors et costumes exécutés pour cette institution ; le second révèle l'activité des décorateurs français pour les autres théâtres (Paris, province, étranger). On y trouve de nombreuses notices sur les décorateurs, ainsi qu'une très riche iconographie. Le second volume évoque la production de Rienzi au Théâtre-Lyrique en 1869, ainsi que les créations bruxelloises de Tannhäuser et du Hollandais. Mais, c'est surtout le premier volume qui retient notre intérêt, car consacré à l'ensemble des créations parisiennes de l'œuvre de Wagner, du Hollandais à Parsifal. A noter, une fiche très détaillée sur le fameux Tannhäuser de 1861. L'auteur est conservateur en chef honoraire à la bibliothèque et musée de l'Opéra de Paris, spécialiste des théâtres lyriques et d'iconographie musicale au XIXème siècle.

WILD (Nicole), voir : KAHANE (Martine)

WILLE (Eliza)
Quinze lettres de Richard Wagner accompagnées de souvenirs et d'éclaircissements par Eliza Wille, née Sloman. Traduites de l'allemand par Augusta Staps.
Bruxelles, Imprimerie Veuve Monnom, 1894, 112 p.
Autre édition chez Fischbacher la même année.
Eliza, née Sloman (1809 - 1893), fut romancière et confidente de Wagner à partir de ses années d'exil en Suisse. Le compositeur fut régulièrement l'hôte des Wille dans leur propriété de Mariafeld. L'introduction nous donne de très intéressants détails sur le séjour de Richard Wagner à Zurich ainsi que sur le caractère de l'artiste.

[WILLY], voir : GAUTHIER-VILLARS (Henry)

WOEHR (Martin)
Le Théâtre du festival de Bayreuth, réalité et idéalité.
In : Festival international son et image vidéo (Paris, 1982). Conférences des journées d'études.
Paris, Société pour la diffusion des sciences et des arts, 1982, 157 p.
Ouvrage non consulté, cité dans la bibliographie du numéro de *L'Avant-Scène Opéra* consacré à Tannhäuser.

WOLFF (Hugo)
Chroniques musicales. 1884 - 1887. Choisies et présentées par Georges Starobinski. Traduction de Christian Guillermet, avec la collaboration de Mathilde Reichler.
Genève, Contrechamps, 2004, 284 p., 6 cahiers de 2 feuillets de reproduction en noir, index
Hugo Wolff (1860 - 1903), grand compositeur de lieder au XIXème siècle, se convertit à Wagner comme on entre en religion avec l'enthousiasme et la candeur de son âge. Il rencontra le compositeur le 12 décembre 1875 à l'occasion des représentations de Tannhäuser et Lohengrin à Vienne. Il assista aux représentations de Parsifal en 1882, où il eut encore une ultime fois la vision fugace de son maître. Il assistera encore aux représentations de Bayreuth de 1883 et de 1888 (d'après S. Goldet). Cet ouvrage rassemble les chroniques musicales parues dans le *Wiener Salonblatt*, hebdomadaire au modeste tirage. C'est dans ce journal que Wolff allait développer chaque semaine durant trois ans ses idées sur la musique. Naturellement, il écoutait tout et jugeait tout en wagnérien. Aussi, ses réflexions n'étaient pas toujours des plus plaisantes... Certaines de ces critiques qui datent des années 1884 - 1885 concernent les représentations wagnériennes de l'époque. Elles n'ont rien perdu de leur éclat. Plus d'un de ses commentaires démontrent qu'il avait une connaissance exhaustive des partitions et une parfaite intelligence aussi bien du texte que des enjeux dramatiques. Il s'agit donc d'un témoignage important non seulement car il reflète la vie musicale d'une époque, mais aussi parce qu'il est émaillé de remarques éclairantes sur l'art du chant, du jeu scénique ou du phrasé musical.

WOLZOGEN (Hans-Paul von)
Hans-Paul von Wolzogen (1848 - 1938), l'éditeur des *Bayreuther Blätter*, est l'auteur d'une importante exégèse de l'œuvre philosophique, poétique et musicale de Wagner. On lui doit également un nombre considérable d'essais, de poèmes, de pièces lyriques... Il sera le traducteur en allemand de l'ouvrage de Schuré, *Le Drame musical*, en 1877. Il sera également actif à la tête du *Allgemeiner Richard Wagner-Verein* (Association générale Richard Wagner). Son interprétation partiale des œuvres de Wagner sur une base raciste et chrétienne préparera leur récupération par les nationaux-socialistes.

Souvenirs sur Richard Wagner. Traduit de l'allemand par David Roget.
Mercure de France, avril 1894 et mai 1894, Tome X et XI - N°52, 53, 54, 55 et 56 : pp. 308-319, 40-53, 123-133, 200-212 et 340-353.
Traduction inédite en France du recueil de souvenirs de Wolzogen, paru sous le titre *Erinnerungen an Richard Wagner*, à Vienne en 1883 puis à Leipzig chez Reclam en 1891.

Richard Wagner. Tristan et Iseult. Guide sur la légende, le poème et la musique. Traduit de l'allemand avec préface du traducteur.
Paris, Fischbacher, 1894, XVI-86 p.

L'Anneau des Nibelungen. Guide musical.
Leipzig, Feodor Reinboth, 1896, 133 p.

Autre édition :
L'Anneau des Nibelungen. Guide musical.
Paris, Charles Delagrave, s.d. 133 p.
Autre édition parue la même année en 1896.
Célèbre « guide » qui circulait à l'époque comme une Bible dans les milieux wagnériens. Véritable instrument de travail. « *Il est regrettable que l'œuvre soit gauchement traduite. Le traducteur n'a pas signé. Tant mieux pour lui... !* » (Dauriac)

WYZEWA (Isabelle de)
La Revue Wagnérienne. Essai sur l'interprétation esthétique de Wagner en France.
Paris, Librairie Académique Perrin, 1934, 217 p.
La fille du musicologue et littérateur d'origine polonaise, Teodor de Wyzewa, très lié au mouvement symboliste en France, présente ici une histoire de cette revue créée par Edouard Dujardin avec l'aide d'Houston-Stewart Chamberlain. Teodor de Wyzewa en fut certainement le principal fournisseur de copie. Mais, outre ce témoignage de respect et d'amour filial, sa fille montre le rôle important joué par cette revue sur le développement du mouvement symboliste en France. Cet ouvrage comporte une importante bibliographie sur le sujet.

WYZEWA (Teodor de)

Teodor-Etienne Wyzewski, dit Teodor de Wyzewa (1863 - 1913), pseudonyme Gaston Lefèvre également, né en Pologne. Il fut critique musical et historien de l'art, proche de Mallarmé et des impressionnistes. Il succéda à Félix Fénéon à la tête de *La Revue indépendante.* Il est l'auteur d'un unique roman, *Valbert ou les récits d'un jeune homme* (1893).

Nos Maîtres. Etudes et portraits littéraires.
Paris, Librairie Académique Perrin, 1895, IV-363 p.

La première partie de cet ouvrage reprend une série d'articles sur « L'Art wagnérien, ébauche d'une esthétique idéaliste (1885 - 1886) » considéré sous trois aspects essentiels : peinture, littérature et musique (pp. 3-87), dans un ordre d'importance qui n'est pas sans rappeler la classification des arts suggérée par Schopenhauer et qui vaudra jusqu'à Proust. Ces textes sont précédés d'un article intitulé « Le Pessimisme de Richard Wagner », qui montre la différence majeure existant entre Parsifal et le pessimisme radical et absolu de Schopenhauer. Au total, ces quatre articles avaient paru dans *La Revue Wagnérienne* de juillet 1885, mai 1886, juin 1886 et juillet - septembre 1886 et sont retranscrits tels quels. Le reste de l'ouvrage est composé d'autres hommages à des maîtres dont Wyzewa avait le plus vivement subi l'influence (Mallarmé, Villiers, Renan, Laforgue).

Beethoven et Wagner.
Paris, Librairie Académique Perrin, 1898, 263 p.

La première édition de 1898 est formée de trois parties, dont les deux premières sont consacrées à Beethoven et à Wagner, tandis que la troisième, intitulée « Trois profils de musiciens, Haendel, Mozart, Schubert » se compose de courtes études sur ces compositeurs, parues dans diverses revues.
Cinq articles (pp. 115-200) : « Le Drame wagnérien de Chamberlain », « Une nouvelle biographie de Richard Wagner », « Les Propos de table du Maître », « Un faux ami de Wagner » et enfin « L'Amitié de Nietzsche et de Wagner ».

Beethoven et Wagner. Essai d'histoire et de critique musicale. Nouvelle édition entièrement refondue, avec des portraits et d'autres illustrations inédites.
Paris, Librairie Académique Perrin, 1914, XV-382 p., front., 8 planches h.-t.

Dans cette édition la première partie est toujours consacrée à Beethoven, la seconde partie est remplacée par de nouvelles études plus récentes sur Wagner. Il s'agit d'un recueil d'articles de Wyzewa parus dans *La Revue des Deux-Mondes.*
Voici ces articles : « Le Drame wagnérien de Chamberlain (1894), sa biographie de Richard Wagner (1896) », « Les Mémoires de Richard Wagner et la formation de son génie artistique (1911) », « Propos de table du Maître (à propos du livre de Wolzogen consacrés aux souvenirs sur Wagner (1891) », « Un nouveau recueil de lettres de Richard Wagner (lettres à sa famille, 1906) », « Le Premier ménage et la première femme de Richard Wagner (lettres à Minna, 1908) », « Un faux ami de Wagner (Ferdinand Praeger) », « Un confident de Richard Wagner (Wendelin Weissheimer, 1898) » et enfin « L'Amitié de Nietzsche et de Wagner (1897) ».

ŽIŽEK (Slavoj)
La Seconde mort de l'opéra. Traduit de l'anglais par Geneviève Brzustowski.
S.l., Circé, 2006, 189 p.
Cet essai psychanalytique sur l'opéra examine en fait essentiellement le champ wagnérien : « Pulsion de mort et sublime wagnérien », « La Politique sexualisée de Wagner », « Wagner et Kierkegaard », « Le Rire de Kundry », « Le Tristan du cyberespace... » Texte touffu et truffé de citations de philosophes, d'écrivains, d'artistes, de personnages historiques : on ressent une immense culture. On reprochera vertement à l'éditeur de ne pas mettre un mot sur l'auteur, de ne pas mentionner le titre de l'édition originale et sa date. En fait Zizek est un philosophe slovène né en 1949, de l'école lacanienne, apparemment polyglotte et intervenant dans de multiples universités et colloques internationaux.

ZUGAZAGOITIA (Julián)
L'Oeuvre d'art totale comme horizon de la modernité : aspirations à l'œuvre d'art totale et tentatives dans la seconde moitié du XIXème siècle : Wagner, Mallarmé, Rodin, Monet.
Thèse de philosophie : Université de Paris IV. 1999 ; 552 p.

ZUTTER (Jörg) [éd.]
Adolphe Appia ou le renouveau de l'esthétique théâtrale. Dessins et esquisses de décors.
Lausanne, Editions Payot, 1992, 126 p., 100 reproductions in-t et h.-t de dessins dont 16 en couleur, index
Ouvrage réalisé à l'occasion de l'exposition « Adolphe Appia » présentée au Musée cantonal des Beaux-Arts de Lausanne du 18 juillet au 1er novembre 1992. Six spécialistes européens rendent hommage au génie de cet homme de théâtre et révèlent son talent de dessinateur.

ARTICLES PARUS DANS LES LIVRES - PROGRAMMES DU FESTIVAL DE BAYREUTH 1954 - 2007

Le festival de Bayreuth a publié chaque année jusqu'en 1993 une brochure-programme pour chaque ouvrage donné au festival de l'année en question, qui comporte plusieurs études, en général du meilleur niveau. Les parutions ont débuté avec la réouverture du festival de Bayreuth en 1951. En 1951 et 1952, les articles n'étaient imprimés qu'en langue allemande : ils ne figureront donc pas dans cette bibliographie. En 1953, chaque article paraissait dans sa langue originale, suivi de son résumé dans les deux autres langues (à savoir anglais et français) : c'est pour cette raison, que ces résumés n'ont pas été retenus dans notre travail. De 1954 à 1969, le trilinguisme commença à s'instaurer, mais de façon non systématique. Ce n'est qu'à partir de 1970 que chacun des articles publiés dans les brochures du festival fut reproduit en trois langues de manière systématique. A partir de 1994, les programmes par ouvrage présenté ont été remplacés par un programme unique qui sur plus de 200 pages réunit des articles exclusifs rédigés en général par de remarquables spécialistes.

Conformément aux usages, ces programmes intitulés « *Bayreuther Festspiele Programm* » sont représentés par l'abréviation de BFP suivie du titre du drame concerné, de l'année et de la pagination (exemple : BFP, Rheingold, 1976, pp. x-x). A partir de 1994, cette abréviation devient FB (« *Festspiele Buch* ») sans spécification de titre d'œuvre.

Le souci d'exhaustivité, nous a conduit à mentionner l'ensemble des textes traduits ou publiés en français. Par contre, nous n'avons bien évidement pas retenu dans cette liste, les simples synopsis ou introductions à l'œuvre (en particulier, les nombreuses d'Harald Kaufmann) qui sont très fréquents dans les années 1950 à 1960, ni les traductions de commentaires photographiques. Nous avons par contre tenu à mentionner quelques articles complets parus dans chaque fascicule de rétrospective publié annuellement de 1953 à 1993 sous le titre « *Jahresheft Bayreuth 19XX. Rückblick und Vorschau (Annuaire de Bayreuth 19XX. Rétrospective et prochaine saison)* ». L'ouvrage est représenté par l'abréviation JH, suivi de l'année, mais sans pagination, compte tenu de son absence. Il est évident que nous ne mentionnons pas également l'ensemble des brèves critiques musicales ou les très brèves introductions ou commentaires parus dans ces brochures. En conséquence, il s'avère que de nombreuses années ne sont pas représentées, du fait surtout que le texte figure seulement en allemand sans traduction.

Afin de faciliter le travail de recherche du lecteur, nous avons opté pour un double classement, chronologique d'une part, puis pour chaque année par ordre alphabétique des auteurs d'autre part. Pour obtenir l'ensemble des textes publiés en allemand, français et anglais (mais uniquement jusqu'à l'année 1986), il conviendra de se reporter aux deux articles de recensions bibliographiques cités ci-après.

I. RECENSIONS BIBLIOGRAPHIQUES

MACK (Gudrun und Dietrich)
- Liste des articles parus dans nos brochures-programmes de « Parsifal », de 1951 à 1972.
BFP, Parsifal, 1973, pp. 85-88.
- Liste des articles parus dans nos brochures-programmes de « Der Ring des Nibelungen », de 1951 à 1973.
BFP, Götterdämmerung, 1974, pp. 71-84.

VOGT (Matthias Theodor)
Index des articles parus dans les livres de programme et dans les annuaires du festival de Bayreuth aux années 1951 - 1986, dans l'ordre alphabétique des auteurs.
BFP, Rheingold-Walküre-Siegfried-Götterdämmerung, 1986, pp. 25-42, 38-62, 27-46 et 30-52.

II. CLASSEMENT PAR ORDRE CHRONOLOGIQUE ET ALPHABÉTIQUE

Année 1954

ANONYME
- Représentations de Lohengrin jusqu'en 1883.
BFP, Lohengrin, 1954, pp. 38-40.
- Durée des actes suivant les chefs d'orchestre ayant dirigé à Bayreuth.
BFP, Siegfried, 1954.
BAUDELAIRE (Charles)
Lohengrin.
BFP, Lohengrin, 1954.
FESCHOTTE (Jacques)
- Résurrection et rayonnement de Bayreuth.
JH, 1954, 2 p. (non paginé)
- Tannhäuser à l'Opéra de Paris (1861).
BFP, Tannhäuser, 1954, pp. 35-37.
GRUNSKY (Hans)
La Légende de Parsifal et ses antécédents lointains.
BFP, Parsifal, 1954, pp. 20-25.
HAUPTMANN (Gerhart)
Richard Wagner.
BFP, Rheingold, 1954.

HERZFELD (Friedrich)
La Neuvième Symphonie de Beethoven 1824 - 1954.
BFP, IX (9ème symphonie de Beethoven), 1954.
MANN (Thomas)
Wagner, le mythique.
BFP, Walküre, 1954.
PANOFSKY (Walter)
Adieux à Clemens Krauss.
BFP, Götterdämmerung, 1954, pp. 9-10.
RIEZLER (Walter)
Le Final choral. « Nous vivons aujourd'hui un jour solennel ».
BFP, IX, 1954.
SCHUMANN (Karl)
« Ce personnage s'est échappé du plus profond de mon être. » Richard Wagner et l'univers de Tannhäuser.
BFP, Tannhäuser, 1954, pp. 42-44.
SHAW (Bernard)
Wagner, le musicien littéraire par excellence.
BFP, Siegfried, 1954.
TCHAIKOWSKY (Peter)
Sur Lohengrin.
BFP, Lohengrin, 1954.
WAGNER (Richard)
- Au sujet de la IXème Symphonie.
BFP, IX, 1954.
- Réflexions au sujet de l'interprétation musicale.
BFP, Siegfried, 1954.
- Au sujet de Siegfried.
BFP, Siegfried, 1954.
WAGNER (Siegfried)
Les Festivals pendant la première décennie après la mort de Richard Wagner.
BFP, Lohengrin, 1954, pp. 17-20.
WESTERNHAGEN (Curt von)
La Mise en scène. Vision - Prescription - Réalisation.
BFP, Rheingold-Walküre-Siegfried-Götterdämmerung, 1954.

Année 1955

FERCHAULT (Guy)
Une révolution dans l'art du théâtre.
JH, 1955, 2 p. (non paginé)
FURTWÄNGLER (Wilhelm)
L'Oeuvre de Richard Wagner.
BFP, Parsifal, 1955, pp. 20-22 et 27.

MANN (Thomas)
Wagner mythologue.
BFP, Götterdämmerung, 1955, pp. 5-6.
SHAW (Bernard)
Siegfried Wagner comme chef d'orchestre.
BFP, Der Fliegende Holländer, 1955, pp. 20-21.
SCHWEITZER (Albert)
Mes souvenirs sur Madame Cosima et Siegfried Wagner.
BFP, Der Fliegende Holländer, 1955, pp. 12-16.
STANISLAWSKI (Konstantin)
Richard Wagner.
BFP, Rheingold, 1955, p. 4.
WAGNER (Richard)
- Documents authentiques sur le Vaisseau Fantôme.
BFP, Der Fliegende Holländer, 1955, pp. 44-48.
- Documents authentiques sur Tannhäuser.
BFP, Tannhäuser, 1955, pp. 46-48.
- Le Théâtre, un abîme diabolique.
BFP, Rheingold, 1955, p. 35.
WAGNER (Wieland)
La Tragédie de Tannhäuser. Suivi de : Les différentes versions de Tannhäuser.
BFP, Tannhäuser, 1955, pp. 35-37.
WESTERNHAGEN (Curt von)
L'Exemple d'Eschyle. Quatre parties.
BFP, Rheingold-Walküre-Siegfried-Götterdämmerung, 1955, pp. 22 et 27-34, pp. 20 et 25-27, p. 18 et pp. 23-25, pp. 17-20.

Année 1956

ANONYME
Le Destin du Vaisseau Fantôme sur scène.
BFP, Der Fliegende Holländer, 1956, p. 24 et pp. 29-34.
KRAFT (Zdenko von)
De l'histoire du Festspielhaus.
BFP, Der Fliegende Holländer, 1956, pp. 50-52.
MISTLER (Jean)
Richard Wagner - poète comique.
BFP, Meistersinger, 1956, pp. 43-45.
VOLKMANN-SCHLUCK (K.-H.)
L'Anneau du Nibelung. La crise de conscience.
BFP, Rheingold, 1956.
WAGNER (Wieland)
« Car un enfant nous est né ».
BFP, Meistersinger, 1956, pp. 26-27.

WESTERNHAGEN (Curt von)
L'Oeuvre par laquelle Richard Wagner prit congé du monde.
BFP, Parsifal, 1956, p. 27 et 36.

Année 1957

DAEGLAU (Greta)
Richard Wagner son évolution et les chemins qu'il parcourut.
BFP, Götterdämmerung, 1957, pp. 26, 31-34 et 39-40.
GAUTIER (Judith)
Tristan et Iseult.
BFP, Tristan und Isolde, 1957, p. 56.
GRUNSKY (Hans)
La Mise en scène des Maîtres-chanteurs.
JH, 1957, 1 p. (non pagina)
HAAS (Willy)
Richard Wagner : limites et continuité de son art.
BFP, Rheingold, 1957, pp. 46-52.
LUTTWITZ (Heinrich von)
Wagner et la « décomposition » musicale contemporaine.
BFP, Walküre, 1957, pp. 47-52.
STEINECKE (Wolfgang)
Evolution de l'œuvre de synthèse artistique.
BHP, Siegfried, pp. 13-15.
WAGNER (Wagner)
- Documents authentiques sur les Meistersinger.
BFP, Meistersinger, 1957, pp. 42-49 et 53-56.
- Documents authentiques sur Tristan et Yseult.
BFP, Tristan und Isolde, 1957, pp. 44-54.
WAGNER (Wieland)
« Car un enfant nous est né ».
BFP, Meistersinger, 1957, p. 37.
WESTERNHAGEN (Curt von)
Documents authentiques sur Parsifal. Compilés par Curt von Westernhagen.
BFP, Parsifal, 1957, pp. 38-48.

Année 1958

BACHMANN (Claus-Henning)
Réconciliation avec le mythe.
BFP, Parsifal, 1958, pp. 39-45.
HAAS (Willy)
Richard Wagner n'est aujourd'hui qu'à ses débuts.
BFP, Siegfried, 1958, pp. 45-46.

KURTH (Ernst) - JANCKE (Herbert)
La Crise du Tristan. Extrait de l'harmonie romantique et sa crise dans le Tristan de Wagner.
BFP, Tristan und Isolde, 1958, pp. 38-41.
LÖBL (Karl)
Une chance pour le répertoire.
BFP, Meistersinger, 1958, pp. 39-44.
SCHUMANN (Karl)
Hans Knappertsbusch - un septuagénaire.
JH, 1958, 3 p. (non paginé).
TAYLOR (Deems)
Le Monstre.
BFP, Rheingold, 1958, pp. 45-48.
VIVIAR (London)
Un génie et ses parents.
BFP, Walküre, 1958, pp. 39-41 et 50-51.
WAGNER (Wieland)
Richard Wagner raconte comment son opéra Lohengrin a pris naissance.
BFP, Lohengrin, 1958, pp. 62-68.
WESTERNHAGEN (Curt von)
Le Dénouement devient tragique.
BFP, Götterdämmerung, 1958, pp. 12-20 et 27-29.

Année 1959

JOACHIM (Heinz)
Elsa et Lohengrin. Une étude psychologique.
BFP, Lohengrin, 1959, pp. 20-27.
OSTER (Otto)
Idée et forme.
BFP, Parsifal, 1959, pp. 41-44.
ROUGEMONT (Denis de)
Wagner ou l'achèvement.
BFP, Tristan und Isolde, 1959, pp. 42-44.
ROSTAND (Claude)
Richard Wagner aujourd'hui.
JH, 1959, 1 p. (non paginé)
VIVIAR (London)
Images et portraits.
BFP, Der Fliegende Holländer, 1959, pp. 55-58.
WESTERNHAGEN (Curt von)
« Le Cri de détresse de la poésie enchaînée ». Du final des Maîtres-chanteurs.
BFP, Meistersinger, 1959, pp. 46-53.

Année 1960

BORELLI (Enzo)
L'Anneau du Nibelung à la lueur des considérations critiques actuelles.
BFP, Rheingold, 1960, pp. 17-18 et 27-28.
DAEGLAU (Greta)
Rétrospective de la nouvelle mise en scène du Vaisseau Fantôme au festival de Bayreuth en 1959.
BFP, Der Fliegende Holländer, 1960, pp. 46-52.
FESCHOTTE (Jacques)
Le Ring plus actuel que jamais.
BFP, Walküre, 1960, pp. 13-15.
GAILLARD (Paul-André)
Le Rôle du chœur dans l'œuvre de Wagner.
BFP, Lohengrin, 1960, pp. 10-11 et 25-28.
JIRKO (Ivan)
La Tétralogie wagnérienne à la lumière de l'actualité.
BFP, Siegfried, 1960, pp. 19-20.
MANN (Thomas)
Wagner, le mythique.
BFP, Götterdämmerung, 1960, p. 15.
MISTLER (Jean)
Les Deux miracles de Bayreuth.
JH, 1960, 2 p. (non paginé)
ROSTAND (Claude)
Le Ring aujourd'hui.
BFP, Götterdämmerung, 1960, p. 15 et 25-26.
SAKKA (Keisei)
La Tétralogie wagnérienne sous son aspect actuel - Vu sous l'angle japonais.
BFP, Rheingold, 1960, pp. 35-36 et 41-42.
SCHUMANN (Karl)
L'Anneau du Nibelung de Wagner dans l'optique moderne.
BFP, Walküre, 1960, p. 15 et 25-26.
VIVIAR (London)
« L'Ineffable ». Réflexions sur les « leitmotifs » wagnériens.
BFP, Parsifal, 1960, pp. 50-56.
WARRACK (John)
Wagner et le Ring d'aujourd'hui.
BFP, Götterdämmerung, 1960, pp. 13-14.
ZILLIG (Winifried)
De Tristan à l'atonalité.
BFP, Meistersinger, 1960, pp. 59-68.

Année 1961

BLAUKOPF (Kurt)
L'Idéal sonore de Wagner et le monde sonore du 20ème siècle.
BFP, Siegfried, 1961, pp. 20-32.
BLOCH (Ernst)
Le Chant de concours de Beckmesser. Essai sur des paradoxes.
BFP, Meistersinger, 1961, pp. 21-25.
FERCHAULT (Guy)
Considérations sur la teneur philosophique de la Tétralogie.
BFP, Rheingold, 1961, pp. 20-30.
GAILLARD (Paul-André)
- Le Superflu liturgique dans Parsifal.
BFP, Parsifal, 1961, pp. 46-55.
- Totalité esthétique et « Gesamtkunstwerk ».
BFP, Walküre, 1961, pp. 20-27.
HAAS (Willy)
Richard Wagner et le « Nouveau Bayreuth ».
BFP, Der Fliegende Holländer, 1961, pp. 21-28 et pp. 34-44.
LÖHMANN (Otto)
La Légende de Tannhäuser.
BFP, Tannhäuser, 1961, pp. 61-64.
MANN (Thomas)
Wagner, le mythique.
BFP, Götterdämmerung, 1963, p. 48.
VUILLERMOZ (Emile)
Le Poème de la Tétralogie.
BFP, Götterdämmerung, 1961, pp. 23-25.
WESTERNHAGEN (Curt von)
Entre l'hostilité et l'admiration. Dialogue.
JH, 1961, 4 p. (non paginé).

Année 1962

BLUMENTHAL (Erwin)
L'Esthétique du drame musical selon Richard Wagner à la lumière de son œuvre maîtresse. Réflexions sur « théorie et pratique ».
BFP, Siegfried, 1962, pp. 29-56.
HAAS (Willy)
Ascendants, contemporains et descendance.
BFP, Parsifal, 1962, pp. 57-64.
MAYER (Hans)
Tannhäuser et les paradis artificiels.
BFP, Tannhäuser, 1962, pp. 50-64.

SCHUMANN (Karl)
La Conception romantique de la fin du monde. Le Mythe de l'anéantissement universel dans la pensée de Wagner et dans celle de son siècle. Quatre parties.
BFP, Rheingold-Walküre-Siegfried-Götterdämmerung, 1962, pp. 44-52, 41-47, 26-29 et 20-25.
SOLYOM (György)
Y-a-t-il une rupture dans l'Anneau du Nibelung ?
BFP, Götterdämmerung, 1962, pp. 31-39.
VIVIAR (London)
La Pierre tumulaire de Tristan.
BFP, Tristan und Isolde, 1962, pp. 57-64.
WECHSBERG (Joseph)
Ce qu'au cours d'un après-midi, j'eus la chance de découvrir.
BFP, Lohengrin, 1962, pp. 32-36.

Année 1963

BLOCH (Ernst)
Note explicative - Parsifal.
BFP, Parsifal, 1963, pp. 43-45.
MATTHES (Wilhelm)
Ode d'anniversaire à la gloire d'Hans Knappertsbusch, pour fêter ses 75 ans.
BFP, Parsifal, 1963, pp. 13-21.
STEIN (Jack M.)
Richard Wagner et l'œuvre d'art total.
BFP, Rheingold, 1963, pp. 37-51.
VIVIAR (London)
Le Philtre.
BFP, Tristan und Isolde, 1963, pp. 42-48.
WAGNER (Richard)
Les Lettres de Wagner à ses interprètes.
BFP, Walküre-Siegfried-Götterdämmerung, 1963, pp. 35-50, 50-56 et 29-40.

Année 1964

BEAUFILS (Marcel)
Parsifal.
BFP, Parsifal, 1964, pp. 14-26.
BLOCH (Ernst)
Crécelle magique et harpe humaine.
BFP, Götterdämmerung, 1964, pp. 43-48.
MAYER (Hans)
Wagner porté à la scène de Shakespeare.
BFP, Meistersinger, 1964, pp. 47-54.

SCHADEWALDT (Wolfgang)
Richard Wagner et les grecs.
BFP, Rheingold-Walküre-Siegfried, 1964, pp. 25-35, 24-34 et 35-48
STRAUSS (Richard)
Impressions de Richard Strauss sur la première mise en scène de Tannhäuser à Bayreuth 1891.
BFP, Tannhäuser, 1964, pp. 60-68.
STUCKENSCHMIDT (H.-H.)
Et le progrès, ce que nous appelons le progrès... ?
BFP, Tristan und Isolde, 1964, pp. 44-56.

Année 1965

BRIAT (René)
Chrétien de Troyes et les sortilèges de Bretagne.
BFP, Parsifal, 1965, pp. 24-38.
KOJETINSKY (Maximilian)
Les Différentes versions du Tannhäuser de Richard Wagner.
BFP, Tannhäuser, 1965, pp. 42-64.
MAYER (Hans)
Au-delà du passé, en deçà du futur dans Le Vaisseau Fantôme.
BFP, Der Fliegende Holländer, 1965, pp. 26-41.
PANOFSKY (Walter)
Quelques fragments concernant le Ring.
JH, 1965, 3 p. (non paginé).
SNOOK (Lynn)
A propos de l'interprétation du mythe.
I. L'Or du Rhin ou le pouvoir des dieux et leur absolutisme.
BFP, Rheingold, 1965, pp. 44-68.
II. La Walkyrie ou l'adieu aux divinités.
BFP, Walküre, 1965, pp. 30-47.
III. Siegfried ou le grand risque.
BFP, Siegfried, 1965, pp. 43-66.
IV. Le Crépuscule des Dieux et l'absolutisme des hommes.
BFP, Götterdämmerung, 1965, pp. 50-72.

Année 1966

BEAUFILS (Marcel)
Leit-motif et archétype.
BFP, Walküre, 1966, pp. 14-24.
FESCHOTTE (Jacques)
L'Oeuvre d'art de caractère religieux et le théâtre.
BFP, Parsifal, 1966, pp. 31-34.

GOLÉA (Antoine)
Richard Wagner au miroir de ses héros.
BFP, Siegfried, 1966, pp. 12-23.
MAYER (Hans)
La Tétralogie. Parabole dramatique d'inspiration bourgeoise. Sous quel aspect nouveau Wieland Wagner la conçoit et la réalise à Bayreuth.
BFP, Götterdämmerung, 1966, pp. 33-48.
NIETZSCHE (Friedrich)
Friedrich Nietzsche sur le prélude de Parsifal (publication de la lettre à Peter Gast du 21 janvier 1887).
BFP, Parsifal, 1966, p. 8.
SAGAVE (Pierre-Paul)
La Métaphysique de l'amour dans Tristan et Isolde.
BFP, Tristan und Isolde, 1966, pp. 29-38.
SNOOK (Lynn)
Sensus Numinis. Le sens du divin. Eléments mythiques, fabuleux, légendaires et sacrés dans Tannhäuser.
BFP, Tannhäuser, 1966, pp. 27-45.
WESTERNHAGEN (Curt von)
Genèse d'un symbole. A propos de l'histoire du prélude à L'Or du Rhin.
BFP, Rheingold, 1966, pp. 14-19.

Année 1967

BEAUFILS (Marcel)
Conditions et contradictions.
BFP, Lohengrin, 1967, pp. 40-56.
BLOCH (Ernst)
Wieland Wagner.
BFP, Parsifal, 1967, pp. 16-17.
BOULEZ (Pierre)
Der Raum wird hier zur Zeit. Wieland Wagner in Memoriam.
BFP, Parsifal, 1967, pp. 24-28.
FAVRE (Georges)
L'Amitié du roi Louis II de Bavière et de Richard Wagner.
BFP, Siegfried, 1967, pp. 25-32.
FERCHAULT (Guy)
Un jeune septuagénaire : Wilhelm Pitz.
BFP, Tannhäuser, 1967, pp. 22-23.
FESCHOTTE (Jacques)
Tannhäuser à l'Opéra de Paris (1861).
BFP, Tannhäuser, 1967, pp. 35-37.

GAILLARD (Paul-André)
La Métabole au service du drame chez Richard Wagner.
BFP, Parsifal, 1967, pp. 28-31 et 38-47.
KOHL (Gerhard)
L'Inceste entre frère et sœur, symbole d'une fusion de psychismes contraires.
BFP, Walküre, 1967, pp. 45-56.
NEUMANN (Angelo)
Quand Wagner mettait en scène son Lohengrin.
BFP, Lohengrin, 1967, pp. 61-64.
NEWMAN (Ernest)
Wagner et Bayreuth de nos jours.
BFP, Götterdämmerung, 1967, pp. 15-20.
PANOFSKY (Walter)
Quelques fragments concernant le Ring.
BFP, Rheingold, 1967, pp. 41-46.
ROSTAND (Claude)
Bayreuth vivant. Hommage à Wieland Wagner.
BFP, Rheingold, 1967, pp. 26-31.
SCHMID (Carlo)
Le Théâtre et la société.
BFP, Götterdämmerung, 1967, pp. 53-60.
WAGNER (Wieland)
Doit-on classer Wagner « monument historique » ?
BFP, Tannhäuser, 1967, pp. 30-35.
WAGNER (Wolfgang)
L'Esprit des lieux.
BFP, Lohengrin, 1967, pp. 5-8.

Année 1968

BAUDELAIRE (Charles)
Lohengrin.
BFP, Lohengrin, 1968, pp. 19-20.
BEAUFILS (Marcel)
Les Maîtres-chanteurs selon eux-mêmes.
BFP, Meistersinger, 1968, pp. 44-48.
BLAUKOPF (Kurt)
L'Idéal sonore de Wagner et le monde sonore du 20ème siècle.
BFP, Walküre, 1968, pp. 33-40.
BLOCH (Ernst)
A propos de la « naissance spirituelle » du troisième acte des Maîtres-chanteurs.
BFP, Meistersinger, 1968, pp. 34-36.

DIETRICH (Margret)
La Technique des effets scéniques pour la première Tétralogie - Bayreuth 1876.
BFP, Götterdämmerung, 1968, pp. 15-28.
FESCHOTTE (Jacques)
Le Ring plus actuel que jamais.
BFP, Rheingold, 1968, pp. 32-36.
FURTWÄNGLER (Wilhelm)
A l'exemple de Hans Sachs. Réflexions sur l'art et le peuple.
BFP, Meistersinger, 1968, pp. 36-44.
GAILLARD (Paul-André)
Musique et volonté morale.
BFP, Götterdämmerung, 1968, pp. 8-14.
HOFMANNSTHAL (Hugo von)
Lettre de Hugo von Hofmannsthal à Richard Strauss.
BFP, Meistersinger, 1968, pp. 32-34.
MAYER (Hans)
Lohengrin ou l'utopie en La majeur.
BFP, Lohengrin, 1968, pp. 2-14.
ROSTAND (Claude)
Le Ring aujourd'hui.
BFP, Siegfried, 1968, pp. 44-45.
WAGNER (Richard)
- Richard Wagner à Bayreuth. Lettre du 1er octobre 1874 au roi Louis II.
BFP, Rheingold, 1968, pp. 36-41.
- Réflexions de Richard Wagner au sujet de l'interprétation musicale.
BFP, Walküre, 1968, pp. 41-43.
- Richard Wagner sur Siegfried.
BFP, Siegfried, 1968, pp. 46-48.
WÖRNER (Karl H.)
Les Dernières années.
BFP, Parsifal, 1968, pp. 31-44.

Année 1969

ANONYME
Durée des actes suivant les chefs d'orchestre ayant dirigé à Bayreuth.
BFP, Walküre, 1969, pp. 53-55.
BLOCH (Ernst)
Crécelle magique et harpe humaine.
BFP, Siegfried, 1969, pp. 53-58.
DIEZ (Werner)
Le Problème de la structure dramatique dans la Tétralogie.
BFP, Rheingold-Walküre, 1969, pp. 42-56 et 17-32.

GAILLARD (Paul-André)
Walhall.
BFP, Rheingold, 1969, pp. 56-60.
GREGOR-DELLIN (Martin)
Actualisation.
BFP, Parsifal, 1969, pp. 16-27.
HAUSSWALD (Günter)
La Structure dramatique dans le Vaisseau Fantôme.
BFP, Der Fliegende Holländer, 1969, pp. 44-59.
MACK (Dietrich)
Siegfried Wagner et l'art scénique.
BFP, Parsifal, 1969, pp. 44-63.
MANN (Thomas)
Wagner, le mythique.
BFP, Götterdämmerung, 1969, p. 34.
PATINO (Hugo)
Présence et absence de Richard Wagner dans le monde hispanique.
BFP, Götterdämmerung, 1969, pp. 27-33.
PELKEN (Nicolas de)
Rituel de l'initiation à la mort dans Tristan et Isole.
BFP, Tristan und Isolde, 1969, pp. 22-34.
SCHADEWALDT (Wolfgang)
Reflets de la pensée grecque dans les Maîtres-Chanteurs.
BFP, Meistersinger, 1969, pp. 7-14.
SCHWEITZER (Albert)
Mes souvenirs sur Madame Cosima et Siegfried Wagner.
BFP, Der Fliegende Holländer, 1969, pp. 39-42.
VIVIAR (London)
Lorsque parlait une vierge.
BFP, Walküre, 1969, pp. 42-56.
VUILLERMOZ (Emile)
Le Poème de la Tétralogie.
BFP, Siegfried, 1969, pp. 50-52.
WÖRNER (Karl H.)
Quand l'histoire affronte les feux de la rampe. L'arrière-plan historique de la musique des Maîtres-chanteurs.
BFP, Meistersinger, 1969, pp. 46-60.

Année 1970

BEAUFILS (Marcel)
Musique et son, musique du verbe chez Richard Wagner.
BFP, Walküre, 1970, pp. 2-4.

BLOCH (Ernst)
A propos de la Tétralogie.
BFP, Rheingold, 1970, pp. 47-49.
BOULEZ (Pierre)
Chemins vers Parsifal.
BFP, Parsifal, 1970, pp. 2-14 et 63-68.
DAHLHAUS (Carl)
L'Esthétique de Wagner. Textes choisis et précédés d'une introduction.
- L'Artiste et la publicité. Public et popularité.
BFP, Meistersinger, 1970, pp. 51-58.
- De l'ouverture.
BFP, Rheingold, 1970, pp. 50-58.
- De l'application au drame.
BFP, Walküre, 1970, pp. 44-52.
- Sur la critique musicale.
BFP, Siegfried, 1970, pp. 41-48.
- Sur l'expression « Musikdrama ».
BFP, Götterdämmerung, 1970, pp. 33-37.
- Une heureuse soirée.
BFP, Der Fliegende Holländer, 1970, pp. 49-56.
- Le Public dans le temps et dans le milieu.
BFP, Parsifal, 1970, pp. 53-59.
DOISY (Marcel)
Sachs ou l'humanité de l'homme.
BFP, Meistersinger, 1970, pp. 65-72.
DONINGTON (Robert)
Baptême par le feu et par l'eau.
BFP, Götterdämmerung, 1970, pp. 23-25.
FERCHAULT (Guy)
Le Problème de la liberté humaine dans les drames wagnériens.
BFP, Siegfried, 1970, pp. 2-12 et 49-50.
GECK (Martin)
Bach et Tristan. Musique, génie de l'utopie.
BFP, Tristan und Isolde, 1970, pp. 31-35.
GÜNZEL (Klaus)
E.T.A. Hoffmann et Richard Wagner.
BFP, Der Fliegende Holländer, 1970, pp. 44-49.
KANSKI (Josef)
La Contribution polonaise à l'histoire de l'interprétation des œuvres de Wagner.
BFP, Götterdämmerung, 1970, pp. 25-32.
MACK (Dietrich)
La Tragédie de la puissance. Réflexions à propos du sens de la Tétralogie ; d'après des notes prises au cours d'entretiens avec Wolfgang Wagner.
BFP, Rheingold, 1970, pp. 30-47.

OWEN LEE (Mac)
Un chant qui vaut un baptême.
BFP, Meistersinger, 1970, pp. 46-50.
PECHT (Friedrich)
Wagner à Paris. Extraits des souvenirs du peintre Friedrich Pecht (1814 - 1903).
BFP, Der Fliegende Holländer, 1970, pp. 37-42.
VIVIAR (London)
Cathédrales. Essai sur les coupures.
BFP, Walküre, 1970, pp. 33-44.
WAGNER (Richard)
Jugements de Wagner sur Beethoven. Textes choisis par Klaus Kropfinger. Suivi de : Au sujet de la IXème symphonie. Extraits tirés du Journal de Cosima.
BFP, Tristan und Isolde, 1970, pp. 45-52.
WESTERNHAGEN (Curt von)
A propos des lectures de Wagner à Dresde. Sources ignorées de Tristan et Isolde.
BFP, Tristan und Isolde, 1970, pp. 35-45.

Année 1971

BLOCH (Ernst)
Naissance de la « mélodie infinie ».
BFP, Siegfried, 1971, pp. 21-22.
DIEZ (Werner)
« Fluch et Flucht » (Maudire et s'enfuir) ; deux mots clefs de la Tétralogie.
BFP, Rheingold, 1971, pp. 31-53.
FORNACON (Siegfried)
Le « Thétis » de Richard Wagner.
BFP, Der Fliegende Holländer, 1971, pp. 55-58.
GRADENWITZ (Peter)
La Musique qui détecte le mensonge.
BFP, Siegfried, 1971, pp. 38-41.
GRASSI (Ernesto)
La Révolution et la réalité de l'art.
BFP, Lohengrin, 1971, pp. 29-50.
GREGOR-DELLIN (Martin)
Espoirs et déceptions de Wagner. De la révolution à la fondation de l'Empire.
BFP, Parsifal, 1971, pp. 50-88.
KIRCHMEYER (Helmut)
Etude psychologique du Vaisseau Fantôme.
BFP, Der Fliegende Holländer, 1971, pp. 31-55.
KUNZE (Stefan)
Lohengrin. Incarnation allégorique de l'artiste.
BFP, Lohengrin, 1971, pp. 50-58.

MACK (Dietrich)
- Extraits de lettres de Felix Mottl à Cosima Wagner. Textes choisis et précédés d'une introduction par Dietrich Mack.
BFP, Rheingold-Walküre-Siegfried, 1971, pp. 53-62, 55-62 et 22-37.
- Le Drame et la musique. Problème de forme artistique. Echange d'idées entre Conrad Fiedler et Adolf Hildebrand à l'occasion de la représentation de la Tétralogie en 1876.
BFP, Götterdämmerung, 1971, pp. 37-45.
MAYER (Hans)
La Tétralogie et l'ambiguïté du savoir.
BFP, Götterdämmerung, 1971, pp. 20-37.
PIETSCHMANN (Kurt R.)
La « Fête » dans l'œuvre de Richard Wagner.
BFP, Der Fliegende Holländer, 1971, pp. 58-65.
REINHARDT (Heinrich)
Rôle et sens du mot « Heilig » dans la Tétralogie.
BFP, Walküre, 1971, pp. 30-46.
VOSS (Egon)
Présence de la musique de chambre dans les drames de Richard Wagner.
BFP, Walküre, 1971, pp. 46-55.
WAGNER (Richard)
Lohengrin admet-il des coupures ? Lettre de Richard Wagner à Edouard Genast, metteur en scène de la première de Lohengrin à Weimar, en 1850.
BFP, Lohengrin, 1971, pp. 58-61.

Année 1972

BEAUFILS (Marcel)
Son et éternité.
BFP, Götterdämmerung, 1972, pp. 59-68.
CHOP (Max)
Lohengrin vu par les critiques. Documentation présentée par Max Chop, extraite des *Annales Richard Wagner* de 1906.
BFP, Lohengrin, 1972, pp. 51-56.
DAHLHAUS (Carl)
Des pensées musicales qui se muent en visions.
BFP, Rheingold, 1972, pp. 49-55.
DIEZ (Werner)
Prométhée, Lucifer et l'utopie du Graal.
BFP, Parsifal, 1972, pp. 41-53.
GRASSI (Ernesto) - FRIEDRICH (Götz)
Critique et défense du sens esthétique.
BFP, Tannhäuser, 1972, pp. 70-76.

JENS (Walter)
L'Oeuvre d'art du présent et de l'avenir. Comment Richard Wagner concevait son festival.
BFP, Tannhäuser, 1972, pp. 46-63.
KUNZE (Stefan)
Le Rôle de la nature dans les drames de Wagner.
BFP, Siegfried, 1972, pp. 48-.59.
LÉVI-STRAUSS (Claude)
Wagner. Le Père irrécusable de l'analyse structurale des mythes.
BFP, Siegfried-Götterdämmerung, 1972, pp. 7-12 et 10-12, 58-59.
MAYER (Hans)
Amfortas et Kundry ou la volupté de mourir.
BFP, Parsifal, 1973, pp. 27-41.
REXROTH (Dieter)
La Tragédie d'une naissance. Remarques sur le deuxième acte de la Walkyrie.
BFP, Walküre, 1972, pp. 39-52.
SIEGELE (Ulrich)
Lohengrin - le drame des thèmes par excellence.
BFP, Lohengrin, 1972, pp. 43-51.
STEINBECK (Dietrich)
« Qu'à présent, l'art sublime en acte se transforme ! »
BFP, Tannhäuser, 1972, pp. 78-92.
WAGNER (Richard)
- Lettre de Richard Wagner au baron de Biedenfeld (Weimar)
BFP, Tannhäuser, 1972, pp. 76-78
- Lettre de Wagner à ses interprètes.
BFP, Götterdämmerung, 1972, pp. 54-55.
- « Ce qui s'élève là-haut, sur la riante colline qui domine Bayreuth ! » Extraits des écrits de Richard Wagner à propos de Bayreuth.
JH, 1972, 4 p. (non paginé).
WESTERNHAGEN (Curt von)
Richard Wagner, citoyen d'Europe.
BFP, Rheingold, 1972, pp. 55-65.

Année 1973

ACQUISTAPACE (Eva)
Fascination et antagonisme. Etude du langage chez Richard Wagner.
BFP, Siegfried, 1973, pp. 47-58.
CARNEGY (Patrick)
Comment Wagner conçoit les compétitions de chant (Tannhäuser et Maîtres-chanteurs).
BFP, Meistersinger, 1973, pp. 48-56.

DAHLHAUS (Carl)
Wagner et Schopenhauer. Notes pour une philosophie de la musique.
BFP, Walküre, 1973, pp. 47-53.
FRIEDRICH (Götz)
Richard Wagner sur la représentation de Tannhäuser (1852). Textes choisis par Götz Friedrich.
BFP, Tannhäuser, 1973, pp. 32-53.
GECK (Martin)
La Tétralogie de Wagner résume-t-elle une philosophie de la vie ?
BFP, Götterdämmerung, 1973, pp. 31-67.
GREGOR-DELLIN (Martin)
- La Fondation Richard Wagner de Bayreuth. Commentaire par Martin Gregor-Dellin.
BFP, Meistersinger, 1973, 3 p. (non paginé)
- Le Calvaire de Nietzsche.
BFP, Meistersinger, 1973, pp. 56-66.
JOLY (Raymond)
Wotan et ses doubles. Esquisse psychocritique.
BFP, Rheingold, 1973, p. 9 et pp. 56-61.
MACK (Dietrich)
- Parsifal de 1951 à 1973. Documentation (photos et textes) relative à la mise en scène de Wieland Wagner.
BFP, Parsifal, 1974, 88 p.
Les extraits de presse sont reproduits dans leur langue originale ; les autres textes sont présentés en trois langues.
- L'Approche du héros n'est pas chose facile.
BFP, Siegfried, 1973, pp. 58-60.
MACK (Gudrun und Dietrich)
Liste des articles parus dans nos brochures-programmes de « Parsifal », de 1951 à 1972.
BFP, Parsifal, 1973, pp. 85-88.
MAYER (Hans)
« Saint Jean, dans l'ombre du Jourdain... » ou la divinisation de l'art dans les Maîtres-chanteurs.
BFP, Meistersinger, 1973, pp. 34-47.
PRINGSHEIM (Klaus)
La Trahison de Siegfried.
BFP, Götterdämmerung, 1973, pp. 67-72.
SCHNEBEL (Dieter)
Actualité de Wagner - vue sous trois angles : langue - musique - drame.
BFP, Rheingold-Walküre, 1973, pp. 50-54 et 53-62.
STERNBERGER (Dolf)
Compétition secrète entre deux trouvères, Richard Wagner et Henri Heine.
BFP, Tannhäuser, 1973, pp. 54-66.

WAGNER (Richard)
Il y a cent ans... Textes de 1873 relatifs à la réalisation de « l'opération Bayreuth ».
BFP, Rheingold-Walküre-Siegfried, 1973, pp. 45-50, 31-47 et 28-47.

Année 1974

EVERDING (August)
Espace scénique pour deux amants.
BFP, Tristan und Isolde, 1974, pp. 24-26.
FERCHAULT (Guy)
In memoriam Wilhelm Pitz.
BFP, Meistersinger, 1974, p. 15 et pp. 54-58.
GÜNZEL (Klaus)
Le Culte de la nature et le drame musical. Richard Wagner s'est-il inspiré de Gotthilf Heinrich Schubert ?
BFP, Götterdämmerung, 1974, pp. 57-66.
HABEL (Heinrich)
Wahnfried. Type de la demeure d'artiste au XIXème siècle.
BHP, Rückblick und Vorschau, 1974, 5 p. (non paginé).
HIRSBRUNNER (Theo)
Révolte et poésie décadente. Etude sur Tristan et Isolde de Richard Wagner.
BFP, Tristan und Isolde, 1974, pp. 41-52.
JENS (Walter)
Beckmesser et ses deux visages.
BFP, Meistersinger, 1974, pp.30-44.
LICHTENFELD (Monika)
La « Sonorité étale », procédé technique de composition, et de son utilisation par Wagner.
BFP, Tristan und Isolde, 1974, pp. 51-60.
MACK (Dietrich)
Tannhäuser à Bayreuth.
BFP, Tannhäuser, 1974, pp. 32-51.
MACK (Gudrun und Dietrich)
Liste des articles parus dans nos brochures - programmes de « Der Ring des Nibelungen », de 1951 à 1973.
BFP, Götterdämmerung, 1974, pp. 71-84.
SNOOK (Lynn)
Les Motifs mythologiques chez Richard Wagner. Etudes pour l'élucidation des caractères archétypiques dans la Tétralogie wagnérienne.
BFP, Rheingold-Walküre-Siegfried-Götterdämmerung, 1974, pp. 25-60, 34-66, 34-66 et 35-57.

WAGNER (Richard)
- Textes de 1874 relatifs à la réalisation de « l'opération Bayreuth. »
BFP, Meistersinger, 1974, pp. 45-52.
- Lettres de Wagner à ses interprètes.
BFP, Walküre-Siegfried, 1974, pp. 66-68 et 66-68

Année 1975

ANONYME
1875. Travaux préparatoires pour les premiers festivals.
JH, 1975, 2 p. (non paginé).
BAUER (Oswald Georg)
Optique et conscience historiques. Etude documentaire sur le personnage de Hans Sachs dans l'optique du XIXème siècle.
BFP, Meistersinger, 1975, pp. 46-54.
BAUER (Oswald Georg) - MACK (Dietrich)
« Der Ring des Nibelungen » à Bayreuth 1876 - 1975. Documentation relative aux décors réunie par Oswald Georg Bauer. Textes de Dietrich Mack.
1. La Tétralogie en 1876. La Tétralogie 1896 - 1931
BFP, Rheingold, 1975, pp. 33-53
2. La Tétralogie 1933 - 1942.
BFP, Walküre, 1975, pp. 30-32.
3. La Tétralogie 1951 - 1958. La Tétralogie 1960 - 1964.
BFP, Siegfried, 1975, pp. 41-44.
4. La Tétralogie 1965 - 1969. La Tétralogie 1970 - 1975.
BFP, Götterdämmerung, 1975, pp. 34-48.
COGNI (Giulio)
Tala - Karma - Raga. Présence de motifs indiens dans l'œuvre de Wagner.
BFP, Siegfried, 1975, pp. 44-48.
EGER (Manfred)
Richard Wagner parle de ses dettes qu'il laisse à Vienne. Publication d'une lettre inédite de M. Eduard Liszt.
BFP, Meistersinger, 1975, pp. 54-59.
GREGOR-DELLIN (Martin)
Wagner et ses prolongements. La Mutation harmonique et le leitmotif dans l'œuvre de Thomas Mann.
BFP, Tristan und Isolde, 1975, pp. 60-67.
GRUBER (Gernot)
L'Utopie dans la conclusion musicale de Parsifal.
BFP, Parsifal, 1976, pp. 51-58.
HONOLKA (Kurt)
La Musique ou se reflètent pensée et pressentiment. La Fonction psychologique de l'orchestre wagnérien.
BFP, Götterdämmerung, 1975, pp. 49-60.

KESTING (Marianne)
Wagner et le « théâtre épique ». Des traits communs esthétiques entre Wagner, Meyerhold et Brecht.
BFP, Meistersinger, 1975, pp. 60-68.
LÉVI-STRAUSS (Claude)
De Chrétien de Troyes à Richard Wagner.
BFP, Parsifal, 1975, pp. 1-9 et 60-67.
MÖNCH (Walter)
« Tempérament d'artiste et pensée philosophique (à propos du Tristan).
BFP, Tristan und Isolde, 1975, pp. 33-55.
SCHWINGER (Wolfram)
Hommage à Wolfgang Windgassen.
BFP, Tristan und Isolde, 1975, pp. 55-60.
SNOOK (Lynn)
L'Histoire universelle révélée par le mythe.
BFP, Walküre, 1975, pp. 32-52.
WAGNER (Richard)
Il y a cent ans. Quand Wagner organisait son premier festival.
BFP, Rheingold, 1975, pp. 54-64.

Année 1976

BAUER (Oswald Georg)
Aspects sous lesquels se montra au XIXème siècle la légende des Nibelungen.
BFP, Götterdämmerung, 1976, pp. 37-58.
BOULEZ (Pierre)
Le Temps re-cherché.
BFP, Rheingold, 1976, pp. 1-17 et 76-80.
DAHLHAUS (Carl)
Nietzsche en 1876.
BFP, Walküre, 1976, pp. 52-60.
GRUBER (Gernot)
Le Rayonnement musical de la Tétralogie. Historique de son influence.
BFP, Götterdämmerung, 1976, pp. 59-68.
HENRY (Ruth)
Tristan était-il français ? Variations et constantes de l'idée wagnérienne en France.
BFP, Tristan und Isolde, 1976, pp. 30-32 et 49-54.
JUST (Klaus Günther)
Siegfried et Parsifal.
BFP, Parsifal, 1976, pp. 30-54.
MACK (Dietrich)
Le Fondateur solitaire.
BFP, Rheingold, 1976, pp. 68-74.

MÖNCH (Walter)
« Deviens celui que tu es ». Wagner à Paris, étape décisive de son évolution intérieure.
BFP, Tristan und Isolde, 1976, pp. 55-66.
PÖHNER (Eberhard)
Héros de légende et surhomme. Remarques psychanalytiques sur Siegfried et Parsifal.
BFP, Parsifal, 1976, pp. 54-66.
SCHÖTT (Hans-Joachim)
Deux opéras, un même destin.
BFP, Walküre, 1976, pp. 29-51.
VOSS (Egon)
A propos de l'interprétation musicale : le style bayreuthien.
BFP, Siegfried, 1976, pp. 54-66.
WAPNEWSKI (Peter)
La Vie vue comme un opéra, le sentiment : source d'ivresse ou de compréhension. Comment Louis II et Wagner concevaient l'art.
BFP, Siegfried, 1976, pp. 34-54.
WESTERNHAGEN (Curt von)
Wagner et ses projets utopiques d'émigration.
BFP, Götterdämmerung, 1976, pp. 68-74.

Année 1977

BAUER (Oswald Georg)
La Wartburg : haut lieu de civilisation germanique.
BFP, Tannhäuser, 1977, pp. 43-51.
GLAT-BEHR (Dorothea)
Mort héroïque ou mort d'amour. Réflexions à propos de Penthésilée et d'Isolde.
BFP, Tristan und Isolde, 1977, pp. 30-53.
KONRAD (Klaus) - WERCKMEISTER (Lutz)
- Transfiguration en si majeur ? Les problèmes que pose la fin de Tristan.
BFP, Tristan und Isolde, 1977, pp. 54-60.
- A propos des rapports réciproques entre les théories artistiques et sociales dans les premiers écrits de Richard Wagner.
BFP, Walküre, 1977, pp. 29-56.
MACK (Dietrich)
Comment Wagner régna sur la scène, et au-delà. Essai sur l'évolution du prestige wagnérien.
BFP, Götterdämmerung, 1977, pp. 55-64.
SCHEEL (Walter) - WILD (Hans Walter) - WAGNER (Wolfgang)
Discours prononcés au Festspielhaus pour la célébration du centenaire des festivals de Bayreuth. Le 23 juillet 1876.
JH, 1977, 7 p. (non paginé).

SCHWINGER (Wolfram)
Un public dérouté en terrain bien connu ou l'actualisation d'une légende. A propose de la mise en scène de Tannhäuser par Götz Friedrich.
BFP, Tannhäuser, 1977, pp. 22-43.
SCHÖTT (Hans Joachim)
De la première pierre jusqu'à la clef de voûte.
BFP, Götterdämmerung, 1977, pp. 31-54.
SCHMID (Carlo) - BOULEZ (Pierre) - CHÉREAU (Patrice)
- Mythologie et Idéologie. Echange de vues sur la mise en scène de la tétralogie en 1976 entre Carlo Schmid, Pierre Boulez et Patrice Chéreau.
BFP, Rheingold, 1977, pp. 1-23 et 104-110.
- Commentaires sur « Mythologie et Idéologie.
BFP, Siegfried, 1977, pp. 1-19 et 86-102.
STICHWEH (Klaus)
La Pitié qui mène au savoir.
BFP, Parsifal, 1977, pp. 40-74.
WAPNEWSKI (Peter)
Dieux, héros et Wagner. Le texte de la Tétralogie et ses sources médiévales.
BFP, Rheingold, 1977, pp. 92-101.

Année 1978

BERTAU (Karl)
Le Chaste fol.
BFP, Parsifal, 1979, pp. 47-90.
BONIS (Ferenc)
Richard Wagner et son ami de Budapest, le compositeur Mihaly Mosonyi.
BFP, Siegfried, 1978, pp. 46-52.
DAHLHAUS (Carl)
Le Drame musical est-il un opéra symphonique ?
BFP, Walküre, 1978, pp. 45-54.
GLAT-BEHR (Dorothea)
Le Désir de mourir.
BFP, Der Fliegende Holländer, 1978, pp. 39-66.
HÜBSCHER (Arthur)
Schopenhauer et les contemporains de Wagner.
BFP, Siegfried, 1978, pp. 27-45.
KIRCHMEYER (Helmut)
Situation du Vaisseau Fantôme à ses débuts.
BFP, Der Fliegende Holländer, 1978, pp. 66-74.
MAYER (Hans)
Tannhäuser l'anticonformiste.
BFP, Tannhäuser, 1978, pp. 29-50.

METKEN (Günter)
Une ère nouvelle d'images. Wagner, les arts et l'œuvre d'art de l'avenir.
BFP, Rheingold-Walküre, 1978, pp. 27-49 et 27-44.
SPIEL (Hilde)
Comment vivre avec un génie. A propos de l'union de Cosima et Richard Wagner.
BFP, Götterdämmerung, 1978, pp. 49-56.
STROHM (Reinhard)
Historique des variantes dans Tannhäuser.
BFP, Tannhäuser, 1978, pp. 51-61.
VOSS (Egon)
Révolution extérieure et révolution intérieure. Extraits d'œuvres en prose de Richard Wagner.
BFP, Rheingold, 1978, pp. 49-58.
WAPNEWSKI (Peter)
Le Survivant ou comment Alberich se charge du dénouement.
BFP, Götterdämmerung, 1978, pp. 27-48.

Année 1979

BONIS (Ferenc)
Bartok et Wagner.
BFP, Siegfried, 1979, pp. 93-107.
BRINKMANN (Reinhold)
Miracle, réalité, et celle qui franchit la frontière.
BFP, Lohengrin, 1979, pp. 48-85.
EGER (Manfred)
La Correspondance de Richard et Cosima Wagner. Histoire et vestiges d'une correspondance détruite.
BFP, Rheingold-Walküre, 1979, pp. 55-95 et 56-104.
GREGOR-DELLIN (Martin)
« Liberté, liberté chérie... » Richard Wagner et la révolution de Dresde.
BFP, Siegfried-Götterdämmerung, 1979, pp. 54-93 et 25-50.
KUNZE (Stefan)
La Réalisation scénique dans l'imagination de Wagner. Réflexions sur les rapports de la musique et de la scène dans la Tétralogie.
BFP, Rheingold, 1979, pp. 95-105.
VETTER (Isolde)
Le Juif Errant de l'Océan - Sauvé ou non par la musique ? Le Vaisseau Fantôme et ses remaniements.
BFP, Der Fliegende Holländer, 1979, pp. 57-64.
VOSS (Egon)
Les Chœurs de Lohengrin dans l'optique d'*Opéra et drame*.
BFP, Lohengrin, 1979, pp. 85-92.

WAPNEWSKI (Peter)
Bayreuth. Atelier permanent.
JH, 1979, 3 p. (non paginé).
WERKMEISTER (Lutz) - KONRAD (Laus)
Tradition et Transcendance : Le Vaisseau Fantôme.
BFP, Der Fliegende Holländer, 1979, pp. 33-56.
WYSS (Ulrich)
Par la pitié parvenue au savoir.
BFP, Parsifal, 1979, pp. 34-70.

Année 1980

BAUER (Oswald Georg)
- Décision et clairvoyance. Notes marginales sur l'essence dramatique de Parsifal.
BFP, Parsifal, 1980, pp. 42-60.
- La Tétralogie vue par les caricaturistes. Coup d'œil rétrospectif.
BFP, Rheingold-Walküre-Siegfried-Götterdämmerung, 1980, pp. 42-81, p. 74, p. 66 et pp. 69-70.
- Théâtre pour les yeux et théâtre invisible. Ce qu'ont réalisé au Festspielhaus la radio, la télévision, le cinéma et l'enregistrement sur disque : aperçu historique.
JH, 1981, 4 p. (non paginé).
BORCHMEYER (Dieter)
Le Mythe d'Oedipe et la Tétralogie.
BFP, Rheingold, 1980, pp. 42-81.
GREGOR-DELLIN (Martin)
L'Homme et ses rêves.
BFP, Der Fliegende Holländer, 1980, pp. 35-56.
GRUBER (Gernot)
La Musique de la nature et la nature de la musique.
BFP, Walküre, 1980, pp. 42-63.
KÖHLER (Hartmut)
Le Théâtre intérieur. De l'importance de Richard Wagner pour Paul Valéry.
BFP, Walküre, 1980, pp. 63-73.
KONRAD (Klaus) - WERCKMEISTER (Lutz)
Le Mythe et l'histoire : anthropologie à but politique.
BFP, Götterdämmerung, 1980, pp. 36-68.
KUNZE (Stefan)
Les Structures temporelles dans le drame musical wagnérien.
BFP, Der Fliegende Holländer, 1980, pp. 57-68.
MACK (Dietrich)
« Maman donne une dernière image de tout un siècle ».
BFP, Parsifal, 1980, pp. 61-79.

METKEN (Günter)
De nos rives, insaisissable : Lohengrin. La Musique figurative de Wagner dans l'art et la littérature.
BFP, Lohengrin, 1980, pp. 28-52.
WAPNEWSKI (Peter)
Siegfried et l'oiseau de la forêt.
BFP, Siegfried, 1980, pp. 36-65.
WILD (Hans Walter) - HILGER (Edward)
Discours prononcés le 10 mars 1980 à la célébration des funérailles de Winifred Wagner sur la scène des répétitions du Festspielhaus.
BFP, Lohengrin, 1980, pp. 55-60.

Année 1981

BAUER (Oswald Georg)
« Fidèle aux mœurs paisibles, au calme et sûr labeur... » Libres propos sur Nuremberg tel que le voit Richard Wagner.
BFP, Meistersinger, 1981, pp. 55-70.
BORCHMEYER (Dieter)
Un univers baigné dans la lumière mourante. Tristan et le mythe de la nuit.
BFP, Tristan und Isolde, 1981, pp. 49-85.
DAHLHAUS (Carl)
Les Récits de Wagner sur l'origine de ses œuvres.
BFP, Der Fliegende Holländer, 1981, pp. 44-56.
FERLAN (Françoise)
Le Silence dans le Vaisseau Fantôme.
BFP, Der Fliegende Holländer, 1981, pp. 1-11.
FRICKE (Harald)
« ... Quel est mon nom et qui je suis ». Essai sur le rôle primordial que joue le nom des personnages dans l'œuvre de Richard Wagner.
BFP, Lohengrin, 1981, pp. 45-60.
GRUBER (Gernot)
- L'Ambivalence de l'art et de la vie dans les Maîtres-chanteurs.
BFP, Meistersinger, 1981, pp. 41-53.
- Ironie et Gaieté. Richard Wagner sur les Maîtres-chanteurs de Nuremberg.
BFP, Meistersinger, 1981, p. 54.
GUTMAN (Nathaniel)
Herzl et Wagner.
BFP, Parsifal, 1981, pp. 67-72.
KIRCHMEYER (Helmut)
Richard Wagner et Felix Mendelssohn-Bartholdy.
BFP, Der Fliegende Holländer, 1981, pp. 56-71.

MAYER (Hans)
Le Héros tragique et ses amis. A propos de Wolfram, de Brangaene et de Kurwenal.
BFP, Tristan und Isolde, 1981, pp. 85-91.
WAPNEWSKI (Peter)
Richard Wagner et son dix-neuvième siècle.
BFP, Parsifal, 1981, pp. 29-40.

Année 1982

BERTAU (Karl)
Tristan et Narcisse.
BFP, Tristan und Isolde, 1982, pp. 43-58.
BORCHMEYER (Dieter)
Les Métamorphoses d'Ahasvérus. Le Vaisseau Fantôme.
BFP, Der Fliegende Holländer, 1982, pp. 31-46.
BRUNNER (Horst)
Bourgeoisisme et esprit populaire créateur. Gervinus et la genèse des Maîtres.
BFP, Meistersinger, 1982, pp. 47-64.
DAHLHAUS (Carl)
Richard Wagner et le modernisme en musique.
BFP, Lohengrin, 1982, pp. 35-42.
DANNENBERG (Peter)
Richard Wagner et ses chanteurs.
BFP, Lohengrin, 1982, pp. 42-63.
KÜNG (Hans)
La Soif de rédemption. Cent ans plus tard.
BFP, Parsifal, 1982, pp. 75-93.
JENS (Walter)
Nature et Art, à propos des Maîtres-chanteurs de Nuremberg de R. Wagner.
BFP, Meistersinger, 1982, pp. 39-47.
MAYER (Hans)
Richard Wagner et la jeunesse.
BFP, Parsifal, 1982, pp. 93-114.
MAEHDER (Jürgen)
Une texture sonore pour la nuit - à propos de la partition de Tristan et Isolde.
BFP, Tristan und Isolde, 1982, pp. 59-77.

Année 1983

BAUER (Oswald Georg)
Pour commémorer le 13 février... Discours prononcé l'après-midi du 13 février, à l'Opéra des Margraves de Bayreuth.
BFP, Meistersinger, 1983, pp. 110-122.

BORCHMEYER (Dieter)
Dans quelle mesure les drames musicaux de Wagner sont-ils antisémites ?
BFP, Meistersinger, 1983, pp. 123-131.
DAHLHAUS (Carl)
De la mort de Siegfried au Crépuscule des Dieux.
BFP, Götterdämmerung, 1983, pp. 72-79.
GREGOR-DELLIN (Martin)
Rédemption au rédempteur. Considérations sur Richard Wagner ; Cent ans après.
BFP, Parsifal, 1983, pp. 57-83.
GRUBER (Gernot)
La Place de Mozart dans la pensée wagnérienne.
BFP, Tristan und Isolde, 1983, pp. 80-91.
KUNZE (Stefan)
Monde intérieur et monde extérieur dans Tristan.
BFP, Tristan und Isolde, 1983, pp. 72-80.
LÉVI-STRAUSS (Claude)
- Note sur les Filles-Fleurs.
BFP, Parsifal, 1983, pp. 1-2.
- Note sur la Tétralogie.
BFP, Rheingold, 1983, pp. 1-4.
MAEHDER (Jürgen)
Etude des procédés de transformation musicale appliqués au langage dans l'Anneau du Nibelung de Richard Wagner. Première partie et deuxième partie.
BFP, Walküre-Siegfried, 1983, pp. 112-137 et 95-121.
MAYER (Hans)
Alberich et les filles du Rhin. Pensées de Wagner au cours de sa dernière nuit.
BFP, Rheingold, 1983, pp. 51-57.
METKEN (Günter)
Des monuments qui n'en sont pas ?
BFP, Walküre, 1983, pp. 137-147.
SNOOK (Lynn)
Les Anneaux maudits. Remarques comparatives à propos d'Andvari, Alberich, Gyges et Sauron, les maîtres de tous les anneaux.
BFP, Siegfried-Götterdämmerung, 1983, pp. 122-129 et 80-94.
SZEEMANN (Harald)
L'Aspiration à l'œuvre d'art totale. Chronique illustrée d'une exposition.
BFP, Rheingold-Walküre-Siegfried, 1983, pp. 11-29, 51-65, 28-41 et 10-20.
WAGNER (Richard)
Lettre de Wagner à ses interprètes.
BFP, Siegfried, 1983, pp. 129-130.
WAGNER (Wolfgang)
Préface.
BFP, Meistersinger, 1983, pp. 99-100.

WAPNEWSKI (Peter)
Réflexions sur Richard Wagner cent ans après sa mort.
BFP, Meistersinger, 1983, pp. 100-110.

Année 1984

BAEDEKER (Peer)
La Fin de toutes les douleurs. Josef Rubinstein, 1847 - 1884.
BFP, Parsifal, 1984, pp. 80-103.
BAUER (Oswald Georg)
Die Meistersinger von Nürnberg (les Maîtres-chanteurs de Nuremberg).
BFP, Meistersinger, 1984, pp. 25-32.
BRINKMANN (Reinhold)
Le Récit du rêve de Senta.
BFP, Der Fliegende Holländer, 1984, pp. 67-92.
EGER (Manfred)
Comme dans un roman de Dostoïevski.
BFP, Der Fliegende Holländer, 1984, pp. 103-106.
GREGOR-DELLIN (Martin)
Heinrich Schütz et Richard Wagner.
BFP, Parsifal, 1984, pp. 106-113.
HARRISON (Michael M.)
Richard Wagner, « artiste, homme politique ».
BFP, Rheingold, 1984, pp. 119-148.
HIRSBRUNNER (Theo)
Epiphanie ou l'apprentissage du sublime.
BFP, Siegfried, 1984, pp. 97-105.
HÜBNER (Kurt)
Réalité et irréalité du mythe dans l'œuvre de Richard Wagner.
BFP, Walküre, 1984, pp. 108-128.
METKEN (Günter)
La Musique : un facteur de libération. Les échos wagnériens dans l'art.
BFP, Der Fliegende Holländer, 1984, pp. 93-101.
WAGNER (Gudrun)
Ad multos annos.
BFP, Meistersinger, 1984, pp. 37-38.

WAGNER (Richard)
- Das Rheingold. Ebauche en prose.
BFP, Rheingold, 1984, pp. 108-119.
- Die Walküre. Ebauche en prose.
BFP, Walküre, 1984, pp. 94-108.

- Siegfried. Ebauche en prose.
BFP, Siegfried, 1984, pp. 78-97.
- Götterdämmerung. Ebauche en prose.
BFP, Götterdämmerung, 1984, pp. 98-115.
WAPNEWSKI (Peter)
Le Circuit de l'anneau. Réflexions pour la compréhension du texte du Crépuscule des dieux.
BFP, Götterdämmerung, 1984, pp. 114-131.

Année 1985

ANONYME
Tannhäuser à Bayreuth. Une documentation.
JH, 1985, 11 p. (non paginé).
BAUER (Oswald Georg)
A propos de la première publication de l'esquisse en prose faite par Richard Wagner en vue de Tannhäuser.
BFP, Tannhäuser, 1985, pp. 160-163.
BORCHMEYER (Dieter)
Vénus en exil.
BFP, Tannhäuser, 1985, pp. 163-187.
DAHLHAUS (Carl)
Wagner et Bach.
BFP, Der Fliegende Holländer, 1985, pp. 74-98.
ELY (Norbert)
« Le Beau ton de sa voix, la culture noble et libre de son esprit... » Adolphe Wagner, le maître inconnu du jeune Richard.
BFP, Der Fliegende Holländer, 1985, pp. 99-108.
GREGOR-DELLIN (Martin)
Résultats de recherches récentes sur Wagner (Le mystère de la mère).
BFP, Parsifal, 1985, pp. 81-90.
HIRSBRUNNER (Theo)
Wagner et Debussy.
BFP, Rheingold-Walküre, 1985, pp. 72-78 et 71-78.
HÖRISCH (Jochen)
« A son tour est rédimé le rédempteur ». Contribution à une critique de la Théologie et de la Téléologie chez Wagner et Novalis.
BFP, Parsifal, 1985, pp. 71-80.
MAYER (Hans)
La Descente aux enfers de Tannhäuser. Heinrich Heine et Tannhäuser.
BFP, Tannhäuser, 1985, pp. 187-192.
TSCHIEDERT (Willi)
Richard Wagner et le personnage de Brünnhilde.
BFP, Walküre, 1985, pp. 66-71.

VAGET (Hans Rudolf)
La Rédemption par l'amour : La Tétralogie de Wagner et le Faust de Goethe.
BFP, Götterdämmerung, 1985, pp. 71-86.
WAGNER (Richard)
- La Grotte de Vénus (Der Venusberg).
BFP, Tannhäuser, 1985, pp. 142-159.
- Esquisses pour le poème de la Tétralogie.
1. La Légende des Nibelungen (Un mythe). L'Or du Rhin (Prologue).
BFP, Rheingold, 1985, pp. 63-72.
2. La Walkyrie.
BFP, Walküre, 1985, pp. 63-66.
3. Siegfried.
BFP, Siegfried, 1985, pp. 68-69.
4. La Mort de Siegfried.
BFP, Götterdämmerung, 1985, pp. 67-71.
WYSS (Ulrich)
Essai sur Richard Wagner et Jacob Grimm.
BFP, Siegfried, 1985, pp. 70-88.

Année 1986

ANONYME
- Le Japon, Wagner et Bayreuth.
BFP, Tristan und Isolde, 1986, p. 91.
- Richard Wagner et Franz Liszt. Etapes d'une amitié.
JH, 1986, 17 p. (non paginé).
BAUER (Georg Oswald)
Richard Wagner et Louis II de Bavière ou les illusions perdues.
BFP, Tristan und Isolde, 1986, pp. 71-90.
BREMER (Dieter)
Wagner et Eschyle.
BFP, Götterdämmerung, 1986, pp. 68-86.
CHAILLEY (Jacques)
Sur une phrase de Richard Wagner à Vincent d'Indy et sa répercussion sur l'opéra français de 1885 à 1920.
BFP, Götterdämmerung, 1986, pp. 23-27.
DANNENBERG (Peter)
Défigurer pour faire reconnaître. Une mise en scène au théâtre lyrique peut-elle être objective ?
BFP, Meistersinger, 1986, pp. 60-67.
DÖMLING (Wolfgang)
Histoire, mythe, drame musical. Remarques à propos de Berlioz et Wagner.
BFP, Siegfried, 1986, pp. 73-82.

GREINACHER (Norbert)
Quelle est pour Tannhäuser la voie du salut ? Essai d'un théologien sur Tannhäuser.
BFP, Tannhäuser, 1986, pp. 94-110.
HALSTEAD (Michael)
Psychologie et les mythes. Wagner et Ibsen, une comparaison.
BFP, Walküre, 1986, pp. 87-99.
KONOLD (Wulf)
Richard Wagner et Franz Liszt ou l'idée de la musique de l'avenir.
BFP, Rheingold, 1986, pp. 68-79.
KRÖPLIN (Eckart)
« C'est lui qui m'a fait ». La Relation Wagner - Weber.
BFP, Tannhäuser, 1986, pp. 77-93.
JOHANEK (Peter)
« O ville fidèle et diligente ». Nuremberg, la ville médiévale et les Maîtres-chanteurs de Richard Wagner.
BFP, Meistersinger, 1986, pp. 67-77.
LÜTH (Paul)
La Tétralogie, la société et les mythes.
BFP, Walküre, 1986, pp. 99-104.
METKEN (Günter)
L'Artiste total. L'Image wagnérienne de Mariano Fortuny.
BFP, Rheingold, 1986, pp. 80-84.
MIYAKE (Yukio)
A propos des techniques de continuité et de la progression dans le prélude de Tristan.
BFP, Tristan und Isolde, 1986, pp. 92-98.
SAFFLE (Michael)
Péchés de jeunesses. « Don Sanche » de Liszt et « Liebesverbot » de Wagner.
BFP, Siegfried, 1986, pp. 82-92.
VOGT (Matthias Theodor)
- Notre Dame de l'Ortiguière.
BFP, Tannhäuser, 1986, pp. 110-114.
- Index des articles parus dans les livres de programme et dans les annuaires du festival de Bayreuth aux années 1951 - 1986.
BFP, Rheingold-Walküre-Siegfried-Götterdämmerung, 1986, pp. 25-42, 38-62, 27-46 et 30-52.

Année 1987

ANONYME
La Composition de Richard Wagner la plus ancienne qui ait été conservée. Fac-similé et commentaire.
BFP, Lohengrin, 1987, pp. 105-106.

BAUER (Georg Oswald)
« Au bord de l'abîme, comme toujours ». La genèse des Maîtres-chanteurs et la crise existentielle et artistique de Richard Wagner.
BFP, Meistersinger, 1987, pp. 85-103.
BORCHMEYER (Dieter)
« La Pucelle d'Orléans » de Schiller, un sujet d'opéra pour Richard Wagner ?
BFP, Tristan und Isolde, 1987, pp. 112-126.
HIRSBRUNNER (Theo)
Les Idées d'Olivier Messiaen sur Richard Wagner.
BFP, Meistersinger, 1987, pp. 104-117.
KITTLER (Friedrich)
Passer - Trépasser : le concept de disparition chez Wagner.
BFP, Tristan und Isolde, 1987, pp. 96-111.
KIRCHMEYER (Helmut)
- Un héritage de Dresde : le débat sur Lohengrin (1851).
BFP, Lohengrin, 1987, pp. 76-81.
- Le Seconde bataille de Tannhäuser à Dresde. A propos de la reprise de Tannhäuser en 1852.
BFP, Tannhäuser, 1987, pp. 111-119.
KRÖPLIN (Eckart)
« La République pourpre ». Dresde, le Lohengrin et Richard Wagner.
JH, 1987, 6 p. (non paginé).
THIERRY (Joachim) - TRÖHLER (Ulrich)
Le Progrès en question, la pitié comme solution : Richard Wagner antivivisectionniste, ses motifs et les réactions de ses contemporains.
BFP, Parsifal, 1987, pp. 102-152.
VOGT (Matthias Theodor)
Le Chevalier au cygne. Textes se rapportant aux illustrations.
BFP, Lohengrin, 1987, pp. 107-108.
VOSS (Egon)
Nécessité et utilité de la recherche wagnérienne. Indications sommaires sur le « Wagner Werk-Verzeichnis ».
BFP, Lohengrin, 1987, pp. 82-105.
WEBER (Samuel)
Tannhäuser sursautant. Réflexions sur une indication scénique concernant le Venusberg.
BFP, Tannhäuser, 1987, pp. 99-110.

Année 1988

BAUER (Oswald Georg)
L'Anneau sur l'écueil. Frédéric (sic) Nietzsche et la dramaturgie de l'Anneau du Nibelung.
BFP, Götterdämmerung , 1988, pp. 151-171.

BERMBACH (Udo)
La Destruction des institutions. Réflexions sur le contenu politique de l'Anneau du Nibelung.
BFP, Walküre, 1988, pp. 169-193.
DARCY (Warren)
« Alles was ist, endet ! » La Prophétie de destruction du monde d'Erda.
BFP, Rheingold, 1988, pp. 217-236.
DICHTER ZUM « RING », eine Umfrage. Les Ecrivains et l'Anneau, une enquête. Quatre parties.
BFP, Rheingold-Walküre-Siegfried-Götterdämmerung, 1988, pp. 103-122, 105-122, 73-96 et 75-103.
La pagination indique la traduction des textes publiés.
DURAND (Gilbert)
Lohengrin et l'orient des lumières.
BFP, Lohengrin, 1988, pp. 1-20.
GREINACHER (Norbert)
Le Renoncement. Idéologie ou nécessité ? Essai d'un théologien sur Lohengrin.
BFP, Lohengrin, 1988, pp. 93-104.
KIRCHMEYER (Helmut)
Trois siècles de « Beckmesserie ». Petit guide pour une histoire de la critique musicale allemande. Avec une annexe concernant Wagner.
BFP, Parsifal, 1988, pp. 169-185.
KRÖPLIN (Eckart)
Richard Wagner au siècle théâtral.
BFP, Parsifal, 1988, pp. 133-168.
LEFEBRE (Eckart)
Le Drame wagnérien entre la tragédie et l'épopée.
BFP, Götterdämmerung, 1988, pp. 172-184.
PANAGL (Oswald)
« Le Clan de ses proches voulait la marier à un homme qu'elle n'aimait pas ». Tournures archaïques et archaïsantes dans le langage du Ring de Wagner.
BFP, Siegfried, 1988, pp. 145-156
MÜLLER (Ulrich) - PANAGL (Oswald)
Les Sources médiévales du livret du Ring. Une documentation.
BFP, Rheingold, 1988, pp. 179-216.
MÜLLER (Ulrich)
Les Sources médiévales du Ring de Richard Wagner : commentaires et thèses.
BFP, Walküre, 1988, pp. 194-210.
VAJDA (Laszlo)
Concours de sagesse et pari sur la vie.
BFP, Siegfried, 1988, pp. 135-144.
VETTER (Isolde)
Leubald : une tragédie. La première œuvre (conservée) de Wagner.
BFP, Meistersinger, 1988, pp. 69-86.

WAGNER (Richard)
« Les Représentations n'ont pas atteint mon idéal ». Richard Wagner à propos de la première représentation intégrale de la Tétralogie à Bayreuth en 1876.
JH, 1988, 15 p. (non paginé).

Année 1989

BAUER (Oswald Georg)
« Auriez-vous l'intention de fonder une religion ? » Parsifal, festival scénique et sacré.
JH, 1989, 7 p. (non paginé).
BREIG (Werner)
Le Chœur dans les drames musicaux de Wagner.
BFP, Götterdämmerung, 1989, pp. 57-69.
DESCHARNES (Robert)
Dali et Wagner. Souvenirs de Robert Descharnes.
BFP, Götterdämmerung, 1989, pp. 23-32.
DÖMLING (Wolfgang)
Correspondances. La Musique de Wagner et la peinture : commentaires sur sept tableaux.
BFP, Walküre, 1989, pp. 52-59.
FEST (Joachim)
« Il est beau de vivre en pareil voisinage ! » Esquisses sur R. Wagner en Italie.
BFP, Siegfried, 1989, pp. 75-81.
KITTLER (Friedrich)
L'Opéra au siècle de la lumière.
BFP, Tannhäuser, 1989, pp. 64-74.
KIRCHMEYER (Helmut)
Schmidt, Hanslick, Wagner, Hanslick, Chrysander. Contribution expérimentale à une étude de caractère.
BFP, Tannhäuser, 1989, pp. 75-86.
KÜNG (Hans)
Et après le Crépuscule des dieux. Chute et rédemption dans les dernières œuvres de Richard Wagner.
BFP, Parsifal, 1989, pp. 99-122.
JENS (Walter)
Le Sortilège de la rédemption.
BFP, Parsifal, 1989, pp. 91-98.
MUSCHG (Adolf)
« ...et doté d'ouïe ».
BFP, Lohengrin, 1989, pp. 62-71.
SAFFLE (Mickaël)
Wagner et l'Amérique.
BFP, Rheingold, 1989, pp. 72-81.

SCHNEIDER (Rolf)
L'Ecriture progressive du mythe.
BFP, Walküre, 1991, pp. 60-69.
SORENSEN (Villy)
Les Mythologies grecque et nordique, sources d'inspirations de R. Wagner.
BFP, Siegfried, 1989, pp. 55-74.
VYSLOUZIL (Jiri)
Antonin Dvorak et Richard Wagner.
BFP, Lohengrin, 1989, pp. 72-80.
WINKLER (Gerhard J.)
De la « poétisation ».
BFP, Rheingold, 1989, pp. 65-71.

Année 1990

BARLOEWEN (Constantin von)
De la primauté de la culture ; la technologie comme culture. Réflexions visant à une appréhension de la culture dans sa totalité et sur l'œuvre d'art totale de Richard Wagner.
BFP, Parsifal, 1990, pp. 82-96.
BERMBACH (Udo)
Wagner et Lukacs. Sur l'esthétisation de la politique et la politisation de l'esthétique.
BFP, Lohengrin, 1990, pp. 71-97.
BORCHMEYER (Dieter)
Richard Wagner et la révolution française. La Noble Fiancée, un grand opéra pour Paris.
BFP, Götterdämmerung, 1990, pp. 65-91.
EGER (Manfred)
Faits et fair-play. De la situation des archives Wagner à Bayreuth.
BFP, Siegfried, 1990, pp. 64-71.
ELY (Norbert)
Kundry, archétype de l'être racheté. Notes au sujet du dernier personnage féminin de Wagner.
BFP, Parsifal, 1990, pp. 65-81.
EMMERICH (Peter)
« ... Et jamais je ne trouvai ma patrie ! »
JH, 1990, 8 p. (non paginé).
LENK (Elisabeth)
Salto mortale dans l'opéra ou la construction du rêve réel.
BFP, Lohengrin, 1990, pp. 98-106.
MAYER (Hans)
Le « Ring » en tant que roman bourgeois.
BFP, Walküre, 1990, pp. 32-44.

MÜLLER (Ulrich) - PANAGL (Oswald)
Littérature et mythologies des grecs dans le poème de la Tétralogie de Richard Wagner. Documentation et Commentaire.
I. La Tétralogie de Wagner et les épopées homériques.
BFP, Rheingold, 1990, pp. 78-89.
II. La Trilogie de l'Orestie d'Eschyle, les didascalies de Johann Gustav Droysen et la Tétralogie.
BFP, Walküre, 1990, pp. 45-49.
III. La Trilogie de la Prométhéide d'Eschyle, sa reconstruction par Johann Gustav Droysen et la Tétralogie.
BFP, Siegfried, 1990, pp. 72-88.
IV. L'Antiquité grecque reflétée par les témoignages personnels de Wagner.
BFP, Götterdämmerung, 1990, pp. 92-99.
SCHÖNFELDER (Gerd)
Le Malheur et le salut, notions philosophiques fondamentales dans l'œuvre de Richard Wagner.
BFP, Der Fliegende Holländer-Rheingold, 1990, pp. 63-75 et 60-77.
VILL (Suzanne)
Des chasseurs sauvages, des vampires et du Hollandais volant.
BFP, Der Fliegende Holländer, 1991, pp. 76-86.

Année 1991

BAUER (Oswald Georg)
Quarante années de « Nouveau Bayreuth. » Les Prémices - Les Débuts - La Consolidation 1945 - 1953. Une documentation chronologique.
BFP, Rheingold-Walküre-Siegfried-Götterdämmerung, 1991, pp. 57-69, 71-86, 55-79 et 69-81.
DÖMLING (Wolfgang)
« ... Une union future de la musique et de la peinture ».
BFP, Der Fliegende Holländer, 1991, pp. 51-55.
IRMER (Hans-Jochen)
« Lohengrin », Drame de la transition.
BFP, Lohengrin, 1991, pp. 62-82.
JACKSON (John E.)
Baudelaire et Wagner ou la rencontre de deux modernités ».
BFP, Der Fliegende Holländer, 1991, pp. 10-30.
MAEHDER (Jürgen)
Structures de la forme et de l'intervalle dans la partition de Parsifal.
BFP, Parsifal, 1991, pp. 56-81.
MÜLLER (Ulrich)
Le « Graal » chez les narrateurs d'aujourd'hui, ou le pouvoir de fascination infinie et universelle d'un mythe épique médiéval.
BFP, Lohengrin, 1991, pp. 83-93.

PANAGL (Oswald)
« Toi qui voulus souffrir compatissant, / En rachetant, tu acquis le Savoir ! » Parsifal, Richard Wagner et le monde spirituel de l'Inde.
BFP, Parsifal, 1991, pp. 82-88.
VETTER (Isolde)
Richard Wagner au risque de la psychologie.
BFP, Rheingold-Walküre-Siegfried-Götterdämmerung, 1991, pp. 70-76, 87-106, 80-85 et 82-90.

Année 1992

BAUER (Hans-Joachim)
- L'Anneau et l'idée du festival : du théâtre en planches au Festspielhaus.
BFP, Rheingold, 1992, pp. 99-113.
- Wieland Wagner : le chemin est le but.
JH, 1992, 16 p. (non paginé).
BERMBACH (Udo)
Le Mythe, religion civile. D'un aspect de l'idée de Gesamtkunstwerk.
BFP, Parsifal, 1992, pp. 48-72.
BORCHMEYER (Dieter)
De l'utilité et des inconvénients de l'histoire pour le drame musical : le cheminement de Wagner de l'opéra historique à l'opéra mythique.
BFP, Der Fliegende Holländer, 1992, pp. 47-63.
BUSCH (Christiane)
Remarques sur l'essai de Richard Wagner « Acteurs et chanteurs ».
BFP, Götterdämmerung, 1992, pp. 52-59.
EMMERICH (Peter)
Entre les « voluptés perverses » et le « courage de la foi ». Essai sur l'image du monde dans le Tannhäuser de Richard Wagner.
BFP, Tannhäuser, 1992, pp. 72-93.
MÜLLER (Ulrich) - PANAGL (Oswald) - ERFEN (Irene)
- La Mort du héros. Documents et commentaires sur l'un des thèmes essentiels de l'épopée héroïque.
- Introduction à la mort de Siegfried.
BFP, Walküre, 1992, pp. 57-85.
- Des dieux et des héros dans l'antiquité indo-européenne. La Mort du héros vue à travers les textes anciens. Chrestomathie comparée.
BFP, Siegfried, 1992, pp. 53-80.
- La Femme et la mort du héros.
BFP, Götterdämmerung, 1992, pp. 38-51.
VYSLOUZIL (Jiri)
Des « wagnériens » de Prague et du « wagnérisme » tchèque.
BFP, Tannhäuser, 1992, pp. 94-108.

WIESEND (Reinhard)
Vision et calcul - A propos du sens de l'épisode de la Spezia.
BFP, Rheingold, 1992, pp. 85-98.

Année 1993

BARGATZKY (Thomas)
La Lutte de Lohengrin contre le dragon. Le Drame pessimiste de Richard Wagner sur la fin du mythe.
BFP, Lohengrin, 1993, pp. 117-127.
BERMBACH (Udo)
Théâtralisation du charisme révolutionnaire. Réflexions sur l'opéra de Richard Wagner, Rienzi.
BFP, Der Fliegende Holländer, 1993, pp. 82-98.
BUSCH (Christiane)
Richard Wagner et le « Bourgeoisisme culturel ». Histoire d'une réception fatale, interrogations et correctifs.
BFP, Der Fliegende Holländer, 1993, pp. 99-115.
HÖRISCH (Jochen)
« Puisque tu sais si bien l'usage, Messire Tristan... » Moralité, volupté et perdition dans les drames musicaux de Wagner.
BFP, Tristan und Isolde, 1993, pp. 76-95.
KIRCHMEYER (Helmut)
La Fête musicale de Ballenstedt en 1852 ou Wagner enfin reconnu par la communauté artistique de son époque.
BFP, Tannhäuser, 1993, pp. 93-103.
MÜLLER (Ulrich) - EDER (Annemarie)
Qui est le Graal ? Documentation d'Ulrich Müller avec la collaboration d'Annemarie Eder.
BFP, Lohengrin, 1993, pp. 128-153.
SCHILD (Wolfgang)
« Souffrant plein de compassion, un innocent parvenu au savoir doit te guérir par la lance ». Compléments indispensables à de nombreuses interprétations du Parsifal de Wagner.
BFP, Parsifal, 1993, pp. 71-91.
VOSS (Egon)
Wagner et Rossini ou un « nouvel Orphée » et le « fabricant extraordinairement habile de fleurs artificielles ».
BFP, Tannhäuser, 1993, pp. 75-92.
WAPNEWSKI (Peter)
La Triste histoire de Tristan et Isolde. Réflexions sur l'épopée de Gottfried de Strasbourg et sur le drame musical de Richard Wagner.
BFP, Tristan und Isolde, 1993, pp. 96-107.

Année 1994

FRANK (Manfred)
L'Histoire universelle et le mythe. Wagner et son désaveu de la « Nouvelle Mythologie ».
FB, 1994, pp. 54-69.
KIRCHMEYER (Helmut)
Wolheim da Fonseca : Le Hollandais Volant. Une pièce des environs de 1840 tombée dans l'oubli.
FB, 1994, pp. 82-87.
PANAGL (Oswald)
Tours et détours de l'esquisse d'un drame musical : Les Vainqueurs et Parsifal.
FB, 1994, pp. 105-113.
SCHOLZ (Dieter David)
Friedrich Nietzsche, Richard Wagner et l'antisémitisme.
FB, 1994, pp. 124-125.

Année 1995

FRIEDRICH (Sven)
« Quel homme es-tu donc ? » ou qui était Karl Ritter.
FB, 1995, pp. 100-104.
KIRCHMEYER (Helmut)
Le Contrat de travail de Wagner à Dresde : une source musicographique.
FB, 1995, pp. 33-41.
LINDER (Thomas)
L'Origine de certains noms propres du Parsifal de Wagner.
FB, 1995, pp. 110-111.
PANAGL (Oswald)
Tel nom, telle nature. Jeux de mots étymologiques et traits de caractère individuels dans Parsifal de Wagner.
FB, 1995, pp. 117-119.
WAGNER (Richard)
L'Anneau du Nibelung. Documents et illustrations sur la genèse de l'œuvre.
FB, 1995, pp.73-87.

Année 1996

BAKER (Evan)
Parsifal à la scène et à l'écran à New-York City en 1904.
FB, 1996, pp. 155-161.
BERMBACH (Udo)
Utopie de l'auto-gouvernement. Aspects politico-esthétiques des Maîtres.
FB, 1996, pp. 51-70.

BORCHMEYER (Dietrich)
Beckmesser, le juif dans les épines ?
FB, 1996, pp. 110-119.
JACKSON (John E.)
L'Amour, la mort, le consentement : Claudel et Wagner.
FB, 1996, pp. 120-123.
MÜLLER (Ulrich)
« ...Que sa musique sonne agréablement » : Nuremberg, la poésie des Maîtres-Chanteurs, Hans Sachs et Sixtus Beckmesser.
FB, 1996, pp. 83-88.

Année 1997

KIENZLE (Ulrike)
Nuremberg comme « volonté et représentation ». Sur les traces de la philosophie de Schopenhauer dans le poème des Maîtres-Chanteurs de Wagner.
FB, 1997, pp. 127-138.
OSMANN (Gudrun)
Wagner au pied de la Wartburg. Le musée Reuter-Wagner à Eisenach.
FB, 1997, pp. 147-150.
WAGNER (Richard)
Extrait du discours à l'occasion de la pose de la première pierre du Festspielhaus à Bayreuth, le 22 mai 1872.
FB, 1997, p. 5.
WAGNER (Wolfgang et Winifred)
Centenaire de Winifred Wagner (1897 - 1980).
FB, 1997, pp. 40-53
WERCKMEISTER (Johanna)
Couples précaires : Les Rapports à deux dans les drames musicaux de Richard Wagner comme sujet de la peinture
FB, 1997, pp. 72-81.
WIESEND (Reinhard)
Le Voyage pastoral de Siegfried sur le Rhin. Une citation de Beethoven dans le Crépuscule des Dieux ?
FB, 1997, pp. 98-105.

Année 1998

BAUER (Oswald Georg)
Pierre de touche « Parsifal ». Sur la première publication des maquettes d'Alfred Roller pour le Parsifal de Bayreuth en 1934.
FB, 1998, pp. 68-77.

BORCHMEYER (Dieter)
Nuremberg comme Etat esthétique. Les Maîtres-chanteurs : image et image inversée de l'Histoire.
FB, 1998, pp. 100-111.
KIENZLE (Ulrike) - LINDNER (Thomas)
Bayreuth comme utopie esthétique. Dialogue en dix stations.
FB, 1998, pp. 38-49.
MÜLLER (Ulrich) - PANAGL (Oswald)
Le Breuvage comme accessoire et symbole dans le drame musical de Richard Wagner.
FB, 1998, pp. 139-153.

Année 1999

BAUER (Oswald Georg)
Wagner et Verdi. Deux vies sans parallèles.
FB, 1999, pp. 129-134.
BORCHMEYER (Dieter)
Wagner et Goethe ou « ce qui est européen exprimé en allemand ».
FBP, 1999, pp. 60-66.
FRANK (Manfred)
Un rédempteur universel dans le rôle de l'anarchiste. 150ème anniversaire du Jésus de Nazareth de Richard Wagner.
FB, 1999, pp. 37-45.
JACKSON (John E.)
Proust et Wagner.
FB, 1999, pp. 106-112.
MELDERIS (Hans)
Wagner et Einstein. Transformation du temps en espace.
FB, 1999, pp. 81-87.

Année 2000

BERMBACH (Udo)
« La Félicité de la contemplation ». Quelques-unes des étapes dans l'interprétation du Ring depuis 1878.
FB, 2000, pp. 72-87.
EGER (Manfred)
Le Wagner de Nietzsche - Le Miroir de Nietzsche.
FB, 2000, pp. 105-113.
FRIEDRICH (Sven)
Ambivalence de la passion. Thomas Mann et Richard Wagner. A l'occasion du 125ème anniversaire de Thomas Mann.
FB, 2000, pp. 151-158.

SCHOLZ (Dieter David)
Richard Wagner en l'an 2000. Quand verra-t-on la fin des malentendus ? - Un discours.
FB, 2000, pp. 36-43.
VOSS (Egon)
A propos d'Alberich l'« anxieux » et d'autres qui ont peur.
FB, 2000, pp. 126-132.

Année 2001

BORCHMEYER (Dieter)
L'Idée du festival - dans le champ de tension entre la culture à la cour et la religion de l'art. Goethe - Richard Wagner - Louis II.
FB, 2001, pp. 34-42.
HÖRISCH (Jochen)
« Le Charme et l'attrait de la femme » ou L'Or du Rhin et la ruée vers l'or.
FB, 2001, pp. 68-81.
KIENZLE (Ulrike)
Le Dieu expulsé. La Foi et le doute dans le Lohengrin de Wagner.
FB, 2001, pp. 100-108.
MÜLLER (Ulrich) - PANAGL (Oswald)
« Un regard en dit plus long qu'un discours ». Thème et signification du regard dans les drames musicaux de Richard Wagner.
FB, 2001, pp. 134-148.

Année 2002

BJÖRNSSON (Arni)
L'Islande et L'Anneau du Nibelung.
FB, 2002, pp. 116-126.
FRIEDRICH (Sven)
Tannhaeuser@venusberg.de
FB, 2002, pp. 80-90.
EUGÈNE (Eric)
Wagner et Gobineau.
FB, 2002, pp. 128-137.
KIRCHMEYER (Helmut)
Wagner - Stravinsky : une documentation impossible ?
FB, 2002, pp. 46-59.
WAGNER (Richard)
« La plupart des indications scéniques ne sont mises dans la partition... » (sic) Il y a 150 ans : Richard Wagner à propos de « Tannhäuser ».
FB, 2002, p. 5 (il s'agit d'une erreur de traduction. Le titre du texte allemand est en fait : La plupart des indications scéniques ne sont mises *que* dans la partition).

Année 2003

FRANK (Manfred)
Manquement du salut et défense d'aimer. Le Vaisseau fantôme de Richard Wagner dans le contexte thématique du voyage sans fin.
FB, 2003, pp. 50-64.
HEINE (Heinrich)
Extrait des mémoires de monsieur Schnabelewopski. Livre Premier, chapitre VII.
FB, 2003, pp. 20-21.
JOST (Christa)
La Mort, la partition et le théâtre.
FB, 2003, pp. 122-133.
KIENZLE (Ulrike)
Venus - Marie - Elisabeth. La trinité au féminin dans le Tannhäuser de Wagner.
FB, 2003, pp. 88-99.
WAGNER (Richard)
Le Vaisseau Fantôme.
FB, 2003, p. 5.
WESSELMANN (Katharina)
Wagner et Cézanne.
FB, 2003, pp. 155-165.

Année 2004

BENARROCH (Edoardo)
Wagner sous le règne de la Reine Victoria de 1885 à 1901.
FB, 2004, pp. 66-71.
BERMBACH (Udo)
Religion sans Eglise. Le christianisme de Wagner autour de Parsifal.
FB, 2004, pp. 43-55.
MÜLLER (Ulrich) - PANAGL (Oswald)
« Mal, je le crains, s'est terminé la dispute ». Les Disputes dans les opéras de Richard Wagner.
FB, 2004, pp.150-165.
SCHULTZ (Klaus)
« La Représentation des opéras de Mozart ne fait pas partie des tâches qui incombent à Bayreuth ». Au sujet d'une lettre de Cosima Wagner écrite en 1889.
FB, 2004, p. 19.
SPENCER (Stewart)
« Er starb, - ein Mensch wie alle » : Wagner et Carrie Pringle.
FB, 2004, pp. 102-117.

Année 2005

BORCHMEYER (Dieter)
Wagner et Schiller. « Frères in theatralicis ». A l'occasion du 200e anniversaire de la mort de Friedrich Schiller.
FB, 2005, pp. 155-158.
DAL (Erik)
Hans Christian Andersen et Richard Wagner.
FB, 2005, pp. 66-76.
JACKSON (John E.)
A propos du Parsifal de Richard Wagner.
FB, 2005, pp. 110-116.
JOST (Peter)
« Le Tannhäuser me tue ! » Richard Wagner et Pierre-Louis Dietsch.
FB, 2005, pp. 99 -106.
VOSS (Egon)
Composition musicale et sens dramatique. Observation sur Tristan.
FB, 2005, pp. 30-36.

Année 2006

BAUER (Oswald Georg)
« Habent sua fata et imagines ». « Il n'y a pas que les livres qui ont un destin, les images aussi ». La découverte des maquettes de décors de Josef Hoffmann pour le Ring du premier Festival de Bayreuth en 1876.
FB, 2006, pp. 48-65.
BERMBACH (Udo)
Ici, seul l'art compte ? Continuité et recommencement pour les programmes imprimés de Bayreuth.
FB, 2006, pp. 130-150.
MERTENS (Volker)
Brünnhilde dort... » - ou : que se passe-t-il entre le 2ème et le 3ème acte de Siegfried ?
FB, 2006, pp. 81-87.
RONGSTOCK (Hermann)
Inspiré par Richard Wagner.
FB, 2006, pp. 152-174.

Année 2007

BORCHMEYER (Dieter)
Abrogation de l'écriture. De l'esprit et de la lettre dans les « Meistersinger ».
FB, 2007, pp. 64-77.

MÜLLER (Ulrich) – PANAGL (Oswald)
Du cœur du monde. Conceptions poétiques et modèles d'interprétation au théâtre : d'Eschyle au "Merlin" de Dorst / Ehler en passant par le Ring de Wagner.
FB, 2007, pp. 133-148.
REUS (Sebastian)
« Dans mon cœur et la tombe et la mort… ». De la modernité tragique de Tannhäuser.
FB, 2007, pp. 92-98.
SOLLICH (Robert)
« Ici, c'est l'art qui compte ! » - mais lequel ? « Les Maîtres-chanteurs de Nuremberg » : histoire d'une auto-réflexivité esthétique.
FR, 2007, pp. 30-38.

INDEX ANALYTIQUE DES OUVRAGES SUR RICHARD WAGNER

I / L'HOMME

A : Ouvrages généraux (vie et œuvre)

- Ouvrages de vulgarisation :

Classiques : Armana, Bartholini, Bourgeois, Brulé, Dumesnil, Dwelshauvers-Dery, Emery, Fourcaud, Gilkin, Godefroid, D'Indy, Jullien, Lacavallerie, Lichtenberger, Malherbe, Matter J., Noufflard, Poirée, Schneider M.,

Superficiels : Aubin, Bouillat, Cheramy, Dumaine, Ehrhard, Fink, Gahier, Gallois, Gauthier, Lefrançois, Lorbac, Morin-Labrèque, Pitrou, Vincens

- Ouvrages collectifs : Barth, Benoist, Caroutch
- Ouvrages à entrées multiples, de type encyclopédie : Choisy, Leprince, Merlin, Millington, Olivier, Viret, Wyzewa T.
- Ouvrages iconographiques : Barth, Bauer O., Bermbach, Bory, Gefen, Grand-Carteret, Jullien, Mack, Mota, Tubeuf
- Littérature enfantine : Anonyme, Gavoty, Honaker, Hunt, Kosma-Merlin

B : Biographies

- Générales : Bernardini, Bory, Brion, Chamberlain, Choisy, Drumont, Gregor-Dellin, Keim, Kraft, Pourtalès, Skelton
- Spécialisées :

Chronologies : Gregor-Dellin

Géo-biographies : Bermbach, Buschinger, Faure, Ferrus, Gerold, Gos, Mamy, Mistler, Perrier, Pistone, Prod'homme, Southon

Aspects médicaux : Bouteldja, Cabanès, Muller, Nattiez, Nordau, Vauzanges

Wagner et les femmes : Barthou, Huguenin, Hurn, Kapp, Offner

Divers : Buschinger, Pereyra, Perrier, Tribout de Morembert

- « Romancées » : Barthou, Baumgart, Colin, Frydman, Harding, Herzberg, Hofmann, Lalo P., Mistler, Mouren, Rousselot, Trèves
- Mémoires, Témoignages de contemporains : Adam, Berlioz, Carvalho, Casevitz, Chabrier, Damcke, Delvau, Fétis, Filloneau, Fiorentino, Gaspérini, Gautier J., Gautier Th., Got, Herwegh, Humperdinck, Joncières, Leroy, Liszt, Massenet, Mendès, Metternich, Meysenbug, Michotte, Monod, Muchanoff-Kalergis, Neumann, Ollivier, Osmond, Renoir, Rewbel, Roger, Royer A., Tiersot, Sasse, Schalle, Schuré, Scudo, Strauss R., Villiers, Wille, Wolzogen
- Ouvrages sur les principales personnes en relations avec Wagner

Gautier(Judith) : Gautier, Meyer-Zundel, Régnier, Richardson

Liszt (Franz) : Bondeville, Gut, Helleu, Herwegh, Rain

Louis II de Bavière : Favre, Fazy, Kolb, Kueffler

Meysenbug (Malwida von): Hook-Demarle, Lerider, Meysenbug, Rolland

Nietzsche (Friedrich): Catteau, Cessole, Coeuroy, Fischer-Dieskau, Foerster-Nietzsche, Guillemin, Halévy, Liébert, Sautet

Wesendonck (Mathilde): Cabaud, Herzberg, Schuré

Wille (Eliza) : Fazy

Wagner (Cosima) : Baumgart, Baumgardt, Colin, Du Moulin, Foerster-Nietzsche, Frydman, Giroud, Rain, Sautet, Schuré, Schweitzer, Skelton

Wagner (Minna) : Hurn
Autres personnes : Eckerlin, Ferrus, Gillet, Gressel, Herlihy, Jullien, Kayas, Lenz, Leroy, Loliée, Luez, Tulard

II / LE PENSEUR

A : Les idées de Richard Wagner

- Politiques : Baillot, Boucher, Chamberlain, Eugène, Gaillard, Glucksmann, Katz, Lemaire F., Lichtenberger, Malherbe, Michaud E.
- Religieuses : Chamberlain, Goldet, Gut, Lichtenberger
- Philosophiques : Chamberlain, Glucksmann, Klugmann, Lichtenberger, Matter J., Sans
- Esthétiques : Biget, Boulez, Buch, Candoni, Nectoux, Chamberlain, Lichtenberger, Vaissé, Ritschard, Michaud E., Reynal, Sans
- Influences musicales de :

Bach : Jost
Beethoven : Buch, Chion, Crémieux, Kufferath
Gluck : Bricqueville, Candoni
Halévy : Kiessel, Schaeffner
Meyerbeer: Blaze de Bury, Hirth, Schaeffner, Soubies
Weber : Sans, Servières

B : Débats et critiques

- Critique philosophique

En général : Dauriac, Lacoue-Labarthe, Lichtenberger, Mayer, Nietzsche
Wagner et Feuerbach : Lévy, Robert
Wagner et Schopenhauer : Baillot, Beaufils, Chamberlain, Jay, Matter J., Overhoff, Sans
Wagner et Nietzsche : Andler, Beaufils, Catteau, Cessole, Charnacé, Cohen-Halimi, Dumoulié, Fabre, Gansner, Girard, Graf, Halévy, Kofman, Kopp, Kufferath, Laffont, Lasserre, Le Rider, Locchi, Montinari, Most, Nattiez, Nietzsche, Olivier A.-P ., Servière

- Critique esthétique

Contemporaine de Wagner : Arnoult, Bricqueville, Comettant, Fétis, Hanslick, Le Rider, Nietzsche, Nordau, Romain, Scudo, Tolstoï
Moderne : Adorno, Bloch, Ernst, Boulez, Candoni, Chamberlain, Dauriac, Merlin, Nattiez, Pagnon, Schorske,

- Religion : Candoni, Hébert, Labie
- Critique politique

Socialisme : Gaillard, Gansner, Heydet, Pagnon, Schorske, Shaw
Nationalisme : Adorno, Agulhon, Beaufils, Benoist, Bertrand G., Besse, Caussy, Chamberlain, Charnacé, Closel, Coubé, Daudet, Digeon, Fabre, Francfort, Huyhn, Imbert D., Jullien, Klugmann, Lasserre, Mann, Marnold, Matter J., Morland, Pottecher, Reynaud, Rovan, Saint-Saëns, Tissot, Verdun,
Antisémitisme : Baremboïm, Benoist, Chamberlain, Closel, Eugène, Huyhn,

Katz, Lemaire F., Matter J., Oettinger, Polliakov, Wagner Gottfried
Gobinisme : Boissel, Chamberlain, Coeuroy, Deffoux, Eugène, Gaulmier, Lamartinie, Pourtalès

III / L'OEUVRE

A : Analyse, commentaires de l'oeuvre dramatico-musicale de Wagner

- Sur l'œuvre entière

Commentaires courants : Beauquier, Bellaigue, Bernardini, Bourgeois, Bricqueville, Bridgman, Chantavaoine, Clément F., Doisy, Ferchault, Fouque, Fuchs, Gavoty, Goléa, Grandmougin, Hermann, Hippeau, Mesnard, Péladan, Poirée, Say, Soubies
Commentaires approfondis : Beaufils, Boulez, Chamberlain, Dauriac, Ernst, Furtwängler, Gaspérini, Godefroid, Hébert, Jameux, Leibowitz, Mann, Matter A.-M., Matter J., Mendès, Pazdro, Schuré, Vermeil, Westernhagen, Wyzewa T.
Commentaires scientifiques ou universitaires : Candoni, Dahlhaus, Merlin, Nattiez, Perreault, Picard, Valentin,
Analyse des sources : Buschinger, Cohen G., Guillemain, Mainor
Problématique des traductions : Ernst, Marschall, Servières, Waldeck-Rousseau
Analyse musicologique : Adler, Alvin, Beaufils, Boulez, Brunier, Corbellari, Dahlhaus, Dauven, Dumesnil, Ernst, Gabriel, Guiomar, Gut, Hippeau, Lavignac, Merlin, Poirot, Quasnik
Analyse dramaturgique : Crisenoy, Destranges, Ernst, Gautier J., Godefroid, Grosfils, Guiomar, Lavignac, Margotton, Roubertoux, Wyzewa T.
Analyse esthétique : Doisy, Freson, Guiomar, Imbert H., Lalo Ch., Lee, Lévi-Strauss, Ponnier, Rod, Wyzewa T. Zugazagoitia
Aspects chorégraphiques : Coeuroy
Analyse psychologique, psychanalytique : Boulanger, Castarède, Gabriel, Grauby, Grullier, Guiomar, Latty, Matter A.-M., Michel, Nattiez, Papetti, Vermorel, Sédouy
Analyse franc-maçonne, ésotérique : Aun Weor, Bounias, Dauven, Heindel, Schuré, Steiner,
Analyse politique : Chamberlain, Poizat

- Sur chaque œuvre

Projets, esquisses : Godefroid, Hébert, Lichtenberger, Nattiez, Sans, Satgé
Oeuvres de jeunesse : Berlioz, Charnacé, Garnier, Gautier Th., Kufferath, Soubies

Le Vaisseau Fantôme :
- *Monographies* : Avant-Scène Opéra, Buellet, Destranges, Duchesne, Dwelshauvers-Dery, Julliard, Lefrançois,
- *Analyse des sources* : Bloom, Pastré
- *Analyse du livret* : Servières

- *Analyse dramaturgique* : Godefroid
- *Analyse des personnages* : Ferlan, Verdeau-Paillès
- *Analyse musicologique* : Avant-Scène Opéra, Gut
- *Analyse esthétique* : Gracq, Sans
- *Analyse psychologique, psychanalytique* : Verdeau-Paillès
- *Interprétation* : Avant-Scène Opéra

Tannhäuser
- *Monographies* : Avant-Scène Opéra, Anspach, Destranges, Dwelshauvers-Dery, Ernst-Poirée, Julliard, Lefrançois, Liszt, Nerthal
- *Analyse des sources* : Ferlan, Pucher
- *Le problème des versions* : Drüner, Jost, Nattiez
- *Etude de la genèse de l'œuvre* : Giuliani, Jost, Servières
- *Problématique des traductions* : Gaspérini, Jost
- *Analyse dramaturgique* : Godefroid
- *Analyse des personnages* : Enckell, Goldet
- *Analyse musicologique* : Avant-Scène Opéra, Ernst-Poirée, Harcourt, Lasalle
- *Analyse esthétique* : Huysmans, Sans
- *Analyse psychologique, psychanalytique* : Vieulle
- *Interprétation* : Avant-Scène Opéra, Coutance, Ernst, Gautier Th., Jullien, Kahane, Lindau, Luez, Ollivier, Royer A., Schuré, Scudo

Lohengrin
- *Monographies* : Avant-Scène Opéra, Delesques, Himonet, Kufferath, Lefrançois, Liszt, Mignaty, Straeten,
- *Analyse des sources* : Mertens, Rank
- *Etude de la genèse de l'œuvre* : Giuliani
- *Analyse du livret* : Banoun, Gouiffes
- *Analyse dramaturgique* : Margotton, Velly
- *Analyse des personnages* : Mayer
- *Analyse musicologique* : Avant-Scène Opéra,
- *Analyse esthétique* : Barilier
- *Analyse psychologique, psychanalytique* : Rank
- *Interprétation* : Avant-Scène Opéra, Kahane, Nerval, Neumann, Noufflard, Villiers

Tristan et Isolde
- *Monographies* : Avant-Scène Opéra, Champion, Gaspérini, Georges, Kufferath, Lefrançois, Lemaire J., Matter J., Mendès, Nerthal, Wolzogen
- *Analyse des sources* : Abou Samra-Holtmeier, Buschinger, Cazenave, Duron, Ferrand, Krop, Matter J., Miquel, Rougemont
- *Analyse dramaturgique* : Barraud, Godefroid
- *Analyse des personnages* : Ferlan, Pasquié
- *Analyse musicologique* : Avant-Scène Opéra, Barraud, Chailley, Cotard, Gut,

Hubert, Kufferath, Michot,
- *Analyse esthétique* : Candoni, Darras, Onfray, Imberty, Kochnikzky, Nattiez, Petitjean, Poizat, Rivière, Rolland, Sagave, Sans, Schneider C.
- *Analyse psychologique, psychanalytique* : Castarède, Vieulle
- *Interprétation* : Avant-Scène Opéra, Holtemeier, Meyerhold, Perroux, Schuré

Les Maîtres Chanteurs de Nuremberg
- *Monographies* : Avant-Scène Opéra, Cor, Joly, Kufferath, Lefrançois, Poirée, Tardy, Tiersot
- *Analyse des sources* : Soubies
- *Etude de la genèse de l'œuvre* : Giuliani
- *Analyse du livret* : Dinger, Enckell, Ferlan, Saint-Auban
- *Analyse dramaturgique* : Breque, Godefroid
- *Analyse des personnages* : Dinger
- *Analyse musicologique* : Avant-Scène Opéra, Bloch Ernest, Michot, Poirée
- *Analyse psychologique, psychanalytique* : Vermorel
- *Analyse politique* : Jameux
- *Interprétation* : Avant-Scène Opéra, Ernst, Flinois

L'Anneau du Nibelung (Cycle complet)
- *Monographies* : Berton, Cantillon, Crisenoy, Ehrhard, Flinois, Gaillard, Gilkin, Lussato, Massip, Nattiez, Pochhammer, Ward
- *Analyse des sources* : Azouvi, Boyer, Crisenoy, Fimery, Lussato, Prod'homme, Sadoul, Tonnelat
- *Etude de la genèse de l'œuvre* : Deathridge, Lussato, Nattiez
- *Problématique des traductions* : Ernst, Merlin
- *Analyse du livret* : Lussato, Merlin
- *Analyse dramaturgique* : Lussato, Merlin, Nattiez
- *Analyse des personnages* : Crisenoy, Dodin, Gut, Lussato, Merlin, Valot
- *Analyse musicologique* : Avant-Scène Opéra, Boulez, Dutronc, Lussato, Merlin, Michot, Nattiez, Orlando, Tcherniak, Wolzogen
- *Analyse esthétique* : Guiomar, Lévi-Strauss, Locchi, Lussato, Nattiez, Reydellet, Sans
- *Analyse psychologique, psychanalytique* : Clément C., Donington, Groddek, Lussato
- *Analyse franc-maçonne, ésotérique* : Celos, Heindel, Hertrich, Legardien, Lussato
- *Analyse politique* : Candoni, Eugène, Heydet, Lussato, Malander, Orlando, Shaw
- *Interprétation* : Artaud, Avant-Scène Opéra, Bouillon, Flinois, Lafon, Lindau, Lussato, Merlin, Nattiez, Neumann, Nussac, Sadoul, Satgé

L'Or du Rhin
- *Monographies* : Avant-Scène Opéra, Harris, Lefrançois, Nerthal

- *Analyse des sources* : Brequet
- *Analyse musicologique* : Avant-Scène Opéra, Goldet
- *Interprétation* : Avant-Scène Opéra, Schuré

La Walkyrie
- *Monographies* : Avant-Scène Opéra, Coeuroy, Gjellerup, Harris, Julliard, Kufferath, Lefrançois, Maridort
- *Problématique des traductions* : Jam
- *Analyse des personnages* : Ernst
- *Analyse musicologique* : Avant-Scène Opéra
- *Interprétation* : Avant-Scène Opéra

Siegfried
- *Monographies* : Avant-Scène Opéra, Charnacé, Closson, Fourcaud, Kufferath, Lefrançois, Lesens
- *Analyse des sources* : Tarasti
- *Analyse dramaturgique* : Satgé
- *Analyse des personnages* : Pasquié
- *Analyse musicologique* : Avant-Scène Opéra, Tarasti
- *Analyse esthétique* : Guiomar, Rolland
- *Analyse psychologique, psychanalytique* : Azouvi, Guiomar
- *Interprétation* : Avant-Scène Opéra

Le Crépuscule des Dieux
- *Monographies* : Avant-Scène Opéra, Bertrand Ch., Lefrançois
- *Analyse du livret* : Gut
- *Analyse dramaturgique* : Candoni
- *Analyse musicologique* : Avant-Scène Opéra
- *Interprétation* : Avant-Scène Opéra

Parsifal
- *Monographies* : Avant-Scène Opéra, Bernard G., Closson, Eklektik, Gauthier H., D'Indy, Knosp, Kufferath, Laurencie, Lefrançois, Morsier, Riel, Vaucaire
- *Analyse des sources* : Buschinger, Lévi-Strauss, Tonnelat
- *Analyse dramaturgique* : Godefroid
- *Analyse des personnages* : Ferlan, Richard, Starobinski, Suarès
- *Analyse musicologique* : Avant-Scène Opéra, Boulez, Chailley, Dutronc, Hippeau
- *Analyse esthétique* : Leduc, Petitjean, Poizat, Sans
- *Analyse psychologique, psychanalytique* : Castarède, Vieulle, Villegas
- *Analyse religieuse* : Candoni, Edighoffer, Gut, Labie, Matter J., Reydellet, Salazar, Sans
- *Analyse franc-maçonne, ésotérique* : Chailley, Domenech Espanyol, Heindel, Lachat, Péralté, Petitjean,

- *Analyse politique* : Olivier P.
- *Interprétation* : Avant-Scène Opéra, Coutance, Demonet, Gabriel, Goubault, Jameux, Kufferath, Lalo P., Lindau, Merlin, Romain, Saint-Auban

B : Réception

- En France

Influence sur et commentaires des compositeurs

- *En général* : Chimènes, Fauquet, Leclerc, Michot, Nattiez, Pistone, Prod'homme, Samazeuilh
- *Berlioz* : Berlioz, Boulez, Citron, Dubosson, Fink, Gut, Mache, Reynal, Tiersot
- *Boulez* : Boulez, Olivier P.
- *Chabrier* : Chabrier, Delage, Leblanc, Rohan-Csermak
- *Chausson* : Chausson, Detemmerman, Leblanc
- *Debussy* : Debussy, Doherty, Dumont, Goubault, Gut, Leblanc, Spigl, Vallas,
- *Dukas* : Dukas
- *Fauré* : Fauré, Patier
- *Indy:* Bailbé, Detemmerman, Febvre-Longeray, Huebner, D'Indy, Lalo P., Leblanc, Schwartz, Vallas,
- *Lalo* : Fauquet, Lalo E.
- *Reyer* : Detemmerman
- *Saint-Saëns* : Ecorcheville,
- *Autres compositeurs* : Blaze de Bury, Focillon, Gavoty, Gounod, Marnat, Museaux, Pichard du Page, Ravel, Roussel, Satie, Stravinsky

Influence sur et commentaires des écrivains

- *En général* : Benoît-Arlenc, Buschinger, Carassus, Chimènes, Coeuroy, Grange-Wollet, Grauby, Guichard, Jardillier, Leblanc, Mauclair, Michaud G., Picard, Pistone, Reynaud, Rosny-Ainé, Sabatier, Satgé
- *Baudelaire* : Barbieri, Baudelaire, Dumoulié, Ferran, Fiser, Kopp, Lacoue-Labarthe, Loncke, Meitinger, Nattiez, Pichois, Suarès, Texier, Touya de Marenne, Westerwelle
- *Bourges* : Leblanc
- *Champfleury* : Champfleury
- *Claudel* : Bauer R., Bouillot, Claudel, Fix-Bouillot, Gadoffre, Laurenti, Lecroart, Moscovici, Touya de Marenne
- *Dujardin et la Revue Wagnérienne* : Ajalbert, Dujardin, Kitaeff, Leblanc, Mabire, Schürch, Wyzewa I.
- *Gautier* : Bergerat, Eigeldinger, Gautier Th., Patty
- *Ghil* : Leblanc
- *Gracq:* Dettmar-Wrana, Gracq, Kaempf
- *Hugo* : Austin, Baruzi, Bouheller, Mistler, Weil
- *Huysmans* : Huysmans, Mercier
- *Laforgue :* Benrekassa, Collin

- *Mallarmé* : Austin, Benda, Bernard S., Carcassonne, Dujardin, Fiser, Lacoue-Labarthe, Leblanc, Mallarmé, Marchal, Meitinger, Rancière, Rullaud, Satgé, Texier, Touya de Marenne
- *Nerval* : Ledda, Nerval
- *Mendès* : Catulle-Mendès, Herlihy, Leblanc, Mendès, Picard
- *Péladan* : Cadot, Lasserre, Leblanc, Péladan
- *Proust* : Barilier, Bedriomo, Castarède, Coeuroy, Fiser, Lundhal, Nattiez, Pauset, Perlwitz, Rodrigues, Sabatier, Shiomi, Tadié
- *Rolland* : Cheval, Hook-Demarle, Rolland, Sabatier, Strauss R.
- *Suarès* : Astier, Doherty, Maurin, Rolland, Suarès
- *Schuré* : Benoist, Mercier, Roux
- *Valéry* : Köhler, Krebs, Laurenti, Lhote, Stimpson, Texier, Touya de Marenne, Valéry
- *Villiers de l'Isle Adam* : Decottignies, Drougart, Jean-Aubry, Nanquette, Raïtt, Villiers
- *Willy* : Fantin-Epstein, Gauthier-Villars,
- *Wyzewa :* Delsemme, Gillet, Wyzewa I.
- *Zola* : Fantin-Epstein
- *Autres écrivains* : Arnoux, Banville, Barrès, Cocteau, Daudet, Duhamel, Espagne, Fiser, Flaubert, Goujon, Lepagnez, Picard, Rivière, Rocheblave, Royer J.

Influence sur et interprétation des plasticiens :
- *Fantin-Latour* : Bajou, Barbe, Druik, Jullien, Roujon, Sabatier
- *Autres* : Bührle, Junod, Nectoux, Ducker, Raybois, Sabatier

Autres commentaires de la critique : Bellaigue, Berlioz, Boschot, Bruneau, Dancla, Goubault, Grand-Carteret, Hahn, Herlihy, Laurencie, Mauclair, Prévost, Samazeuilh

Wagnérisme et société française : Carassus, Chimènes, Liébert, Régnier

Parodies : Courville, Cuniculus, Ferran, Grand-Carteret, Ordinaire, Perrier, Pesnel

- En d'autres pays :
Belgique : Auquier, Cosaert, Couvreur, Destrée, Detemmerman, Evenepoel, Gilkin, Hoeven, Kufferath L., Maubel, Maus, Picard, Sabatier, Stockhelm, Van Nuffel
Suisse : Sabatier
Allemagne :
- *Musiciens* : Banoun, Flinois, Leduc, Marnat, Rolland, Strauss R.
- *Ecrivains* : Benoist, Charnacé, Dumoulié, Fischbach F., Grimberg, Hirth, Mann, Marcel, Margotton, Monteil-Marquetoux, Nattiez, Nordau, Ott, Picard

- *Plasticiens* : Margotton, Nectoux, Merlin, Michaud E., Sabatier, Vaissé
Italie : Bellaigue, Dumoulié, Michot, Picard
Espagne : Becker, Fontbona, Domenech Espanyol
Grande-Bretagne : Bergner, Picard, Sabatier
Russie : Ivanov, Kufferath, Marnat, Meyerhold, Picard, Tolstoï
Autres pays: Ahlstrom, Erismann, Marnat, Picard

C : Interprétation de l'œuvre

- Représentations :
Critiques : Bellaigue, Bizet, Borgex, Casevitz, Chabrier, Chambrun, Chausson, Colette, Daudet, Debussy, Destrée, Duchesne, Dukas, Duret, Ernst, Fantin-Epstein, Fauré, Garnier, Gautier Th., Gauthier-Villars, Geffroy, Gilkin, Harcourt, Joncières, Jullien, Lalo P., Lindau, Lonchampt, Marnold, Mirbeau, Nerval, Pichard du Page, Pontmartin, Reyer, Robert, Schuré, Sempayo, Shaw, Tchaïkovski, Varillon, Villiers, Wolff
Historiques : Avant-Scène Opéra, Barioz, Bernard G., Boulez, Courtin, Couvreur, Curzon, Evenepoel, Goubault, Lacombe, Holtemeier, Kahane, Liébert, Prod'homme, Servières
- Mise en scène / Scénographie:
Théoriciens : Appia, Bablet, Bonnier, Godefroid, Roubertoux, Roucher, Zutter
Réalisations scéniques : Artaud, Avant-Scène Opéra, Bauer O., Bouillon, Chéreau, Cheyrezy, Flinois, Lafon, Merlin, Perroux, Wild
- Direction d'orchestre / Chefs d'orchestre : Barenboïm, Boulez, Brechenmacher, Furtwängler, Gaillard, Geissmar, Klemperer, Kufferath, Liébert, Olivier P.
- Solistes : Avant-Scène Opéra, Blanchard, Borgex, Casanova, Clarke, Crespin, Curzon, Domingo, Farret, Haine, Litvinne, Nanquette
- Discographie : Avant-Scène Opéra, Champion, Clym, Favre

D: Festival de Bayreuth

- Aspects historiques : Barbet-Say, Barth, Closel, Cluet, Feschotte, Flinois, Geissmar, Godefroid, Haine, Huyhn, Kloss, Lavignac, Liocourt, Lore, Mack, Mayer, Mistler, Olivier P., Panofsky, Rebois, Tubeuf, Vlasselaer, Wagner Friedelind, Wagner Nike, Wagner Wolf-Siegfried
- Aspects politiques (« Cercle de Bayreuth ») : Benoist, Chamberlain, Châtelier, Dujardin, Matter J.
- Le Festspielhaus : Bellange, Fouque, Hellouin, Lavignac, Mack, Servières
- Guides : Flinois, Lavignac, Mistler, Wild
- Critiques et commentaires : Bouillon, Brechenmacher, Feschotte, Flat, Flinois, Gilkin, Lonchampt, Natticz, Nussac, Samazeuilh, Satgé, Schuré, Shaw, Tardieu
- Souvenirs :
Interprètes : Boulez, Bouillon, Chéreau, Crespin, Duncan, Farret, Gavoty, Humperdinck, Liébert, Nussac, Strauss R.
Spectateurs : Barrès, Chabrier, Chausson, Coutagne, Destranges, Dumont,

Emeric, Ernst, Fauré, Ferneuil, Fischbach, Flat, Freson, Gillet, Horton, D'Indy, Lacretelle, Lindau, Massenet, Maus, Mendès, Monod, Mugnier, Péladan, Rolland, Romain, Ropartz, Saint-Saëns, Saint-Auban, Schuré, Schweitzer, Strauss R., Stravinsky, Tchaïkovski, Vendeuvre

IV / DESCENDANCE DE WAGNER

A : Winifred : Delpla, Geissmar, Knopp

B : Wieland : Brechenmacher, Cheyrezy, Coutance, Flinois, Goléa, Jameux, Liocourt, Lust, Mayer, Roubertoux

C : Wolfgang : Gansner, Liocourt

D : Autres : Wagner Friedelind, Wagner Gottfried, Wagner Nike

V / DIVERS

A : Musées, Expositions : Druik, Expositions, Jameux, Kahane, Lang, Massip, Pizon, Storch, Strauss H., Tadié

B : Wagner et le cinéma : Guido, Chion

TABLE DES MATIERES

L'HARMATTAN, ITALIA
Via Degli Artisti 15 ; 10124 Torino

L'HARMATTAN HONGRIE
Könyvesbolt ; Kossuth L. u. 14-16
1053 Budapest

L'HARMATTAN BURKINA FASO
Rue 15.167 Route du Pô Patte d'oie
12 BP 226
Ouagadougou 12
(00226) 50 37 54 36

ESPACE L'HARMATTAN KINSHASA
Faculté des Sciences Sociales,
Politiques et Administratives
BP243, KIN XI ; Université de Kinshasa

L'HARMATTAN GUINEE
Almamya Rue KA 028
En face du restaurant le cèdre
OKB agency BP 3470 Conakry
(00224) 60 20 85 08
harmattanguinee@yahoo.fr

L'HARMATTAN COTE D'IVOIRE
M. Etien N'dah Ahmon
Résidence Karl / cité des arts
Abidjan-Cocody 03 BP 1588 Abidjan 03
(00225) 05 77 87 31

L'HARMATTAN MAURITANIE
Espace El Kettab du livre francophone
N° 472 avenue Palais des Congrès
BP 316 Nouakchott
(00222) 63 25 980

L'HARMATTAN CAMEROUN
BP 11486
(00237) 458 67 00
(00237) 976 61 66
harmattancam@yahoo.fr

605568 - Avril 2015
Achevé d'imprimer par